2022年
国家统一法律职业资格考试

客观题
刑法宝典

张宇琛◎编著

中国政法大学出版社

2022·北京

图书在版编目（ＣＩＰ）数据

2022 年国家统一法律职业资格考试客观题刑法宝典/张宇琛编著. —北京：中国政法大学出版社，2022.2

ISBN 978-7-5764-0378-7

Ⅰ.①2… Ⅱ.①张… Ⅲ.①刑法－中国－资格考试－自学参考资料 Ⅳ.①D924

中国版本图书馆 CIP 数据核字(2022)第 029898 号

出 版 者	中国政法大学出版社
地　　　址	北京市海淀区西土城路 25 号
邮寄地址	北京 100088 信箱 8034 分箱　邮编 100088
网　　　址	http://www.cuplpress.com（网络实名：中国政法大学出版社）
电　　　话	010-58908285(总编室) 58908433（编辑部） 58908334(邮购部)
承　　　印	固安华明印业有限公司
开　　　本	787mm×1092mm　1/16
印　　　张	23.5
字　　　数	560 千字
版　　　次	2022 年 2 月第 1 版
印　　　次	2022 年 2 月第 1 次印刷
定　　　价	79.00 元

目 录

第一编　刑法基础理论

第一章　刑法的基本原则 ·· 1
　第一节　罪刑法定原则 ··· 1
　第二节　平等适用刑法原则 ·· 5
　第三节　罪刑相适应原则 ··· 6
第二章　刑法的解释 ·· 8
　第一节　解释的效力 ··· 8
　第二节　解释的方法 ··· 9
第三章　刑法的效力范围 ·· 16
　第一节　刑法的空间效力 ··· 16
　第二节　刑法的时间效力 ··· 19

第二编　犯罪论

第四章　犯罪构成要件概说 ··· 21
　第一节　犯罪构成 ··· 21
　第二节　犯罪构成体系 ··· 24
第五章　犯罪的客观要件【违法】 ·· 28
　第一节　行为主体 ··· 28
　第二节　行为（实行行为） ·· 34
　第三节　行为对象 ··· 42
　第四节　结果 ··· 43
　第五节　危害行为与危害结果之间的因果关系 ······························· 48
第六章　违法阻却事由 ·· 57
　第一节　违法阻却事由概述 ·· 57
　第二节　正当防卫 ··· 57
　第三节　紧急避险 ··· 64
　第四节　其他阻却违法事由 ·· 68
第七章　犯罪的主观要件【有责】 ·· 73
　第一节　犯罪故意 ··· 73
　第二节　犯罪过失 ··· 78
　第三节　故意、过失小结 ··· 79
　第四节　无罪过事件（既无故意、也无过失） ································· 81

第五节　犯罪目的 ……………………………………………………………… 82
第六节　事实认识错误 ………………………………………………………… 83

第八章　责任阻却事由 …………………………………………………………… 89
第一节　责任无能力 …………………………………………………………… 89
第二节　违法性认识（可能性）的欠缺 ……………………………………… 94
第三节　期待可能性的欠缺 …………………………………………………… 95

第九章　故意犯罪的停止形态 ………………………………………………… 97
第一节　犯罪既遂 ……………………………………………………………… 97
第二节　犯罪预备 ……………………………………………………………… 99
第三节　犯罪未遂 ……………………………………………………………… 101
第四节　犯罪中止 ……………………………………………………………… 105

第十章　共同犯罪 ……………………………………………………………… 110
第一节　共同犯罪概述 ………………………………………………………… 110
第二节　正犯与共犯（理论分类） …………………………………………… 114
第三节　共同犯罪人的刑事责任（法定分类） ……………………………… 122
第四节　共同犯罪的其他问题 ………………………………………………… 124

第十一章　罪数形态 …………………………………………………………… 132
第一节　一罪 …………………………………………………………………… 132
第二节　数罪 …………………………………………………………………… 141

第三编　刑罚论

第十二章　刑罚种类 …………………………………………………………… 142
第一节　主刑 …………………………………………………………………… 142
第二节　附加刑 ………………………………………………………………… 146
第三节　职业禁止与犯罪物品的处理 ………………………………………… 148

第十三章　量刑（刑罚的裁量） ……………………………………………… 150
第一节　累犯 …………………………………………………………………… 150
第二节　自首、立功、坦白 …………………………………………………… 151
第三节　数罪并罚 ……………………………………………………………… 157
第四节　缓刑 …………………………………………………………………… 160

第十四章　行刑（刑罚的执行） ……………………………………………… 163
第一节　减刑 …………………………………………………………………… 163
第二节　假释 …………………………………………………………………… 165
第三节　减刑与假释的程序 …………………………………………………… 168

第十五章　刑罚消灭制度 ……………………………………………………… 169
第一节　刑罚消灭概述 ………………………………………………………… 169
第二节　时效 …………………………………………………………………… 169
第三节　赦免 …………………………………………………………………… 173

第四编　刑法分论

第十六章　刑法分论概说 ································· 174
　第一节　刑法分则条文的结构 ·························· 174
　第二节　注意规定与法律拟制 ·························· 176
第十七章　危害国家安全罪 ···························· 179
第十八章　危害公共安全罪 ···························· 182
　第一节　危害公共安全罪概述 ·························· 182
　第二节　本章要求掌握的具体罪名 ···················· 182
第十九章　破坏社会主义市场经济秩序罪 ················ 198
　第一节　生产、销售伪劣商品罪 ······················ 198
　第二节　走私罪 ···································· 205
　第三节　妨害对公司、企业的管理秩序罪 ··············· 210
　第四节　破坏金融管理秩序罪 ·························· 211
　第五节　金融诈骗罪 ································· 220
　第六节　危害税收征管罪 ····························· 227
　第七节　侵犯知识产权罪 ····························· 230
　第八节　扰乱市场秩序罪 ····························· 235
第二十章　侵犯公民人身权利、民主权利罪 ·············· 240
　第一节　本章重点罪名 ······························· 240
　第二节　本章普通罪名 ······························· 261
第二十一章　侵犯财产罪 ······························ 271
　第一节　侵犯财产罪概述 ····························· 271
　第二节　本章要求掌握的具体罪名 ···················· 272
第二十二章　妨害社会管理秩序罪 ····················· 300
　第一节　扰乱公共秩序罪 ····························· 300
　第二节　妨害司法罪 ································· 317
　第三节　妨害国（边）境管理罪 ······················ 326
　第四节　妨害文物管理罪 ····························· 327
　第五节　危害公共卫生罪 ····························· 328
　第六节　破坏环境资源保护罪 ························· 331
　第七节　走私、贩卖、运输、制造毒品罪 ··············· 335
　第八节　组织、强迫、引诱、容留、介绍卖淫罪 ·········· 340
第二十三章　贪污贿赂罪 ······························ 344
　第一节　公饱私囊型 ································· 344
　第二节　权钱交易型 ································· 350
第二十四章　渎职罪 ·································· 358

刑法基础理论	犯罪论				刑罚论			
1. 刑法的基本原则 2. 刑法的解释 3. 刑法的效力范围	基本犯罪构成				静态		动态	
	客观要件【违法】		主观要件【有责】		主 刑	附 加 刑	量 刑	行 刑
	主体；行为；对象；结果； （因果关系）		故意、过失、目的					
	违法 阻却事由		责任 阻却事由					
	正当防卫 紧急避险 被害人承诺		责任无能力 欠缺违法性认识可能性 欠缺期待可能性					
	修正犯罪构成							
	未完成形态	共同形态		罪数形态				

第一编　刑法基础理论

码上揭秘

第一章　刑法的基本原则

第一节　罪刑法定原则

《刑法》第 3 条："法律没有明文规定为犯罪行为的，不得定罪处刑。"

1801 年冯·费尔巴哈的《刑法教科书》："法无明文规定不为罪，法无明文规定不处罚"

一、罪刑法定原则的思想基础

（一）民主主义

民主意味着在一个国家内重大的公共事项要由人民来决定，而什么是犯罪以及如何处罚犯罪，在任何一个国家无疑都是重大事项，因此应当交由人民来决定，人民决定犯罪与刑罚的路径是：由民选的代表组成立法机关（在我国就是全国人民代表大会及其常务委员会），再根据法定的程序制定生成刑法，这样的刑法一经制定就是民意的凝结。遵守刑法就等于尊重民意。

（二）人权主义

人权主义也称为自由主义，所谓自由，就是做法律所许可的事情的权利。罪刑法定原则要求，什么行为是犯罪以及对犯罪将处以怎样的刑罚，必须以明确的方式写在成文的刑法典中，这不仅仅是对于法官自由裁量权的限制，更是公民行动的指示牌，公民可以根据法律的规定，选择自己的行为，安排自己的生活，并且可以确信，只要自己没有实施法律所禁止的行为，就是安全的，就不会受到国家刑罚权的肆意侵犯。

二、罪刑法定原则的基本的内容

（一）事前的罪刑法定【禁止溯及既往】

犯罪及其惩罚必须在行为前予以规定，刑法不得对在其公布、实施前的行为进行追诉，即禁止刑法具有溯及既往的效力。这是保障公民自由的要求，因为公民只能根据现有的法律规定来选择和安排自己的行为，公民不可能预见立法机关在将来会制定什么法律、禁止什么行为，也不可能知道明天的法律将会如何评价自己今天的行为，因此公民只需对行为当时的法律负责即可，否则就侵犯了公民的自由。

【例外】**不禁止有利于被告人的溯及既往**，如果新颁布生效的法律对行为的评价更有利于被告人（新法不认为是犯罪或者新法的法定刑更轻），则可以适用新法，即新法具有溯及既往的效力。

【例如】2019 年 10 月 20 日下午，小琪从美术班放学回家的路上，被蔡某某（13 岁）骗至家中杀害，直至抛尸在家对面仅一路之隔的小树林中，整个过程 34 分钟。

《刑法修正案（十一）》于2021年3月1日生效"**已满十二周岁不满十四周岁的人，犯故意杀人、故意伤害罪，致人死亡**或者以特别残忍手段致人重伤造成严重残疾，情节恶劣，经最高人民检察院核准追诉的，应当负刑事责任。"

对于蔡某某的行为，不能适用《刑法修正案（十一）》的规定，蔡某某不负刑事责任，收容教养三年。

（二）成文的罪刑法定【排斥习惯法】

规定犯罪及其后果的法律必须是成文的法律，犯罪与刑罚必须以文字形式记载下来，法官只能根据成文的法律来定罪量刑。

1. **习惯法**不能作为刑法的渊源："习惯法"是指独立于国家的制定法之外，依据某种社会权威确立的，具有强制性和习惯性的行为规范的总和。由于习惯法的内容、发生效力的范围不确定，难以被国民普遍知晓，难以防止法官的擅断。

2. 刑法必须由**本国通用的文字**表述。

3. **行政规章**不能规定犯罪与刑罚。

4. **判例**不得作为刑法的渊源。

（三）严格的罪刑法定【禁止类推解释】

类推解释就是指对于法律没有明文规定的行为，适用有类似规定的其他条文予以处罚。

然而如果允许类推适用，刑法就会有被滥用的危险。因为只要两种情况具有相同的地方，就可以说是相类似的，从而使得很多法律没有明文规定的行为都可以说与刑法规定的犯罪行为具有相似之处，并依此受到刑法的制裁。这将导致公民难以预测自己的行为的法律后果，使自由受限。

【例如】与现役军人的配偶长期"**通奸**"的行为与"**同居**"的行为就具有相同的地方，即 性关系 ，但是"同居"除了要求长期、多次的性关系，还要求共同生活和生活起居的相互关照，因此将长期"通奸"的行为解释为"同居"，就有类推解释的嫌疑。

【例外】不禁止有利于被告人的类推解释。

行贿罪	对非国家工作人员行贿罪
第三百八十九条【行贿罪】为谋取不正当利益，给予国家工作人员以财物的，是行贿罪。 在经济往来中，违反国家规定，给予国家工作人员以财物，数额较大的，或者违反国家规定，给予国家工作人员以各种名义的回扣、手续费的，以行贿论处。 **因被勒索给予国家工作人员以财物，没有获得不正当利益的，不是行贿。**	第一百六十四条【对非国家工作人员行贿罪】为谋取不正当利益，给予公司、企业或者其他单位的工作人员以财物，数额较大的，处三年以下有期徒刑或者拘役，并处罚金；数额巨大的，处三年以上十年以下有期徒刑，并处罚金。

第389条【行贿罪】"因被勒索给予国家工作人员以财物，没有获得不正当利益的，不是行贿。"可以类推适用于第164条【对非国家工作人员行贿罪】

（四）确定的罪刑法定【刑罚法规的适当】

1. **明确性**：刑法的规定必须清楚、明了，不得含糊其辞，更不得引起歧义。

（1）不明确的刑法无法排除法官作出主观擅断的判决；

（2）不明确的刑法不具有预测可能性的功能；

（3）不明确的刑法为国家肆意侵犯国民自由找到了形式上的法律依据；

（4）明确性的实现与分则条文中的罪状模式（简单罪状、叙明罪状、空白罪状、引证罪状）和条文字数的多少无关。

例如《刑法》"第232条【故意杀人罪】故意杀人的，处死刑、无期徒刑或者十年以上有期徒刑；情节较轻的，处三年以上十年以下有期徒刑。"这种"故意杀人的"就属于简单罪状，立法者之所以没有对杀人行为做具体描述，是因为凭一般人的理性和生活经验就应当知道什么是杀人行为。

2. 禁止处罚不当罚的行为【犯罪圈】

犯罪与刑罚由立法机关规定，但这不意味着立法机关可以随心所欲的确定犯罪范围，而只能将具有处罚依据或者说值得科处刑罚的行为规定为犯罪，此为对于立法权的制约。

（1）刑法的触角不应当深入到伦理和道德层面；

（2）刑法不应当用来规制轻微的或者极为罕见的法益侵害行为。

法治并不意味着一切琐细之事均由法律处理，更不意味着琐细之事要由刑法处理，法律排斥过剩的、矛盾的和不适当的规定。

3. 禁止绝对不定期刑【刑罚量】

罪刑法定，不但是罪的法定，还是刑的法定。而绝对不定期刑是指"……罪，处以刑罚"，公民无法根据这样的法律规定预测自己行为的准确法律后果，法官也被赋予了过大的自由裁量权力，这是违反罪刑法定原则的。

4. 禁止不均衡的、残虐的刑罚

（1）禁止不均衡的刑罚，即罪刑应当均衡，旨在防止轻罪重判；

（2）禁止残虐的刑罚，即禁止以不必要的精神、肉体的痛苦为内容，在人道上被认为是残酷的刑罚，它相对于任何犯罪而言必然是不均衡的。

【2016-2-51】 关于罪刑法定原则与刑法解释，下列哪些选项是正确的？（　　）[①]

A. 对甲法条中的"暴力"作扩大解释时，就不可能同时再作限制解释，但这并不意味着对乙法条中的"暴力"也须作扩大解释

B. 《刑法》第237条规定的强制猥亵、侮辱罪中的"侮辱"，与《刑法》第246条规定的侮辱罪中的"侮辱"，客观内容相同、主观内容不同

C. 当然解释是使刑法条文之间保持协调的解释方法，只要符合当然解释的原理，其解释结论就不会违反罪刑法定原则

D. 对刑法分则条文的解释，必须同时符合两个要求：一是不能超出刑法用语可能具有的含义；二是必须符合分则条文的目的

【考点】 罪刑法定原则；刑法的解释

【解析】 A选项，扩大解释和缩小解释是解释的技巧，在对同一法条或同一概念进行解释的时候只能做一次解释，也就是说对于同一法条、概念要么做扩大解释要么做缩小解释，不能既扩大又缩小。但是对甲法条的暴力做扩大解释时，对乙法条的暴力完全可以做缩小解释。比如抢劫罪中的"暴力"就包括杀人的暴力，但是暴力干涉婚姻自由罪中的"暴力"就仅限于轻微暴力。

B选项，两个罪中"侮辱"的客观内容是不同的，普通侮辱罪中的"侮辱"意义在于降低被害人的社会评价，损害名誉，与性无关；但是强制猥亵、侮辱罪的"侮辱"是具有性意

---

① **AD**

义的，侵犯被害人性的自主决定权的行为。虽然 B 选项中两个法条都叫侮辱，但是客观内容和主观内容都是不同的。

C 选项，当然解释的基本含义是举轻以明重、举重以明轻，即当某种轻的行为被禁止的时候，重的行为当然应当被禁止；当某种重的行为被允许的时候，轻的行为当然应当被允许。当然解释的原理是合理的，是罪刑法定原则所允许的，但是当然解释得出的结论也可能因超出法条文字含义的边界，而违反罪刑法定原则，因而不必然具有合理性。例如抢劫宠物狗的行为成立抢劫罪，比它更重的抢劫婴儿的行为如果也成立抢劫罪，虽然符合当然解释的原理，但是显然违反罪刑法定原则。

D 选项，"不能超出刑法用语可能具有的含义"，意指对于刑法用语进行解释时不能突破文字的边缘含义，即不能作类推解释；"必须符合分则条文的目的"，指的解释条文要符合立法者的保护目的，即需要明确立法者设计该法条所保护的究竟是何种法益，根据法益这一核心问题，推导出对于其他概念的合理解释，对于刑法分则条文的解释，总是在这两种价值之间寻求平衡。

【2014－2－51】下列哪些选项**不违反**罪刑法定原则？（　　　）①

A. 将明知是痴呆女而与之发生性关系导致被害人怀孕的情形，认定为强奸"造成其他严重后果"

B. 将卡拉 OK 厅未经著作权人许可大量播放其音像制品的行为，认定为侵犯著作权罪中的"发行"

C. 将重度醉酒后在高速公路超速驾驶机动车的行为，认定为以危险方法危害公共安全罪

D.《刑法》规定了盗窃武装部队印章罪，未规定毁灭武装部队印章罪。为弥补处罚漏洞，将毁灭武装部队印章的行为认定为毁灭"国家机关"印章

【考点】 罪刑法定原则

【解析】 A 选项，将"导致被害人怀孕"解释为"造成其他严重后果"，没有超出公民的预测可能性，也没有超过用语本来可能具有的含义，所以不违反罪刑法定原则的要求。

B 选项，"发行"可以是出租、出售、出借、赠与、散发，但要有一定的载体，且取得之人可以反复使用。将卡拉 OK 厅未经著作权人许可大量播放其音像制品的行为，由于没有载体，也不可能反复进行，因此不能评价为"发行"。

C 选项，以危险方法危害公共安全和危险驾驶罪的区别在于前罪是具体的危险犯，构成犯罪达到既遂程度要给公共安全带来现实、紧迫、直接的危险；后罪是抽象的危险犯，只要醉酒并驾驶就认为行为给公共安全带来了一种抽象的危险，前罪的法定刑远远重于后罪。选项中重度醉酒还在高速公路上超速行驶已经可以给公共安全带来现实紧迫直接的危险，此时不再是危险驾驶罪可评价的了，应当评价为以危险方法危害公共安全罪。

D 选项，武装部队机关当然属于国家机关，国家机关包含五类：①权力机关；②行政机关；③司法机关；④军事机关；⑤监察机关。所以毁灭"武装部队"印章的行为可以认定为毁灭"国家机关"印章。

【2013－2－2】关于社会主义法治理念与罪刑法定原则的关系有以下观点
①罪刑法定的思想基础是民主主义与尊重人权主义，具备社会主义法治理念的本质属性
②罪刑法定既约束司法者，也约束立法者，符合依法治国理念的基本要求
③罪刑法定的核心是限制国家机关权力，保障公民自由，与执法为民的理念相一致

---

① ACD

④罪刑法定是依法治国理念在刑法领域的具体表现

关于上述观点的正误，下列哪一选项是正确的？（　　　）①

A. 第①句正确，第②③④句错误　　　　B. 第①③句正确，第②④句错误

C. 第①②③句正确，第④句错误　　　　D. 第①②③④句均正确

【考点】罪刑法定原则

【解析】现代罪刑法定原则的思想基础是民主主义和保障人权主义。首先，民主意味着在一个国家内重大的公共事项要由人民来决定，而什么是犯罪以及如何处罚犯罪，在任何一个国家无疑都是重大事项，因此应当交由人民来决定，即由民选的代表组成立法机关（在我国就是全国人民代表大会及其常务委员会），再根据法定的程序制定生成刑法，这样的刑法一经制定就是民意的凝结。遵守刑法就等于尊重民意；其次，人权主义也称为自由主义，所谓自由，就是做法律所许可的事情的权利。罪刑法定原则要求，什么行为是犯罪以及对犯罪将处以怎样的刑罚，必须以明确的方式写在成文的刑法典中，这不仅仅是对于法官自由裁量权的限制，更是公民行动的指示牌，公民可以根据法律的规定，选择自己的行为，安排自己的生活，并且可以确信，只要自己没有实施法律所禁止的行为，就是安全的，就不会受到国家刑罚权的肆意侵犯。①正确。

罪刑法定原则主要是对司法者的限制，但是实质的罪刑法定原则要求立法具有明确性以及保障公民的行动自由，从而体现了对立法者的约束。②正确。

罪刑法定原则是和社会主义法治理论高度相一致的。这四句话都体现出罪刑法定原则和社会法治理论的一致性。③④正确。因此，D选项是正确的。

第二节　平等适用刑法原则

《刑法》第4条："对任何人犯罪，在适用法律上一律平等。不允许任何人有超越法律的特权。"

一、基本含义

1. 平等追究：对于实施犯罪的任何人，都必须严格依照法律认定犯罪；对于任何犯罪人，都必须根据其犯罪事实与法律规定量刑；对于被判处刑罚的任何人，都必须严格按照法律的规定执行刑罚。

2. 平等保护：对刑法所保护的合法权益予以平等的保护。

3. 反对特权、反对歧视。

二、本质

1. 对不平等的抽象排斥

2. 对实质正义的追求

刑法中的某些规定体现了对于不同人的区别对待，这样规定的目的是为了实现更深刻的公正。例如审判时怀孕的妇女不适用死刑，又聋又哑的人犯罪可以从轻、减轻或者免除处罚。

---

① D

第三节　罪刑相适应原则

《刑法》第5条："刑罚的轻重，应当与犯罪分子所犯罪行和承担的刑事责任相适应。"

一、基本含义

"重罪重罚、轻罪轻罚、罪刑相当、罚当其罪"

二、具体要求

罪刑相适应原则的具体要求是，刑罚既要与犯罪性质相适应，又要与犯罪情节相适应，还要与犯罪人的人身危险性相适应。在立法上实现罪刑相适应原则，要求注重对各种犯罪的社会危害程度的宏观预测和遏制手段的总体设计，确定合理的刑罚体系、刑罚制度与法定刑；在量刑方面实现罪刑相适应原则，要求将量刑与定罪置于同等重要地位，强化量刑公正的执法观念，实现刑与罪的均衡协调；在行刑方面实现罪刑法定原则，要求注重犯罪人的人身危险程度的消长变化情况，合理地运用减刑、假释等制度。

【2012-2-2】甲与乙女恋爱。乙因甲伤残提出分手，甲不同意，拉住乙不许离开，遭乙痛骂拒绝。甲绝望大喊："我得不到你，别人也休想"，连捅十几刀，致乙当场惨死。甲逃跑数日后，投案自首，有悔罪表现。关于本案的死刑适用，下列哪一说法符合法律实施中的公平正义理念？（　　）①

A. 根据《刑法》规定，当甲的杀人行为被评价为"罪行极其严重"时，可判处甲死刑

B. 从维护《刑法》权威考虑，无论甲是否存在从轻情节，均应判处甲死刑

C. 甲轻率杀人，为严防效尤，即使甲自首悔罪，也应判处死刑立即执行

D. 应当充分考虑并尊重网民呼声，以此决定是否判处甲死刑立即执行

【考点】死刑的适用

【解析】A选项，适用死刑首先条件就是罪行极其严重。因此，如果甲的杀人行为被评价为"罪行极其严重"，则可以判处死刑。

B选项，"均应"的表述错误，无论是否存在从轻情节，一定要判处死刑的说法不符合社会主义法治理念和宽严相济的刑事政策。

C选项，严防效尤表述存在严重问题，威慑功能是刑罚的功能之一，但是不能为了威慑他人，而不顾行为人的从宽处罚情节，直接判处死刑立即执行，这种做法等于将生命作为威慑他人的工具，是严重违反现代刑法理念的。

D选项，定罪和量刑必须严格依照现行刑法的规定，不能因为舆论而影响法律的公平正义，否则将违反罪刑法定原则。

【2014-2-1】关于公平正义理念与罪刑相适应原则的关系，下列哪一选项是**错误**的？（　　）②

A. 公平正义是人类社会的共同理想，罪刑相适应原则与公平正义相吻合

B. 公平正义与罪刑相适应原则都要求在法律实施中坚持以事实为根据、以法律为准绳

C. 根据案件特殊情况，为做到罪刑相适应，促进公平正义，可由最高法院授权下级法院，

---

① A　② C

在法定刑以下判处刑罚

D. 公平正义的实现需要正确处理法理与情理的关系，罪刑相适应原则要求做到罪刑均衡与刑罚个别化，二者并不矛盾

【考点】罪刑相适应原则

【解析】A、B 选项正确，罪刑相适应就是为了在刑法领域实现公平正义。

C 选项，不能以公平正义为名来突破罪刑法定原则，在刑事司法中没有法定事由是不能在法定刑以下判处刑罚，除非有非常特殊的情形，要报请最高人民法院核准，一案一报一核准，而不是授权。

D 选项，在执法和司法过程中，既要遵循法律、法规的相关规定，也要参照其他社会规范，同时适当考虑人民群众的普遍性情感，既要维护执法的严肃性，又要考虑社会现实状况和人民群众的接受程度，在不违反法律规定的前提下，能动地运用法律技术和法律手段，兼顾法理与情理的要求。而罪刑相适应原则要求既要刑罚均衡，又要根据犯罪人的自身情况确定与之相适应的刑罚，即刑罚个别化，这也体现了普遍与特殊的关系，二者并不矛盾。

第二章　刑法的解释

刑法的解释是对刑法规定意义的说明。刑法的规定尽善尽美、无需解释，当然是最理想的，但是作为抽象化、规范化的文字表达，对刑法的准确适用是不可能离得开对于刑法规范、刑法概念的解释的，因此，一切刑法都有解释的必要。

第一节　解释的效力

一、非正式解释（无权解释、学理解释）学术机构和学者个人所做的解释。

二、正式解释（有权解释）

1. 立法解释：在刑法实施过程中，立法机关（全国人民代表大会常务委员会）对发生歧义的规定所做的解释说明。

立法解释的效力等同于立法，但又不是法律本身，所以立法解释不是法律的渊源。

刑法中的解释性规定	立法解释
《刑法》第 93 条【国家工作人员的范围】本法所称国家工作人员，是指国家机关中从事公务的人员。 　国有公司、企业、事业单位、人民团体中从事公务的人员和国家机关、国有公司、企业、事业单位委派到非国有公司、企业、事业单位、社会团体从事公务的人员，以及**其他依照法律从事公务的人员，以国家工作人员论。**	**全国人大常委会关于《刑法》第九十三条第二款的解释** （2000 年 4 月 29 日第九届全国人民代表大会常务委员会第十五次会议通过） 　全国人民代表大会常务委员会讨论了村民委员会等村基层组织人员在从事哪些工作时属于刑法第九十三条第二款规定的"**其他依照法律从事公务的人员**"，解释如下： 　村民委员会等村基层组织人员协助人民政府从事下列行政管理工作，属于刑法第九十三条第二款规定的"**其他依照法律从事公务的人员**"： 　（一）救灾、抢险、防汛、优抚、扶贫、移民、救济款物的管理； 　（二）社会捐助公益事业款物的管理； 　（三）国有土地的经营和管理； 　（四）土地征收、征用补偿费用的管理； 　（五）代征、代缴税款； 　（六）有关计划生育、户籍、征兵工作； 　（七）协助人民政府从事的其他行政管理工作。
刑法条文本身	对刑法条文的解释

2. 司法解释：最高人民法院、最高人民检察院对审判、检察工作中<u>如何具体适用法律所</u>

作出的解释。

3. 效力位阶：立法解释＞司法解释。

4. 正式解释与罪刑法定原则

刑法学从某种意义上说就是刑法解释学，刑法适用的过程就是刑法解释的过程，但是任何解释都不得违反罪刑法定原则的要求，否则将不被采纳（学理解释尤甚）。现有的立法解释、司法解释亦不因为被纳入有权解释的范畴而被当然认为符合罪刑法定原则。

例如两高在2001年颁布的《关于办理伪造贩卖伪造的高等院校学历学位证明刑事案件如何适用法律问题的解释》中规定"明知是伪造高等院校印章制作的学历、学位证明而 贩卖 的，以 伪造事业单位印章罪 的共犯论处。"倘若将"事前没有通谋，在伪造者伪造印章制作的学历、学位证明后再贩卖的行为"解释为构成"伪造事业单位印章罪"，其实就是将 贩卖 行为解释为 伪造 行为，属于**类推解释**。

第二节　解释的方法

解释的方法	
解释的 技巧 （唯一的） "这个条文怎么用"	解释的 理由 （多样的） "为什么这么用"
1. 平义解释 2. 宣言解释 3. 扩大解释　←——　遗弃罪中"负 4. 缩小解释　　　　有抚养义务 5. 反对解释　　　　的人" 6. 补正解释 7. 类推解释	1. 文理解释 2. 体系解释 3. 当然解释 4. 历史解释 5. 比较解释 6. 目的解释
对一个刑法概念的解释，只能采取一种解释的技巧，但是采取哪种解释的技巧需要解释的理由加以支撑。	解释的理由是多种多样的，多个解释的理由累加在一起，可以支撑一个解释的技巧。

解释的方法包括**解释的技巧**与**解释的理由**两部分，解释技巧指条文的适用方法，因此对于一个刑法条文或者一个刑法用语，只能采取一个解释的技巧，而不能即此又彼（例如我们不能说一个人又高又矮；或者说一名同学又早到又迟到）。后者指解释的参照事项，即支撑解释技巧的解释理由，一种解释技巧可以有多个理由支撑，因此解释的理由可以是多种多样的。例如，将遗弃罪中"负有抚养义务的人"解释为基于合同、业务而产生抚养义务的个人，从解释的技巧来讲属于扩大解释，从解释的理由来讲属于历史解释（对于没有独立生活能力人的照护，已经随着历史发展不再单独依赖婚姻家庭关系）。解释理由是对解释的技巧予以说理，即采取此种解释技巧背后的理由和原因，一个解释技巧对应的解释理由可以有多个。

一、解释的技巧

1. 平义解释： 对于法律中的日常用语，按照该用语最平白的字义进行解释。

相对于其他解释技巧而言，平义解释较为简单，从某种意义上说如果对某个法条或者用语做出的平义解释是合理的，就意味着对该法条和用语不需要解释。

【例】将"拐卖儿童罪"的对象"儿童"，平义解释为："男童、女童"

2. 宣言解释： 当法条的含义不明确，或者对于法条的理解存在争议，或者以往对于法条的解释不妥当时，选择与以往不同的更为妥当的解释，即对法条概念的再定义，对法条含义的再选择。

【例】"盗窃"：以非法占有为目的，违反被害人的意志，将他人占有的财产转移给自己或者第三人占有的行为。①

3. 缩小解释【限制解释】： 即刑法条文的字面通常含义，比刑法的真实含义广，于是限制字面含义，使其符合刑法的真实含义。

【例1】为境外窃取、刺探、收买、非法提供国家秘密、情报罪中的"情报"缩小解释为"关系国家安全和利益、尚未公开或者依照有关规定不应公开的事项"，如果不做这样的缩小解释将会导致限制中国人的对外交往，也会使得刑法保护了不值得刑法保护的事项。

【例2】聚众淫乱罪中的"聚众"缩小解释为"具有一定的公然性"，如果不进行这样的限制，将会导致刑法介入国民的道德生活，伦理秩序成为刑法保护的法益，则过分干预国民的自由。

4. 反对解释： 根据法条的正面表述，推导其反面含义。

（1）当存在甲与乙相反的情形时，根据刑法条文的正面表述，推导其反面含义。

【例】第257条【暴力干涉婚姻自由罪】"以暴力干涉他人婚姻自由的，处二年以下有期徒刑或者拘役。

犯前款罪，致使被害人死亡的，处二年以上七年以下有期徒刑。

第一款罪，告诉的才处理。"

反对解释： 对于第一款，没有告诉的不得处理。

（2）当存在 A 与 B 两种类似的事实时，如果刑法仅就 A 事实作出规定，那么应当就 B 事实得出与 A 相反的结论

【例】第236条【强奸罪】"以暴力、胁迫或者其他手段强奸妇女的，处三年以上十年以下有期徒刑。"

反对解释： 刑法仅规定妇女是强奸罪的对象，因此，可以得出男性不能成为强奸罪的对象。

5. 补正解释： 在刑法文字发生错误时，统观刑法全文加以补正以阐明刑法真实含义。

【例1】第191条"为掩饰、隐瞒毒品犯罪、黑社会性质的组织犯罪、恐怖活动犯罪、走私犯罪、贪污贿赂犯罪、破坏金融管理秩序犯罪、金融诈骗犯罪的所得及其产生的收益的来源和性质，有下列行为之一的，没收实施以上犯罪的所得及其产生的收益，处五年以下有期徒刑或者拘役，并处或者单处罚金……"

"没收" 补正解释为：没收或者返还被害人。

【例2】例如《刑法》第99条"本法所称以上、以下、以内，包括本数。"第63条"犯罪

---

① 张明楷：《刑法学（第五版）》，法律出版社，2016年版，第40页。

分子具有本法规定的减轻处罚情节的，应当在法定刑以下判处刑罚"；第63条的"**以下**"就应当补正解释为**不包含本数**，因为判处法定最低刑不是减轻处罚而是从轻处罚。

6. **扩大解释：对用语通常含义的扩张，但不能超出用语可能具有的含义。**

【例1】"**开设赌场**"扩大解释为包括：在计算机网络上建立**赌博网站**；为赌博网站担任**代理**，接受投注。

【例2】"**金融机构**"扩大解释为包括自动取款机。

罪刑法定的原则并不禁止扩大解释，但不意味着扩大解释的结论都符合罪刑法定原则，扩大解释方法本身不违反罪刑法定原则，但其解释的结论可能与罪刑法定原则相抵触。

【例】将伪造货币罪中的"**伪造**"解释为包含"**变造**"在内，属于扩大解释，这样的解释方法本身是允许的，但是由于刑法中原本就有"**变造货币罪**"，因此这样的解释结论却是违反罪刑法定的原则的。

7. **类推解释：将不符合法律规定的情形解释为符合法律规定的情形**

类推解释导致将刑法适用于相类似的事项上，而"相类似"本身就带有巨大的模糊性和不确定性，只要两种事项存在相同的地方，人们就可以说它们"相类似"，于是任何行为都有可能因为与刑法规定的行为"相类似"而面临定罪的风险，国家刑罚权被滥用的风险在类推解释中被无限放大，因此导致入罪的类推解释因为违反罪刑法定原则，而被现代刑法摒弃。

【例外】不禁止有利于被告人的类推解释。

不利于被告人的类推解释	有利于被告人的类推解释
导致**入罪**：违反罪刑法定原则，被禁止	导致**出罪**：是对于国家刑罚权的限制，被允许
【例1】"拐卖妇女、儿童罪"中的"妇女"解释为包括"男人" 【例2】将"醉酒驾驶"解释为包括"吸毒驾驶"	【例1】"审判时怀孕的妇女"解释为"**羁押期间流产的妇女**" 【例2】第389条行贿罪中"因被勒索给予国家工作人员以财物，没有获得不正当利益的，不是行贿。"类推适用于第163条对非国家工作人员行贿罪

【注意1】扩大解释与类推解释的区别

	扩大解释	类推解释
是否超出国民的预测可能性	不超出	超出
解释方法	逻辑推演	类比
概念之间的相互关系	未提升一个位阶	提升一个位阶

例如《刑法》第236条强奸罪"以暴力、胁迫或者其他手段强奸妇女的"，如果认为男性可以成为强奸罪的被害人，则等于做出了这样的解释：**妇女＝女性和男性**，实际上就是将"妇女"这个概念提升为"人"。

【注意2】虽然罪刑法定原则不禁止有利于被告人的类推解释，但不意味着，在任何场合都必须从有利于被告人的角度出发去类推解释，有利于被告人的类推解释必须在必要且合理的条件下做出。"存疑时有利于被告人"的原则只是刑事诉讼法上的证据法则，只适用于对事实的判定，不适用于刑法的解释。

【注意3】**司法解释、立法解释**都不得类推；若真有此解释也不能否认其类推解释的性质。

二、解释的理由

1. 文理解释：又称文义解释，是按照表述法律规范的文字的字面意义进行的一种法律解释，包括对条文中字词、概念、术语的文字字义的解释。

法律的载体是语言文字，因此文理解释是最基本的解释理由。如果文理解释的结论具有唯一性，并且是合理的，就不需要运用论理解释来得出结论；如果文理解释的结论不具有唯一性或者明确不合理，则需要运用论理解释来确定法律用语的含义。

但是，由于用语具有模糊性、多义性等特点，将文理解释作为解释的理由，其说服力是有限的。

【例】"收买"一词在现代汉语词典中有两个含义：1. 支付对价收购；2. 用金钱或者其他好处笼络人。

"**收买**被拐卖的妇女儿童罪"：根据文理解释此处的"收买"适用第 1 种解释。

"策动、胁迫、勾引、**收买**国家机关工作人员、武装部队人员、人民警察、民兵进行武装叛乱或者武装暴乱的，依照前款的规定从重处罚。"根据文理解释此处的"收买"适用第 2 种解释。

2. 体系解释：根据刑法条文在整个刑法中的地位，联系相关法条的含义，阐明其规范旨意。

（1）刑法是对于公民及司法人员的行为指示，因此必须被体系性的加以理解，不能有内在矛盾，才能得到一体遵行。

【例1】"伪造"与"变造"

①伪造不包含变造：我国刑法既规定了"伪造货币罪"也规定了"变造货币罪"，因此伪造货币罪中的"伪造"就不应该包括"变造"。

②伪造包含变造：信用卡诈骗罪中"使用伪造的信用卡"，此处的"伪造"包含"变造"。

【例2】抢劫罪中的"胁迫"与强奸罪中的"胁迫"

①抢劫罪中的胁迫只包括以暴力相威胁，因为财产性犯罪中除抢劫罪之外还有敲诈勒索罪，以非暴力的恶害相威胁，成立敲诈勒索罪，因此抢劫罪的"**胁迫**"仅限于以暴力相威胁。

②对妇女性决定权的犯罪中没有类似敲诈勒索罪的罪名，所以强奸罪的"**胁迫**"就必须包括类似敲诈勒索罪中的胁迫行为，如以揭发隐私、毁坏财物相威胁。

（2）体系解释强调"协调合理"，只要是协调合理的，同一用语在不同条文中应当保持相同含义，在不同条文中，也可以保持不同含义。

【例】"传播淫秽物品罪"与"传播性病罪"中"传播"就可以保持不同含义。

（3）同类解释从属于体系解释，所谓同类解释，立法者在设计罪状时采用"示例法"，即先列举几个例子，然后用"等"、"其他"来兜底概括，对于这些兜底规定的含义不能随意扩大，而应当先概括出前面例子的"共同特征"，再用这些"共同特征"来解释兜底规定意思。

按照同类解释规则，对于刑法分则条文在列举具体要素后使用的"等"、"其他"用语，应按照所列举的内容、性质进行同类解释。

3. 当然解释："举重以明轻、举轻以明重"

（1）某种行为是否 被允许 ，举重以明轻，即重的行为被所允许，则轻的行为当然被所允许；

（2）某种行为是否 被禁止 ，举轻以明重，即轻行为被禁止，则重的行为当然被禁止。

具体在刑法中，⬚出罪⬚时，"举重以明轻"，即重的行为都被刑法所允许，则轻的行为当然也应当为刑法所允许；⬚入罪⬚时，"举轻以明重"，即轻的行为被刑法所禁止，则重的行为当然应当为刑法所禁止。

【注意1】 一个行为被刑法所禁止，就意味着该行为构成犯罪，因此不能单纯因为行为严重就得出其构成犯罪的结论，还应当判断行为是否符合刑法所规定的构成要件。否则就是**类推解释**。

【例1】 吸毒驾驶与醉酒驾驶

醉酒驾驶是刑法明确禁止的行为，构成刑法第133条之一的危险驾驶罪；吸毒驾驶属于比醉酒驾驶更加严重的行为，根据当然解释的原理，更应当被禁止，但是"醉酒"的语义范围无法包含"吸毒"的语义，将"吸毒驾驶"强行评价为"醉酒驾驶"，则违反罪刑法定原则，是不合理的。

【例2】 偷盗婴幼儿与抢劫婴幼儿

偷盗婴幼儿是刑法明确禁止的行为①，而刑法条文并没有明确禁止抢劫婴幼儿的行为，"抢劫"显然重于"偷盗"，根据当然解释的理由，抢劫婴幼儿的行为也应当被刑法所禁止，即成立犯罪；同时，抢劫等于偷盗加对人暴力，可以说抢劫不但满足偷盗的构成要件还有所超出，所以可以认为抢劫行为符合偷盗的构成要件，抢劫婴幼儿的行为即为刑法所禁止的犯罪行为。这样的解释结论不但合理（当然解释）而且符合罪刑法定原则。

【注意2】 当然解释一定是有两个事实，即甲事实和乙事实，乙事实是甲事实在性质、种类上的递增或者减少，因此用"举轻以明重、举重以明轻"的原理来解决出罪与入罪的问题，因此在运用当然解释的场合，能够看出这两个事实有性质上、程度上、规模上的增加或者减少。

【判断】 将明知是捏造的损害他人名誉的事实，在信息网络上散布的行为，认定为"捏造事实诽谤他人"，属于当然解释（×）

【解析】 "明知是捏造的损害他人名誉的事实，在信息网络上散布的行为"与"捏造事实诽谤他人"这两个事实之间，并不存在增加或减少的递进关系，因此也不是当然解释的运用。单纯散布损害他人名誉的事实，同样侵犯公民名誉权，因此将该行为评价为"诽谤"，不是当然解释，而是目的解释，即符合立法者设计诽谤罪的规范保护目的。

4. 历史解释

根据制定刑法时的历史背景以及刑法的发展潮流，阐明刑法条文的真实含义的解释方法。在进行历史解释时所使用的资料有：关于草案的说明、审议结果报告、立法机关的审议意见等等。考察这些资料的目的是为了寻找刑法的真实含义，探讨立法原意，即通过考察刑法制定时的历史背景，以及某个概念、法条的发展史，来探究该概念和法条的真实含义。

（1）尊重法条制定时的历史背景；

（2）根据社会生活的发展而与时俱进。

【例】 《刑法》第252条侵犯通信自由罪"隐匿、毁弃或者非法开拆他人信件，侵犯公民通信自由权利，情节严重的，处一年以下有期徒刑或者拘役。"此处的"信件"就应当随着时代的发展扩大解释为包括电子邮件、手机短信、微信聊天记录等非纸质版信件。

---

① 以出卖为目的偷盗婴幼儿，成立拐卖儿童罪；以收养为目的偷盗婴幼儿，成立拐骗儿童罪；以勒索财物为目的偷盗婴幼儿，成立绑架罪。

5. 比较解释

在解释我国刑法的规定时，将国外的相关立法、理论、判例作为参考资料，借以阐明我国刑法规范的真实含义。

6. 目的解释

根据刑法规范的保护目的，具体情境权衡各种解释理由，阐明刑法条文的真实含义。

（1）法条用语可能具有的含义比较窄时，不能因为目的解释扩大处罚范围；如果一个具体个案很清楚不能被包摄在法条之下，这个法条就不能直接适用于此案，因为法条用语的文义是解释的界限，不能为了实现处罚的目的将文义过度扩张。

【例】凌晨三点打骚扰电话，尽管具有侵害他人生活安宁之虞，但"打电话"的行为无论如何不能被评价在"侵入"，进而不可能成立非法侵入住宅罪。

（2）法条用语可能具有的含义比较宽时，可以通过目的解释限制构成要件的适用范围。

【例】滥伐林木罪的规范保护目的是"保护森林资源"。《刑法》第345条"违反森林法的规定，滥伐森林或者**其他林木**，数量较大的，处三年以下有期徒刑、拘役或者管制，并处或者单处罚金"中的"**其他林木**"解释为"不包括行为人房前屋后、自留地种植的林木"。

【2014-2-3】关于刑法用语的解释，下列哪一选项是正确的？（　　）①

A. 按照体系解释，刑法分则中的"买卖"一词，均指购买并卖出；单纯的购买或者出售，不属于"买卖"

B. 按照同类解释规则，对于刑法分则条文在列举具体要素后使用的"等"、"其他"用语，应按照所列举的内容、性质进行同类解释

C. 将明知是捏造的损害他人名誉的事实，在信息网络上散布的行为，认定为"捏造事实诽谤他人"，属于当然解释

D. 将盗窃骨灰的行为认定为盗窃"尸体"，属于扩大解释

【考点】刑法的解释

【解析】A选项，认为刑法分则中的"买卖"一词，"均指购买并卖出"，是不准确的。例如非法买卖枪支、弹药、爆炸物罪，无论是买方还是卖方，无论是单纯购买还是单纯出售，都构成本罪。因此，A选项是错误的。

B选项，同类解释从属于体系解释，同类解释针对立法者在设计罪状时采用"示例法"的情形，即先列举几个例子，然后用"等"、"其他"来兜底概括，比如"对正在进行行凶、杀人、抢劫、强奸、绑架以及其他严重危及人身安全的暴力犯罪，采取防卫行为，造成不法侵害人伤亡的，不属于防卫过当，不负刑事责任。"对于此处的"其他"就应当进行同类解释，即与"行凶、杀人、抢劫、强奸、绑架"等暴力犯罪程度相当的严重危及人身安全的暴力犯罪。注意，对于这些兜底规定的含义不能随意扩大，而应当先概括出前面例子的"共同特征"，再用这些"共同特征"来解释兜底规定的意思。因此，B选项是正确的。

C选项，当然解释一定是有两个事实，即甲事实和乙事实，乙事实是甲事实在性质、种类上的递增或者减少，用"举轻以明重、举重以明轻"的原理来解决出罪与入罪的问题，因此在运用当然解释的场合，能够看出这两个事实有性质上、程度上、规模上的增加或者减少。然而"明知是捏造的损害他人名誉的事实，在信息网络上散布的行为"与"捏造事实诽谤他人"这两个事实之间，并不存在增加或减少的递进关系，因此也不是当然解释的运用。单纯散布损害他人名誉的事实，同样侵犯公民名誉权，因此将该行为评价为"诽谤"，不是当然解释，而

---

① B

是目的解释，即符合立法者设计诽谤罪的规范保护。因此，C 选项是错误的。

D 选项"尸体"经过火化变成"骨灰"，在日常观念上，两者在日常观念上属于不同的事物。所以不能把尸体评价为骨灰或者把骨灰评价为尸体，如果硬要将"骨灰"评价为"尸体"则超出了"尸体"的文义射程，也超出了公民的预测可能性，属于类推解释。因此，D 选项是错误的。（注意：《刑法修正案（九）》已将"盗窃、侮辱尸体罪"，改为"盗窃、侮辱、故意毁坏尸体、尸骨、骨灰罪"》）

【2013－2－3】关于刑法解释，下列哪一选项是**错误**的？（　　　）①

A. 学理解释中的类推解释结论，纳入司法解释后不属于类推解释

B. 将大型拖拉机解释为《刑法》第116条破坏交通工具罪的"汽车"，至少是扩大解释乃至是类推解释

C.《刑法》分则有不少条文并列规定了"伪造"与"变造"，但不排除在其他一些条文中将"变造"解释为"伪造"的一种表现形式

D.《刑法》第65条规定，不满18周岁的人不成立累犯；《刑法》第356条规定，因走私、贩卖、运输、制造、非法持有毒品罪被判过刑，又犯本节规定之罪的，从重处罚。根据当然解释的原理，对不满18周岁的人不适用《刑法》第356条

【考点】刑法的解释

【解析】A 选项，学理解释中的类推解释在被纳入司法解释后，尽管变成有权解释，具有法律效力，但不能改变它类推解释的性质，从另一个角度来说现有的司法解释中确实存在着违反罪刑法定原则的类推解释，应当被质疑。因此，A 选项是错误的。（对于一些法无明文规定的行为，经常有人主张最高人民法院应当作出司法解释，从而为处罚该行为提供法律依据，事实上最高人民法院也无权在法无明文规定的前提下，将某种行为规定为犯罪，即使披上了司法解释的外衣，也是类推解释。）

B 选项，"大型拖拉机"是否属于"汽车"，在理论界存在不同观点。部分学者认为"大型拖拉机"应当解释为属于"汽车"，但有些学者认为"大型拖拉机"解释为"汽车"属于类推解释，选项中兼顾扩大解释和类推解释两种观点，无论认为属于扩大解释还是类推解释，都说明将"汽车"解释为包括"拖拉机"是对于"汽车"本来含义的扩张。因此，B 选项是正确的。

C 选项，如果对于同一事物，法条中并列规定了"伪造"与"变造"，此时"伪造"和"变造"就各司其职，不能相互包括，例如伪造货币罪与变造货币罪；但如果对于同一事物，法条只规定了"伪造"而没有规定"变造"，比如信用卡诈骗罪的行为方式，只规定了使用"伪造"的信用卡，并没有规定使用"变造"的信用卡，此时就应当将伪造作扩大解释，解释为包含"变造"。所以同样的"伪造"，在有些条文中包含"变造"，在有些条文不包含"变造"，这种解释的理由就是体系解释。因此，C 选项是正确的。

D 选项，累犯和毒品再犯的区别：累犯在法律后果上比毒品再犯要严厉的多，是刑事政策打击的重点，累犯行为属于重行为，毒品再犯行为属于轻行为，刑法不处罚不满18周岁的人的累犯行为（重行为），当然不会处罚不满18周岁的人的轻行为，解释的理由属于当然解释。因此，D 选项是正确的。

---

① A

第三章　刑法的效力范围

码上揭秘

第一节　刑法的空间效力

一、刑法空间效力的概念

刑法的空间效力，是指刑法对地和对人的效力，也就是解决刑法适用于什么地域和适用于哪些人的问题。

二、确立刑法空间效力范围的学理根据

属地原则、属人原则、保护原则、普遍管辖原则

效力原则	学理根据
属地原则	一个国家的刑法只管发生在本国领域内的犯罪
属人原则	一个国家的刑法只管本国公民实施的犯罪
保护原则	一个国家的刑法只管侵害本国利益的犯罪
普遍管辖原则	一个国家的刑法对侵犯人类共同利益的国际犯罪都要行使管辖权。

三、我国刑法关于空间效力的规定

在确立刑法空间效力方面，我国刑法采取以属地管辖为基础，其他原则为补充的综合性原则。

（一）属地管辖权（域内犯）

《刑法》第6条"凡在中华人民共和国领域内犯罪的，除法律有特别规定的以外，都适用本法。

凡在中华人民共和国船舶或者航空器内犯罪的，也适用本法。

犯罪的行为或者结果有一项发生在中华人民共和国领域内的，就认为是在中华人民共和国领域内犯罪。"

1. 犯罪地

（1）犯罪行为实施地，既包括实行行为实施地，也包括未完成行为（预备行为、未遂行为、中止行为）实施地，还包括共犯行为（教唆行为、帮助行为）实施地。

例1　俄罗斯人甲在杭州旅游的时候，杀死了韩国人乙。（这是最典型的在中华人民共和国领域内犯罪的情形，根据属地管辖的原则，我国刑法当然有管辖权。）

例2　身在北京的韩国人甲意图杀死身在韩国的韩国人乙，甲在北京购买了毒药后，回到

韩国，冒充饮料匿名寄送给乙。（甲的预备行为发生在中国领域内，适用中国刑法）

例3 韩国人甲在韩国杀死了日本人乙，韩国人丙在中国对甲的行为实施了教唆或者帮助。（丙的教唆或者帮助行为在中国境内，适用中国刑法）

（2）犯罪结果发生地：既包括实际结果发生地，也包括预期结果发生地。

例1 英国人甲从英国寄送毒药给身在中国的韩国人乙，乙服毒后由于不相信中国医疗回韩国治疗，后在韩国治疗无效死亡。（甲的行为造成的具体危险结果发生在我国领域内，中国对该案享有属地管辖，应当适用中国刑法。）

例2 美国人甲在美国从网络上传播淫秽作品，中国公民乙在中国从网上观看。（传播淫秽作品的结果发生在中国领域内，中国对该案享有属地管辖，应当适用中国刑法。）

【注意】 根据司法解释①，在电信网络诈骗犯罪中，"犯罪行为发生地"包括用于电信网络诈骗犯罪的网站服务器所在地，网站建立者、管理者所在地，被侵害的计算机信息系统或其管理者所在地，犯罪嫌疑人、被害人使用的计算机信息系统所在地，诈骗电话、短信息、电子邮件等的拨打地、发送地、到达地、接受地，以及诈骗行为持续发生的实施地、预备地、开始地、途经地、结束地。"犯罪结果发生地"包括被害人被骗时所在地，以及诈骗所得财物的实际取得地、藏匿地、转移地、使用地、销售地等。

2. 领域内

（1）固定领域：领陆、领水、领空；

（2）拟制领域：悬挂我国国旗的船舶、航空器，以及悬挂我国国旗的石油钻井台。（"旗国主义"）

【注意】 不包含国际长途汽车、国际列车。

例1 法国人甲在公海上悬挂我国国旗的石油钻井台上故意杀害了德国人乙。（挂有中国国旗的在公海上的石油钻井台，属于我国领土，对在其上的犯罪，都适用中国刑法，这是旗国主义的体现。）

例2 在一列从哈尔滨开出的国际列车进入俄罗斯境内，车上蒙古人甲强奸了韩国人乙（国际列车、国际长途汽车不属于我国领域，不能适用属地管辖原则）

3. 法律有特别规定的除外

（1）享受外交特权和外交豁免权的外国人：不适用中国刑法，通过外交途径解决；

（2）民族自治地方：不适用刑法典的部分条文；

（3）香港特别行政区、澳门特别行政区基本法所作的例外规定：不适用内地刑法。

例如美国驻华使馆的参赞甲在北京与韩国人乙发生口角，一时气愤将乙打成重伤。（参赞享有外交特权和豁免权，不适用我国刑法，应通过外交途径解决。）

（二） 属人 管辖权（国人域外犯）

《刑法》第7条："中华人民共和国公民在中华人民共和国领域外犯本法规定之罪的，适用本法，但是按本法规定的最高刑为三年以下有期徒刑的，可以不予追究。

中华人民共和国国家工作人员和军人在中华人民共和国领域外犯本法规定之罪的，适用本法。"

1. 中华人民共和国国家工作人员和军人在国外实施犯罪，一律适用我国刑法。

2. 其他中华人民共和国公民在国外实施犯罪，原则上适用我国刑法；但犯轻罪，可以不

---

① 2016年《最高人民法院 最高人民检察院 公安部关于办理电信网络诈骗等刑事案件适用法律若干问题的意见》

予追究；

所谓"轻罪"，指法定最高刑在 3 年以下有期徒刑的犯罪。

【注意】这里的"中华人民共和国公民"既包括"行为时是中华人民共和国公民"，还包括"裁判时是中华人民共和国公民"。

例如甲原本是美国人，取得我国国籍后（新国民），发现其在取得我国国籍以前在意大利曾犯过故意杀人罪，且没有超过追诉时效，对甲的犯罪行为应适用我国刑法。

（三） 保护 管辖权（外人域外犯）

《刑法》第 8 条："外国人在中华人民共和国领域外对中华人民共和国国家或者公民犯罪，而按本法规定的最低刑为三年以上有期徒刑的，可以适用本法，但是按照犯罪地的法律不受处罚的除外。"

1. 犯我：侵犯的是我国国家或者公民的利益。

2. 重罪：法定最低刑是 3 年以上有期徒刑。

3. 双边犯罪：双方（犯罪人所在国与中国）的法律都认为是犯罪。（因为外国人在国外只需遵守所在国的法律，不能要求一个人在任何地方遵守一切国家的法律。）

例如日本刑法规定"不满 13 周岁为幼女"，日本公民甲在日本与中国籍乙（已满 13 不满 14）双方自愿发生性关系。（根据中国刑法甲的行为构成强奸罪，但是根据日本刑法甲的行为不构成犯罪，由于不满足"双边犯罪"的要求，中国不能依照中国刑法追究甲的刑事责任。）

（四） 普遍 管辖权（国际犯罪）（劫持航空器罪、贩卖毒品、海盗等国际犯罪）

《刑法》第 9 条："对于中华人民共和国缔结或者参加的国际条约所规定的罪行，中华人民共和国在所承担条约义务的范围内行使刑事管辖权的，适用本法。"

1. 中国缔结或者参加的国际条约所规定的罪行。

2. 条约义务的范围内：声明保留的除外。

3. 中国刑法将该行为规定为犯罪：国际条约的内容必须内化为国内法的规定，而且国际条约不能成为定罪量刑的依据；（普遍管辖的实体法适用依据是国内刑法，而非国际条约，因为国际条约没有对罪行规定法定刑，而是要求缔约国或者参加国将国际条约所列的罪行规定为国内刑法上的犯罪）。

4. （可操作性）犯罪人在我国境内。

普遍管辖原则具有补充性。从国内法的角度，普遍管辖原则相对于传统的属地、属人、保护管辖原则而言仅具有补充作用。如果按照传统的属地、属人、保护管辖原则中的任意原则能确立刑法的效力，则不需适用普遍管辖原则。

【注意 1】 属地→属人→保护→普遍管辖权的排序，区分先后，依次按照上述顺序适用。

【注意 2】 一个案件只适用一种管辖权，不存在两种以上管辖权并用的情形。

（五） 对于外国刑事判决的消极承认（国人域外犯、外人域外犯）

《刑法》第 10 条："凡在中华人民共和国领域外犯罪，依照本法应当负刑事责任的，虽然经过外国审判，仍然可以依照本法追究，但是在外国已经受过刑罚处罚的，可以免除或者减轻处罚。"

1. 原则：具有独立的刑事管辖权，外国确定的刑事判决不制约本国刑罚权的实现。

2. 灵活：对于外国判决及刑罚执行的事实，给予考虑，可以免除或者减轻处罚（人道主义）。

【2012－2－（86）】甲在国外旅游，见有人兜售高仿真人民币，用 1 万元换取 10 万元假

币，将假币夹在书中寄回国内。（事实一）

86. 关于事实一的分析，下列选项正确的是：（　　）①

A. 用 1 万元真币换取 10 万元假币，构成购买假币罪

B. 扣除甲的成本 1 万元，甲购买假币的数额为 9 万元

C. 在境外购买人民币假币，危害我国货币管理制度，应适用保护管辖原则审理本案

D. 将假币寄回国内，属于走私假币，构成走私假币罪

【考点】购买假币罪，走私假币罪，刑法的空间效力

【解析】A 选项，甲在国外用 1 万元换取 10 万元假币的，其实质是购买假币，成立购买假币罪。甲的行为侵犯的法益是金融管理秩序，其所购买的假币的数额就是犯罪数额。因此，A 选项是正确的。

B 选项，购买假币罪的法益不是财产权，而是金融管理秩序，所以购买的数额就是犯罪数额，不存在扣除成本的问题。因此，B 选项是错误的。

C 选项，甲是中国人，保护管辖原则是针对外国人在国外侵犯了中国人或者中国国家的利益。本题中不存在保护管辖，因为甲是中国人，对其应该适用属人管辖原则。因此，C 选项是错误的。

D 选项，运输、携带、邮寄毒品进出境，或者是运输、携带、邮寄假币进出境的行为，都是走私假币行为。因此，D 选项是正确的。

第二节　刑法的时间效力

一、刑法的时间效力的概念

刑法的时间效力所解决的问题是，刑法何时起至何时止具有适用效力，其内容主要包括三个方面：生效时间、失效时间与溯及既往的效力（溯及力）。

二、刑法的溯及力

（一）概念

刑法的溯及力，是指刑法生效后，对它生效前未经审判、判决未确定或者未裁定的行为是否具有追溯适用效力，如果具有适用效力，则是有溯及力，否则就是没有溯及力。罪刑法定原则禁止不利于行为人的溯及既往，但允许有利于行为人的溯及既往。即从旧兼从轻原则：

1. 新法原则上没有溯及力；

2. 但新法不认为是犯罪或处罚较轻的，按照新法处理。

（二）司法解释的溯及力

根据两高 2001 年 12 月 7 日《关于适用刑事司法解释时间效力问题的规定》

1. 司法解释自发布或者规定之日起施行，效力适用于法律的施行期间；

2. 对于司法解释实施前发生的行为，行为时没有相关司法解释，司法解释施行后尚未处理或者正在处理的案件，依照司法解释的规定办理；

3. 对于新的司法解释实施前发生的行为，行为时已有相关司法解释，依照行为时的司法

---

① **AD**

解释办理，但适用新的司法解释对犯罪嫌疑人、被告人有利的，适用新的司法解释；

4. 对于在司法解释施行前已办结的案件，按照当时的法律和司法解释，认定事实和适用法律没有错误的，不再变动。

【例1】甲在 2015 年实施某种犯罪行为，行为当时没有相关司法解释，2017 年两高颁布司法解释，甲在 2018 年进入审判，审判时可以适用 2017 年的司法解释（具有溯及力）。

【例2】甲在 2015 年实施某种犯罪行为，行为当时有相关司法解释（旧司法解释），2017 年两高颁布新司法解释，甲在 2018 年进入审判，审判时原则上适用旧司法解释，如果新司法解释对于甲的行为评价更轻，则适用新司法解释。

（三）新法与新司法解释的溯及力问题

旧的司法解释作出规定后，立法机关又修改了刑法，继而又公布了新的司法解释。

2006 年	2011 年	2016 年
《审理环境污染刑事案件具体应用法律若干问题的解释》	《刑法修正案（八）》降低污染环境罪成立标准	《关于办理环境污染刑事案件适用法律若干问题的解释》
■ 2011 年后，2006 年的司法解释失去效力； ■ 2016 年的司法解释适用于 2011 年之后的行为；		

【2017 - 2 - 1】关于刑事司法解释的时间效力，下列哪一选项是正确的？（   ）①

A. 司法解释也是刑法的渊源，故其时间效力与《刑法》完全一样，适用从旧兼从轻原则

B. 行为时无相关司法解释，新司法解释实施时正在审理的案件，应当依新司法解释办理

C. 行为时有相关司法解释，新司法解释实施时正在审理的案件，仍须按旧司法解释办理

D. 依行为时司法解释已审结的案件，若适用新司法解释有利于被告人的，应依新司法解释改判

【考点】司法解释的时间效力

【解析】A 选项，司法解释不是刑法的渊源。刑法的渊源包括刑法典、单行刑法、附属刑法；而且司法解释的溯及力与刑法的溯及力也不完全一致，A 是错误的。B、C 选项，行为时刑法已经生效的，司法解释不过是对刑法条文含义的阐明，是附属于刑法的文本，所以可以适用于其实施之前正在审理尚未审结的案件，即对于司法解释不适用从旧兼从轻的原则。因此，B 选项是正确的，C 选项是错误的。D 选项，为了保障刑事法律的权威性，保障刑事判决的稳定性，刑法的时间效力所探讨的对象是在新法颁布前已经审理，但在新法颁布后尚未审结的案件，而非已经审结的案件。因此，D 选项是错误的。

---

① B

第二编 犯罪论

码上揭秘

第四章 犯罪构成要件概说

第一节 犯罪构成

一、犯罪构成的概念

我国刑法理论认为，犯罪构成是刑法规定的，决定某一行为的社会危害性及其程度，而为该行为成立犯罪所必须具备的一切客观要件与主观要件的有机整体。犯罪构成理论是对犯罪的一般成立要件进行分析、予以体系化的理论。

二、犯罪构成的要素

犯罪构成是由具体要素组成，组成要件的要素，就是犯罪构成要件要素。例如，行为主体、特殊身份、行为、结果等都属于构成要件要素。例如，具体到"故意杀人罪"要求具备"年满14周岁的自然人"、"剥夺他人生命的行为"、"死亡结果"、"故意"等要素；具体到"贩卖毒品罪"就需要具备"贩卖"、"毒品"、"故意"等要素。这些构成要件要素可以分成下列类型：

（一）记述的 构成要件要素、规范的 构成要件要素

1. 记述的构成要件要素：只要通过感觉的、事实的判断就可以确定的要素。例如，人、妇女、毒品。

2. 规范的构成要件要素：只有通过精神的理解、价值的判断才能够确定的要素；规范的构成要件要素又可以分成下列几种类型：

（1）法律评价的要素：必须根据相关的法律、法规作出评价的要素。

如依法、未成年人、货币、国家工作人员、公共财产、滥伐、辩护人等；

（2）经验法则评价的要素：必须根据经验法则作出评价的要素。

如危险、危险方法、危害公共安全等；

（3）社会评价的要素：依据一般人的价值观念、感觉作出评价的要素。

如住宅、公文、特别残忍、特别恶劣、淫秽物品、猥亵等等；

【注意】为了保护公民的预测可能性，刑法规范需要力求明确、具体，所以应当尽量采取记述的构成要件要素；但是规范的构成要件要素又是不可避免的，因为对于某些事实的判断与认定，永远与不同时代人们的价值观念相联系。

（二）积极的 构成要件要素、消极的 构成要件要素

1. 积极的构成要件要素：积极、正面的表明成立犯罪所需要具备的要素；具备→犯罪

成立

2. 消极的构成要件要素：否定犯罪成立的构成要件要素；具备→犯罪不成立

例如行贿罪中的积极构成要件要素和消极构成要件要素

《刑法》第389条第1款："为谋取不正当利益，给予国家工作人员以财物的，是行贿罪。"即为积极的构成要件要素。

《刑法》第389条第3款："因被勒索给予国家工作人员以财物，没有获得不正当利益的，不是行贿。"即为消极的构成要件要素。

【注意】消极的构成要件要素的作用是，对于原本已经满足犯罪构成要件的行为，由于具有消极构成要件要素，而得以出罪的情形。如果某种行为根本就不满足犯罪构成，则不存在消极构成要件要素的问题。

例如，甲为谋取不正当利益给予国家工作人员乙财物，原本已经构成行贿罪，但事后查明甲在行贿之时是由于被勒索，最终也没有取得不正当利益，则可以排除犯罪的成立。

（1）注意规定不是消极构成要件要素

例如，第243条（诬告陷害罪）第3款规定："不是有意诬告，而是错告，或者检举失实的，不构成诬告陷害罪。"其中，"不是有意诬告，而是错告，或者检举失实"说明行为人本来就没有诬告陷害罪的故意，原本就不构成诬告陷害罪，因此"不构成诬告陷害罪"只是注意规定，而不是消极构成要件要素。

（2）处罚阻却事由不是消极的构成要件要素。处罚阻却事由是指，在行为人构成犯罪的情形下，由于具备某种情节而不再处罚。

例如第201条（逃税罪）第4款规定："经税务机关依法下达追缴通知后，补缴应纳税款，缴纳滞纳金，已受行政处罚的，不予追究刑事责任。"这只是一种处罚阻却事由。也即，构成犯罪但不再追究刑事责任（不再处罚）。并不是可以引起犯罪不成立的消极构成要件要素。

（三）成文的 构成要件要素、不成文的 构成要件要素

1. 成文的构成要件要素：刑法明文规定的构成要件要素。绝大多数构成要件要素都是成文的构成要件要素。

2. 不成文的构成要件要素：刑法条文表面上没有明文规定，但根据刑法条文之间的相互关系、刑法条文对相关要素的描述所确定的，成立犯罪所必须具备的要素。就一些具体犯罪而言，由于众所周知的理由或者其他原因，刑法并没有将所有的构成要件要素完整地规定下来，而是需要法官在适用过程中进行补充。

例如第266条"诈骗罪诈骗公私财物，数额较大的，处三年以下有期徒刑、拘役或者管制，并处或者单处罚金；数额巨大或者有其他严重情节的，处三年以上十年以下有期徒刑，并处罚金；数额特别巨大或者有其他特别严重情节的，处十年以上有期徒刑或者无期徒刑，并处罚金或者没收财产。本法另有规定的，依照规定。""被害人基于错误认识处分财物"就是不成文的构成要件要素。

（四）共同的 构成要件要素、非共同的 构成要件要素

1. 共同的构成要件要素：犯罪构成共同要件中为任何犯罪的成立所必须具备的要素。

如行为主体、行为是所有犯罪都必须具备的要素。

2. 非共同的构成要件要素：部分犯罪成立所必须具有的要素。

如身份、时间、方法只是特定犯罪成立所必须具备的要素

【注意】无论是成文还是不成文的构成要件要素，都是构成犯罪必不可少的要素。

（五）客观的构成要件要素、主观的构成要件要素

1. 客观的构成要件要素：表明行为外在的、客观的构成要件要素。如行为、对象、结果；

2. 主观的构成要件要素：表明行为人内心的、主观方面的构成要件要素。如故意、过失、目的；

【注意】客观的与主观的构成要件要素都是站在行为人的立场来判断。

例如，甲诈骗乙，乙陷入错误认识并处分了财物。乙"基于错误认识处分财物"对甲是客观的，因此是客观的构成要件要素。

（六）真正的构成要件要素、表面的构成要件要素

1. 真正的构成要件要素：为违法性提供根据的要素；

2. 表面的构成要件要素：并不给违法性提供依据，只是为了区分相关犯罪以及同一犯罪的不同处罚标准的界限所规定的要素。从实体法角度，表面的构成要件要素并不是成立犯罪所必须具备的要素，从诉讼法的角度，表面的构成要件要素不是需要证明的要素。

例如放火罪、决水罪、爆炸罪、投放危险物质罪、以危险方法危害公共安全罪，《刑法》第114条"放火、决水、爆炸以及投放毒害性、放射性、传染病病原体等物质或者以其他危险方法危害公共安全，尚未造成严重后果的，处三年以上十年以下有期徒刑。"此处"尚未造成严重后果"就不是为违法性提供依据的要素（不能认为未造成严重后果"违法"，而造成的严重后果"不违法"）仅仅在于说明该条的违法程度轻于刑法第115条的违法程度。

关联法条：《刑法》第114条【放火罪、决水罪、爆炸罪、投放危险物质罪、以危险方法危害公共安全罪之一】放火、决水、爆炸以及投放毒害性、放射性、传染病病原体等物质或者以其他危险方法危害公共安全，尚未造成严重后果的，处三年以上十年以下有期徒刑。

《刑法》第115条【放火罪、决水罪、爆炸罪、投放危险物质罪、以危险方法危害公共安全罪之二】放火、决水、爆炸以及投放毒害性、放射性、传染病病原体等物质或者以其他危险方法致人重伤、死亡或者使公私财产遭受重大损失的，处十年以上有期徒刑、无期徒刑或者死刑。

过失犯前款罪的，处三年以上七年以下有期徒刑；情节较轻的，处三年以下有期徒刑或者拘役。

【2014-2-4】关于构成要件要素，下列哪一选项是**错误**的？（   ）①

A. 传播淫秽物品罪中的"淫秽物品"是规范的构成要件要素、客观的构成要件要素

B. 签订、履行合同失职被骗罪中的"签订、履行"是记述的构成要件要素、积极的构成要件要素

C. "被害人基于认识错误处分财产"是诈骗罪中的客观的构成要件要素、不成文的构成要件要素

D. "国家工作人员"是受贿罪的主体要素、规范的构成要件要素、主观的构成要件要素

【考点】构成要件要素的分类

【解析】A选项，规范的构成要件要素，是只有通过精神理解、价值判断才能够确定的要素。"淫秽物品"要结合每个人的价值观和感觉观念来进行判断，所以是规范的构成要件要素；同时"淫秽物品"是传播淫秽物品罪中的犯罪对象，是客观存在的，因此"淫秽物品"既是规范的构成要件要素，也是客观的构成要件要素。A选项是正确的。

---

① D

B选项，"签订、履行"是只需要事实判断，不需要进行价值评价的要素，同时也是表征犯罪成立的要素，即本罪的成立必须在签订、履行合同的过程中，因此既是记述的构成要件要素，也是积极的构成要件要素。因此，B选项是正确的。

C选项，"被害人基于认识错误处分财产"中的核心词是"处分财产"，而"处分财产"是客观的构成要件要素，而且刑法中"主观的构成要件要素"，是表明<u>行为人</u>内心的、主观方面的构成要件要素。如故意、过失、目的等，显然"被害人基于认识错误"并不是行为人的主观方面，因此不属于主观的构成要件要素。此外，法条中没有虽然写明，但是对于诈骗罪来讲"被害人基于认识错误处分财产"是犯罪成立的关键，所以它也是不成文的构成要件要素。因此，C选项是正确的。

D选项，"国家工作人员"是行为人的身份，属于客观的构成要件要素，也属于规范的构成要件要素中需要法律评价的要素。因此，D选项是错误的。

【2012－2－51】《刑法》第246条规定："以暴力或者其他方法公然侮辱他人或者捏造事实诽谤他人，情节严重的，处三年以下有期徒刑、拘役、管制或者剥夺政治权利。"关于本条的理解，下列哪些选项是正确的？（　　　）①

A. "以暴力或者其他方法"属于客观的构成要件要素

B. "他人"属于记述的构成要件要素

C. "侮辱"、"诽谤"属于规范的构成要件要素

D. "三年以下有期徒刑、拘役、管制或者剥夺政治权利"属于相对确定的法定刑

【考点】构成要件要素的分类、法定刑的分类

【解析】A选项，"以暴力或者其他方法"是行为方式，不涉及人的内心事实，属于客观的构成要件要素。因此，A选项是正确的。

B选项，"他人"是自己之外的旁人，只需要事实判断，不需要价值判断，因此属于记述的构成要件要素。因此，B选项是正确的。

C选项，"侮辱"、"诽谤"需要经过价值判断，需要结合每个人的经验和感受，不是单纯依据事实就可以做出判断的。所以是规范的构成要件要素。因此，C选项是正确的。

D选项，罪刑法定原则要求相对确定的法定刑，禁止绝对不确定的法定刑。"三年以下有期徒刑、拘役、管制或者剥夺政治权利"规定了刑罚的种类与幅度，属于相对确定的法定刑。因此，D选项是正确的。

第二节　犯罪构成体系

犯罪成立的条件，也即犯罪的认定体系，是由若干元素（犯罪构成要素）组成的有机系统。在刑法理论界对于犯罪构成体系，有着不同的观点，而不论采取哪种犯罪构成体系，其中的犯罪构成要素基本是一样的，区别只在于各个要素之间不同的排列组合，从而形成不同的犯罪构成体系。其实，不同的体系对于大部分问题的认定不会得出不同的结论，但是不同的犯罪构成体系体现着犯罪认定思路与次序的差别，也体现了刑法学方法论和基本立场的选择，当然在部分问题（共同犯罪）上确实也会得出迥然不同的结论。

---

① ABCD

一、犯罪构成体系【两层次】

客观要件【违法】	主观要件【有责】
①行为主体；②行为； ③行为对象； ④结果；（⑤因果关系） ↑	①故意（目的） ②过失； ↑
违法 阻却事由	责任 阻却事由
① 正当防卫 ② 紧急避险 ③ 被害人承诺	① 责任无能力 ② 欠缺违法性认识可能性 ③ 欠缺期待可能性
步骤一：具备 违法性	步骤二：具备 有责性
结论：犯罪成立并且承担刑事责任	

【例1】甲在古董市场，为阻止乙的追杀，抓起丙价值 10 万元的花瓶砸向乙，对甲不处罚。

【例2】13 岁的甲为图一时之快，故意将乙 10 万元的花瓶砸毁，对甲不处罚。

【思考】两个不处罚，有什么区别？

二、关于犯罪构成体系的解说

如上图所示，本书采取两层次的犯罪构成体系，即客观要件与主观要件两个层次。

（一）客观要件【违法】

首先，行为主体（自然人、单位），通常针对特定对象，实施法益侵害行为（作为、不作为），产生某种法益侵害结果，行为与结果之间具有因果关系，这样客观要件就具备了，它表征着这样的事实：该行为引起了法益侵害的事实，它违反了法律的强制性规定，因而是违法的。上述各个元素：主体、行为、对象、结果以及因果关系全部是客观存在的。这里的行为人是客观的存在，他主观心理是怎样的，是精神、智力正常的人还是精神病人，是成年人还是未成年人，并不是客观要件这个层次里所要考查的，因为无论他是什么人，他是怎么想的，法益侵害的事实都客观的发生了，行为就具有法益侵害性。

其次，此时行为具有违法性的结论只是暂时的，我们还要考查是否存在可以阻却"违法性"的事由，当我们发现行为虽然侵害了一定的法益，可它保护了同等甚至更为优越的法益，社会整体法益并没有因为该行为而获得减少时，就可以认为该行为并没有违反法律，因而不具有"违法性"。这种通过法益衡量来否定"违法性"的理论，叫做违法阻却事由，中国刑法明确规定的违法阻却事由有正当防卫、紧急避险，此外还包括理论上普遍认可的被害人承诺。

（二）主观要件【有责】

当客观的违法性要件具备后，在决定是否让行为人承担刑事责任之前，我们就要把目光收回，聚焦在行为人身上：

首先，只有主体在行为之时，具有故意或者过失的心理态度（所谓"故意"，是明知自己的行为会发生危害社会的结果而希望或者放任该结果的发生；所谓"过失"是应当预见到自己的行为会发生危害社会的结果，因为疏忽大意没有预见或者已经预见却轻信可以避免）无论

故意还是过失，都表征着行为人主观上的过错性，说明他在主观上具有非难可能性，即"有责性"，才应当对自己的行为承担责任，接受刑法的苛责和惩罚。

其次，此时行为人具有有责性的结论也是暂时的，我们还要考察是否存在可以阻却"有责性"事由，比如行为人不能辨认或控制自己的行为，或者合理的认为自己的行为不违反刑法，或者虽然对结果有预见，但却不可能实施其他合法行为。因此欠缺责任能力、欠缺违法性认识可能性、欠缺期待可能性，就成为责任阻却事由。

小结：根据两阶层的犯罪构成体系，首先判断行为是否充足客观要件的各个元素：①主体②行为③对象④结果（因果关系），在全体满足的基础上，再判断是否具备违法阻却事由：①正当防卫②紧急避险③被害人承诺，如果一项都不具备，则说明犯罪具备了客观违法性要件；其次在判断行为人是否具备成立犯罪所需要具备：①故意②过失③目的，在全体满足的基础上，再判断是否具备责任违法阻却事由：① 责任无能力②欠缺违法性认识可能性③期待不可能，如果一项都不具备，则说明犯罪具备了主观有责性要件。当客观违法性要件与主观有责性要件同时满足，则说明行为人的行为最终成立犯罪并且应当承担刑事责任。

三、根据两层次的犯罪构成体系认定犯罪的方法

甲本想刺乙的手臂，但是被害人乙在躲闪的过程中却被不小心刺中心脏，死亡。			
客观要件	**主观要件**		
甲有一个杀人的行为	有没有杀害的故意？	有	故意杀人罪（既遂）
		没有	↓
	有没有伤害的故意？	有	故意伤害（致人死亡）
		没有	↓
	有没有过失？	有	过失致人死亡罪
		没有	↓
	意外事件	无罪	

首先，在客观上，甲的行为剥夺了乙的生命，甲有一个杀人的行为；

其次，在主观上，再来考查与甲客观的法益侵害事实相匹配的主观责任：

1. 甲有没有杀害的故意：有，则成立故意杀人罪（既遂）；没有，则再往下判断；
2. 甲有没有伤害的故意：有，则成立故意伤害（致人死亡）；没有，则再往下判断；
3. 甲对于死亡结果有没有过失：有，则成立过失致人死亡；没有，则是意外事件。

显然，我们的判断在第二个阶段就停止下来，甲想刺乙的手臂，说明甲有伤害的故意，因此最终成立故意伤害罪（致人死亡）

四、两阶层构成要件体系的价值

（一）评价思路的确立

犯罪的成立，沿着客观违法与主观有责的路径一步步展开。

例如，甲乙绑架丙后，让丙的父亲交付赎金50万，丙的父亲交付赎金后，甲乙担心轻易放丙出去，丙会报案，于是带丙来到一出租屋，屋里有一个吸毒的妇女丁，甲告诉丙，开枪杀死丁就可以离开，否则就杀死丙，丙无奈只好开枪杀死了丁。关于丙的行为评价思路如下：

首先，丙有杀人的行为，亦不具有违法阻却事由；

其次，丙有杀人的故意（实行行为当时），但是具有欠缺期待可能性这一责任阻却事由，因而不具有有责性，最终不构成犯罪。

（二）客观主义的刑法学立场

例如，犯罪嫌疑人龙甲与死者龙乙系堂兄弟，二人在浙江某县务工并共同暂住于一民房内，龙甲的女友葛某亦同住该处。2013 年 5 月 4 日 8 时许，龙甲从葛某处得知，龙乙在此前一天强奸了葛某，龙甲遂把龙乙叫到自己房间，后手持铁棍敲打、质问龙乙，但未造成伤势。因龙乙一言不发，犯罪嫌疑人龙甲遂强迫龙乙选择或去跳河，或去买农药服下，或与龙甲单挑，以进行赔罪，否则不会放过龙乙。龙乙自称选择农药后离开。在龙乙离开期间，犯罪嫌疑人龙甲致电龙乙未通，遂发短信给龙乙，让其不要逃跑，买到农药后要到自己面前喝。

当日 9 时许，龙乙独自在街上购买了一瓶"百草枯"农药并喝下，后回到暂住处。犯罪嫌疑人龙甲发现龙乙呕吐，得知其服用农药，遂约 10 分钟后拨打 120 电话抢救，并在打 120 前将龙乙喝农药之事通过电话告知其父亲及龙乙的胞弟。2013 年 5 月 5 日，龙乙因抢救无效死亡。经法医鉴定，龙乙服用农药"百草枯"后中毒死亡。

【分析】客观方面，首先，龙甲强迫龙乙选择跳河、买农药服下、与龙甲单挑，以进行赔罪等等，都不是直接导致龙乙死亡的原因，导致龙乙死亡的直接原因是其自杀行为。龙甲的威胁、教训并未使龙乙处于无法选择的状态，龙乙走向自杀性死亡仍然是其自由意志的决定，龙甲并不存在积极剥夺他人生命，导致他人死亡的行为；其次，当龙甲回到家得知龙乙服下毒药，10 分钟后就拨打 120 电话抢救，并在打 120 前将龙乙喝农药之事通过电话告知其父亲及龙乙的胞弟，如果没有证据证明提前 10 分钟进行抢救龙乙就不会死亡的话，龙甲的延迟送医行为与死亡结果之间也就不存在刑法上的因果关系，因此龙甲亦无不作为的致人死亡行为。

主观方面，既然龙甲不存在致人死亡的实行行为，因此无论主观上龙甲对于被害人的死亡结果，是否具有故意或者过失，都无需刑法评价，因为刑法是行为裁判规范，而不是道德评价规范，任何脱离实行行为，单纯探讨主观罪过都是无意义的。

综上所述，龙甲的行为不构成犯罪。

（三）阶层化的思维方式

【例 1】甲在古董市场，为阻止乙的追杀，抓起丙价值 10 万元的花瓶砸向乙，对甲不处罚。

【例 2】13 岁的甲为图一时之快，故意将乙 10 万元的花瓶砸毁，对甲不处罚。

【分析】例 1 与例 2 中的甲虽然都不处罚，但是一个具有违法阻却事由，一个具有责任阻却事由。例 1 中的甲，其行为是正当的（紧急避险），不具有违法性，这个"不处罚"意味着甲今后遇到类似的情况，还可以这样做，其他人遇到类似的情况也可以这样做；例 2 中的甲，其行为不具有正当性，只是因为年龄小而被原谅，虽然"不处罚"，但是要责令家长严加管教，必要时由政府收容教育，这是为了教育甲，让他知道当他年满 16 周岁以后，就不能再做这样的事，其他成年人亦不可为之。

（四）妥善解决共犯问题

例如 16 周岁的甲应邀为差一天就满 16 周岁的乙的入室盗窃行为望风。甲乙在客观层面上成立共犯，甲为帮助犯，乙为实行犯；到主观层面，由于乙具有责任阻却事由从而阻却有责性，最终不构成犯罪，甲单独承担盗窃罪（帮助犯）的刑事责任。

第五章　犯罪的客观要件【违法】

码上揭秘

第一节　行为主体

行为主体，是刑法规定的实施犯罪行为的主体，首先是自然人，其次是单位。

一、自然人

（一）自然人主体概述

法是人类共同体的规范，只有人的行为存在违法与否的问题。作为客观违法性构成要件，自然人主体当然包含其中。而且，既然是在客观的违法性构成要件的体系内讨论自然人主体，只要自然人的行为符合构成要件的要求，即使没有达到法定年龄、不具有责任能力，也不影响对其行为违法性的评价。因此，年龄、责任能力不是客观的违法性构成要件要素，而能够归属于自然人主体的、客观存在的、决定犯罪能否成立的要素，是主体的特殊身份。

（二）特殊身份的意义

"身份"，即刑法规定的，影响行为人刑事责任的人身方面的特定的资格、地位、状态。身份犯，包括真正身份犯和不真正身份犯。真正身份犯，是以特殊身份作为构成要件要素的犯罪，对于这样的犯罪，如果行为人不具有特殊身份，就不成立犯罪。例如刑讯逼供罪的主体必须是司法工作人员。不真正身份犯，是指特殊身份不影响定罪但是影响量刑的情形。例如非法拘禁罪的主体既可以是普通自然人，也可以是国家机关工作人员，但是国家机关工作人员利用职权实施非法拘禁行为的从重处罚。由此可见国家工作人员身份虽然不是非法拘禁罪的构成要件要素，却是从重处罚的依据。

在犯罪构成要件的范畴内所讲的身份，其实只包括真正的身份犯所要求的特殊身份，也叫做构成身份。

1. 真正的身份犯

行为人只有具备某种特殊身份才能构成的犯罪。

《刑法》第411条【放纵走私罪】 海关工作人员 徇私舞弊，放纵走私，情节严重的，处五年以下有期徒刑或者拘役；情节特别严重的，处五年以上有期徒刑。

《刑法》第304条【故意延误投递邮件罪】 邮政工作人员 严重不负责任，故意延误投递邮件，致使公共财产、国家和人民利益遭受重大损失的，处二年以下有期徒刑或者拘役。

（1）构成身份必须在 犯罪开始时 就具有，而不是通过犯罪行为获得的身份。

例如，聚众扰乱公共场所秩序、交通秩序罪中的"首要分子"就不是构成身份。

关联法条：《刑法》第291条【聚众扰乱公共场所秩序、交通秩序罪】"聚众扰乱车站、码头、民用航空站、商场、公园、影剧院、展览会、运动场或者其他公共场所秩序，聚众堵塞交通或者破坏交通秩序，抗拒、阻碍国家治安管理工作人员依法执行职务，情节严重的，对首要分子，处五年以下有期徒刑、拘役或者管制。"

（2）**构成身份只针对正犯**

① **不具有构成身份的人也可以成为真正身份犯的共犯（帮助犯、教唆犯不要求有身份）**

例如，《刑法》第385条受贿罪"国家工作人员利用职务上的便利，索取他人财物的，或者非法收受他人财物，为他人谋取利益的，是受贿罪。"非国家工作人员可以成为受贿罪的教唆犯。

② **正犯包括直接正犯和间接正犯（间接正犯也要求具有身份）**

例如，普通公民甲欺骗国家工作人员陶某，声称自己需要现金购买住房，可以在10天之内归还。陶某将公款挪给甲后，甲将该公款用于贩卖毒品，10天之内归还公款。甲虽然操控了挪用公款这一法益侵害事实发生，但是挪用公款罪是身份犯，不具有国家工作人员身份的人不能构成正犯（包括间接正犯），甲只能构成挪用公款罪的教唆犯。

【**小结**】**刑法中常见的真正的身份犯罪名**

以特定职务	国家工作人员	382	【贪污罪】
	国家机关工作人员	397	【滥用职权罪、玩忽职守罪】
	司法工作人员	247	【刑讯逼供罪、暴力取证罪】
	邮政工作人员	253	【私自开拆、隐匿、毁弃邮件、电报罪】
	行政执法人员	402	【徇私舞弊不移交刑事案件罪】
	海关工作人员	411	【放纵走私罪】
以特定职业	航空人员	131	【重大飞行事故罪】
	铁路职工	132	【铁路运营安全事故罪】
	医务人员	335	【医疗事故罪】
以特定法律义务	纳税人、扣缴义务人	201	【逃税罪】
	具有扶养义务的人	261	【遗弃罪】
以特定法律地位	证人、鉴定人、记录人、翻译人	305	【伪证罪】
	依法被关押的罪犯	315	【破坏监管秩序罪】
以持有特定物品的资格	依法配备公务用枪的人员依法配置枪支的人员	128	【非法出租、出借枪支罪】
以患有特定疾病	严重性病患者	360	【传播性病罪】
以居住地或特定组织成员	境外的黑社会组织成员	294	【入境发展黑社会组织罪】
以不具有特定资格	未取得医生执业资格的人	336	【非法行医罪】

（表中"为内容的身份"为纵向说明，贯穿各行）

注意：疑似身份犯但不是真正身份犯的几种情形

（1）任何人都可以成为的"社会角色"，不具有"壁垒性"。

例如生产、销售伪劣产品罪中的"生产者、销售者"；虚假出资、抽逃出资罪中的

"公司发起人"、"股东"，虚假广告罪中的"广告主、广告经营者、广告发布者"；串通投标罪中的"投标人"。

关联法条：《刑法》第140条【生产、销售伪劣产品罪】 **生产者**、 **销售者** 在产品中掺杂、掺假，以假充真，以次充好或者以不合格产品冒充合格产品，销售金额五万元以上不满二十万元的，处二年以下有期徒刑或者拘役，并处或者单处销售金额百分之五十以上二倍以下罚金……

《刑法》第159条【虚假出资、抽逃出资罪】 **公司发起人**、 **股东** 违反公司法的规定未交付货币、实物或者未转移财产权，虚假出资，或者在公司成立后又抽逃其出资，数额巨大、后果严重或者有其他严重情节的，处五年以下有期徒刑或者拘役，并处或者单处虚假出资金额或者抽逃出资金额百分之二以上百分之十以下罚金。

单位犯前款罪的，对单位判处罚金，并对其直接负责的主管人员和其他直接责任人员，处五年以下有期徒刑或者拘役。

《刑法》第222条【虚假广告罪】 **广告主**、 **广告经营者**、 **广告发布者** 违反国家规定，利用广告对商品或者服务作虚假宣传，情节严重的，处二年以下有期徒刑或者拘役，并处或者单处罚金。

《刑法》第223条【串通投标罪】 **投标人** 相互串通投标报价，损害招标人或者其他投标人利益，情节严重的，处三年以下有期徒刑或者拘役，并处或者单处罚金。

投标人与招标人串通投标，损害国家、集体、公民的合法利益的，依照前款的规定处罚。

（2）强奸罪的正犯不仅仅是男性，女性可以成为强奸罪的间接正犯、共同正犯，因此强奸罪也不是一个真正的身份犯。

2. 不真正的身份犯

行为人具有某种身份，不影响犯罪能否成立，但是影响量刑。这种身份也称为量刑身份。

《刑法》第238条【非法拘禁罪】非法拘禁他人或者以其他方法非法剥夺他人人身自由的，处三年以下有期徒刑、拘役、管制或者剥夺政治权利。具有殴打侮辱情节的，从重处罚。

犯前款罪，致人重伤的，处三年以上十年以下有期徒刑；致人死亡的，处十年以上有期徒刑使用暴力致人伤残、死亡的，依照本法第234条、第232条的规定定罪处罚。

为索取债务非法扣押、拘禁他人的，依照前两款的规定处罚。

国家机关工作人员 利用职权犯前三款罪的，依照前三款的规定 **从重** 处罚。

《刑法》第243条【诬告陷害罪】捏造事实诬告陷害他人，意图使他人受刑事追究，情节严重的，处三年以下有期徒刑、拘役或者管制；造成严重后果的，处三年以上十年以下有期徒刑。

国家机关工作人员 犯前款罪的，从重处罚。

不是有意诬陷，而是错告，或者检举失实的，不适用前两款的规定。

二、单位

《刑法》第30条【单位负刑事责任的范围】公司、企业、事业单位、机关、团体实施的危害社会的行为，法律规定为单位犯罪的，应当负刑事责任。

《刑法》第31条【单位犯罪的处罚原则】单位犯罪的，对单位判处罚金，并对其直接负责的主管人员和其他直接责任人员判处刑罚。本法分则和其他法律另有规定的，依照规定。

（一）单位犯罪的概念

单位犯罪，是指公司、企业、事业单位、机关、团体为本单位谋取非法利益或者以单位名义为本单位全体成员或者多数成员谋取非法利益，由单位决策机构按照单位的决策程序决定，由直接责任人员具体实施，且刑法明文规定单位应受刑罚处罚的犯罪。

（二）单位犯罪的特征

1. 犯罪主体是单位，即依法成立的公司、企业、事业单位、机关、团体

（1）单位主体的 一般 要素

①作为犯罪主体的单位，必须是拥有一定的财产和经费，能够以自己的名义承担责任的公司、企业、事业单位、机关、团体。

②单位必须是依法成立的，即单位成立的目的与宗旨合法（实体合法），且履行了必要的登记、报批手续（程序合法）。

③个人为进行违法犯罪活动而设立的公司、企业、事业单位实施犯罪的，或者公司、企业、事业单位设立后，以实施犯罪为主要活动的，不是单位犯罪。

（2）单位主体的 特殊 要素

某些单位犯罪除了要求单位具有一般要素之外，还需要具备特殊条件。

特殊条件	罪名	单位主体
特定的所有制性质	F327　非法出售、私赠文物藏品罪	国有博物馆、图书馆
特定的职能性质	F330 妨害传染病防治罪	供水单位
特定的义务	F201 211 逃税罪	负有纳税义务的单位

注意：几个小问题

问1：单位犯罪是否要求单位必须具有法人资格？

答：只是私营公司、企业需要。

问2：单位的分支机构、内设机构是否可以成为单位犯罪的主体？

答：具备两个条件即可：①以自己名义犯罪；②违法所得归该机构。

问3：国家机关能否成立单位犯罪的主体？

答：可以！

2. **单位犯罪是由单位的决策机构按照单位的决策程序决定的，由直接责任人实施的**

（1）单位犯罪体现单位意志。单位意志是单位成员在协调一致基础上形成的整体意志；

（2）单位犯罪由单位的直接责任人员，按照单位的整体意志具体实施；

（3）盗用、冒用单位名义实施犯罪，违法所得由个人私分，或者单位内部成员未经单位决策机构批准而实施的犯罪，或者单位内部成员实施的与职务活动无关的犯罪，都不是单位犯罪。

3. **单位犯罪一般表现为为本单位谋取非法利益或者以单位名义为本单位全体成员、多数成员谋取非法利益**

值得注意的是"为本单位谋取非法利益"仅在区分单位犯罪和单位内部成员个人犯罪时具有意义，而不是单位犯罪成立的必备要件，一个单位完全可能为了他人的利益而实施单位犯罪。

4. 单位犯罪以刑法明文规定单位应受刑罚处罚为前提

只有当刑法明确规定单位可以成为某种犯罪的主体时，才能将单位认定为犯罪主体，刑法没有明文规定单位可做犯罪主体时，只能由自然人作为犯罪主体。

注意： 当单位实施了只能由**自然人**构成，不能由**单位**构成的犯罪时，该如何处理？

根据 2014 年《全国人民代表大会常务委员会关于〈中华人民共和国刑法〉第 30 条的解释》："公司、企业、事业单位、机关、团体等单位实施刑法规定的危害社会的行为，刑法分则和其他法律未规定追究单位的刑事责任的，<u>对组织、策划、实施该危害社会行为的人依法追究刑事责任</u>。"

5. 单位犯罪的法律后果具有特殊性

对于单位犯罪，原则上除了处罚单位本身外，还要处罚单位直接负责的主管人员和其他直接责任人员。此即双罚制或两罚制。

（1）双罚制

《刑法》第 31 条前段规定："单位犯罪的，对单位判处罚金，并对其直接负责的主管人员和其他直接责任人员判处刑罚。"这里分为两种情况：

① 对单位判处罚金，对直接负责的主管人员和其他直接责任人员规定的法定刑，与自然人犯罪的法定刑**相同**；

② 对单位判处罚金，但对直接负责的主管人员和其他直接责任人员规定了**较自然人犯罪轻的法定刑**；

"直接负责的主管人员"，是在单位犯罪中起决定、批准、授意、纵容、指挥等作用的人员，一般是单位的主管负责人，包括法定代表人。

"其他直接责任人员"，是在单位犯罪中具体实施犯罪并起较大作用的人员，既可以是单位的经营管理人员，也可以是单位的职工，包括聘任、雇用的人员。

（2）单罚制

刑法第 31 条后段规定："本法分则和其他法律另有规定的，依照规定。"即如果刑法分则和其他法律规定没有规定双罚制的，就实行单罚制。从刑法的规定来看，主要有三种情况：

① 对并非为本单位谋取利益，而是以单位名义实施的私分国家资产、私分罚没财物等犯罪，不实行双罚，只处罚直接负责的主管人员与其他直接责任人员；

《刑法》第 396 条【私分国有资产罪；私分罚没财物罪】**国家机关、国有公司、企业、事业单位、人民团体**，违反国家规定，以单位名义将国有资产集体私分给个人，数额较大的，对其**直接负责的主管人员和其他直接责任人员**，处三年以下有期徒刑或者拘役，并处或者单处罚金；数额巨大的，处三年以上七年以下有期徒刑，并处罚金。

司法机关、行政执法机关违反国家规定，将应当上缴国家的罚没财物，以单位名义集体私分给个人的，依照前款的规定处罚。

② 对单位的过失犯罪仅处罚直接责任人员，而不实行双罚；

《刑法》第 137 条【工程重大安全事故罪】**建设单位、设计单位、施工单位、工程监理单位**违反国家规定，降低工程质量标准，造成重大安全事故的，对**直接责任人员**，处五年以下有期徒刑或者拘役，并处罚金；后果特别严重的，处五年以上十年以下有期徒刑，并处罚金。

③ 虽然属于单位犯罪，但因处罚单位会损害无辜者的利益，因而不实行双罚，仅处罚直接负责的主管人员与其他直接责任人员。例如，刑法第 161 条对公司向股东和社会公众提供虚假财会报告的，只处罚直接负责的主管人员与其他直接责任人员，因为该行为已经侵害了股东的利益，如果再对公司判处罚金，会进一步损害股东的利益。此外，涉嫌犯罪的单位被撤销、

注销、吊销营业执照或者宣告破产的，应当根据刑法关于单位犯罪的相关规定，对实施犯罪行为的该单位直接负责的主管人员和其他直接责任人员追究刑事责任，对该单位不再追诉。

《刑法》第161条【违规披露、不披露重要信息罪】**依法负有信息披露义务的公司、企业**向股东和社会公众提供虚假的或者隐瞒重要事实的财务会计报告，或者对依法应当披露的其他重要信息不按照规定披露，严重损害股东或者其他人利益，或者有其他严重情节的，对其**直接负责的主管人员**和**其他直接责任人员**，处五年以下有期徒刑或者拘役，并处或者单处罚金；情节特别严重的，处五年以上十年以下有期徒刑，并处罚金。

（三）单位犯罪的分类

1. 纯正的单位犯罪：只能由单位构成的犯罪；

《刑法》第137条【工程重大安全事故罪】建设单位、设计单位、施工单位、工程监理单位违反国家规定，降低工程质量标准，造成重大安全事故的，对直接责任人员，处五年以下有期徒刑或者拘役，并处罚金；后果特别严重的，处五年以上十年以下有期徒刑，并处罚金。

《刑法》第393条【单位行贿罪】单位为谋取不正当利益而行贿，或者违反国家规定，给予国家工作人员以回扣、手续费，情节严重的，对单位判处罚金，并对其直接负责的主管人员和其他直接责任人员，处五年以下有期徒刑或者拘役，并处罚金。因行贿取得的违法所得归个人所有的，依照本法第389条、第390条的规定定罪处罚。

2. 不纯正的单位犯罪：既可以单位构成，也可以自然人构成；

《刑法》第153条【走私普通货物、物品罪】走私本法第一百五十一条、第一百五十二条、第三百四十七条规定以外的货物、物品的，根据情节轻重，分别依照下列规定处罚……

单位犯前款罪的，对单位判处罚金，并对其直接负责的主管人员和其他直接责任人员，处三年以下有期徒刑或者拘役；情节严重的，处三年以上十年以下有期徒刑；情节特别严重的，处十年以上有期徒刑。

……

（四）不以单位犯罪论的几种情形（根据最高人民法院《关于审理单位犯罪案件具体应用法律有关问题的解释》）

1. 为进行违法犯罪活动而设立的公司、企事业单位；	主要目的是犯罪
2. 公司、企事业单位设立后，主要进行违法犯罪活动；	主要活动是犯罪
3. 盗用单位名义，实施犯罪活动，违法所得归个人所有或者由个人私分；	为谋取个人利益
4. 没有取得法人资格的独资、私营企业；	不具有法人资格

【2020网络回忆版】关于行为主体，下列说法正确的是？（　　　）①

A. 单位分支机构或内设机构不是独立法人单位，不能成为单位犯罪的主体

B. 犯罪集团和聚众犯罪的首要分子是一种特殊的身份犯

C. 已满14周岁不满16周岁的人绑架杀人的，对杀人行为具备责任年龄，对绑架行为不具备责任年龄

D. 单位犯罪本质上是单位主管人员、直接责任人员构成的特殊的共同犯罪

【考点】犯罪主体

【解析】A选项，单位的分支机构、内设机构具备两个条件即可成为单位犯罪的主体：①

---

① C

以自己名义犯罪；②违法所得归该机构；A 选项错误。

B 选项，刑法中的"身份"必须在犯罪开始时就具有，而不是通过犯罪行为获得的身份。"首要分子"是通过犯罪行为获得的身份，不属于身份犯；B 选项错误。

C 选项，根据《刑法》第 17 条"已满十四周岁不满十六周岁的人，犯故意杀人、故意伤害致人重伤或者死亡、强奸、抢劫、贩卖毒品、放火、爆炸、投放危险物质罪的，应当负刑事责任。"已满 14 周岁不满 16 周岁的人不能对绑架罪承担刑事责任，但是可以对故意杀人行为承担刑事责任。C 选项错误。

D 选项，单位犯罪的本质就是单位作为独立主体的犯罪，并不是内部人员之间形成的共同犯罪。D 选项错误。

【2019 网络回忆版】某电器公司与某物流公司是母公司与子公司的关系。两个公司共同实施吸收公众存款行为，涉嫌非法吸收公众存款罪，共吸收存款 5 亿元。关于单位犯罪，下列说法正确的有？（　　　）①

A. 如果电器公司和物流公司均构成单位犯罪，则两个单位犯罪可构成共同犯罪

B. 如果电器公司构成单位犯罪，但无法认定物流公司构成单位犯罪，那么可以追究物流公司中直接责任人员的自然人犯罪，并且该直接责任人员与电器公司可以构成共同犯罪

C. 如果物流公司构成单位犯罪，但无法认定电器公司构成单位犯罪，那么可以追究电器公司中直接责任人员的自然人犯罪，并且该直接责任人员与物流公司可以构成共同犯罪

D. 如果无法认定电器公司、物流公司构成单位犯罪，那么可以追究电器公司、物流公司中直接责任人员的自然人犯罪，并且两个公司中的直接责任人员可以构成共同犯罪

【考点】单位犯罪与自然人犯罪的关系

【解析】根据 2014 年《全国人大常委会关于〈中华人民共和国刑法〉第三十条的解释》："公司、企业、事业单位、机关、团体等单位实施刑法规定的危害社会的行为，刑法分则和其他法律未规定追究单位的刑事责任的，对组织、策划、实施该危害社会行为的人依法追究刑事责任。"由此可见，单位犯罪内部一定存在着自然人的犯罪行为，所以当无法认定单位构成犯罪时，可以认定为自然人犯罪，从而形成"自然人 + 自然人"或者"自然人 + 单位"或者"单位 + 单位"的组合。

第二节　行为（实行行为）

一、实行行为概述

实行行为，即刑法分则所规定的构成要件行为。实行行为是犯罪构成要件中的核心概念。

（一）实行行为是被刑法分则条文具体罪名所 类型化 的、具有法益侵害 紧迫危险 的行为

【例 1】甲意欲使乙在跑步时被车撞死，便劝乙清晨在马路上跑步，乙果真在马路上跑步时被车撞死。

【例 2】甲意欲使乙遭雷击死亡，便劝乙雨天到树林散步，因为下雨时在树林中行走容易遭雷击。乙果真雨天在树林中散步时遭雷击身亡。

---

① ABCD

【例3】甲意欲使乙吃饭时噎死，便在吃饭时催乙"快点、快点"，乙在加快速度吃饭时果然噎死。

上述行为仅仅是偶然的引起了损害结果，但并不是具有通常的法益侵害紧迫危险，不是刑法中的实行行为。

（二）实行行为对法益所创设的危险，是刑法所不容许的

【例4】甲追赶小偷乙，乙慌忙中撞上疾驶汽车身亡，"甲的追赶"不是实行行为。

甲追赶小偷的行为没有给小偷创设<u>刑法所不容许</u>的危险。

（三）实行行为是因果关系中的前因，因果关系所要判断的就是能否将某种结果归属于某种行为，即因果关系就是实行行为与危害结果之间引起与被引起的关系

（四）注意下列几种行为并不属于实行行为

1. 减少或者避免了法益侵害的行为，不是实行行为。

【例】在一块砖头正要砸中乙的头部时，甲用木棍挡了一下，使乙头部受伤程度降低，甲的行为就不是实行行为。

2. 对结果的发生没有做出贡献的行为，不是实行行为。

3. 法益本身存在危险时，不具有防止结果发生义务的人，只要没有增加危险，就不存在实行行为。

二、作为

积极的行为，即行为人以积极的身体活动实施某种被刑法禁止的行为。从表现形式看，作为是积极的身体动作；从违反法律规范的性质上看，作为直接违反了禁止性的罪刑规范。由于刑法绝大多数是禁止性规范，如不许杀人、强奸、抢劫、盗窃等，所以最常见的犯罪行为形式是作为。

三、不作为

消极的行为，即行为人消极地不履行法律义务而危害社会的行为。从表现形式看，不作为是消极的身体动作；从违反法律规范的性质看，不作为直接违反了某种命令性规范。如遗弃罪的行为，表现为不抚养无独立生活能力的人，没有按法律的要求尽抚养义务。

（一）作为与不作为的区分

1. 如果法益没有面临危险，而行为人以积极动作制造危险，或者法益面临较小危险而行为人以积极动作制造更大的危险，就是作为。因为法律禁止行为人制造（更大）危险。

例1 元宝因八岁的儿子严重残疾，生活完全不能自理而非常痛苦。一天，元宝往儿子要喝的牛奶里放入"毒鼠强"，导致儿子中毒身亡。元宝以投毒的方式为儿子创设了刑法所禁止的危险，属于作为的故意杀人罪。

2. 如果法益已经面临危险，具有保证人地位的行为人不消除危险的，就是不作为。因为，法律要求行为人消除危险。

例2 元宝夫妇因八岁的儿子严重残疾，生活完全不能自理而非常痛苦。一天，元宝往儿子要喝的牛奶里放入"毒鼠强"时被妻子看到，妻子说："这是毒药吧，你给他喝呀？"见元宝不说话，妻子叹了口气后就走开了。毒死儿子后，夫妻二人一起掩埋尸体并对外人说儿子因病而死。元宝的妻子在儿子面临死亡危险时，应当阻止而没有阻止，导致儿子死亡，属于不作为的故意杀人罪。

【注意】不能以单纯的身体举动作为区分"作为"与"不作为"的标准。

例如元宝在交通肇事后，非常害怕，大脑一片空白，便将被害人放到车上，拉着被害人狂奔4小时，在被撞2小时后，被害人因失血过多而死亡，元宝构成不作为的故意杀人罪。尽管有"拉着被害人狂奔4小时"这样积极的身体举动，但是真正导致被害人死亡的原因是没有得到及时救助，因此，是不作为。

（二）不作为的分类

1. 真正不作为犯（纯正不作为犯）

即行为人行为构成了法定的犯罪行为本身就是不作为的犯罪，如遗弃罪、拒不执行判决裁定罪等。其**"纯正性"**在于：人的行为形式与法定的犯罪行为形式是一致的，即都是不作为。纯正不作为犯是适用法律认定犯罪的常态问题，因为在行为形式方面一致，没有任何障碍或特别之处。

纯正不作为犯中，刑法给行为人设定的义务属于"命令性义务"，即必须实施某种行为。例如丢失枪支不报罪，刑法要求行为人在枪支丢失后必须"及时报告"；拒不执行判决、裁定罪，刑法要求行为人对于生效裁判必须"执行"。

【小结】 刑法中纯正不作为犯包括下列罪名

《刑法》第129条**【丢失枪支不报罪】** 依法配备公务用枪的人员，丢失枪支不及时报告，造成严重后果的，处三年以下有期徒刑或者拘役。

《刑法》第139条之一**【不报、谎报安全事故罪】** 在安全事故发生后，负有报告职责的人员不报或者谎报事故情况，贻误事故抢救，情节严重的，处三年以下有期徒刑或者拘役；情节特别严重的，处三年以上七年以下有期徒刑。

《刑法》第201条**【逃税罪】** 纳税人采取欺骗、隐瞒手段进行虚假纳税申报或者不申报，逃避缴纳税款数额较大并且占应纳税额百分之十以上的，处三年以下有期徒刑或者拘役，并处罚金；数额巨大并且占应纳税额百分之三十以上的，处三年以上七年以下有期徒刑，并处罚金……

《刑法》第261条**【遗弃罪】** 对于年老、年幼、患病或者其他没有独立生活能力的人，负有扶养义务而拒绝扶养，情节恶劣的，处五年以下有期徒刑、拘役或者管制。

《刑法》第276条之一**【拒不支付劳动报酬罪】** 以转移财产、逃匿等方法逃避支付劳动者的劳动报酬或者有能力支付而不支付劳动者的劳动报酬，数额较大，经政府有关部门责令支付仍不支付的，处三年以下有期徒刑或者拘役，并处或者单处罚金；造成严重后果的，处三年以上七年以下有期徒刑，并处罚金……

《刑法》第286条之一**【拒不履行信息网络安全管理义务罪】** 网络服务提供者不履行法律、行政法规规定的信息网络安全管理义务，经监管部门责令采取改正措施而拒不改正，有下列情形之一的，处三年以下有期徒刑、拘役或者管制，并处或者单处罚金：

（一）致使违法信息大量传播的；

（二）致使用户信息泄露，造成严重后果的；

（三）致使刑事案件证据灭失，情节严重的；

（四）有其他严重情节的。

单位犯前款罪的，对单位判处罚金，并对其直接负责的主管人员和其他直接责任人员，依照前款的规定处罚。

有前两款行为，同时构成其他犯罪的，依照处罚较重的规定定罪处罚。

《刑法》第311条**【拒绝提供间谍犯罪、恐怖主义犯罪、极端主义犯罪证据罪】** 明知他人有间谍犯罪或者恐怖主义、极端主义犯罪行为，在司法机关向其调查有关情况、收集有关证据时，拒绝提供，情节严重的，处三年以下有期徒刑、拘役或者管制。

《刑法》第313条第1款【拒不执行判决、裁定罪】对人民法院的判决、裁定有能力执行而拒不执行，情节严重的，处三年以下有期徒刑、拘役或者罚金；情节特别严重的，处三年以上七年以下有期徒刑，并处罚金。

《刑法》第395条第1款【巨额财产来源不明罪】国家工作人员的财产、支出明显超过合法收入，差额巨大的，可以责令该国家工作人员说明来源，不能说明来源的，差额部分以非法所得论，处五年以下有期徒刑或者拘役；差额特别巨大的，处五年以上十年以下有期徒刑。财产的差额部分予以追缴。

《刑法》第416条第1款【不解救被拐卖、绑架妇女、儿童罪】对被拐卖、绑架的妇女、儿童负有解救职责的国家机关工作人员，接到被拐卖、绑架的妇女、儿童及其家属的解救要求或者接到其他人的举报，而对被拐卖、绑架的妇女、儿童不进行解救，造成严重后果的，处五年以下有期徒刑或者拘役。

2. 不真正 不作为犯（不纯正不作为犯）

即行为人因不作为而构成了法定犯罪行为本身应是作为的犯罪，例如因不作为而构成故意杀人罪、抢劫罪等。其**"不纯正性"**在于：人的行为形式（不作为）与法定的犯罪行为形式（作为）不一致。不纯正不作为犯是适用法律认定犯罪的非常态（或特殊）问题，因为在行为形式方面存在不一致，应当特别慎重：

（1）基于法益保护的思想，刑法所保护的法益既可以受到作为行为的侵犯，也可以受到不作为行为的侵犯；如母亲不对自己的婴儿进行哺乳，致其饿死；保安与盗窃犯通谋，在其进入盗窃时，保安佯装睡觉、不予制止。因此，不作为也应受到刑法的关注。

（2）基于人权保障思想，不真正不作为犯的处罚范围应当受到限制，如果把所有的不作为都当做处罚对象，会迫使公民不得不救助所有法益，法益虽然得到了周延的保护，但却过度限制了公民的自由，因此，不真正不作为犯只能例外地被承认。

（三）不作为犯的成立条件

1. 当为【作为义务的发生依据】

（1）对于 危险源 的监督义务

① **危险的物**：危险动物、危险物品、危险设置、危险系统等。管理义务来自法规范、制度或者体制、条例。

例如动物园管理者在动物撕咬游客时具有制止的义务；广告牌的设置者在广告牌可能坍塌或滑落之际有防止其砸伤路人的义务；机动车的所有者有阻止无驾驶资格或者酗酒的人驾驶其机动车的义务。

② **危险的人**：基于法律规定、职业或者法律行为对他人负有监督管理义务时，要求行为人对于他人的危险行为予以监督、阻止。

例如父母、监护人有义务阻止年幼子女、被监护人的法益侵害行为。但是，夫妻之间、成年的兄弟姐妹之间不具有这样的监督义务。

③ **危险的自己（先前行为）**：行为人自己的先行行为导致刑法所保护的法益处于危险状态时，行为人负有采取有效措施排除危险并防止结果发生的特定义务。

例如销售者销售了危险的商品具有召回的义务；餐饮业服务者提供了有毒的食品，对于中毒者具有救助的义务；黑夜将机动车停在高速公路上，就有义务采取措施防止后车"追尾"。

【小专题】关于"先前行为"

1. **由于先前行为制造了法益侵害的危险，因此成为作为义务的来源，但是先前行为不需要具备违法性。**

例如紧急避险给第三人带来法益侵害的危险（即避险过当的危险），避险人具有救助义务，尽管避险行为本身并不违法。

再如甲抢劫未遂后逃走，乙丙丁为抓获甲而追赶，甲在前方无路可逃坠入深水中，乙丙丁的追赶行为并不违法，但的确给甲的生命制造了危险，不能否认他们的救助义务。

2. **正当防卫人对不法侵害者的救助义务，需要根据不法侵害的性质判断：**

（1）如果正当防卫造成不法侵害人**死亡**也不过当的，则正当防卫人无救助义务；

（2）如果正当防卫造成不法侵害人**伤害**并不过当，而且该伤害不可能导致死亡，即没有过当的危险，则正当防卫人无救助义务；

（3）如果正当防卫造成不法侵害人**伤害**并不过当，但是该伤害具有死亡的紧迫风险，发生死亡结果则过当，则正当防卫人具有救助义务。

3. **过失犯罪能够成为作为义务的发生根据**

例如甲的过失行为造成乙轻伤（尚不构成犯罪），甲故意不救助导致乙死亡，甲成立不作为的故意杀人罪。

再如丙的过失行为造成丁重伤（已经构成犯罪），丙故意不救助导致丁死亡，丙成立不作为的故意杀人罪。（如果将丙的行为直接认定为过失致人死亡，则与上例中将甲的行为认定为故意杀人罪不协调。）

4. **故意犯罪能够成为作为义务的发生根据**

例如甲意外导致乙重伤，明知不抢救乙就会死亡，但仍然不抢救，导致乙死亡。（甲成立不作为的故意杀人罪）

再如丙故意导致丁重伤，明知不抢救丁就会死亡，但仍然不抢救，导致丁死亡。（丙成立不作为的故意杀人罪）

5. **下列情形不能成为作为义务的来源**

（1）行为没有制造或者增加危险，不产生作为义务。

例如路人将弃婴抱到民政局门口离开；高速公路上的司机将被前一车辆撞伤的被害人送到加油站后置之不管。

（2）行为虽然制造或者增加了危险，但该危险并不紧迫或者微不足道，不产生作为义务。

例如甲将自己的一把利刀递给乙观看，乙突然持刀伤害丙，即使甲在现场也不产生作为义务。

（2）行为制造、增加的危险属于被害人的答责范围时，行为人不产生作为义务。

例如甲将吸食毒品的工具借给乙吸食毒品，乙因吸食过量而造成身体伤害，甲不承担不作为的故意伤害罪的责任（如果甲给乙注射毒品后，乙的生命处于危险状态，则甲有救助义务）。

6. **先前行为不要求是行为人单独实施的，行为人参与了奠定作为义务基础的先前行为时，就具有结果防止义务。**

例如甲乙二人共同以暴力抢劫丙女，在丙昏迷后乙准备对丙实施强奸行为，此时甲负有阻止义务，否则成立强奸罪的共犯。

（2）与法益 无助状态 的 特殊关系 产生的义务

首先法益要处于一种无助状态，其次行为人与法益主体的无助状态之间具有某种特殊关系。注意，仅凭法益的无助状态很难认定行为人有作为的义务，更为重要的是与无助状态之间的特殊关系，而这种特殊关系来自于下列几个方面：

①基于法规范产生的保护义务。在法规范将法益保护托付给特定的行为人时，行为人的不保护就成为结果发生的原因。

例如母亲对婴儿的喂养义务；交通警察对于交通事故中的被害人的救助义务；父母见幼女被人猥亵时具有制止猥亵行为的义务等。但需要注意的是，根据法规范，发现火灾的人负有报警义务，但是法益保护并不具体的依赖于发现火灾的人，因此发现火灾的人没有刑法上的实质的法义务。

②基于制度或者体制产生的保护义务。当具体的制度、体制将法益保护托付给具体行为人时，行为人负有保护义务。

例如国家机关工作人员在其职责范围内对无助的法益负有相应的保护义务；游泳教练对于游泳学习者具有保护义务；医生对于病患的救治义务；消防队员对于火灾的扑救义务。

③自愿行为而产生的保护义务。在法益处于无助或者脆弱状态时，行为人自愿承担保护义务，使法益的保护依赖于行为人时，行为人必须继续承担保护义务。

例如将他人的弃婴抱回家后，就有抚养的义务；将邻居幼儿带到河边游玩，就有义务保护幼儿的生命安全；数人形成的合法危险共同体，只要没有除外的约定，就意味着每个成员接受了保护其他成员的义务。

【小专题】如果法益的无助状态是法益主体自主决定的，其他相关人是否具有救助义务

例如妻子自杀时丈夫是否有救助义务？

【观点1】丈夫有救助义务。自杀是妻子自己决定的，妻子应当自我答责，但是刑法对于生命权应当绝对保护，妻子的自我答责只是意味着妻子对自己的自杀行为不承担刑事责任，并不意味着可以免除丈夫的救助义务。（当然当法益主体损害自己有权处分的法益时，如健康、财产，其他人没有保护的义务）。

【观点2】妻子自杀，是自陷风险的行为，丈夫不阻止或不救助的，不构成不作为的杀害。自杀不是自杀者对自身生命的自由支配和处分，但也不是违法行为，他人决意自杀的，法律只能默认，因为作为义务的目的在于防止对被害人的法益侵害，而不是在被害人不愿意接受保护时仍然去干涉其意志自由，更不能将保护义务转化为对保护者的约束和管制，因此不能认为丈夫成立不作为犯罪。

（3）对于法益发生危险的 领域的支配 而产生的义务

① 对于发生在自己的建筑物内、车内的危险具有防止的义务

A 对于自家封闭的庭院内闯入的重病患者具有救助的义务；

B 对出租车发生的猥亵或强奸行为，司机具有制止的义务；

C 嫖客在卖淫女的住所内突发心脏病，卖淫女具有救助义务。

② 对于发生在自己身上的危险行为具有阻止义务

幼女趴到成年男子身上对其进行猥亵，该成年男子具有阻止的义务，否则就构成猥亵儿童罪。

2. 能为【作为的可能性】

法律不会强人所难，法规范和法秩序只要求能够履行义务的人履行义务，而不会强求不能

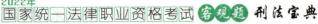

履行义务的人履行义务。**如果确实因为客观原因**或者**主体能力**而导致的不能履行作为义务，或者履行义务将会给行为人的生命带来重大危险，则法律不会苛责行为人不履行义务的行为。

3. 不为

行为人没有实施按照其作为义务所应当实施的行为，从而导致侵害结果发生。

4. 结果回避可能性【倘若作为，则可避免结果发生】

只有当行为人履行作为义务可以避免结果发生时，该不作为的行为才可以成立不作为犯罪。

【例如】甲在车间工作时，不小心使一根铁钻刺入乙的心脏，甲没有立即将乙送往医院而是逃往外地。医院证明，即使将乙送往医院，乙也不可能得到救治。

【结论】甲的行为没有结果回避可能性，所以不救助的行为不构成不作为犯罪，但是"不小心使一根铁钻刺入乙的心脏"的行为构成重大责任事故罪。

5. 不作为与作为的等价性【不真正不作为犯】

等价性的判断仅限于不真正不作为犯，所谓不真正不作为犯是指刑法分则没有规定保证人与不作为的内容，但行为人以不作为实施通常由作为方式实施的犯罪，因此在将行为人的行为评价为犯罪之时，需要谨慎，不得违反罪刑法定原则，并且需要经过价值判断，即此时的不作为与立法者预期的以作为方式完成的犯罪行为是否具有同等之恶。从实质意义上讲，"等价性"是不真正不作为犯构成要件的解释原理，也是限制作为义务发生根据的指导原理。

例1 警察因职务上的要求，有制止违法犯罪活动、救助被害人的义务。某警察发现罪犯正在疯狂杀害该罪犯的妻子，可以履行救助义务而拒不履行，最后被害人死亡的，是成立（弃权型）滥用职权罪，还是成立不作为的故意杀人罪？通常情况下，警察的不救助行为成立（弃权型）滥用职权罪。但是，在特殊情况下，其拒不履行保护、救助义务的不作为行为，也可能与作为的故意杀人行为具有等价性。

例2 警察甲在自己家里看到歹徒疯狂用刀砍杀自己的妻子，在想到妻子已经发现了自己婚外情的情况，如果救助妻子可能会身败名裂后，悄悄离开家，故意不解救的，最终导致妻子被杀害，此时，应当主要考虑现场的情况和警察的犯罪心态，警察甲系现场唯一能够保护、救助被害人的人，其履行保护、救助义务也比较容易，而且其希望或者放任被害人死亡的故意心态极其明显，则对警察甲行为应当认定为故意杀人罪。

（四）关于"持有"

刑法分则规定了一些持有型犯罪，即行为表现为对于特定物品的持有。

《刑法》第282条第2款【非法持有国家绝密、机密文件、资料、物品罪】非法持有属于国家绝密、机密的文件、资料或者其他物品，拒不说明来源与用途的，处三年以下有期徒刑、拘役或者管制。

《刑法》第348条【非法持有毒品罪】非法持有鸦片一千克以上、海洛因或者甲基苯丙胺五十克以上或者其他毒品数量大的，处七年以上有期徒刑或者无期徒刑，并处罚金；非法持有鸦片二百克以上不满一千克、海洛因或者甲基苯丙胺十克以上不满五十克或者其他毒品数量较大的，处三年以下有期徒刑、拘役或者管制，并处罚金；情节严重的，处三年以上七年以下有期徒刑，并处罚金。

持有型犯罪属于作为犯罪。"持有"是对特定物品的实力支配、控制，持有型犯罪也是通过对特定违禁品的支配、控制创造危险的，刑法设计持有型犯罪旨在禁止人们持有特定物品，进而禁止人们利用特定物品侵害法益，而不是命令人们上缴特定物品。因此，持有型犯罪的实质是不应当控制而控制，而不是应当上交而不上交。

（五）不作为犯罪的主观责任

满足"当为–能为–不为"就具备了成立不作为犯罪的客观要件，同其他所有犯罪一样，最终成立犯罪还需要行为人主观上具有故意或者过失。不作为犯罪因此也分为故意的不作为犯罪和过失的不作为犯罪。

1. 故意的不作为犯罪

例如元宝是游泳高手，某日带其子元小宝到河边玩耍。突然小宝落入水中，同时落入水中的还有另一个陌生孩子。当时情况紧急万分，元宝一次只能救助一个孩子。在稍作思考后，元宝"发扬风格"，先将陌生孩子救起，等到回过头来再去救元小宝时，元小宝已溺水身亡。元宝对于元小宝具有法律上的救助义务，不救助成立不作为故意杀人罪。

2. 过失的不作为犯罪

例如元宝路过家门口的水库时看到有小孩落水，能救助而未予救助，导致小孩死亡。后发现落水的是其未成年的儿子元小宝。元宝作为父亲，应当预见到家门口落水的小孩有可能是其未成年的儿子，即应当预见自己的儿子有溺亡的危险，却没有预见到，具有过失，成立过失犯罪。

【2020 网络回忆版】下列哪些情况构成不作为犯罪？（　　）①

A. 哥哥看到成年的弟弟杀死自己的父亲而不制止，构成故意杀人罪

B. 父亲看到自己 13 岁的孩子盗窃的而不制止，构成盗窃罪

C. 丈夫看到妻子伤害岳母而不制止，构成故意伤害罪

D. 甲女看到女儿乙遗弃自己的小孩，不管不问，构成遗弃罪

【考点】不作为犯罪的义务来源

【解析】A 选项，哥哥的制止义务来源于他与父亲的特殊关系，即与法益无助状态的特殊关系产生的义务，不制止，构成不作为的故意杀人罪。A 正确。

B 选项，父亲对于其未成年子女负有监督管理义务，即父母、监护人有义务阻止年幼子女、被监护人的法益侵害行为，不阻止构成不作为的盗窃罪。B 正确。

C 选项，丈夫对于妻子不具有监督管理义务；丈夫对于岳母也没有法律上的扶养和救助义务，情感和道义上的救助义务，不能成为不作为犯罪的义务来源。C 错误。

D 选项，甲女对于其成年子女不负有监督管理义务，成年子女的法益侵害行为不在父母的监管范围；同时，祖父母对于孙子女也没有法律上的扶养和救助义务，情感和道义上的救助义务，不能成为不作为犯罪的义务来源。D 错误。

【2020 网络回忆版】甲在乙家以杀害故意殴打乙，乙被迫将燃烧着炭火的炭盆掀翻，试图以此制止甲的不法侵害。甲将乙击昏后，发现掀翻的炭盆已经引燃室内杂物，为烧死乙并毁灭罪证，甲未将火苗扑灭便离开现场，炭盆随后引发大火，将乙家和其他邻居的数栋房屋焚毁。乙也在大火中吸入过量有毒气体死亡。甲以为乙是被烧死的。下列说法正确的有？（　　）②

A. 虽然大火是乙引起的，但甲有灭火义务，故甲构成放火罪

B. 甲以为乙被烧死，实际是吸入有毒气体而死亡，故甲对乙的死亡仅构成故意杀人罪未遂

C. 甲的行为既有作为也有不作为，但作为与不作为互相排斥，故对甲不能数罪并罚

D. 不论如何评价甲的行为，在本案中对甲仅能以一个罪名处罚

【考点】作为与不作为

---

① AB　② A

【解析】A选项，甲以杀害故意殴打乙，乙被迫将燃烧着炭火的炭盆掀翻以此制止甲的不法侵害，可以认为炭盆被掀翻并引发火灾的危险，是甲的行为创设的，客观上，甲有将火扑灭的义务，甲没有履行其义务，引发的火灾应当归因于甲的不作为；主观上，甲对于火灾的发生具有故意，因此成立不作为的放火罪。A正确。

B选项，甲以乙被烧死，实际是吸入有毒气体而死亡，这属于狭义的因果关系认识错误，不影响故意杀人罪既遂的认定。B错误。

C选项，甲有两个行为，1.（作为）故意杀人；2.（不作为）放火，既然是两个行为，就可以数罪并罚。当然死亡结果只能归于其中一个行为，而不能被评价两次。所以，对于甲可以以故意杀人罪（既遂）和（不作为）的放火罪并罚；也可以以故意杀人罪（未遂）与（不作为）的放火罪致人死亡并罚。C错误。

D选项，错误。

第三节　行为对象

一、概念

实行行为所作用的**物、人**与**组织**。行为对象在行为当时就已经存在。

（一）行为对象是物、人、组织。例如，绑架罪中的 被绑架人 、盗窃枪支罪中的 枪支 。

（二）行为对象是法益的主体或者法益的物质表现。例如，拐卖儿童罪中的 儿童 、盗窃罪中的 财物 。

（三）行为对象被行为所作用。实行行为使对象的**性质、数量、结构、状态**等发生变化。

二、相关概念辨析

（一）行为对象与 犯罪组成之物 不同

例如，贿赂是组成受贿罪、行贿罪之物，不是行为对象；赌资是组成赌博之物，不是行为对象。

（二）行为对象与 行为孳生之物 不同

例如，伪造的文书、制造的毒品是孳生之物，不是行为对象；但是相对于走私、贩卖、运输毒品的行为而言，毒品就是行为对象。

（三）行为对象与 犯罪取得的报酬 不同

例如，杀人后从雇凶者处得到的酬金不是行为对象。

（四）行为对象与 供犯罪行为使用之物 不同

例如，使用伪造的信用卡进行诈骗时，伪造的信用卡是供犯罪使用之物，而不是犯罪对象。

三、行为对象的意义

（一）影响定罪

盗窃
→ 普通财物：盗窃罪
→ 正在使用的电信设备、通信设施：破坏广播电视设施、公用电信设施罪

（二）影响量刑

强奸罪
→ 妇女：强奸罪（三年以上十年以下有期徒刑）
→ 幼女：强奸罪（三年以上十年以下有期徒刑，从重处罚。）

四、行为对象与保护法益的关系

行为对象与保护法益在某些场合是同一的，即从构成要件的角度来说是行为对象，但从刑法目的的角度来说就是保护法益。但是两者之间又有明显的区别：

（一）行为对象所呈现的是事物的外部特征，法益则表现内在本质；

（二）行为对象是许多犯罪的构成要件要素，法益则不是；

（三）行为对象并非在任何犯罪中都受到侵害，法益则是。

第四节 结 果

一、概念

危害结果是指危害行为对法益造成的实际损害或现实危险状态，狭义的危害结果特指刑法规定作为犯罪构成要件的结果。

二、分类

（一）根据犯罪结果的表现形式，分为 物质性的、有形的、可以具体观测 的结果和 非物质性的、无形的、难以具体观测 的结果

前者如放火造成人员伤亡或者财产损失的结果；后者如公民的人格、名誉的损害，对社会秩序的破坏等。

（二）根据犯罪结果的状态，分为 实害 结果和 危险 结果。

前者如交通肇事罪中致人伤亡的结果；

后者如破坏交通设施罪足以使火车、汽车、电车、船只、航空器发生倾覆、毁坏危险；生产、销售不符合食品安全标准的食品，足以造成严重食物中毒事故或者其他严重食源性疾病。

（三）根据结果对于犯罪成立的意义，分为 属于构成要件 的结果和 不属于构成要件 的结果

例如甲诈骗个体经营户乙的大量钱财，乙因而自杀身亡。从广义上讲，财产损失和自杀死亡都是甲的行为结果，乙的财产损失是甲诈骗罪犯罪构成的结果，乙死亡不是甲诈骗犯罪构成的结果。

三、实害犯

（一）实害结果作为某些 犯罪成立 的条件

1. 绝大多数过失犯罪都要求发生法定的物质性危害结果才构成犯罪，如过失致人死亡罪，必须发生死亡结果才能构成该罪。

2. 另外也有一些故意犯罪把发生法定结果规定为构成要素。

例如生产、销售劣药罪，需要"给人体健康造成严重危害"（轻伤以上后果或者轻度以上残疾或者器官组织一般功能障碍），犯罪才成立；再如滥用职权罪，需要"致使公共财产、国家和人民利益遭受重大损失"，犯罪才成立。

（二）实害结果作为某些 犯罪既遂 的条件。

例如故意杀人罪发生了死亡结果才认为既遂。

（三）实害结果作为对犯罪 加重法定刑 的条件

1. 结果犯中，如果犯罪行为导致了基本结果之外的加重结果，则加重其法定刑，如抢劫、强奸致人重伤、死亡等。

2. 危险犯中，实害结果虽然不是犯罪成立的条件，也不是犯罪既遂的条件，但可能是加重法定刑的条件。

例如放火罪，当对象物独立燃烧产生火灾的危险时犯罪就既遂；但如果"致人重伤、死亡或者使公私财产遭受重大损失"法定刑升级。

四、危险犯

犯罪的既遂必须发生引起实害结果的 危险状态 的犯罪。

（一）具体危险犯

行为给法益带来具体、现实、紧迫的危险时，犯罪既遂的罪名，而具体危险是否出现，需要司法机关以当时的具体情况为依据，具体问题具体分析。

第116条【破坏交通工具罪】　破坏火车、汽车、电车、船只、航空器，<u>足以使火车、汽车、电车、船只、航空器发生**倾覆、毁坏危险**</u>，尚未造成严重后果的，处三年以上十年以下有期徒刑。

需要综合判断什么样的破坏行为足以使汽车发生倾覆、毁坏的危险，就需要根据汽车的状态、破坏的部位、破坏的程度，从而得出"破坏"是否足以使交通工具发生倾覆、毁坏的危险。

第143条【生产、销售不符合安全标准的食品罪】　生产、销售不符合食品安全标准的食品，<u>足以造成**严重食物中毒事故或者其他严重食源性疾病的**</u>，处三年以下有期徒刑或者拘役，并处罚金……

生产、销售不符合安全标准的食品罪，只有当引起严重食源性疾病的具体危险出现，犯罪才既遂。

此外、放火罪、爆炸罪、投放危险物质罪、以危险方法危害公共安全罪都属于具体危险犯。

（二）抽象危险犯

行为实施完毕，即给法益带来抽象的危险时，犯罪既遂的罪名。立法者根据理性与经验，直接在刑法中作出明确规定，将某种行为规定为有危险的行为，因此在认定时，不需要司法机关以当时的具体情况对危险作出判断，司法机关只需要判断是否有行为，因为有行为则有危险。抽象危险犯，其实是立法者拟制的危险，该危险通常是一种缓和的、并不紧迫的危险。

例如生产、销售假药罪，生产、销售有毒、有害食品罪。这样的犯罪，立法者只描述行为，认为只要有"生产、销售"的行为，就产生抽象危险，犯罪就既遂。

第 141 条【生产、销售、提供假药罪】生产、销售假药的，处三年以下有期徒刑或者拘役，并处罚金……

第 144 条【生产、销售有毒、有害食品罪】在生产、销售的食品中掺入有毒、有害的非食品原料的，或者销售明知掺有有毒、有害的非食品原料的食品的，处五年以下有期徒刑，并处罚金……

【注意 1】 如何通过法条分辨实害犯、具体危险犯和抽象危险犯

1. 法条中在基础法定刑前对于结果有明确规定的，是实害犯

第 142 条【生产、销售、提供劣药罪】生产、销售劣药，对人体健康造成严重危害的，处三年以上十年以下有期徒刑，并处罚金；后果特别严重的，处十年以上有期徒刑或者无期徒刑，并处罚金或者没收财产……

2. 法条中在基础法定刑前有"足以……"、"尚未造成严重后果"的规定，是具体危险犯

第 143 条【生产、销售不符合安全标准的食品罪】生产、销售不符合食品安全标准的食品，足以造成严重食物中毒事故或者其他严重食源性疾病的，处三年以下有期徒刑或者拘役，并处罚金。

3. 法条中只规定实施某个行为犯罪就成立（既遂）的，是抽象危险犯

第 141 条【生产、销售假药罪】生产、销售假药的，处三年以下有期徒刑或者拘役，并处罚金……

【注意 2】 构成犯罪（既遂）从易到难分别是：抽象危险犯→具体危险犯→实害犯

五、结果加重犯

（一）结果加重犯的概念

结果加重犯，指实施基本犯罪构成的行为，同时又造成基本犯罪构成以外的结果，刑法对其规定较重法定刑的情况。

例如《刑法》第 234 条："故意伤害他人身体的，处三年以下有期徒刑、拘役或者管制。犯前款罪，致人重伤的，处三年以上十年以下有期徒刑；致人死亡或者以特别残忍手段致人重伤造成严重残疾的，处十年以上有期徒刑、无期徒刑或者死刑。本法另有规定的，依照规定。"

故意伤害致人重伤、死亡，即属于故意伤害罪的结果加重犯。

（二）结果加重犯的特征

1. 实施基本犯罪构成的行为还造成了加重的结果

（1）基本犯罪行为直接导致加重结果，加重结果无论从性质还是程度都重于基本犯罪所引起的基本结果。

例如抢劫致人重伤、死亡；强奸致人重伤、死亡。

	基本行为	基本结果	加重结果
"抢劫致人重伤、死亡"	抢劫	劫得财物	重伤、死亡
"强奸致人重伤、死亡"	强奸	奸淫妇女	重伤、死亡

（2）基本犯罪行为与加重结果之间具有直接因果关系。

甲非法拘禁乙的过程中，由于捆绑过紧、血液流通不畅，导致乙突发性心脏衰竭而亡。	拘禁行为与死亡结果之间 具有 直接因果关系
甲非法拘禁乙，乙为了逃跑跳窗摔死。	拘禁行为与死亡结果之间 不具有 直接因果关系
甲强奸妇女乙，为了不让乙出声，用手强行捂住乙的口鼻，强奸结束后发现乙窒息身亡。	强奸行为与死亡结果之间 具有 直接因果关系
甲强奸妇女乙，乙羞愤难当自杀身亡。	强奸行为与死亡结果之间 不具有 直接因果关系

（3）加重结果是基本行为的高度危险的直接现实化。如果具有高度危险的基本行为没有直接现实化为加重结果，即使产生所谓的"重结果"，也不能认定为结果加重犯。

例如甲欲制造火车出轨事故，破坏轨道时将螺栓砸飞，击中在附近玩耍的幼童，致其死亡。甲破坏交通设施行为所引起的危险是导致交通工具发生倾覆、毁坏的危险，并由此造成人员伤亡和财产损失才是该危险的现实化，进而成立结果加重犯，而此时甲的行为只是偶然的、过失导致的第三人死亡，只能成立破坏交通设施罪与过失致人死亡罪的想象竞合犯。

2. 分则条文对造成该种结果专门规定了较重法定刑

如强奸通常处 3 年以上 10 年以下有期徒刑，造成重伤、死亡结果的，处 10 年以上有期徒刑、无期徒刑或死刑。

（1）结果加重犯的重要特征是法定性，必须由刑法明确规定对于加重结果加重其刑；

（2）刑法明确规定对加重结果直接加重其刑，结果加重犯就只能认定为一罪而不是数罪。

3. 行为人对加重的结果具有罪过，具有故意或过失

例如故意伤害致人重伤、死亡；非法拘禁致人重伤、死亡；强奸致人重伤、死亡；拐卖妇女儿童造成被拐卖的妇女、儿童或者其亲属重伤、死亡，这些结果加重犯中基本犯罪都是故意，而加重结果通常为过失。

再如抢劫致人死亡中，司法解释明确规定，为劫取财物而当场杀死被害人或者为劫取财物而有预谋的杀人的，都属于抢劫罪的结果加重犯，因此在抢劫罪的结果加重犯中，对于"死亡"这一加重结果完全可以是故意。

（三）结果加重犯的处断原则

以一罪处罚，不实行数罪并罚，因为该结果已经作为适用较重法定刑的依据。

小结： 刑法分则中常见的"结果加重犯"

1.【故意伤害罪】致人重伤、致人死亡

《刑法》第 234 条："故意伤害他人身体的，处三年以下有期徒刑、拘役或者管制。

犯前款罪，**致人重伤的，**处三年以上十年以下有期徒刑；**致人死亡**或者以特别残忍手段致人重伤造成严重残疾的，处十年以上有期徒刑、无期徒刑或者死刑。本法另有规定的，依照规定。"

2. 【抢劫罪】致人重伤、死亡

《刑法》第 263 条："以暴力、胁迫或者其他方法抢劫公私财物的，处三年以上十年以下有期徒刑，并处罚金；有下列情形之一的，处十年以上有期徒刑、无期徒刑或者死刑，并处罚金或者没收财产：

……

（五）抢劫致人重伤、死亡的；……"

3. 【强奸罪】致人重伤、死亡

《刑法》第 236 条："以暴力、胁迫或者其他手段强奸妇女的，处三年以上十年以下有期徒刑。

奸淫不满十四周岁的幼女的，以强奸论，从重处罚。

强奸妇女、奸淫幼女，有下列情形之一的，处十年以上有期徒刑、无期徒刑或者死刑：

……

（六）致使被害人重伤、死亡或者造成其他严重后果的。"

4. 【非法行医罪】严重损害就诊人身体健康，造成就诊人死亡

《刑法》第 336 条第 1 款："未取得医生执业资格的人非法行医，情节严重的，处三年以下有期徒刑、拘役或者管制，并处或者单处罚金；**严重损害就诊人身体健康的**，处三年以上十年以下有期徒刑，并处罚金；**造成就诊人死亡的**，处十年以上有期徒刑，并处罚金。"

5. 【拐卖妇女、儿童罪】造成被拐卖的妇女、儿童或者其亲属重伤、死亡或者其他严重后果

《刑法》第 240 条："拐卖妇女、儿童的，处五年以上十年以下有期徒刑，并处罚金；有下列情形之一的，处十年以上有期徒刑或者无期徒刑，并处罚金或者没收财产；情节特别严重的，处死刑，并处没收财产：

……

（七）造成被拐卖的妇女、儿童或者其亲属重伤、死亡或者其他严重后果的；……"

6. 【暴力干涉婚姻自由罪】致使被害人死亡

《刑法》第 257 条："以暴力干涉他人婚姻自由的，处二年以下有期徒刑或者拘役。

犯前款罪，**致使被害人死亡的**，处二年以上七年以下有期徒刑。

第一款罪，告诉的才处理。"

7. 【虐待罪】致人重伤、死亡

《刑法》第 260 条："虐待家庭成员，情节恶劣的，处二年以下有期徒刑、拘役或者管制。

犯前款罪，**致使被害人重伤、死亡的**，处二年以上七年以下有期徒刑。

第一款罪，告诉的才处理，但被害人没有能力告诉，或者因受到强制、威吓无法告诉的除外。"

8. 【非法拘禁罪】致人重伤、死亡

《刑法》第 238 条："非法拘禁他人或者以其他方法非法剥夺他人人身自由的，处三年以下有期徒刑、拘役、管制或者剥夺政治权利。具有殴打、侮辱情节的，从重处罚。

犯前款罪，**致人重伤的**，处三年以上十年以下有期徒刑；**致人死亡的**，处十年以上有期徒刑。使用暴力致人伤残、死亡的，依照本法第二百三十四条、第二百三十二条的规定定罪处罚。

为索取债务非法扣押、拘禁他人的，依照前两款的规定处罚。

国家机关工作人员利用职权犯前三款罪的，依照前三款的规定从重处罚。"

9.【**组织他人偷越国（边）境罪**】造成被组织人员重伤、死亡

《刑法》第318条："组织他人偷越国（边）境的，处二年以上七年以下有期徒刑，并处罚金；有下列情形之一的，处七年以上有期徒刑或者无期徒刑，并处罚金或者没收财产：

......

（三）**造成被组织人重伤、死亡的**；......"

10.【**运送他人偷越国（边）境罪**】造成被运送人重伤、死亡

《刑法》第321条："运送他人偷越国（边）境的，处五年以下有期徒刑、拘役或者管制，并处罚金；有下列情形之一的，处五年以上十年以下有期徒刑，并处罚金：

......

在运送他人偷越国（边）境中**造成被运送人重伤、死亡**，或者以暴力、威胁方法抗拒检查的，处七年以上有期徒刑，并处罚金。

犯前两款罪，对被运送人有杀害、伤害、强奸、拐卖等犯罪行为，或者对检查人员有杀害、伤害等犯罪行为的，依照数罪并罚的规定处罚。"

【2015－2－14】下列哪一犯罪属抽象危险犯？（　　）①

A. 污染环境罪

B. 投放危险物质罪

C. 破坏电力设备罪

D. 生产、销售假药罪

【考点】抽象危险犯

【解析】A选项第338条"违反国家规定，排放、倾倒或者处置有放射性的废物、含传染病病原体的废物、有毒物质或者其他有害物质，严重污染环境的，处三年以下有期徒刑或者拘役，并处或者单处罚金"由此可见，污染环境罪是结果犯，要求严重污染环境的才会既遂。因此，A选项是错误的。

B、C选项，投放危险物质罪和破坏电力设备罪是具体的危险犯，要求达到给公共安全带来现实紧迫危险才既遂。因此，B、C选项是错误的。

D选项生产、销售假药罪是抽象的危险犯，在本章节中，抽象危险犯有两个，一个是生产、销售假药，一个是生产、销售有毒有害食品。生产、销售不符合安全标准的食品是具体的危险犯，生产、销售劣药罪是结果犯，要求造成严重后果。因此，D选项是正确的。

第五节　危害行为与危害结果之间的因果关系

一、刑法中的因果关系

（一）刑法中因果关系的概念

刑法因果关系是危害行为（实行行为）与危害结果之间的一种客观的引起与被引起的联系。

【注意】因果关系中的"因"与"果"，是"实行行为"与"危害结果"。

1. "因"，即实行行为

（1）如果行为本身不具有法益侵害的危险甚至减少了法益侵害的危险，则不是实行行为，亦不能成为因果关系中的"因"；

---

① D

例如元宝得知女友移情，送其一双旱冰鞋，希望女友摔伤，女友果真摔成重伤。元宝送旱冰鞋的行为不是实行行为，因此与女友的重伤结果之间不具有因果关系。

（2）如果行为是否实施结果都会发生，即缺乏结果回避可能性，则可以否定实行行为的存在进而否定因果关系的存在。

例如欧洲某毛笔制造工厂老板将一些中国山羊毛笔交给女工加工，根据规定，加工这些毛笔必须消毒，但老板没有这么做，4个女工因为感染炭疽杆菌而死亡。事后发现，即使使用所规定的消毒剂消毒，仍然无法杀死在当时欧洲不曾有过的炭疽杆菌病毒。老板未消毒的行为（不作为）与死亡结果没有因果关系。

2. "果"，即危害结果

（1）危害结果是具体的、特定样态的、特定时间、地点的结果

例如元宝开车撞甲，甲受伤的程度是将在5小时后死亡，但是2小时后甲被乙开车撞死。那么这里因果关系中的"果"就是2小时死亡的结果，而不是5小时后死亡的结果。

（2）危害结果是规范保护范围内的结果

例如制定交通法规的目的，是确保汽车正常通行，不至于在行驶过程中撞向行人或其他车辆，避免发生交通事故。元宝违章驾车导致撞车，汽车的猛烈撞击声把路旁的行人甲吓死，甲不是因为交通事故本身死亡的，该死亡结果不在交通法规的保护目的之内，不属于危害结果。

（二）因果关系对于刑事责任承担的意义

确认危害行为与危害结果之间有因果关系，意味着犯罪构成客观要件中的两个因素即危害行为（实行行为）与危害结果之间具备了法律规定（要求）的客观性联系，或者基本构成要件的行为与加重结果之间具备了法律规定（要求）的客观性联系。如果不存在因果关系，则不能把某结果归责于行为人。

但是，即使存在因果关系，也不意味着对结果当然负刑事责任。因为刑事责任是主客观统一的，仅仅认定存在因果关系是不够的，还需要认定是否具备承担刑事责任的其他条件，如主观要件（有无故意、过失）以及责任阻却事由（责任年龄、责任能力）等。

【总结】1. 不存在因果关系，则不能把某结果归责于行为人，但具备因果关系并不必然承担刑事责任。

例1 元宝和甲是马戏团演员，两人长期合作，元宝表演飞刀精准，从未出错。某日元宝表演时，甲突然移动身体位置，飞刀掷进甲胸部致其死亡。元宝投掷飞刀的行为与甲的死亡结果之间具有因果关系，但是两人长期合作，元宝能够合理地信赖甲不会挪动身体，所以元宝既没有故意也没有过失，属于意外事件，不负刑事责任。

2. 不存在因果关系，只是不能把某结果归责于行为人，但不意味着不需要承担任何刑事责任。

例2 元宝追杀情敌甲，甲狂奔逃命。此时甲的仇人乙早就想杀甲，见甲慌不择路，趁元宝还没有赶到之前向甲开枪射击，甲中弹身亡。元宝的追杀行为与甲的死亡结果之间不存在因果关系，因此元宝不成立故意杀人既遂，但是由于其有杀人行为，该行为并未引起死亡结果，元宝成立故意杀人罪未遂。

二、刑法中因果关系的特点

（一）客观性

危害行为与危害结果之间的因果关系是不以人的主观意志为转移的客观存在。承认刑法因果关系的客观性具有两个实际意义：

1. 因果关系的认定，不受行为人主观认识的影响。行为人是否料想到自己的行为可能导致该种危害结果，对因果关系的有无不发生任何影响。

例如元宝与甲发生口角后，元宝对准甲的胸部轻轻打了一拳，甲倒地后抽搐，在送往医院途中死亡，后经查明，甲是因为受到刺激，心脏病发作而死。甲的邻居都知道甲的疾病，但是元宝毫不知情，尽管毫不知情，元宝推甲的行为和甲的死亡之间仍然具有因果关系，这一因果关系是客观存在的，不受人们包括行为人本人主观意志的影响。

2. 有因果关系只能说明行为人具备对该结果承担刑事责任的客观性条件，不是充分条件。即使认定因果关系有所扩大，也不会导致刑事责任扩大化。

（二）相对性

在社会生活中各种现象普遍存在联系，这种现象相对于被它引起的结果而言是原因，而它本身又是被某种现象引起的结果，由此，形成了无数的因果环节。原因与结果是相对的，某一现象既是前一现象的结果又是后一现象的原因。因此，需从整个因果链条中抽出一对现象来研究。刑法研究因果关系的目的是解决行为人对危害结果是否应当承担刑事责任，所以，在认定因果关系时应当抽取危害行为与危害结果这对现象，研究其因果关系。

例如元宝路过某段铁路与公路的交叉路口时，看到朋友甲在执勤，上前与甲聊天，由于两人聊得火热，以至于甲在火车到来前忘记放下栏杆，致使火车与汽车相撞，造成重大事故。

本案的发展过程：元宝上前与甲聊天→ 甲忘记放下栏杆→发生重大事故 ，由于刑法要解决的是对于事故承担刑事责任的问题，因此因果关系的链条就应当抽取出 甲忘记放下栏杆→ 发生重大事故 这一段，而不应当溯及到元宝上前与甲聊天，否则处罚范围会无限扩大。

（三）必然性

因果关系一般表现为两种现象之间有着内在的、必然的、合乎规律的引起与被引起的关系。这是因果关系基本的和主要的表现形式。

（四）复杂性

在有些场合，因果关系会呈现出复杂的形态。主要表现为：

1. 一果多因，即某个危害结果是由多个原因造成的。

例如甲给元宝注射一剂毒药，在毒药刚开始发作时，乙对元宝实施暴力，元宝由于中毒虚弱无法躲避乙的暴力，被暴力致死。甲的投毒与乙的暴力共同导致元宝死亡结果。

2. 一因多果，一个危害行为引起数个危害结果。

例如元宝想谋杀在博物馆工作的甲，一天夜里潜入博物馆，开枪向甲射击，将甲打死，同时打坏甲身后的珍贵文物。元宝的一个行为，同时造成甲死亡和文物损毁两个结果。

三、刑法中的因果关系的认定

认定因果关系，就意味着将结果归属于某个实行行为，实行行为是具有法益侵害危险的行为，因此因果关系的发展过程，就是危险现实化的过程。

（一）合法则的因果关系

实行行为合法则（符合客观规律）的造成结果，结果就应当归属于行为。例如甲开枪打中乙的心脏导致乙死亡；丙用绳子勒住丁的脖子导致丁窒息死亡。

合法则的因果关系中 疑难问题 的判断

1. **假定的因果关系：**虽然某个行为导致结果发生，但即使没有该行为，由于其他情况也会产生同样结果，则结果应当归因于该行为。

例1 在下午1时即将执行死刑之前，被害人的父亲甲推开执行人，自己扣动扳机击毙死刑犯乙。甲开枪行为合法则的引起了死亡结果，甲的行为与乙的死亡结果之间具有因果关系。

例2 对一座处于烈火中的建筑物的未烧毁部分，放火予以烧毁，仍然构成故意毁坏财物罪，即使大火在很短的时间内将烧毁一切。放火行为合法则的引起了剩余部分的烧毁，具有因果关系。

2. **可替代的充分条件**：在一个实行行为引起结果的过程中出现另一个实行行为，而该实行行为成为引起结果发生的充分条件，合法则的引起结果发生。

例如，甲想杀死乙，便在乙准备穿越沙漠长途旅行的前夜，悄悄溜进乙的房间，把乙水壶里的水换成无色无味的毒药；丙也想杀死乙，于是同晚晚些时候溜进乙的房间，在乙的水壶底部钻了一个小孔。第二天乙出发了，他没有发现水壶上的小洞，两小时后乙在沙漠中想喝水，但是发现水壶是空的，于是脱水而亡。乙是脱水而死的，这一具体结果是由丙的行为合法则的造成的，则丙的行为与乙的死亡之间就有因果关系，而甲的行为与乙的死亡之间就没有因果关系。

3. **合义务的择一的举动**：虽然行为人实施了违法行为，造成了结果，但是其遵守法律，也不能避免该结果的情形。

例如甲在一条长6米宽的道路上驾车行驶，右侧的乙朝着相同的方向骑自行车行驶，按照交通法规汽车与行人之间应当保持1.5米的距离，但是甲仅保持了0.75米，后来乙由于饮酒醉倒在车下，被车后轮压死。

观点1（法院判决）：甲的行为与乙的死亡之间不具有因果关系，因为即使甲的汽车与乙保持相当距离，发生同样事故的盖然性仍然很高，乙仍还会死亡。

观点2（学者观点）：甲的行为与乙的死亡之间具有因果关系，因为就具体的、特定时间地点的死亡而言，甲的行为合法则的造成他人死亡。

4. **二重的因果关系**（100%＋100%＝200%）：两个以上的行为分别都能导致结果的发生，但在行为人没有意思联络的情况下，竞合在一起导致了结果发生。

例1 甲、乙没有意思联络，都欲杀丙，并同时向丙开枪，且均打中丙的心脏。

例2 甲、乙二人没有意思联络，事先都向丙的水杯里投了100%致死量的农药，丙喝了以后中毒身亡。

甲、乙的行为都是合法则的引起丙死亡的原因，因此都具有因果关系；如果存在时间先后顺序，后一行为对死亡并没有起作用，则应否定后行为与结果之间的因果关系。

5. **重叠的因果关系**（50%＋50%＝100%）：两个以上独立的行为，单独不能导致结果的发生，但合并在一起同时造成了危害结果。

例如甲、乙二人没有意思联络，事先都向丙的水杯里投了50%致死量的农药，丙喝了以后中毒身亡。甲、乙的行为都是合法则的引起丙死亡的原因，因此都具有因果关系。

6. **流行病学的因果关系**：某种因子与疾病之间的关系，即使在医学上、药理学上得不到科学证明，但根据大量的统计、观察，能说明该因子对产生疾病具有高度盖然性时，就可以肯定其因果关系。适用于公害犯罪因果关系的认定。

例如在某布满甲醛、灰尘的工厂上班的工人普遍出现咽喉重度感染、失明、贫血等症状，要确定工人受到伤害和环境严重污染之间的关系，靠医学或者自然科学的证明，极其困难。为此，根据流行病学上的统计方法，在经过大量观察后，如果能够确定在原因和结果之间有引起与被引起的一定可能性，就可以认定条件关系。

7. **因果关系的回溯问题**：第三人有意识的共同促进结果的发生，前行为人的行为所促成的对于结果具有原因力的因果关系，不会由于第三人的行为而中断。

例如，甲给丙注射了一剂毒药，在毒药刚开始发作时，乙对丙使用暴力，丙由于中毒虚弱而无法躲避乙的袭击，因而死亡。甲的行为客观上对于促成丙的死亡结果具有原因力，因而完全可以认为两者之间具有因果关系。

8. 救助性因果流程的中断：已经存在某种原因原本可以阻止结果的发生，行为人消除这种条件，导致结果发生。

例如，一个救生圈正飘向落水的被害人，被害人可以马上抓住这个救生圈，但是行为人拿走了救生圈，被害人溺水身亡。应当肯定拿走救生圈的行为与被害人的死亡结果具有因果关系。

（二）条件说的判断

人的认识能力有限，司法人员不可能认识所有的因果法则，所以在难以根据合法则的因果关系判断具体案件时，就需要运用"条件说"中的公式，即**没有 A 就没有 B 时，A 就是 B 的原因**。

1. 根据条件说的判断，不能离开特定的客观条件。

例1　甲在医院门口造成乙濒临死亡的重伤，但因抢救及时，乙获救。

例2　丙在荒郊野外造成丁重伤，但因抢救不及时，丁死亡。

注意："荒郊野外"这个特定的客观条件下，丙的伤害行为就是丁死亡的原因，因果关系自然成立。

2. 存在介入因素的场合

在很多情况下，特别是在存在介入因素的情况下，仅有条件关系不能肯定因果关系的存在，则需要根据条件说中**因果关系中断**的理论来作出判断。

（1）因果关系中断

① 因果关系中断的**法律效果**：前行为人对于最终结果，将不承担刑事责任。

② 引起因果关系中断的因素：介入因素

（2）"介入因素"中断因果关系的判断（两个步骤）

第一步：分三小步

① **介入因素的出现：正常？异常？**

是不是由实行行为必然引起的？是不是通常伴随实行行为而发生？是则正常；不是则异常；

② **介入因素对危害结果作用：大？小？**

③ **前实行行为对于危害结果的作用：大？小？**

第二步：整合上述结论

① 介入因素是 正常 的 = 因果关系不中断；

② 介入因素 异常 出现并且只有介入因素对危害结果的出现 作用大 = 因果关系中断；

③ 介入因素 异常 出现，但是**介入因素**与**前实行行为**对于结果的发生都具有决定作用 = 因果关系不中断。

（三）根据条件说判断因果关系是否中断

常见的能够引起因果关系中断的介入因素有：被害人的行为、第三人的行为、某种自然事件。

1. 被害人的行为

例1 甲想要杀乙，乙仅受轻伤，但乙迷信鬼神，因而用香灰涂抹伤口，导致霉菌侵入身体而死亡。

介入因素：异常＋作用大＝中断【甲成立故意杀人罪（未遂）】

例2 甲在寒冷的冬天为了取乐，将乙的100元钱扔进湖水里，乙为了捞回100元跳入湖中被冻死。

介入因素：异常＋作用大＝中断【甲无罪】

例3 生气的妻子在寒冷的冬夜不让丈夫进门，丈夫本可以找个安全的场所过夜，但为表示悔意未离开，被冻死。

介入因素：异常＋作用大＝中断【妻子无罪】

例4 甲追杀乙，乙无处可逃，跳进水库淹死。

介入因素：正常＝不中断【甲成立故意杀人罪（既遂）】

例5 在深水池、浅水池没有明确区分的游泳池内，教练没有履行职责，不会游泳的练习者进入深水池淹死。

介入因素：正常＝不中断【教练成立过失致人死亡罪】

例6 甲伤害乙后，乙在医院治疗期间没有卧床休息，因伤情恶化而死亡。

【观点1】介入因素：正常＝不中断

【观点2】介入因素：异常＋作用小＝不中断

【甲成立故意伤害罪（致人死亡）】

2. 第三人的行为

例1 甲追杀情敌赵某，赵某狂奔逃命。此时赵某的仇人乙早就想杀赵某，见赵某慌不择路，趁甲还没有赶到之前向赵某开枪射击，赵某中弹身亡。

介入因素：异常＋作用大＝中断【甲成立故意杀人罪（未遂）】

例2 乙基于杀害的意思用刀砍程某，见程某受伤后十分痛苦，便将其送到医院，但医生的治疗存在重大失误，导致程某死亡。

介入因素：异常＋作用大＝中断【甲成立故意杀人罪（中止）】

例3 丁以杀人故意对赵某实施暴力，导致赵某遭受濒临死亡的重伤。赵某在医院接受治疗时，医生存在一定过失，未能挽救赵某的生命。

【观点1】介入因素：正常＝不中断

【观点2】介入因素：异常＋作用小＝不中断

【丁成立故意杀人罪（既遂）】

例4 甲伤害乙，警察赶到现场，警察在将乙送往医院的途中汽车出现故障，导致乙失血过多而死亡。

介入因素：异常＋作用大＝中断【甲成立故意伤害罪】

注意：此时出现的警察是有义务防止结果出现的第三人，警察赶到现场却未能将被害人送往医院，属于"异常"的介入因素，导致乙失血过多而死亡，因此作用大，因果关系中断。

例5 甲刺杀儿童丙后逃离，丙的母亲发现后能够救助而不救助，导致丙失血过多而死亡。

介入因素：异常＋作用大＋前实行行为作用大＝不中断

【甲成立故意杀人罪（既遂）；丙的母亲成立不作为的故意杀人罪】

注意：此时出现的丙的母亲是有义务防止结果出现的第三人，母亲的不救助属于"异常"

的介入因素，导致丙失血过多而死亡，因此作用大，但是甲的实行行为是"刺杀"因此作用也大，属于介入因素与前实行行为对于结果的发生都具有决定作用：因果关系不中断。

例6 丁为杀害李某而打其头部，使其受致命伤，2小时之后必死无疑。在李某哀求下，丁开车送其去医院。20分钟后，高某驾驶卡车超速行驶，撞向丁的汽车致李某当场死亡。

介入因素：异常＋作用大＝中断

【如果能够证明丁开车送甲到医院，李某就能获救，说明丁为防止结果发生做了有效努力，成立故意杀人罪（中止）；如果事后证明即使丁将李某送到医院，李某也没有生还的希望，则说明丁的努力不具备有效性，成立故意杀人罪（未遂）。总之，由于因果关系中断，丁不对既遂结果承担责任。】

3. 某种自然事实

例1 甲欲害其女友，某日，故意破坏其女友汽车的刹车装置。女友驾车外出，15分钟后会遇一陡坡，必定会坠崖身亡。但是女友在将车开出5分钟后，就遇到了山洪暴发，泥石流将她冲下山，摔死。

介入因素：异常＋作用大＝中断【甲成立故意杀人罪（未遂）】

例2 甲故意伤害乙并致其重伤，乙被送到医院救治，当晚，医院发生火灾，乙被烧死。

介入因素：异常＋作用大＝中断【甲成立故意伤害罪（重伤）】

例3 甲向乙的饮食投放毒药后，乙呕吐不止，甲顿生悔意急忙开车送乙去医院，但由于交通事故耽误一小时，乙被送往医院时死亡。医生证明，早半小时送到医院乙就不会死亡。

"交通事故耽误一小时"能否中断因果关系。

【观点1】介入因素：正常＝不中断。开车堵车很正常，耽误了一个小时是正常的，不中断因果关系，直接成立犯罪既遂。

【观点2】介入因素：异常＋作用小＝不中断。介入因素是异常的，耽误一个小时并不是因为普通的交通拥堵，而是由于"交通事故"，交通事故应该属于异常的，但其作用小，因为如果没有乙中毒，耽误再长时间乙也不可能死亡，真正的死亡原因还是中毒，甲成立故意杀人罪（既遂）。

【观点3】介入因素：异常＋作用大＋前实行行为作用大＝不中断。如果认为交通事故耽误是异常的介入因素，而且作用大，因为医生说早半个小时就不会死亡，在本案当中，时间就是生命，在这个具体的案件当中，早半个小时和晚半个小时，对乙来说是性命攸关的大事，所以认为是异常的且作用大。但即便认为该因素作用大，前实行行为的作用仍然很大，因果关系还是不中断，甲成立故意杀人罪（既遂）。

【小专题】被害人的特殊体质

甲与乙发生口角后，甲对准乙的胸部轻轻打了一拳，乙倒地后抽搐，在送往医院途中死亡，后经查明，乙是因为受到刺激，心脏病发作而死。乙的邻居都知道乙的疾病，但是甲毫不知情。

根据"条件说"：没有甲的伤害行为，乙不会受刺激后突然发病，所以因果关系存在。

【注意1】被害人的特殊体质并不是"介入因素"的问题，而是行为时已经存在的特定条件，因此不适用介入因素判断因果关系中断的法则；

【注意2】判断被害人特殊体质的情形下的因果关系，只需客观层面的认定，至于是否应当承担刑事责任还需要再判断行为人有无故意、过失，即行为人是否认识到或者是否应当预见到被害人特殊体质的存在。

【2019 网络回忆版】关于因果关系，下列说法正确的是？（　　）①

A. 贾某在公路上酒后驾驶。公路路面上散落几个井盖。贾某因为喝酒原因没有注意到井盖，车轮压过井盖，井盖飞起，砸中路边行人，导致行人重伤。贾某的酒驾行为与行人的重伤结果之间有因果关系

B. 甲乙发生口角，踢伤乙，导致乙心脏病发作死亡。甲的行为与乙的死亡结果之间有因果关系

C. 甲和乙是警察，押解犯罪嫌疑人丙的过程中，丙中途以上厕所为由而逃跑。甲、乙的失职行为与丙的脱逃之间有因果关系

D. 高某欲杀害赵某，给赵某投毒。赵某中毒后，赵某的家人开车送其去医院，途中李某为了报复社会驾车横冲直撞，与赵某的车辆发生车祸，赵某当场被撞死。高某的投毒行为与赵某的死亡存在因果关系

【考点】因果关系

【解析】A 选项，因果关系中的"果"必须是规范保护范围内结果。立法者在刑法中设置罪刑规范，是为了通过禁止特定行为，从而防止特定的危害结果，而不是为了防止所有的危害结果，例如制定交通法规的目的，是确保汽车正常通行，不至于在行驶过程中撞向行人或其他车辆，避免发生交通事故，即防止人被车"撞伤"的结果发生，而不是为了防止人被"砸伤"的结果发生。A 选项中人被"砸伤"的结果不是因果关系中的"果"，因此也就不存在刑法中的因果关系。A 选项错误。

B 选项，在具有特殊体质的人的身上，"踢伤"的行为就是具有死亡紧迫危险的行为，就是实行行为，所以"踢伤"与死亡结果之间就具有刑法上的因果关系。B 选项正确。

C 选项，甲乙在押解过程中的失职行为，为丙脱逃创造条件，可以认为具有无 A 则无 B 的关系，因此具有因果关系。C 正确。

D 选项，介入因素：李某驾车横冲直撞，当场将赵某撞死，该介入因素异常且作用大，中断高某的投毒行为与赵某的死亡之间的因果关系。D 错误。

【2017－2－52】关于因果关系，下列哪些选项是正确的？（　　）②

A. 甲以杀人故意用铁棒将刘某打昏后，以为刘某已死亡，为隐藏尸体将刘某埋入雪沟，致其被冻死。甲的前行为与刘某的死亡有因果关系

B. 乙夜间驾车撞倒李某后逃逸，李某被随后驶过的多辆汽车辗轧，但不能查明是哪辆车造成李某死亡。乙的行为与李某的死亡有因果关系

C. 丙将海洛因送给 13 周岁的王某吸食，造成王某吸毒过量身亡。丙的行为与王某的死亡有因果关系

D. 丁以杀害故意开车撞向周某，周某为避免被撞跳入河中，不幸溺亡。丁的行为与周某的死亡有因果关系

【考点】因果关系

【解析】A 选项，甲杀人之后毁尸灭迹的行为属于正常的介入因素，不会中断前行为与结果之间的因果关系。因此，A 选项是正确的。

B 选项，李某在夜间的公路上被撞昏，导致被后车碾压，属于正常的介入因素，不会中断乙的撞人行为与结果之间的因果关系。因此，B 选项是正确的。

C 选项，王某只有 13 周岁，没有辨认能力和控制能力，对丙给予的毒品过量吸食，不属

于异常的介入因素，所以不中断因果关系。因此，C选项是正确的。

D选项，虽然介入了周某自陷风险的行为（跳入河中），但每个人都有回避离自己最近的危险的本能，周某情急之下的跳河行为并不属于异常的介入因素，所以因果关系不中断。因此，D选项是正确的。

第六章 违法阻却事由

第一节 违法阻却事由概述

一、违法阻却事由的概念

排除符合构成要件的行为的违法性的事由。

构成要件是违法类型，符合构成要件的行为原则上具有违法性，而违法的实质是法益侵害，因此违法阻却事由的实质亦是对法益侵害的否定，即行为无法益侵害性。比如法之所以规定正当防卫，就是因为孤立进行判断时，正当防卫符合某种犯罪的构成要件，所以需要将其排除在犯罪之外，如果行为在客观上根本不可能被视为犯罪的客观行为时，可以直接否认犯罪的成立，不需要根据违法阻却事由出罪。

例如甲为了盗窃元宝的财物于夜间进入元宝的房间，元宝发现后喊了一声"谁?!"甲便逃走了，元宝的行为不属于正当防卫。

二、违法阻却事由的类型

可以否定行为法益侵害性的原因主要有两类：

（一）由于某种特殊的原因，不存在值得刑法保护的法益或者缺乏法益保护的必要性时，行为就可以被认为没有法益侵害性，因而阻却违法（法益性的阙如），如被害人承诺。

（二）在某种情形下对一个法益的侵害是保护另一法益所必需的，且所保护的法益相等或者优于所损害的法益时，行为便不具有法益侵害性，从而阻却违法，如正当防卫、紧急避险。

第二节 正当防卫

第 20 条【正当防卫】为了使国家、公共利益、本人或者他人的人身、财产和其他权利免受正在进行的不法侵害，而采取的制止不法侵害的行为，对不法侵害人造成损害的，属于正当防卫，不负刑事责任。

一、正当防卫的成立条件

（一）起因条件：有不法侵害行为发生

所谓不法侵害，一般指犯罪行为的侵害，还包括一些侵犯人身、财产，破坏社会秩序的违法行为。

1. 不法性

（1）范围：不法侵害包括但不限于犯罪行为。无论是面对一般违法行为，还是犯罪行为都可以进行正当防卫。

(2) 性质：客观层面的不法

无论是故意的、过失的不法侵害，还是未成年人的、精神病人的不法侵害，只要在客观上没有法律依据，就可以对其进行正当防卫，换言之，任何人都没有义务忍受未成年人或者精神病人的不法侵害。

例1 元宝手持匕首寻找抢劫目标时，突遇精神病人甲持刀袭击。甲追赶元宝至一死胡同，元宝迫于无奈，与甲搏斗，将其打成重伤。元宝的行为属于正当防卫。

例2 小芹菜与小白菜发生争吵后，决意报复小白菜，假意请小白菜吃饭修好，趁机在小白菜饮食中投放迷药将小白菜迷晕。小芹菜将昏迷不醒的小白菜抬至宾馆后，打电话给男青年元宝说："小白菜想跟你发生关系，在宾馆等你。但她是女生，对于这种事情十分害羞，所以她假装睡着，你到时尽管办事就行了。"元宝由于小白菜以前跟自己玩过类似的游戏而对小芹菜的话深信不疑。于是就到该宾馆房间内与小白菜发生了性关系。元宝由于没有强奸的故意，不构成强奸罪，但是元宝与小白菜发生性关系属于不法侵害，所以无论是小白菜本人还是第三人，都可以进行正当防卫。

2. 侵害性

(1) 种类：不法侵害既可以表现为作为的侵害，也可以表现为不作为的侵害。

例如甲经允许进入元宝住宅，后元宝要求甲退出而拒不退出，元宝使用强力将甲推出门外致其轻伤的行为，属于正当防卫。

(2) 性质：不法侵害通常具有进攻性、紧迫性、破坏性。

例如小芹菜明知元宝与小白菜是夫妻关系，仍与元宝在异地登记结婚，小白菜得知后，便纠集数人到元宝与小芹菜生活的地方去抓奸，找到元宝和小芹菜后，将两人打成轻伤。重婚虽然是犯罪行为，但却不能进行正当防卫，小白菜构成故意伤害罪。

3. 现实性

必须存在现实的不法侵害，如果事实上并无不法侵害，行为人误以为存在不法侵害而进行"防卫"的行为，就是假想防卫。假想防卫属于事实认识错误，不成立故意犯罪。

假想防卫的处理		
判断有无过失	有	过失犯罪
	无	意外事件

例1 元宝是个体眼镜商，身带数万元外出采购，途中，被便衣警察甲、乙拦住检查。乙表明身份时将工作证在元宝面前晃了一下，元宝要求去公安局或者派出所才让检查，甲、乙不理。元宝误以为二人是要抢劫的歹徒，即趁二人不备，抓起随身携带的小刀，将乙刺成重伤，元宝的行为构成假想防卫，在过失的范围内承担刑事责任。

例2 元宝在自家附近，遇见两个男青年正在侮辱自己的女友小芹菜，便上前指责，遭到一名男青年殴打，被迫还手。在对打过程中，穿着便服的民警甲正好路过此地，未表明其公安人员身份，即抓住元宝的左肩，元宝误以为甲是两人的帮凶，便用脚向后蹬去，致甲重伤。本案中甲在执行公务中存在两点过错，一是没有亮明警察身份，二是没有对当时的情况进行仔细判断。元宝的行为属于假想防卫，由于其主观上没有故意也没有过失，危害结果是不能预见的原因引起的，属于意外事件，元宝应当无罪。

【重要法条】 2020 年 8 月《最高人民法院 最高人民检察院 公安部 关于依法适用正当防卫

制度的指导意见》"准确把握正当防卫的 起因条件 。正当防卫的前提是存在不法侵害。不法侵害既包括侵犯生命、健康权利的行为，也包括侵犯人身自由、公私财产等权利的行为；既包括犯罪行为，也包括违法行为。不应将不法侵害不当限缩为暴力侵害或者犯罪行为。对于非法限制他人人身自由、非法侵入他人住宅等不法侵害，可以实行防卫。不法侵害既包括针对本人的不法侵害，也包括危害国家、公共利益或者针对他人的不法侵害。对于正在进行的拉拽方向盘、殴打司机等妨害安全驾驶、危害公共安全的违法犯罪行为，可以实行防卫。成年人对于未成年人正在实施的针对其他未成年人的不法侵害，应当劝阻、制止；劝阻、制止无效的，可以实行防卫。"

（二）时间条件：对正在进行的不法侵害进行防卫

不法侵害正在进行，即已经开始尚未结束。如果不法侵害尚未开始或者已经结束而实行"防卫"的，是"防卫的不适时"（事先防卫或事后防卫），不能成立正当防卫。

例如元宝和妻子小芹菜在家烤火，邻居甲来串门，闲谈一会后，元宝去村里开会离开，甲便开始用言语调戏小芹菜。小芹菜见势不妙，借口去喂猪起身要走，甲乘势用左手抱住小芹菜的上身，右手扒其裤子。小芹菜吵骂反抗，甲仍不放手。小芹菜急中生智，顺手抓起一把炭灰，扔在甲脸上，并乘甲松手护眼之际，挣脱逃到屋外大声呼救。元宝闻声跑回，听妻子说甲要强奸她，立即抓起门外的锄头，跑到火炉旁，对准正在擦眼睛的甲的头部就砍。甲当场死亡。

小芹菜往甲的眼睛扔炭灰的行为属于正当防卫。小芹菜挣脱跑出屋外，甲也未追赶继续进行侵害，危险状态已经过去，不法侵害行为已经停止。元宝在此情形下，基于气愤的心情，持锄头将甲砍死，属于报复性的故意杀人，是事后防卫，应认定为故意杀人罪。当然，由于被害人有过错，可对元宝酌定从宽处理。

【注意】几种特殊情形下的防卫时间：

1. 财产型犯罪的防卫时间：在财产型犯罪中，犯罪行为虽然已经既遂，但当场被发现并同时受到追捕的，认为"不法侵害尚未结束"，直到不法侵害人将其所取得的财物藏匿到安全场所为止，追捕者都可以实施正当防卫。

例如甲劫持出租车司机元宝，用匕首刺元宝一刀，强行抢走财物后下车逃跑。元宝发动汽车追赶，在甲往前跑了40米处，将其撞成重伤并夺回财物，元宝成立正当防卫。

2. 安装防卫装置防卫将来可能发生的危险，具备下列条件可以成立正当防卫

① 不会危害公共安全

② 防卫装置可能造成的 损害 不得与不法侵害的可能 结果 过分悬殊

例如元宝外出时，在自己的住宅内安放了防卫装置。某日晚，甲撬门侵入元宝的住宅后，被防卫装置击为轻伤，元宝的行为成立正当防卫。

【重要法条】2020年8月《最高人民法院 最高人民检察院 公安部 关于依法适用正当防卫制度的指导意见》"准确把握正当防卫的 时间条件 。正当防卫必须是针对正在进行的不法侵害。对于不法侵害已经形成现实、紧迫危险的，应当认定为不法侵害已经开始；对于不法侵害

虽然暂时中断或者被暂时制止，但不法侵害人仍有继续实施侵害的现实可能性的，应当认定为不法侵害仍在进行；在财产犯罪中，不法侵害人虽已取得财物，但通过追赶、阻击等措施能够追回财物的，可以视为不法侵害仍在进行；对于不法侵害人确已失去侵害能力或者确已放弃侵害的，应当认定为不法侵害已经结束。对于不法侵害是否已经开始或者结束，应当立足防卫人在防卫时所处情境，按照社会公众的一般认知，依法作出合乎情理的判断，不能苛求防卫人。对于防卫人因为恐慌、紧张等心理，对不法侵害是否已经开始或者结束产生错误认识的，应当根据主客观相统一原则，依法作出妥当处理。"

（三）对象条件：防卫行为必须是针对不法侵害者本人实行

正当防卫只能是通过给不法侵害人造成损害的方法来进行，而不能通过给第三者（包括侵害者的家属、子女在内）造成损害的方法来进行。

例1　元宝在幕后唆使甲杀乙，在甲正在杀乙的过程中，乙只能对甲进行正当防卫，不能对场外的教唆犯元宝进行防卫；

例2　元宝在现场唆使甲杀乙，在甲正在杀乙的过程中，乙可以对甲进行正当防卫，也可以对现场的元宝进行防卫；

例3　元宝在现场教唆甲杀乙，甲致乙重伤后逃离现场，在元宝还在现场的情况下，丙可以使用暴力强迫元宝救助乙，但这是针对元宝的<u>不作为</u>的防卫，而不是针对元宝的教唆行为的防卫。

【重要法条】 2020年8月《最高人民法院 最高人民检察院 公安部 关于依法适用正当防卫制度的指导意见》"准确把握正当防卫的 对象条件 。正当防卫必须针对不法侵害人进行。对于多人共同实施不法侵害的，既可以针对直接实施不法侵害的人进行防卫，也可以针对在现场共同实施不法侵害的人进行防卫。"

（四）主观条件：防卫必须是基于保护合法权利免受不法侵害的目的

成立正当防卫，需要具备：防卫认识，即认识到不法侵害正在进行；防卫意志，即为了保护合法利益。

成立正当防卫是否需要防卫认识与防卫意志同时具备？理论上有不同观点。

	防卫认识	防卫意志	结论	
观点1	不需要	不需要	偶然防卫	可以成立 正当防卫
观点2	需要	不需要	因义愤、报复防卫而实施的防卫行为	
观点3	需要	需要	【传统刑法理论】（高标准）	

【例】 甲杀害乙，乙被迫防卫。路过的丙看到了，以为乙在侵害甲，想起甲是自己的仇人，就过去帮乙一起伤害甲。乙以为丙是见义勇为，过来协助自己。两人共同把甲打成了重伤。

【观点1】 丙成立正当防卫。丙与乙一起实施正当防卫行为，制止不法侵害，把甲打成了重伤的结果是刑法所允许的，结果不违反刑法，行为就是正当的，即不违法。

【观点2】 丙成立故意伤害（未遂）。丙没有防卫认识，丙对甲的攻击带有伤害的故意，是违法行为，不成立正当防卫，但是丙没有制造刑法所不允许的伤害结果，因此成立故意伤害罪

（未遂）①。

【观点3】丙成立故意伤害罪致人重伤。（乙是正当防卫，不能用丙的行为，定义乙的行为）。

问题1：关于"防卫挑拨"

防卫挑拨是指为了侵害对方，故意引起对方对自己进行侵害，然后以正当防卫为借口。给对方造成侵害的行为。防卫挑拨的实质是，客观上实施了足以引起理性第三人或者社会一般人实施反击的挑拨行为，主观上是为借正当防卫之名进行更为严重的攻击。防卫挑拨成立故意犯罪，理由如下：

（1）客观上，挑拨行为本身就可能是不法侵害，受到挑拨的一方的攻击行为大多属于正当防卫，对正当防卫行为当然不能再进行防卫；

（2）主观上，具有犯罪的故意。

问题2：关于"相互斗殴"

双方以侵害对方身体的意图相互进行攻击的行为，相互斗殴的双方都不是正当防卫。

（1）在相互斗殴中，双方在攻击对方的同时，也都承诺了对方对于自己的伤害，因而双方的殴打行为都是基于承诺的行为；

（2）在相互斗殴中，双方的行为在客观上都不是制止不法侵害，保护法益的行为。

但是，在相互斗殴的过程中，也有成立正当防卫的可能性：

①一方明显处于劣势进而停止斗殴，或者求饶或者逃跑，另一方继续进行侵害的，该侵害属于"不法侵害"，劣势方可以进行正当防卫；

②双方仅在轻微斗殴的过程中，一方突然适用致命暴力，导致另一方生命受到严重威胁，此时可以进行正当防卫。

【重要法条】2020年8月《最高人民法院 最高人民检察院 公安部 关于依法适用正当防卫制度的指导意见》"准确把握正当防卫的 意图条件 。正当防卫必须是为了使国家、公共利益、本人或者他人的人身、财产和其他权利免受不法侵害。对于故意以语言、行为等挑动对方侵害自己再予以反击的防卫挑拨，不应认定为防卫行为。"

（五）限度条件：正当防卫不能明显超过必要限度造成重大损害

1. 所谓"必要限度"，指足以制止正在进行的不法侵害所必需的限度。对于明显没有立即危及人身安全，或者国家和人民重大利益的不法侵害，不允许用重伤、杀害的手段防卫；明显能用较缓和的手段制止不法侵害时，不允许采用激烈手段，更不允许为保护微小利益而采用激烈的防卫手段，因为这些手段显然不是有效地制止不法侵害所必需。

2. 所谓"重大损害"指造成不法侵害人重伤、死亡。

【重要法条】2020年8月《最高人民法院 最高人民检察院 公安部 关于依法适用正当防卫制度的指导意见》"准确认定' 明显超过必要限度 '。防卫是否'明显超过必要限度'，应当综合不法侵害的性质、手段、强度、危害程度和防卫的时机、手段、强度、损害后果等情节，考虑双方力量对比，立足防卫人防卫时所处情境，结合社会公众的一般认知作出判断。在判断不法侵害的危害程度时，不仅要考虑已经造成的损害，还要考虑造成进一步损害的紧迫危险性和现实可能性。不应苛求防卫人必须采取与不法侵害基本相当的反击方式和强度。通过综合考量，对于防卫行为与不法侵害相差悬殊、明显过激的，应当认定防卫明显超过必要限度。"

---

① 故意伤害既遂，是制造了刑法所不允许的伤害结果，而丙的伤害结果是刑法所允许的，即没有发生既遂结果。

二、防卫过当

（一）防卫过当的概念

防卫过当是指正当防卫明显超过了必要限度造成重大损害的行为。

（二）防卫过当的基本特征

防卫过当的基本特征是 客观上 造成了不应有的损害，具有社会危害性；主观上 对造成的过分损害存在过失甚至故意，具有罪过性，属于滥用防卫权对不法侵害人造成过分损害的非法行为，应当负刑事责任。但是，防卫过当具有"防卫"性质，即具备了针对不法侵害事实防卫的基本条件，只是因为欠缺正当防卫的合理适度条件造成过分损害而构成犯罪承担刑事责任。

防卫过当的公式＝防卫行为超过必要限度＋防卫结果造成重大损害。（同时具备）

例1 元宝面对甲的一般不法侵害，掏出机关枪向甲开枪，仅造成甲轻伤。元宝的行为虽然超出必要限度，但是没有造成重大损害，不属于防卫过当；

例2 元宝面对甲的持刀行凶，夺刀自卫，造成甲死亡。元宝的行为虽然造成了重大损害，但是行为没有超过必要限度，也不属于防卫过当。

（三）防卫过当的刑事责任

防卫过当应当负刑事责任，但是应当酌情减轻或者免除处罚。防卫过当的罪过形式一般是过失。因为在一般情况下，防卫人是由于疏忽或者判断失误才造成了不应有的危害结果，并无犯罪故意，但也不排除在个别情况下的犯罪故意。因防卫过当而构成犯罪的，依照刑法分则的有关规定确定罪名和适用的法定刑。致人重伤，死亡的，依法定过失致人重伤罪或过失致人死亡罪；如有犯罪故意，依法定故意伤害罪或者故意杀人罪。防卫过当本身不是罪名，不能定防卫过当罪。它实际是法定减轻或免除处罚的情节。

例如面对盗窃行为，防卫人明知造成对方轻伤即可制止盗窃行为，却故意造成不法侵害人重伤以保护财产法益，则对于重伤的过当结果就是故意。

三、特殊防卫

（一）特殊防卫的概念

《刑法》第20条规定："对正在进行行凶、杀人、抢劫、强奸、绑架以及其他严重危及人身安全的暴力犯罪，采取防卫行为，造成不法侵害人伤亡的，不属于防卫过当，不负刑事责任。"这项规定表明刑法对杀人、抢劫等危及人身安全的暴力犯罪采取极为严厉的态度，对于遭到这类犯罪侵害的防卫人采取鼓励与保护的态度。

（二）特殊防卫的属性

不是"无限"防卫权，仍要符合正当防卫的成立条件！

而是提示性**注意规定**！（没有赋予当事人新的权利，只是对于最高级别的正当防卫情形的重申）

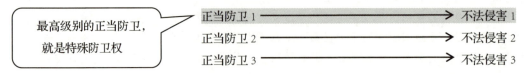

（三）注意事项

1. "行凶、杀人、抢劫、强奸、绑架"

（1）下列行为应当认定为"行凶"：①使用致命性凶器，严重危及他人人身安全的；②未使用凶器或者未使用致命性凶器，但是根据不法侵害的人数、打击部位和力度等情况，确已严重危及他人人身安全的。虽然尚未造成实际损害，但已对人身安全造成严重、紧迫危险的，可以认定为"行凶"。

（2）不包括以 非暴力 的方式实施的上述行为

例如麻抢虽然可以评价为抢劫行为，但是不属于严重危及人身安全的暴力犯罪。

（3）运用实质解释原理。"杀人、抢劫、强奸、绑架"，是指具体犯罪行为而不是具体罪名，在实施不法侵害过程中存在杀人、抢劫、强奸、绑架等严重危及人身安全的暴力犯罪行为的，如以暴力手段抢劫枪支、弹药、爆炸物或者以绑架手段拐卖妇女、儿童的，可以实行特殊防卫。有关行为没有严重危及人身安全的，应当适用一般防卫的法律规定。

例如元宝在拐卖小芹菜过程中，使用暴力强奸小芹菜，从分则条文来看，强奸行为不需要单独评价，只成立拐卖妇女罪一罪即可，但是强奸行为是客观存在的，且属于严重危及人身安全的暴力犯罪，因此对于元宝的强奸行为可以进行特殊防卫。

2. "暴力"，刑法中有很多种暴力的类型，而这里的暴力属于严重程度的暴力，不包括 轻微暴力 。

例如"暴力干涉婚姻自由罪"中的暴力，"妨害公务罪"中的暴力，"侮辱罪"中的暴力都不属于严重危及人身安全的"暴力"。

3. "人身安全"，这里的人身安全仅指生命权、健康权以及性自由权，而不包括 人格权 和名誉权 。

4. "其他严重危及人身安全的暴力犯罪"，应当是与杀人、抢劫、强奸、绑架行为相当，并具有致人重伤或者死亡的紧迫危险和现实可能的暴力犯罪。

【注意】对于不符合特殊防卫起因条件的防卫行为，致不法侵害人伤亡的，如果没有明显超过必要限度，也应当认定为正当防卫，不负刑事责任。

【2019 网络回忆版】甲驾车不慎将行人乙撞成重伤，甲想逃离。行人丙看到这一情景，要求甲将乙送往医院，甲拒绝并欲逃离。丙便将甲打成轻伤，威胁并强迫将乙送往医院。甲害怕被丙继续殴打，便答应将乙送往医院。丙的行为构成？（   ）①

A. 正当防卫　　　　　B. 紧急避险　　　　　C. 故意伤害罪　　　　　D. 防卫过当

【考点】正当防卫 防卫起因

【解析】甲驾车将乙撞成重伤，该先前行为为乙创设了危险，甲对于乙负有救助义务，如果不救助则是以"不作为"的方式对乙实施新的不法侵害，第三人丙将甲打成轻伤，威胁并强迫将乙送往医院，是对甲的不作为的不法侵害所实施的正当防卫，而且仅是轻伤，没有超出必要限度，属于正当防卫。A 正确。

【2019 网络回忆版】甲杀害乙，乙被迫防卫。路过的丙看到了，以为乙在侵害甲，想起甲是自己的仇人，就过去帮乙一起伤害甲。乙以为丙是见义勇为，过来协助自己。两人共同把甲打成了重伤。以下说法正确的有？（   ）②

---

① A　② CD

A. 虽然乙有正当防卫的意图，但是和丙一起把甲打成了重伤，属于防卫过当

B. 丙客观上在协助正当防卫。因此无论根据何种学说，丙都不构成犯罪

C. 乙丙二人的主观认识内容不同，因此无论根据何种学说，都不能用丙的行为定义乙的行为的性质

D. 乙丙二人的主观认识内容不同，因此无论根据何种学说，乙丙都不构成共同犯罪

【考点】 偶然防卫

【解析】 甲杀害乙，乙实施的一定是正当防卫，无论是否有第三人丙的加入，乙的行为的正当性是不会变的。丙的行为属于偶然防卫。如何评价丙的行为，有不同观点：

观点1：丙成立正当防卫。丙与乙一起实施正当防卫行为，制止不法侵害，把甲打成了重伤的结果是刑法所允许的，结果不违反刑法，行为就是正当的，即不违法。

观点2：丙成立故意伤害（未遂）。丙没有防卫认识，丙对甲的攻击带有伤害的故意，是违法行为，不成立正当防卫，但是丙没有制造刑法所不允许的伤害结果，因此成立故意伤害罪（未遂）[①]；

观点3：丙成立故意伤害罪致人重伤。（乙是正当防卫，不能用丙的行为，定义乙的行为）；

可见无论根据何种学说，都不能用丙的行为定义乙的行为的性质，乙是正当防卫，乙丙不构成共同犯罪。CD是正确的。

第三节　紧急避险

一、紧急避险的概念

紧急避险，指为了使公共利益、本人或者他人的人身和其他权利免受正在发生的危险，不得已而采取的损害另一较小合法利益的行为。

紧急避险是在紧急情况下两种合法利益发生了冲突，顾此失彼，而不得不采取了损害其中较小的利益，保全较大利益的行为。紧急避险行为造成损害的，不负刑事责任。

二、紧急避险的成立条件

（一）起因条件

必须有危险发生，即出现了足以使合法权益遭受严重损害的危险情况，如自然灾害、动物侵袭、人的行为、生理或者病理原因等使合法利益面临着紧急的危险。

例如1898年法国地方轻罪法院审理的紧急盗窃案：一名寡妇因偷窃了一块面包而被控有罪。被告犯罪时身无分文，所领的救济也没有了，与其两岁的婴儿都连续36小时以上没有吃任何食物。面对足以致死的饥饿危险，偷窃面包属于紧急避险。

【小专题】 面对动物袭击，予以反击属于正当防卫还是紧急避险？

[①] 故意伤害既遂，是制造了刑法所不允许的伤害结果，而丙的伤害结果是刑法所允许的，即没有发生既遂结果。

有主	被主人唆使攻击人	反击动物	正当防卫	
	因主人看管不严，而自发攻击人			
	主人无故意、过失，而自发攻击人		正当防卫	"结果无价值"
			紧急避险	"行为无价值"
无主（野生）	自发攻击人	转嫁给他人①	紧急避险	
		反击动物②		

【注意】 有主动物在主人无故意、过失而自发攻击人的时候，被攻击者反击动物的行为如何评价，理论上有"正当防卫"、"紧急避险"两种不同观点。"结果无价值论"学者认为成立正当防卫，在动物自发侵害人的场合，即使饲主主观上没有过失，但客观上动物对人的袭击将会带来致人伤亡的后果，这一结果是法律所不允许的，是反价值的，因而就是"不法侵害"，打死该动物属于正当防卫，结果无价值论者一般承认这种狭义的对物防卫属于正当防卫或者准正当防卫；"行为无价值论"学者则认为，动物的自发行为由于没有加入主人的主观要素，就如同自然现象一样，不应当成为法律评价的对象，不是"不法侵害"因此"对物防卫"只能评价为紧急避险。

【理论延伸】 "结果无价值"与"行为无价值"

"结果无价值论"和"行为无价值论"是德日刑法学中就如何判断行为的违法性即社会危害性时使用的一对概念。所谓"无价值"，就是"违反刑法所意图保护的价值"，即反价值。"结果无价值"认为，行为是否违法，是否具有社会危害性，只能以行为所引起的侵害法益结果为基础加以判断。是以法益侵害说为基础，以"结果"为中心，考虑违法性问题的理论。这种立场在判断行为的违法性的时候，首先考虑对被害人造成了什么样的危害结果，然后由此出发，追溯该结果是由谁的、什么样的行为所引起的；"行为无价值"则认为，行为所引起的侵害法益结果、特定的行为形态以及行为人的故意、过失、动机、目的之类的主观心理状态也都应纳入判断的基础。"结果无价值"是由于"该行为引起了结果（侵害法益），所以，被评价为没有价值"，它从被害人的角度来分析行为的违法性。"行为无价值"是"因为该行为违反了社会伦理规范，所以被评价为无价值"的见解，它从加害人即行为人（而不是被害人）的角度来分析行为的违法性。③

（二）时间条件

实际存在的正在发生的危险，即危险已经发生且尚未消除，法益面临紧迫的危险。在危险尚未发生或者消除后进行避险，是避险不适时，与防卫不适时的处理相同。

（三）对象条件

另一法益。紧急避险通常是为了保全一方的较大合法利益而不得不损害另一方较小的合法利益。

【例】 甲遭乙追杀，情急之下夺过丙的摩托车骑上就跑，丙被摔骨折。乙开车继续追杀，甲为逃命飞身跳下疾驶的摩托车奔入树林，丙一万元的摩托车被毁。

---

① 属于德日刑法中的"攻击性避险"（针对与危险与案无关的第三者的法益实施的避险行为）

② 属于德日刑法中的"防御性避险"（针对危险源实施的紧急避险行为）

③ 关于"结果无价值"与"行为无价值"的深入探讨，可参见黎宏："结果无价值论之展开"，载《法学研究》2008年第5期。

损害的另一法益不必须为第三者的法益，可以是危险发出方自身的法益。

遭遇持枪歹徒追杀
- 迫不得已破门闯入 他人 房间藏匿：【攻击性】紧急避险①
- 迫不得已破门闯入 歹徒 房间藏匿：【防御性】紧急避险②

（四）主观条件

为了使合法利益免受正在发生的危险，包括避险认识与避险意志两个部分。

1. 避险认识：

（1）认识到有某种危险正在发生；

（2）认识到保护的利益与牺牲的利益分别是什么，以及两者孰重孰轻；

（3）认识到不可能有其他方法避免危险。

2. 避险意志：为了保全更加重大的利益。

【注意】 成立紧急避险是否要求避险认识与避险意志同时具备的问题跟正当防卫一样，在理论上有不同观点，可能成为开放性题目的命题素材。

【考点训练】 学生陈某因对教师洪某心存不满，于某日晚九点扔石块砸碎洪某家中价值9000元人民币的窗户玻璃，但由于当时洪某家中煤气泄漏，砸碎玻璃反而使得沉睡中的洪某免于煤气中毒死亡，而对于此陈某并不知情。

观点：

①紧急避险不需要有避险认识，也不需要避险意志

②紧急避险只需要有避险认识

③紧急避险只需要避险意志

④紧急避险既需要避险认识，也需要避险意志

结论：

a. 陈某成立紧急避险

b. 陈某不成立紧急避险

就上述案情，观点与结论对应错误的是：（　　　）③

A. 观点①观点②与结论 a 对应；观点③观点④与结论 b 对应

B. 观点①观点③与结论 a 对应；观点②观点④与结论 b 对应

C. 观点②观点③与结论 a 对应；观点①观点④与结论 b 对应

D. 观点①观点④与结论 a 对应；观点②观点③与结论 b 对应

（五）避险限制：别无他法、迫不得已

没有其他合理的方法可以避免危险，牺牲另一法益是此时化险为夷的唯一方法

（六）避险限度：没有超过必要限度造成不应有的损害

1. **保护的法益 ≥ 损害的法益**

（1）衡量法益大小的规律：

①人身权大于财产权；

---

① 攻击性紧急避险，即针对与危险与案无关的第三者的法益实施的避险行为。

② 防御性紧急避险，即针对危险源实施的紧急避险行为。

③ ABCD 陈某基于报复心理砸碎洪某家中玻璃，不具备避险认识与避险意志。如果要求紧急避险具有避险认识或避险意志，不管是两者具备其一还是两者同时具备，都会得出陈某不成立紧急避险的结论，即观点②③④都与结论 b 对应；只有观点①才与结论 a 对应。因此 ABCD 对应都属错误。

②生命权大于身体健康权；身体健康权大于自由权；

③财产权的冲突，通过财产大小来衡量。

（2）保护的法益与损害的法益，原则上可以是 同等 的

（3）但是 同等 不包含为保全自己**生命**而牺牲他人**生命**的情形

2. 足以排除危险 所必需 的限度

虽然保护的法益大于等于损害的法益，但是也可能超过必要限度。

【例如】为了防止森林火灾的蔓延，行为人砍出50米宽的隔离带，从法益保护的角度来看保护的法益显然大于损害的法益，但是如果事后证明只需要砍出10米的隔离带就可以防止火势蔓延，则多砍出的40米就属于排除危险所不必须的，即超出了必要限度，因此成立避险过当。

（七）避险禁止

关于避免本人危险的规定，不适用于职务上、业务上负有特定责任的人。

发生火灾时，消防员不能为避免火灾对本人的危险而进行紧急避险；

执勤的警察在面对罪犯对自己进行侵害时不得进行紧急避险；

医护工作人员在传染病疫情爆发时，不得为防止自己被传染而进行紧急避险；

当然，上述情形中对于职务上、业务上负有特定责任的人，为保全自己的生命而进行的紧急避险行为，也可以缺乏期待可能性为由而阻却责任，因此不成立紧急避险，未必必然成立犯罪并负刑事责任。

三、避险过当

"紧急避险超过必要限度造成不应有的损害的，应当负刑事责任，但是应当减轻或者免除处罚。"

1. 避险过当不是独立的罪名，需要结合过当人的罪过形式来确定具体罪名，如"过失致人死亡罪"、"过失致人重伤罪"等等；

2. 避险过当的罪过形式，应当与防卫过当作相同的理解。

【2015-2-4】鱼塘边工厂仓库着火，甲用水泵从乙的鱼塘抽水救火，致鱼塘中价值2万元的鱼苗死亡。仓库中价值2万元的商品因灭火及时未被烧毁。甲承认仓库边还有其他几家鱼塘，为报复才从乙的鱼塘抽水。关于本案，下列哪一选项是正确的？（   ）①

A. 甲出于报复动机损害乙的财产，缺乏避险意图

B. 甲从乙的鱼塘抽水，是不得已采取的避险行为

C. 甲未能保全更大的权益，不符合避险限度要件

D. 对2万元鱼苗的死亡，甲成立故意毁坏财物罪

【考点】紧急避险

【解析】"不得已"，是相对于需要保护的利益而言的，即保护该利益是否还有其他措施。本案中想灭火就必须牺牲鱼塘中的鱼，除了从鱼塘抽水没有其他办法，就具备了"不得已"的条件，至于牺牲谁的鱼塘虽然是可以选择的，但这并不是紧急避险中要考虑的问题，只要是为了避险没有不牺牲合法法益的其他方法，就是不得已。因此本案具备了"不得已"的条件，也不是避险过当，至于避险人还夹杂了报复的私念，这个是避险的动机，不影响"不得已"

---

① B

的认定。因此，B 选项是正确的。

紧急避险中，当牺牲的法益与保护的法益都是财产权时，两者可以相等。因为紧急避险是在危急的情况下，救护法益避免法益减少的制度，在财产权的场合，只要避险行为没有导致社会整体法益减少，就满足避险的限度条件，就不是避险过当。因此，CD 是错误的。

【2016-2-6】关于正当防卫与紧急避险，下列哪一选项是正确的？（　　）①

A. 为保护国家利益实施的防卫行为，只有当防卫人是国家工作人员时，才成立正当防卫

B. 为制止正在进行的不法侵害，使用第三者的财物反击不法侵害人，导致该财物被毁坏的，对不法侵害人不可能成立正当防卫

C. 为摆脱合法追捕而侵入他人住宅的，考虑到人性弱点，可认定为紧急避险

D. 为保护个人利益免受正在发生的危险，不得已也可通过损害公共利益的方法进行紧急避险

【考点】正当防卫，紧急避险

【解析】A 选项，面对不法侵害的时候保护的法益可以是任何的法益，包括他人的、集体的、社会的、国家的。所以对防卫主体并没有特殊的要求，任何人都可以为保护国家利益而实施防卫行为。因此，A 选项是错误的。

B 选项，反击不法侵害人的行为属于正当防卫，但是使用第三人的财物反击不法侵害人，对不法侵害人属于正当防卫，对第三人来说是紧急避险，这种情形属于正当防卫和紧急避险的竞合，即成立正当防卫、也成立紧急避险。因此，B 选项是错误的。

C 选项，紧急避险是为了保护一个合法的法益牺牲另外一个合法法益，但当行为人面对合法追捕的时候，这种"不受抓捕"的权益就不是合法的法益，为了保护不受法律保护的法益去侵犯到别人的住宅安全，就不能认定为紧急避险。因此，C 选项是错误的。

D 选项，任何法益都是可以进行权衡和比较，如果为了保护个人的人身权，而牺牲集体的财产权则应当是被允许的。所以应当是按照法益的大小来进行比较，而不是仅仅来按照法益的主体来比较。因此，D 选项是正确的。

第四节　其他阻却违法事由

一、被害人承诺

（一）承诺者对于被侵害的法益有处分权

对于国家、公共利益和他人利益不存在被害人承诺的问题，只有承诺侵害自己的法益时才能阻却违法，当然，承诺侵害自己的法益，也有一定限度。

财产权	无限承诺	
人身权	轻伤、自由、名誉	可以承诺
	生命	不可承诺

例1　儿童赵某生活在贫困家庭，甲征得赵某父母的同意，将赵某卖至富贵人家。

---

① D

儿童人身的不可买卖性属于社会公共利益，父母无权承诺，甲成立拐卖儿童罪。

例2 孙某为戒掉网瘾，让其妻子丙将其反锁在没有电脑的房间一星期。

孙某对放弃自己人身自由的承诺是有效的。妻子不构成犯罪。

（二）承诺者有承诺能力

能够理解承诺事项的意义、范围

幼儿、精神病人	承诺无效
未成年人对于"重大事项"	

例如医生甲征得乙（15周岁）同意，将其肾脏摘出后移植给乙的叔叔丙。[①] 未成年人对于重大事项的承诺无效，甲成立故意伤害罪。

（三）承诺者意志真实

1. 戏言性承诺、基于强制、恐吓作出的承诺无效。

例1 甲发现男友乙还穿着以前女友送给他的一套价值一万余元的高级西服，就威胁乙说："你必须把这套西装烧掉，否则我就把你贪污的事情告诉法院"乙说："那你烧掉好了。"甲得到乙的承诺后烧掉了乙的高级西服。甲的"将贪污之事告诉法院"是一种胁迫，乙在这种胁迫下作出的承诺无效，法律要保障乙的财产不以这种形式消失，甲成立故意毁坏物品罪。

例2 甲发现男友乙还穿着以前女友送给他的一套价值一万余元的高级西服，就威胁乙说："你必须把这套西服烧掉，否则我不与你结婚！"乙说："那你烧掉好了。"甲得到乙的承诺后烧掉了乙的高级西服。甲的"不与你结婚"不是一种胁迫，乙作出的承诺有效，甲不成立故意毁坏物品罪。

2. 基于错误认识而作出的承诺效力，学理上大致存在三种学说：全面无效说、本质错误说和法益关系错误说。

观点一 全面无效说：任何因欺骗行为而引起的承诺都无效。

【例如】某信仰宗教的病人被送入一家医院治疗，在做手术之前病人要求在宗教医院进行手术，而病人情况危急无法转院，医院不得已欺骗病人说自己是宗教医院，病人遂同意进行手术。按照"全面无效说"，病人的承诺是在被欺骗的情况下做出的，此时医生可能构成故意伤害罪。

观点二 本质错误说：如果被害人没有陷入错误认识或者知道真相就不会承诺，则承诺无效。

【例如】甲骂了乙的女友丙，丙要乙痛打甲一顿，乙找到甲说："你就让我打你一顿吧，这样我就可以在我女朋友面前吹牛我胆大，她就可以很快与我结婚了，你知道我已经追求她八年了，她总嫌我胆小不想嫁给我，我会为此给你5000元钱的。"甲想5000元钱不是一个小数目，于是让乙把自己打了一顿。结果乙把甲打得鼻青脸肿后（轻伤），一分钱不给。

【解析】甲知道无法获得5000元，就不会承诺，因此承诺无效，乙成立故意伤害罪。

观点三 法益关系错误说（命题人观点）：只是对于承诺的动机产生错误认识，而作出的承诺是有效的；因为受骗而对所放弃的法益的有无、性质、种类、范围、危险性发生错误认识，则承诺无效。

【解析】根据该观点，上例中的甲属于典型的动机错误，其承诺有效，乙不构成故意伤

---

① 2013年卷二第59题A选项，类似题目还有2014年卷二第15题D选项。

害罪。

【小结】"法益关系错误说"与"本质错误说"最大的分歧在于,因为行为人的欺骗,使得承诺人对动机（交换利益）出现错误时,该承诺是否有效。

【例如】医生欺骗母亲患有肾病的儿子需要换肾,母亲的肾脏刚好匹配,母亲基于救儿子的动机毫不犹豫地同意换肾,而医生却将母亲的肾脏拿到黑市去卖了一个高价。

根据"法益关系错误说",母亲对于自己所放弃的身体的完整性并没有错误认识,对于给自身健康带来的危险亦存在正确判断,只是"救儿子"这一动机由于受骗而无法实现,但是不影响承诺的效力,医生无罪;

根据"本质错误说","救儿子"这一决定性动机是母亲放弃身体完整性的交换利益,如果该利益无法实现,则承诺的基础发生动摇,因此医生的欺骗干扰了母亲进行决策的信息基础,导致该承诺从根本上违背母亲的意愿,承诺应当归于无效,医生构成故意伤害罪。

（四）既承诺行为、也承诺结果

只有当法益主体承诺法益侵害的结果时,才能认为其放弃了法益。

例如,甲明知乙酒后驾驶,仍然坐在乙的车上,后乙交通事故导致甲重伤。对此不能认定存在被害人承诺,因为甲只承诺了行为,没有承诺结果。

（五）承诺者有现实承诺

对于现实的承诺是否需要表达出来,刑法理论中有"意思方向说"和"意思表示说"两种学说。

1. "意思方向说"认为只要被害人有现实的承诺,即使没有表现于外部,也是有效的承诺。因为既然被害人同意,就不存在受法律保护的法益,因此不要求行为人认识到被害人的承诺。这是"结果无价值"的立场。

2. "意思表示说"承诺的意思必须以语言、动作等方式表现出来,否则难以排除行为主体主观之恶,进而难以阻却行为违法。这是"行为无价值"的立场。

（六）损害没有超出承诺的范围

例如李某同意丁砍掉自己的一个小手指,而丁却砍掉了李某的大拇指。丁的行为超出承诺范围,成立故意伤害罪。

（七）承诺至迟存在于结果发生时,被害人在结果发生前变更承诺的,原来的承诺无效

事后承诺无效,不影响犯罪的成立,否则国家的刑罚权就会受被害人意志的任意左右。

二、推定承诺

（一）概念

现实并没有被害人的承诺,但如果被害人知道真相后会当然承诺的情形。

（二）成立条件

1. 被害人没有现实的承诺;

2. 被害人知道真相后就会承诺;这种推理的依据是一般人的价值观念和社会生活的基本理性;

例1 乙家里装修房屋的卫生间进行闭水试验,楼下的甲误认为乙外出忘记关水龙头,为了防止乙的财产损失,撬门进入乙家。甲无罪。

例2 没有亲属的患者昏迷不醒,不立即截肢就有生命危险的情况下,医生给其截肢,即便其醒来反对截肢,医生也无罪。

3. 牺牲被害人一部分法益保护其另一部分法益;

4. 法益：被害人有处分权。

例如在火灾发生之际，为避免烧毁被害人的贵重财物，闯入屋内搬出贵重物品的行为，就是基于推定的承诺行为。

三、自救行为

（一）概念

法益受到侵害的人，在通过法律程序，依靠国家机关不可能或者明显难以恢复的情况下，依靠自己的力量救济法益的行为。

例如当盗窃行为已经结束，被害人于事后某日发现自己的财物在盗窃犯手中即将被损毁或者逃往外地的场合，来不及通过司法机关挽回损失。

（二）成立条件

1. 法益已经受到违法的侵害；

2. 行为人具有需要实现的请求权；

3. 通过法律程序难以恢复受侵害的法益；

4. 救济行为的手段具有适当性，即造成的损害与救济的法益具有相当性。

【2019 网络回忆版】关于被害人承诺理论，下列说法正确的是？（　　）①

A. 乙在城市里工作生活，在乡下有个房子。乙的乡下邻居甲发短信询问乙是否可以拆除乙家的院墙。乙本想发短信回复说"不行"，不小心发成了"行"。甲便将乙家的院墙拆掉。乙的承诺有效

B. 乙误以为自己养的马患了疾病。要求兽医甲对其进行安乐死。甲知道市面上已经有治疗该疾病的药物，但不告知，仍实施了安乐死。乙的承诺无效

C. 因路灯灯光反射到室内，乙误以为家里着火，因未找到钥匙，恳求甲破门灭火。甲知道真相，没有告知，按照乙的请求照办。乙的承诺有效

D. 甲组织贩卖人体器官，与乙约定以十万元的价格，将其肾脏移植给他人。乙的承诺无效

【考点】被害人承诺

【解析】A选项，乙自己的过失导致意思表达错误，甲合理的信赖乙的承诺，并遵照此承诺行事，该承诺有效，甲无罪。A 正确。

B选项，兽医因其职务而形成的优势地位，使得其面对不知情的乙，具有告知真相的义务，没有告知真相，兽医甲应当告知而没有告知的不作为，与其欺骗乙说马无药可救的作为具有等价性，可以说甲的不告知真相对于乙的错误认识具有支配力，乙在错误认识下（误以为自己的马无药可救）作出的承诺无效。B 正确。

C选项，甲仅是乙的邻居，没有告知真相的义务，乙自己发生错误认识作出的承诺是有效的。C 正确。

D选项，组织出卖人体器官罪中的器官供体，都是自愿出卖器官的人。乙在没有被强制、恐吓，也没有陷入错误认识的状态下，所做出的承诺有效。但是，承诺有效并不意味着甲无罪，甲成立组织出卖人体器官罪；倘若乙是在被强制、恐吓，或者陷入错误认识的状态下做出的承诺，则承诺无效，甲应当成立故意伤害罪。D 选项错误。

【2011－2－8】经被害人承诺的行为要排除犯罪的成立，至少符合下列 4 个条件：

---

① ABC

①被害人对被侵害的_____具有处分权限

②被害人对所承诺的_____的意义、范围具有理解能力

③承诺出于被害人的_____意志

④被害人必须有_____的承诺

下列哪一选项与题干空格内容相匹配?①

A. 法益——事项——现实——真实   B. 事项——法益——现实——真实

C. 事项——法益——真实——现实   D. 法益——事项——真实——现实

【考点】被害人的承诺

【解析】成立被害人有效的承诺，需要具备四个条件：第一，被害人对被侵害的法益具有处分权限；第二，被害人对所承诺的事项的意义、范围具有理解能力，如果是一个不满16岁的人，为了买游戏机承诺让医生摘取他的器官，换取对价，这个承诺是无效，因为未成年人对于摘取器官这件事的意义，难以形成充分认识，也无法评估失去一个器官对自己的未来意味着什么；第三，承诺要出于被害人的真实意志，如果是被骗、被恐吓作出的承诺是无效的；第四，被害人必须有现实的承诺。这个承诺必须是现实存在的。因此，D选项是正确的。

---

① D

第七章 犯罪的主观要件【有责】

第一节 犯罪故意

《刑法》第 14 条【故意犯罪】明知自己的行为会发生危害社会的结果，并且希望或者放任这种结果发生，因而构成犯罪的，是故意犯罪。

故意犯罪，应当负刑事责任。

犯罪故意 =【明知】认识因素 +【故犯】意志因素，认识因素表明行为人对于犯罪事实的认知和判断，意志因素表明行为人对于犯罪结果的态度。

一、认识因素

明知自己的行为会发生危害社会的结果，达到"明知"的程度则需要认识到所有的客观构成要件要素中的主体、行为、行为对象、危害结果、因果关系、无违法阻却事由。

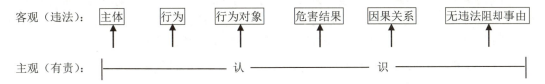

（一）需要认识到的事实

1. **行为主体**：在真正的身份犯中，需要对自己的身份有认识，如果没有认识到自己具有特定的身份，则不能认为行为人具有成立此罪的故意。

例如非法行医罪，需要行为人认识到自己是"**未取得医生执业资格的人**"；传播性病罪，需要行为人认识到自己是"**严重的性病患者**"。

2. **行为**：需要认识自己行为的内容和社会意义。

【例】甲持枪向他人头部开枪，必须认识到自己"在杀人"，否则就不具有杀人的故意。如果乙将一把装有子弹的手枪交给甲，谎称里面没有子弹，让甲开枪吓唬身旁的丙，甲信以为真向丙开枪致丙死亡，由于甲不知道自己"在杀人"，因此甲没有杀人的故意，甲只能成立过失致人死亡罪。

3. **行为对象**：成立故意犯罪应当对行为对象有认识。例如：

掩饰、隐瞒犯罪所得罪		"犯罪所得"
贩卖淫秽物品牟利罪		"淫秽物品"
非法持有毒品罪	需要 认识到 对象 是	"毒品"
侵犯通信自由罪		"他人信件"
猥亵儿童罪		"不满14周岁"

【注意】 对于"规范的构成要件要素"的认识，并不需要行为人认识到概念本身，而只需认识到作为评价基础的事实或者与此概念相平行的社会意义。

（1）**"法律评价的要素"**：只要行为人认识到 作为评价基础的事实 ，就可以认定行为人已经认识到 符合规范构成要件要素的事实 。

例如，只要行为人认识到"自己的财产在国家机关的管理、使用、运输中"，就应当认定行为人已经认识到该财产属于"公共财产"；只要行为人认识到"警察持逮捕证逮捕犯罪嫌疑人"，就应当认定行为人已经认识到警察在"依法"执行公务。

（2）**"经验法则评价的要素"**：只要行为人认识到 作为评价基础的事实 ，就可以认定行为人已经认识到 符合规范构成要件要素的事实 。

例如，只要行为人认识到"火势会蔓延至其他对象物"，就应当认定行为人已经认识到，自己的行为危害"公共安全"；只要行为人认识到"自己在破坏正在使用的公共汽车的刹车"，就应当认定行为人已经认识到，"足以发生倾覆、毁坏危险"；只要行为人认识到"自己是孩子的父亲"，就应当认定行为人已经认识到，自己负有"救助义务"。

（3）**"社会评价的要素"**：只要行为人认识到 与概念相平行的社会意义 ，就可以认定行为人已经认识到 符合规范构成要件要素的事实 。

例如，只要行为人认识到"黄片、毛片、三级片"，就应当认定行为人已经认识到了"淫秽物品"；只要行为人认识到"占妇女便宜"，就应当认定行为人已经认识到"猥亵"妇女。

需要注意的是"社会评价的要素"，应当根据**行为人在实施行为时所认识的一般人的评价结论**为依据，来判断行为人是否具有故意，换言之即使行为人自认为贩卖的物品不是淫秽物品，甚至是有科学研究价值的艺术品，但只要行为人认识到了一般人会认为这些是淫秽物品，且事实上就是淫秽物品，就可以认定行为人认识到了自己所贩卖的是"淫秽物品"。

4. **行为结果**：既包括侵害结果也包括危险结果，而对于结果的认识只需要认识到某种性质的结果就可以（如会有人死亡），不需要具体认识到谁在什么时间死亡。

5. **因果关系**：需要对行为与结果之间的因果联系有认识，当然对于因果关系具体发展进程的错误认识，不影响故意的成立。

例如元宝为使被害人溺死而将被害人推入井中，但井中没有水，被害人被摔死。元宝对于"推入井中"和"被害人死亡"以及两者之间具有因果关系，都有认识，只是对于前者如何对后者发生作用，有不准确的认识，不影响故意的成立。

6. **无违法阻却事由**：故意实际上是对 为违法性提供依据的事实 的认识与容忍，当行为人认识到自己的行为存在正当化事由时，就不可能存在犯罪故意。

例如行为人**以为**对方正在进行不法侵害时，对之进行防卫，则不可能成立故意犯罪。即认

识到自己的行为存在正当化事由 → 不存在故意 → 假想防卫（过失犯罪或者意外事件）

（二）不需要认识到的事实

1. 结果加重犯中的加重结果，不需要行为人认识到加重结果会出现，但要求具有认识的可能性，即对于加重结果需要有过失，但不需要有故意。

例如故意伤害致人死亡，对于死亡结果不需要认识，但是应当认识到自己的伤害行为可能导致死亡结果，即具有预见可能性。如果对于死亡结果，没有预见也无法预见，则只能成立故意伤害罪，而不是结果加重犯。

2. 对于表征刑事可罚性的量化因素，不需要行为人认识。

例如《刑法》第264条："盗窃公私财物，**数额较大**的，或者**多次盗窃、入户盗窃**、携带凶器盗窃、扒窃的，处三年以下有期徒刑、拘役或者管制……""多次盗窃、入户盗窃"这些表征刑事可罚性的量化因素，不需要行为人认识到。否则就会出现对细节记忆越准确的人，越容易构成具备犯罪故意的不合理局面。

3. 不要求行为人认识到自己的行为违反刑法，即不要求行为人现实地认识到自己的行为被刑法所禁止。

因为，当行为人认识到自己行为的内容、社会意义、危害性，并希望或者放任这种结果发生时，就反映出行为人积极侵犯法益的态度，并不是只有认识到违法性时，才能反映这种态度。而且，如果要求行为人认识到自己行为违反刑法，才具备犯罪故意，就会出现越不懂法、越安全的荒唐现象。

例如甲乙均为严重性病患者，都明知自己卖淫的行为有传播性病的危险，都去实施了卖淫的行为。如果甲知道该行为违法，则成立传播性病罪，乙不知道该行为违法，则不成立传播性病罪。

二、意志因素

意志因素是行为人对于危害结果的态度，即希望或者放任危害结果的发生。这个危害结果是行为人已经认识到的危害结果。

三、犯罪故意的分类

（一）直接故意

明知自己的行为会发生危害社会的结果并且希望这种结果发生的心理态度。所谓"希望"危害结果发生，表现为行为人对这种结果的积极追求，把它作为自己行为的目的，并采取积极的行动为达到这个目的而努力。案情中通常有"宿怨、蓄意、复仇"这样的表达；也可能是根据案情可以判断出只要行为人实施 A 行为，必然会发生 A 结果，而行为人仍然为之，则可以推定其"希望"结果发生。

【公式】直接故意 = 明知会（必然或可能）发生 + 希望（真的希望、推定希望）

例如甲、乙是擦高楼玻璃的工友。某日，甲、乙拴在同一条绳索上在高空作业，元宝欲杀死甲，却不愿看到乙死亡，犹豫再三最终仍解开绳索，甲、乙都摔死。元宝对于甲、乙的死亡结果，都是直接故意，其中对于甲的死亡是"真的希望"，对于乙的死亡是"推定希望"。

（二）间接故意

明知自己的行为可能会发生危害社会的结果，并且放任这种危害结果发生的心理态度。所谓"放任"危害结果的发生，就是听其自然，纵容危害结果的发生，对危害结果的发生虽然不积极追求但也不设法避免。

【公式】间接故意 = 明知可能 + 放任

【注意】如果在认识因素中是明知必然发生，则意志因素直接推定为"希望"发生，而不可能是"放任"发生，因为只有当发生与否具有或然性、可能性时，才谈得上"放任"。

四、犯意转化、另起犯意、行为对象转化

（一）犯意转化

1. 行为人以此犯意实施预备行为却以彼犯意实施实行行为

例如行为人在预备阶段有抢劫的故意，并准备了抢劫的工具，进入现场后发现主人不在家，于是实施了盗窃行为。此时，行为人预备阶段的抢劫故意转化为实行阶段的盗窃故意，实行行为便是盗窃。通常情况下，实行行为吸收预备行为。

2. 行为人在实行犯罪的过程中犯意改变，导致此罪与彼罪的转化，而两个行为所侵害的法益之间具有包容关系

（1）犯意升高者，从新意

例1 甲在故意伤害的过程中改变犯意，意图杀死他人。甲成立故意杀人。

例2 乙见他人携带现金包，产生抢夺的意图，在抢夺过程中对人暴力，将主人打倒在地，抢走提包。乙成立抢劫罪。

（2）犯意降低者从旧意

例3 丙本欲杀死仇人，在杀害过程中改变犯意认为造成伤害即可，没有致人死亡即停止侵害行为。丙成立故意杀人（中止）。

（二）另起犯意

在前一犯罪已经既遂、未遂或者中止后，又另起犯意实施另一犯罪行为，按照数罪并罚处理。

例1 甲以强奸的故意对被害妇女实施暴力，发现该妇女正值月经期而放弃奸淫，便另起犯意实施抢劫行为。甲成立强奸罪（中止）与抢劫罪，数罪并罚。

例2 甲以伤害乙的故意举刀砍乙，适逢甲的另一仇人丙经过现场，于是甲转而杀死了丙。甲成立故意伤害罪与故意杀人罪，数罪并罚。

例3 甲对乙实施伤害行为导致乙昏迷，又发现乙随身携带贵重财物，于是将乙的贵重财物据为己有。甲成立故意伤害罪与盗窃罪数罪并罚。

【注意】犯意转化与另起犯意的区别

	犯意转化	另起犯意
发生阶段	行为持续过程中	行为已经终了
被害对象	同	不限
两个法益	存在包容关系	不限

（三）行为对象转换

行为人在实施犯罪行为的过程中，有意识地将原先设定的行为对象转移到另一行为对象上。

1. 行为对象的转换仍在同一犯罪构成内，且法益主体没有变更，定罪不变。

例1　原本打算入户抢劫他人手表，结果进入他人家中，抢劫了他人的电脑。成立（入户）抢劫罪（既遂）。

2. 虽然法益主体发生变化，但是财产法益并非个人专属法益，定罪不变。

例2　原本打算盗窃甲的财物，而甲、乙合住，进入甲、乙房间后盗窃了乙的财物。成立盗窃罪（既遂）。

3. 行为对象的转换，导致个人专属法益主体的变化，属于另起犯意，数罪并罚。

例3　为了强奸甲女而进入甲女宿舍，进去后发现同住的乙女更美，于是转而奸淫了乙女。对甲女成立强奸罪（中止），对乙女成立强奸罪（既遂），数罪并罚。

例4　为抢劫普通财物而对被害人使用暴力，在强取财物的过程中发现被害人包里有枪，便使用暴力仅夺取了枪支。抢劫罪（中止）与抢劫枪支罪（既遂），数罪并罚。

【2013-2-53】关于犯罪故意、过失与认识错误的认定，下列哪些选项是**错误**的？（　）①

A. 甲、乙是马戏团演员，甲表演飞刀精准，从未出错。某日甲表演时，乙突然移动身体位置，飞刀掷进乙胸部致其死亡。甲的行为属于意外事件

B. 甲、乙在路边争执，甲推乙一掌，致其被路过车辆轧死。甲的行为构成故意伤害（致死）罪

C. 甲见楼下没人，将家中一块木板扔下，不料砸死躲在楼下玩耍的小孩乙。甲的行为属于意外事件

D. 甲本欲用斧子砍死乙，事实上却拿了铁锤砸死乙。甲的错误属于方法错误，根据法定符合说，应认定为故意杀人既遂

【考点】犯罪故意，犯罪过失

【解析】 A选项，甲、乙长期合作，甲能够合理地信赖乙不会挪动身体，所以甲这时候既没有故意也没有过失，属于意外事件。因此，A选项是正确的。

B选项，甲没有伤害的故意，推乙一把致其被路过车辆轧死，对于死亡结果，甲属于应当预见而没有预见，在主观上是过失的。因此，B选项是错误的。

C选项，根据日常生活经验，甲应当预见将木板扔下有可能砸中路人，却没有预见，属于疏忽大意的过失，不是意外事件。因此，C选项是错误的。

本题中的B、C选项都属于行为人有预见义务而没有预见的情形，此处的预见义务来自于

---

① BCD

一般人的社会生活经验。

D选项，方法错误就是打击错误，是由于客观原先行为偏离了原本预定的打击方向。本案中，甲只是选错了工具，并不是打击错误的问题。因此，D选项是错误的。

第二节　犯罪过失

《刑法》第15条【过失犯罪】应当预见自己的行为可能发生危害社会的结果，因为疏忽大意而没有预见，或者已经预见而轻信能够避免，以致发生这种结果的，是过失犯罪。

过失犯罪，法律有规定的才负刑事责任。

一、疏忽大意的过失【违反结果预见义务】

（一）应当预见到自己的行为会发生危害社会的结果

1. 应当预见

（1）有预见的义务

（2）有预见的能力

注意：应当预见≠已经预见

【例如】某医院妇产科护士甲值夜班时，一新生婴儿啼哭不止，甲为了止住其哭闹，遂将仰卧的婴儿翻转成俯卧，并将棉被盖住婴儿头部。半小时后，甲再查看时，发现该婴儿已无呼吸，该婴儿经抢救无效死亡。经医疗事故鉴定委员会鉴定，该婴儿系俯卧使口、鼻受压迫，窒息而亡。甲对婴儿的死亡结果有何种主观罪过？

【解析】甲作为妇产科护士，无论从预见的义务还是预见的能力来看都是应当预见到将婴儿俯卧的行为会有窒息身亡的危险，但是应当预见不等于已经预见，案情所表达的意思并未指明在当时的具体场景中，甲已经预见到了婴儿窒息死亡的危险，那么既然应当预见又为什么没有预见呢？原因就是"疏忽"，这正是疏忽大意的过失的本质特征，也是行为人主观过错的集中表现。

2. 这里的结果是指法定的危害结果，即构成要件意义上的危害结果。

（二）因为疏忽大意没有预见

既然没有预见，所以疏忽大意的过失又称为"无认识的过失"。

（三）发生了危害社会的结果

二、过于自信的过失【违反结果避免义务】

（一）已经预见到自己的行为会发生危害社会的结果

既然已经预见，所以过于自信的过失又称为"有认识的过失"。

（二）轻信能够避免

要有"轻信"的依据，这个依据可以是行为人为避免结果发生所做的努力，也可以是当时客观上可以依凭的条件。

【例如】朱某因为婚外恋产生杀害妻子李某的想法。某日晨，朱在给李某炸油饼时投放了可以致死的"毒鼠强"。朱某为防止其6岁的儿子吃饼中毒，<u>将儿子送到幼儿园，并嘱咐其子等他来接</u>。不料李某当日提前下班后接其子回家，并与其子一起吃油饼。朱某得知后赶忙回到家中，其妻、其子已中毒身亡。

（三）发生了危害社会的结果

【注意】疏忽大意的过失与过于自信的过失在心理现象中的不同位置。

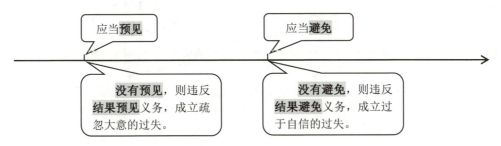

【2019 网络回忆版】下列行为，成立过失犯罪的有？（　　）①

A. 夜里，甲在大街上欲杀害乙。乙打了几次报警电话，说有人杀自己。由于乙当时有点醉酒，口齿不是很清楚，警察以为乙是恶作剧，没有出警。乙被甲杀死。如果警察及时出警，乙不会被杀死

B. 法官甲知识储备不足，没有及时学习新理论，没有注意到理论更新，依据陈旧理论，将应判处无罪的人判处 3 年有期徒刑

C. 某超市没有履行好检查职责，误以为销售的食品质量没问题，将过期食品卖给顾客，导致多名顾客受到轻伤

D. 甲欲杀害妻子乙，黑暗中误将女儿丙当作乙而枪杀

【考点】犯罪过失

【解析】A 选项，甲作为警察应当预见到乙当时尽管口齿不清，也有可能发生真是危险，却因为疏忽大意没有预见，主观上具有过失，客观上作为警察应当出警而没有出警，属于不作为，因此应当认定为不作为的玩忽职守罪，属于过失犯罪。A 正确。

B 选项，法官甲客观上确实有枉法裁判的行为，主观上属于过失，过失枉法裁判不构成犯罪。B 错误。

C 选项，超市客观上实施了销售不符合安全标准的食品的行为，主观上有过失，但是生产、销售不符合安全标准的食品罪必须是故意犯罪，过失实施不构成犯罪。C 错误。

D 选项，甲误将女儿丙当作乙而杀害，属于事实认识错误中的对象错误，无论根据"具体符合说"还是"法定符合说"，都是故意犯罪既遂。D 错误。

第三节　故意、过失小结

认识到必然	希望发生	直接故意
认识到可能	**希望发生**	**直接故意**
	放任发生	**间接故意**
	反对发生（轻信不发生）	**过于自信的过失**
没有认识到	反对发生	疏忽大意的过失

---

① A

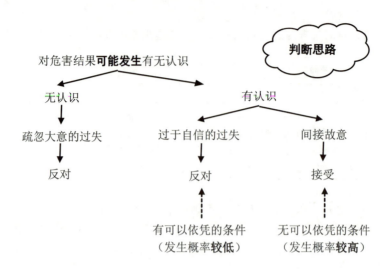

首先，判断行为人对于自己的行为可能引起危害结果有无认识。如果完全没有认识，则是疏忽大意的过失，此时在意志方面是反对结果发生的；如果有认识则有可能是过于自信的过失或者间接故意，当然也有可能是直接故意（由于直接故意较好分辨，这里只谈间接故意和过于自信的过失的区分方法）。

其次，在认识到可能性的前提下，过于自信的过失是"反对"结果的发生，间接故意是"接受"结果的发生。判断行为人属于"反对"结果发生一定要有依据，即行为人为避免结果发生做了努力，或者客观上存在可以避免结果发生的条件，从整体上可以看出凭借这些条件，危险变成实害的概率较低。反之，如果没有任何可以依凭的避免结果发生的有利条件，危险变成实害的概率较高，而行为人仍然为之，就应当认为意志因素是"接受"。

【案例】元宝在其承包的石坑里爆破采石。因飞石落到甲家的责任田里，双方争吵起来。甲说："如果你再放炮，我就坐在炮口上，看你敢不敢点。"元宝说："你敢坐，我就敢点。"甲说："我不敢坐就是大姑娘养的。"元宝说："我不敢点就是大姑娘养的。"于是元宝将约2公斤的炸药包扔在地上说："有胆你就坐。"甲过去坐在炸药包旁边。元宝拿起一根约60厘米长的导火索，用剪刀剪去约20厘米，当着甲的面接上雷管插入炸药包内，点燃导火索后，元宝朝甲喊了一声："点着了，快跑！"随即跑离了现场。此时，甲向外挪动了一下身体，尚未起身，炸药包便爆炸了，甲被当场炸死。

【分析】认识因素：元宝懂得爆破知识与技术，在甲坐在炸药包旁的情况下，将导火索截至40厘米，并亲手点燃炸药包，可谓明知结果发生的高度危险；意志因素：元宝除了喊一声"快跑"之外，也没有采取任何其他有效措施，因此在态度上，对于结果是放任的。综上所述，元宝的主观罪过属于间接故意，构成（间接）故意杀人罪。

【2019 网络回忆版】关于故意、过失，下列论述正确的有？（   ）①

A. 司机遵守交通规则，正常驾车行驶，行人突然横穿马路，司机刹车不及，行人被撞死，司机不存在过失

B. 在所有的故意犯罪中，不可能存在只能由间接故意构成而不能由直接故意构成的犯罪

C. 如果认为故意与过失存在位阶关系，那么在认定犯罪时，只能由故意降格为过失，而

---

① ABC

不能由过失升格为故意

D. 当根据故意的标准无法认定故意时，可以根据事实认识错误来认定故意

【考点】故意　过失

【解析】A 选项，所谓犯罪过失，是指应当预见而没有预见，或者应当避免而没有避免。司机遵守交通规则，正常驾车行驶，完全可以合理信赖其他人也会遵守交通规则，行人突然横穿马路，对司机而言既无法预见，也无法避免，司机不存在过失。A 正确。

B 选项，直接故意＝明知会（必然或可能）发生＋希望（真的希望、推定希望）；间接故意＝明知可能＋放任。直接故意表达了行为人对于法益更加明显的敌对、攻击的态度，能够由间接故意构成的犯罪，一定能由直接故意构成；反之，能够由直接故意构成的犯罪，有可能不能由间接故意构成。比如诬告陷害罪、绑架罪、走私淫秽物品罪这些目的犯。B 正确。

C 选项，故意是明知故犯，过失是应当预见而没有预见，或者应当避免而没有避免；在无法认定行为人"明知"自己的行为会发生危害社会的结果时，可以降格认定为"不明知"，即"应当预见而没有预见"（疏忽大意）；在无法认定行为人对于危害结果时"希望或者放任"时，可以降格认定为"轻信可以避免"（过于自信）。当然，这种降格处理的前提是认为故意与过失存在位阶关系。C 正确。

D 选项，认识错误，即指行为人的认识内容与客观构成要件不相一致。认识错误理论所要解决的问题是能否让行为人对现实发生的结果承担责任，当然也要考察行为人对于发生错误的部分能否成立故意。如果错误发生在同一构成要件内，不妨害行为人对误击的目标承担故意罪责；如果错误发生在不同构成要件，则阻却对误击的目标承担故意罪责，对误击对象可能成立过失犯罪。因此，事实认识错误的问题，本身就是故意认定的问题，并不是独立于故意认定之外的其他问题，因此 D 选项错误。

第四节　无罪过事件（既无故意、也无过失）

《刑法》第 16 条【不可抗力和意外事件】行为在客观上虽然造成了损害结果，但是不是出于故意或者过失，而是由于不能抗拒或者不能预见的原因所引起的，不是犯罪。

一、意外事件

（一）概念

行为人没有预见，也无法预见会发生危害社会的结果，以致发生了危害社会的结果。

（二）意外事件与疏忽大意的过失的联系与区别

	意外事件	疏忽大意的过失
相同点	对于危害结果可能发生没有预见	
不同点	无法预见	应当预见
	缺乏结果预见可能性	违反结果预见义务

二、不可抗力

（一）概念

行为人已经预见会发生危害后果，但是无法避免，以致发生了危害社会的结果。

（二）不可抗力与过于自信的过失的联系与区别

	不可抗力	过于自信的过失
相同点	已经预见到行为可能导致危害结果，却没有避免	
不同点	**无法避免**	**可以避免**
	缺乏结果**避免**可能性	违反结果避免**义务**

第五节　犯罪目的

犯罪目的

（一）概念

犯罪人主观上通过实施犯罪行为所希望达到的结果。这个结果并不限于法益侵害结果，而是以观念形态预先存在于犯罪人大脑中的所预期达到的结果。

（二）目的犯

犯罪的成立要求行为人主观上具有特定目的的犯罪。我国刑法中的目的犯主要有两种形式：

1. 刑法分则条文明确规定犯罪的目的。

《刑法》第 152 条第 1 款【走私淫秽物品罪】以**牟利**或者**传播**为目的，走私淫秽的影片、录像带、录音带、图片、书刊或者其他淫秽物品的，处三年以上十年以下有期徒刑，并处罚金……

《刑法》第 175 条第 1 款【高利转贷罪】以**转贷牟利**为目的，套取金融机构信贷资金高利转贷他人，违法所得数额较大的，处三年以下有期徒刑或者拘役，并处违法所得一倍以上五倍以下罚金……

《刑法》第 192 条第 1 款【集资诈骗罪】以**非法占有**为目的，使用诈骗方法非法集资，数额较大的，处三年以上七年以下有期徒刑，并处罚金……

《刑法》第 305 条【伪证罪】在刑事诉讼中，证人、鉴定人、记录人、翻译人对与案件有重要关系的情节，故意作虚假证明、鉴定、记录、翻译，意图**陷害他人**或者**隐匿罪证**的，处三年以下有期徒刑或者拘役；情节严重的，处三年以上七年以下有期徒刑。

2. 刑法分则虽无明确规定，但根据条文对于构成要件的表述以及条文之间的关系，成立犯罪所必须具备的犯罪目的。例如票据诈骗罪、金融凭证诈骗罪、信用卡诈骗罪等犯罪，条文本身虽未明确规定"以非法占有为目的"，但是根据此类犯罪的特征，以及与诈骗罪的关系，可知非法占有目的是其责任要素。

（三）缩短的二行为犯

所谓"缩短的二行为犯"，是指完整的犯罪行为原本由两个行为组成，但刑法规定，只要行为人以实施第二个行为为目的实施了第一个行为，就以犯罪既遂论处，而不要求行为人客观上实施了第二个行为；如果行为人不以实施第二个行为为目的，即是在客观上实施了第一个行为，也不成立本罪（可能成立其他犯罪）。

《刑法》第126条【违规制造、销售枪支罪】依法被指定、确定的枪支制造企业、销售企业，违反枪支管理规定，有下列行为之一的，对单位判处罚金，并对其直接负责的主管人员和其他直接责任人员，处五年以下有期徒刑；情节严重的，处五年以上十年以下有期徒刑；情节特别严重的，处十年以上有期徒刑或者无期徒刑：

（一）以 **非法销售** 为目的，超过限额或者不按照规定的品种制造、配售枪支的；

（二）以 **非法销售** 为目的，制造无号、重号、假号的枪支的；

（三）非法销售枪支或者在境内销售为出口制造的枪支的。

> 只要行为人以 **"非法销售"** 为目的，制造枪支的，就成立违规制造枪支罪。

《刑法》第152条第1款【走私淫秽物品罪】以 **牟利** 或者 **传播** 为目的，走私淫秽的影片、录像带、录音带、图片、书刊或者其他淫秽物品的，处三年以上十年以下有期徒刑，并处罚金……

> 只要行为人以 **"牟利或传播"** 为目的，携带淫秽物品进出境的，就成立走私淫秽物品罪。

注意1： 在缩短的二行为犯中，只要行为人知道或许有谁实施能够实现目的的行为就够了。如违规制造枪支罪中，只要行为人知道可能有人会非法销售其所制造的无号、重号、假号的枪支就可以，即只要具有"可能有人会销售"这种未必的意思即可。

注意2： 在缩短的二行为犯中的目的，不以实行犯本人实现为限。如走私淫秽物品罪，不论走私者是意图亲自传播还是让他人传播，都不影响走私淫秽物品罪的认定。

第六节 事实认识错误

所谓认识错误，即指行为人的认识内容与客观构成要件不相一致。认识错误理论所要解决的问题是能否让行为人对现实发生的结果承担责任。

认识错误包括两类：具体事实认识错误与抽象事实认识错误。

1. 具体事实认识错误，是在同一犯罪构成内的认识错误，即行为人所认识的事实与现实发生的事实虽然不一致，但是没有超出同一犯罪构成，即在同一犯罪构成内发生的认识错误。

例如甲欲杀乙，向乙开枪，但未瞄准，子弹从乙身边穿过打中丙，致丙死亡。甲主观上认识的事实是杀死乙，客观上实际发生的事实是杀死丙，这两个事实在故意杀人罪的范围内是一致的。

2. 抽象事实认识错误，是超出同一犯罪构成的认识错误，即行为人所认识的事实与现实发生的事实，分别属于不同的犯罪构成。

例如甲以杀人的故意向乙开枪，但没有瞄准，而将乙的价值1万元的宠物狗打死。甲主观上认识的事实是杀死乙，客观上实际发生的事实是毁坏财物，这两个事实分别属于不同的犯罪构成。

一、 具体 事实认识错误

在同一犯罪构成内的认识错误，即行为人所认识的事实与现实发生的事实虽然不一致，但是没有超出同一犯罪构成。具体而言，包括对象错误、打击错误和因果关系错误三种错误类型。

关于具体事实认识错误的解决，理论上存在两个学说：

"具体符合说"：行为人所认识的事实与实际发生的事实**具体的相一致**时，才成立故意犯罪；

"法定符合说"：行为人所认识的事实与实际发生的事实，只要**在犯罪构成范围内是一致**的，就成立故意犯罪。

（一）打击错误

也叫方法错误，由于行为本身的误差，导致行为人所欲攻击的对象与实际受害的对象不一致，但这种不一致仍然没有超出同一犯罪构成。

		甲射杀乙			
		未射中乙致丙死亡	乙受伤丙死亡	乙、丙死亡	
"具体符合说"	乙	故意杀人未遂	故意杀人未遂	故意杀人既遂	从一重
	丙	过失致人死亡	过失致人死亡	过失致人死亡	
"法定符合说"	乙	故意杀人未遂	故意杀人未遂	故意杀人既遂	从一重
	丙	故意杀人既遂	故意杀人既遂	故意杀人既遂	
小结：法定符合说重视法益的性质，而不重视法益主体的区别					

（二）对象错误

行为人误把甲对象当做乙对象来侵害，而甲、乙对象处于同一犯罪构成内，即行为人认识的内容与客观事实仍属同一犯罪构成的情况。

【例】甲与乙因情生仇。一日黄昏，甲持锄头路过乙家院子，见甲妻正在院内与一男子说话，以为是乙举锄就打，对方重伤倒地后遂发现是乙哥哥，甲心想打伤乙哥哥也算解恨。

"具体符合说"	故意伤害罪（重伤）	结论相同
"法定符合说"		等于没错

【解析】对于本案"具体符合说"与"法定符合说"所得出的结论是一样的。首先，按照"法定符合说"乙和乙的哥哥所承载的法益是相同的，即人的生命健康权，既然法益的性质相同，法益主体的区别就可以忽略不计；其次，"具体符合说"虽然重视法益主体的差别，但是在本案中甲在行为当时追求的是对"与甲妻说话的这个人"的伤害，而客观上也确实伤害了这个人，因此承担故意伤害（重伤）的刑事责任是没有问题的。

【结论】在对象错误的场合，"具体符合说"与"法定符合说"的结论无差。

【专题1】对象错误与打击错误的区别

对象错误	打击错误
一个行为、一个对象、一个结果	一个行为、多个对象、多个结果
对行为对象的身份属性产生的主观认识错误	由于客观原因使行为偏离了原本预定的打击方向
甲持枪欲杀仇人乙，但在黑暗中将丙当成乙杀死	甲持枪欲杀仇人乙，但没有瞄准，打死乙旁边的丙

对象错误	打击错误
【2014年真题】甲本欲电话诈骗乙，但拨错号码，对接听电话的丙实施了诈骗行为，骗取了丙大量财物。 【解析】拨号行为并不是犯罪的实行行为，只有当丙接听电话甲开始对丙虚构事实、隐瞒真相时犯罪才进入实行阶段，而此时甲误以为丙是乙，即对行为对象的身份属性产生错误认识，因此是对象错误。	【2008年真题】甲打算将含有毒药的巧克力寄给王某，但因写错地址而寄给了汪某，汪某吃后死亡。 【解析】甲主观上并没有误以为汪某的地址就是王某的地址，而是客观上写错地址，由于此案属于隔离犯，当汪某拿起巧克力准备吃的时候，故意杀人行为着手，此时可以回溯性认定写"地址邮寄的行为"是实行行为，因此属于客观原因所致的打击方向偏离

【专题2】隔离犯

所谓"隔离犯"，是指实行行为与犯罪结果之间存在时间、场所间隔的犯罪。在"隔离犯"的场合，存在实行行为的"回溯认定"。

例如甲为了杀乙，于2017年8月1日从甲地通过邮局寄送有毒巧克力给乙地的乙，乙于8月3日收到邮件，但是没有打开，8月6日中午乙正要食用时发现异味而将有毒食品扔弃。

（1）只有当乙准备或者开始食用有毒食品时，才产生死亡的紧迫危险，因此应当认定"8月6日中午"着手。

（2）着手时间虽然是"8月6日中午"，但在此时可以溯及性地认定起初的寄送行为就是实行行为，那么此时实行行为在前，着手在后，此为实行行为的"回溯认定"。

（3）倘若行为人寄送毒药后，没有到达被害人或者被害人没有利用，则不能认定故意杀人罪的着手，此时也没有必要将寄送行为认定为实行行为。

（4）但是如果行为人以杀人故意邮寄爆炸物，由于爆炸物具有随时爆炸的危险，因此"寄送时"就是着手。

（三）因果关系错误

1. 狭义的因果关系错误：因果关系发展进程的错误，即结果的发生不是按照行为人对于因果关系发展所预见的进程实现。

【例如】甲为使被害人溺死而将被害人推入井中，但井中没有水被害人被摔死。（等于没错）。

2. 结果的推后发生（事前故意）：行为人误以为第一个行为已经造成危害结果，出于其他目的实施第二个行为，正是第二个行为导致预期结果的发生。

【例如】甲意图勒死乙，将乙勒昏后，误以为乙已经死亡。毁灭证据，又用利刃将所谓的"尸体"分尸。事实上，乙并非死于甲的勒杀行为，而是死于甲的分尸行为。

关于这个问题，存在下列几种观点：

【观点1】第一个行为是故意杀人（未遂），第二个行为是过失致人死亡，两个行为数罪并罚。该观点尊重了案件的客观事实，却违背了朴素的正义观：以杀人的故意杀害了想要杀害的人，却成立故意杀人（未遂）

【观点2】概括地看行为的全过程，与以单纯的杀人故意实现杀人结果的情况完全相同，作为一个整体成立故意杀人罪（既遂）。该观点结论合理，但有歪曲事实的嫌疑。

【观点3】甲将乙勒昏的行为具有导致乙死亡的可能性，属于杀人的实行行为，杀人之后的毁尸灭迹行为具有通常性，不属于异常的因素，因此甲的第一个（勒昏）的行为与死亡结果之间的因果关系没有中断，只是客观上的因果关系进程与行为人所预想的进程不一致，不影响故意的认定，即现实发生的结果与行为人意欲实现的结果完全一致，应当成立故意杀人罪（既遂）。

3. 结果的提前实现：行为人实施两个行为，原计划第二个行为引起结果发生，结果第一个行为就引起了所预期的结果。

如何定罪：看第一个行为是否已经着手实行行为？

①已经着手：有不同观点；

【例】甲准备使被害人吃安眠药熟睡后将其勒死，但未待实施勒杀行为，被害人因吃了甲投放的安眠药死亡。

【观点1】等于没错，成立故意犯罪既遂。

【观点2】前一个行为缺乏既遂的故意，因而不能认定为故意犯罪既遂，只能成立故意犯罪未遂与过失犯罪的想象竞合从一重。

②没有着手：故意犯罪（预备）与过失犯罪，想象竞合从一重。

【例】甲想杀朋友乙，买了毒酒一瓶，放在自己家的书柜里，等三天以后乙过生日就把毒酒献上。不料，第二天乙来拜访，在甲家书柜上看到这瓶酒，以为是陈年好酒，就偷偷把它喝了。

甲成立故意杀人罪（预备）与过失致人死亡罪，想象竞合从一重。

二、 抽象 事实认识错误

超出同一犯罪构成的认识错误，即行为人所认识的事实与现实发生的事实，分别属于不同的犯罪构成。

（一）主客观具有重合的内容

1. 主观上想实施 轻罪 ，客观上实施了 重罪

例1 元宝以盗窃普通财物的意图，实施窃取财物的行为，实际上盗窃了枪支。

首先，元宝主观上想要实施盗窃财物的行为，客观上盗窃了枪支，而枪支具有财物属性，可以评价为财物，因此客观上元宝盗窃了财物，成立盗窃罪既遂；

其次，元宝虽然客观上实施了盗窃枪支的行为，但其主观上并无盗窃枪支的故意，因此不能成立盗窃枪支罪；

结论：元宝在主客观相统一的范围内，成立盗窃罪（既遂）。

2. 主观上想实施 重罪 ，客观上实施了 轻罪

例2 元宝意图盗窃警察配枪，潜入公安局办公室在放置枪支、弹药的柜子里窃取一箱包，回到家打开一看，仅是普通财物。

首先，元宝主观上有盗窃枪支的故意，且潜入公安机关行窃，具有窃取枪支的现实危险，成立盗窃枪支罪（未遂）；

其次，元宝客观上盗窃了普通财物，但主观上具有盗窃枪支的故意，枪支可以评价为财物，盗窃枪支的故意可以评价为盗窃财物的故意，因此甲构成盗窃罪（既遂）。

结论，元宝成立盗窃枪支罪（未遂）与盗窃罪（既遂），属于法条竞合。

【总结】典型的具有重合内容的概念：1. 杀人与伤害，重合在伤害；2. 绑架与非法拘禁，重合在非法拘禁；3. 抢劫与盗窃，重合在盗窃；4. 强奸与侮辱尸体，重合在侮辱尸体；5. 盗窃与侵占，重合在侵占；6. 假药与劣药，重合在劣药；7. 有毒有害食品与不安全的食品，重合在不安全的食品；8. 枪支与普通财物，重合在普通财物。

（二）主客观没有重合的内容

例1 元宝想要杀死爱而不得的小芹菜，某夜持枪来到小芹菜家门口，误将小芹菜家里的**元代缠枝牡丹青花瓷（珍贵文物）**当成小芹菜，以枪射击，致使文物毁损。

首先，元宝主观上有杀人的故意，但是客观上并没有发生致人死亡的结果，成立故意杀人罪（未遂）。

其次，元宝虽然客观上实施了毁坏珍贵文物的行为，但是主观上没有毁坏文物的故意，成立过失损毁文物罪。

结论，元宝成立故意杀人罪（未遂）与过失损毁文物罪的想象竞合，从一重罪论处。

例2 元宝想要杀死爱而不得的小芹菜，某夜持枪来到小芹菜家门口，误将小芹菜家里的**某贵重财物**当成小芹菜，以枪射击，致使财物毁损。

首先，元宝主观上有杀人的故意，但是客观上并没有发生致人死亡的结果，成立故意杀人罪（未遂）。

其次，元宝虽然客观上实施了毁坏财物的行为，但是主观上没有毁坏财物的故意，因此不构成故意毁坏财物罪，尽管元宝对于财物毁损具有过失，但是刑法中并没有过失毁坏财物罪，根据罪刑法定原则，毁坏财物的行为不构成犯罪。

结论，元宝成立故意杀人罪（未遂）。

	抽象事实认识错误的处理原则	
总结	主客观有重合的部分	包容评价（互通有无）
	主客观没有重合的部分	能成立哪个算哪个，都不成立则无罪

【2020 网络回忆版】甲从境外网站购买爆炸物，但是卖家寄错了，寄来了子弹。下列说法正确的是？（　　）①

A. 甲构成非法买卖弹药罪既遂

B. 甲构成非法买卖爆炸物罪未遂

C. 甲客观上买到子弹。但主观上没有购买子弹的故意。故不构成非法买卖弹药罪

D. 因子弹脱离枪支后，子弹本身无法造成危害，故乙不构成非法买卖弹药罪

【考点】 非法买卖枪支、弹药、爆炸物罪　事实认识错误

【解析】 非法买卖枪支、弹药、爆炸物罪是一个选择性罪名，在选择性罪名内部发生认识错误，属于具体事实认识错误，以实际发生的客观事实定罪。甲主观上想要购买爆炸物，客观上买到了子弹（弹药），最终应当认定为非法买卖弹药罪。A 正确

【2017－2－53】甲、乙合谋杀害丙，计划由甲对丙实施砍杀，乙持枪埋伏于远方暗处，若丙逃跑则伺机射杀。案发时，丙不知道乙的存在。为防止甲的不法侵害，丙开枪射杀甲，子弹与甲擦肩而过，击中远处的乙，致乙死亡。关于本案，下列哪些选项是正确的？（　　）②

A. 丙的行为属于打击错误，依具体符合说，丙对乙的死亡结果没有故意

B. 丙的行为属于对象错误，依法定符合说，丙对乙的死亡结果具有故意

C. 不论采取何种学说，丙对乙都不能构成正当防卫

D. 不论采用何种学说，丙对甲都不构成故意杀人罪未遂

———————————

① A　② AD

【考点】 事实认识错误

【解析】 A、B选项，丙出于防卫的目的，向甲开枪，由于枪法不准击中远处的乙，属于结果的偏差，所以是打击错误。依据具体符合说，丙对乙的死亡没有故意，只存在过失。因此，A选项是正确的，B选项是错误的。

C选项，甲、乙皆实施杀人的实行行为，是不法侵害，属于正当防卫的对象。虽然丙对乙不具有防卫的意识，但是根据"结果无价值论"的观点，偶然防卫可以成立正当防卫，丙依然成立正当防卫。因此，C选项是错误的。

D选项，丙对甲是进行正当防卫，正当防卫属于违法阻却事由，即丙的行为不是刑法评价的危害行为，所以不论根据何种学说，丙对甲都不成立故意犯罪。因此，D选项是正确的。

【2014－2－7】 关于事实认识错误，下列哪一选项是正确的？（　　　）①

A. 甲本欲电话诈骗乙，但拨错了号码，对接听电话的丙实施了诈骗，骗取丙大量财物。甲的行为属于对象错误，成立诈骗既遂

B. 甲本欲枪杀乙，但由于未能瞄准，将乙身旁的丙杀死。无论根据什么学说，甲的行为都成立故意杀人既遂

C. 事前的故意属于抽象的事实认识错误，按照法定符合说，应按犯罪既遂处理

D. 甲将吴某的照片交给乙，让乙杀吴，但乙误将王某当成吴某予以杀害。乙是对象错误，按照教唆犯从属于实行犯的原理，甲也是对象错误

【考点】 事实认识错误

【解析】 A选项，拨号码仅仅是犯罪的预备，接通电话开始向接电话的人虚构事实、隐瞒真相时才是实行行为，甲在实施诈骗行为时，以为自己是在诈骗乙，而实际上诈骗了丙，是主观判断的错误，因此属于对象错误。因此，A选项是正确的。

B选项，在本案当中，甲未能瞄准将乙身边的丙杀死，甲属于客观上打击偏离方向而产生的错误，如果按具体符合说，甲对乙是故意杀人未遂，对丙是过失致人死亡；如果按照法定符合说，甲杀乙的故意可以抽象成"杀人"的故意，甲对丙成立故意杀人既遂。因此，B选项是错误的。

C选项，事前的故意是因果关系认识错误的一种，属于具体事实认识错误，而不是抽象事实认识错误。因此，C选项是错误的。

D选项，如果教唆别人去杀人，杀人者（实行犯）认错对象，实行犯属于主观判断的错误，即对象错误，但对于教唆者来说，实行犯的实行行为其实是自己打击的手段，因此实行犯的错误等于教唆犯打击手段发生客观的偏差，是打击错误。因此，D选项是错误的。

---

① A

码上揭秘

第八章　责任阻却事由

第一节　责任无能力

一、刑事责任能力概述

刑事责任能力，是指认识自己行为的社会性质及其意义并控制和支配自己行为的能力。简言之，就是辨认和控制自己行为的能力。所谓辨认能力，指一个人认识自己特定行为的社会性质、意义和后果的能力，包括对事实真相本身的认识能力和对事实是非善恶评价的认识能力。所谓控制能力，指一个人按照自己的意志控制和支配自己行为的能力。辨认和控制能力必须同时具备，才认为具备刑事责任能力。行为人只有在具有这种辨认和控制自己行为能力的情况下，有意识地实施危害社会的行为，才能成立犯罪并负刑事责任。

在中国刑法中，影响一个人刑事责任能力大小、强弱的因素有：年龄、精神状况、生理功能。

二、刑事责任年龄

（一）概念

刑事责任年龄，指法律所规定的行为人对自己的犯罪行为负刑事责任必须达到的年龄。

（二）我国刑法对刑事责任年龄的法律规定

我国《刑法》第17条对刑事责任年龄作了如下的具体规定：

1. 完全负刑事责任的年龄阶段：已满16周岁的人犯罪，应当负刑事责任。

定罪	对刑法规定全部犯罪承担刑事责任			
量刑	两段从宽	16~18周岁		应当从轻或减轻处罚
		75岁以上	故意	可以从轻或减轻
			过失	应当从轻或减轻

2. 相对负刑事责任的年龄阶段：已满14不满16周岁只对法律规定的八种严重刑事犯罪承担刑事责任，并且应当从轻或减轻处罚。

"两杀"	"两强"	"两毒"	"两火"
①故意杀人	③强奸	⑤贩卖毒品	⑦放火
②故意伤害致人重伤、死亡	④抢劫	⑥投放危险物质	⑧爆炸

【注意】八种严重刑事犯罪（"对事不对名"）

已满14周岁不满16周岁的人实施八种行为以外的行为，如果同时触犯了八种行为的罪名的，应当按照八种行为的罪名定罪处罚。

（1）"故意杀人"包括实施其他犯罪中的故意杀人行为。如绑架的过程中杀害人质，14～16周岁的人对绑架罪不负责任，但杀害人质的，定故意杀人罪。

例1 元宝（15岁）绑架邻居小芹菜，后将小芹菜杀死，以故意杀人罪定罪处罚。

（2）"强奸罪"包括在实施其他犯罪过程中实施强奸，如拐卖妇女、儿童的过程中强奸、组织强迫卖淫过程中强奸。

例2 元宝（15岁）拐卖小芹菜的过程中，将小芹菜强奸，以强奸罪定罪处罚。

（3）"故意伤害致人重伤或者死亡"包括实施其他犯罪致人重伤死亡转化后按故意伤害、故意杀人罪处理的情形，如侮辱、抗税、聚众斗殴、寻衅滋事、妨害公务。

例3 元宝（15岁）在聚众斗殴中致人死亡，根据刑法规定转化为故意杀人罪，以故意杀人罪定罪处罚。

（4）事后抢劫：已满14周岁不满16周岁的人盗窃、诈骗、抢夺他人财物，为窝藏赃物、抗拒抓捕或者毁灭罪证，当场使用暴力，故意伤害致人重伤或者死亡，或者故意杀人的，应当分别以故意伤害罪或者故意杀人罪定罪处罚。

例4 元宝（15岁）在盗窃小芹菜财物过程中被发现，为了抗拒抓捕将小芹菜打成重伤，以故意伤害罪（重伤）定罪处罚。

3. 最低 刑事责任的年龄阶段

已满12周岁不满14周岁的人，犯故意杀人、故意伤害罪，致人死亡或者以特别残忍手段致人重伤造成严重残疾，情节恶劣，经最高人民检察院核准追诉的，应当负刑事责任。

（1）犯"故意杀人、故意伤害罪，致人死亡"，并非特指犯故意杀人罪或者故意伤害罪（致人死亡），而是指犯罪类型。

例如包括非法拘禁过程中使用暴力致人死亡；聚众斗殴中致人死亡；绑架过程中故意杀死被绑架人。

（2）"特别残忍手段致人重伤造成严重残疾"，虽然没有造成死亡结果，但是手段特别残忍。

（3）"情节恶劣"应当结合客观与主观两个方面，进行综合判断。

（4）需要"经最高人民检察院核准追诉"这一程序性要件。

4. 绝对无 刑事责任的年龄阶段

不满12周岁的人，绝对不负刑事责任。

5. 减轻 刑事责任的年龄阶段

（1）已满12周岁不满18周岁的人犯罪，应当从轻或者减轻处罚；

（2）已满75周岁的人故意犯罪的，可以从轻或者减轻处罚；过失犯罪的，应当从轻或者减轻处罚。

6. 因不满16周岁不予刑事处罚的，责令其父母或者其他监护人加以管教；在必要的时候，依法进行专门矫治教育。

【注意】年龄计算的基准

1. 按公历计算

2. 生日当天视为"未满"

3. 年龄指行为时的年龄

如果行为人在结果发生时具有防止结果发生的义务，则可计算不作为犯罪的时间。

例 1　元宝在不满 14 周岁时安放定时炸弹，炸弹于元宝已满 14 周岁后爆炸，导致多人伤亡。当元宝已满 14 周岁后，对于爆炸结果具有阻止发生的义务，没有阻止爆炸结果发生，成立不作为的爆炸罪，即元宝在已满 14 周岁后，实施了一个新的值得刑法评价的行为，即"不作为"。

例 2　元宝因爱生恨，在 14 周岁生日当晚故意砍杀小芹菜（没有情节恶劣），后心生悔意将其送往医院抢救，小芹菜仍于次日因伤势过重而死亡。元宝在实施作为的杀人行为时不满 14 周岁，当其已满 14 周岁后又没有不作为行为，则元宝在本案中不负刑事责任。

三、精神障碍

（一）完全无刑事责任能力

完全丧失辨认或控制能力的精神病人：不负刑事责任，但是应当责令他的家属或者监护人严加看管和医疗；在必要的时候，由政府强制医疗。

（二）限制刑事责任能力

尚未完全丧失辨认或控制能力的精神病人：应当负刑事责任，但是可以从轻或者减轻处罚。

（三）完全刑事责任能力【应当负刑事责任】

1. 间歇性精神病人，在精神正常期
2. 大多数非精神病性精神障碍人
（1）各种神经官能症（神经衰弱、焦虑症）；
（2）性变态（恋童癖、性虐待癖）；
（3）抑郁症。

【小专题】 间歇性精神病人在精神正常情况下决定并着手实施犯罪，在实行过程中精神病发作并丧失责任能力，该如何处理？

例 1　甲以杀人的故意用铁锤殴打被害人，但是没有致人死亡，由此陷入无责任能力的状态，在无责任能力的状态下继续殴打致被害人死亡。

此时应当区分两种情形：

1. 行为人丧失责任能力前、后所实现的是同一构成要件，即便结果是在丧失责任能力的情况下发生的（如例1），行为人也应当负既遂责任。

2. 如果行为人具有责任能力时实施的是某一构成要件的实行行为，丧失责任能力后实现另一构成要件的行为，由后一行为导致结果发生，则行为人只对前行为承担未遂或既遂责任，对后行为不承担责任。

例 2　甲以强奸故意对妇女实施暴力，随后丧失责任能力强取妇女财物，只能认定强奸罪未遂。

例 3　甲以伤害故意对乙实施暴力行为，随后丧失责任能力继续使用暴力强抢了乙的财物，并造成乙轻伤，只能认定故意伤害罪既遂。

四、生理功能

1. 又聋又哑
2. 盲人

根据行为时辨认、控制能力的减弱程度及犯罪性质决定：**可以从轻、减轻或者免除处罚。**

五、醉酒人的刑事责任与原因自由行为

（一）醉酒的分类

1. 病理性醉酒

病理性醉酒属于精神病状态，多见于通常并不饮酒或对酒精无耐受性，或并存感染、过度疲劳、脑外伤、癫痫症者，在偶然一次饮酒后发生。

病理性醉酒属于精神病，醉酒人完全丧失责任能力。

2. 生理性醉酒

生理性醉酒，即普通醉酒，其引发的精神障碍属于非精神病性精神障碍。刑法理论认为生理醉酒的人应当负刑事责任。《刑法》第 18 条第 4 款"醉酒的人犯罪，应当负刑事责任。"指的就是生理性醉酒。

（二）行为与责任同时存在原则

行为与责任同时存在原则，是指责任能力必须存在于行为时，行为人只对在具有责任能力的状态下所实施的行为及其结果承担责任，不能追究其丧失责任能力状态下所实施的行为及其结果的责任。但是根据该原则，醉酒的人在实行行为时已经处于无责任能力状态，因此不应当对该状态下实施的行为及其结果承担责任。然而，根据一般人的法感情，由于醉酒而使自己陷入无责任能力状态，其所实施的法益侵害行为为社会所不能容忍，有追究刑事责任的必要。

为了解决醉酒的人负刑事责任的理论依据，"原因自由行为理论"作为"行为与责任同时存在原则"的例外而产生。

（三）原因自由行为

1. 原因自由行为概述

具有责任能力的人，故意或者过失使自己一时陷入丧失或者部分丧失责任能力的状态，并在该状态下实施了符合构成要件的违法行为。其中，使自己陷入丧失或者部分丧失责任能力的状态的行为叫做"原因行为"，在该状态下实施的符合构成要件的行为叫做"结果行为"。如果行为人在实施原因行为时，意志是自由的，自愿让自己陷入无责任能力或者限制责任能力的状态，则属于原因自由行为。

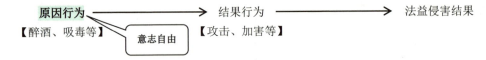

我们认为，只要行为人开始实施**与法益侵害结果的发生具有因果关系的行为**（无论原因行为还是**结果行为**）时具有责任，就应当对之进行法律评价，承担刑事责任。这里包括两种情形：

（1）行为人原本**没有**实施结果行为的意思，由于饮酒等原因产生该意思，进而在丧失责任能力的状态下实施结果行为；

（2）行为人原本**就有**实施结果行为的意思，为了壮胆而饮酒导致丧失责任能力，进而在该状态下实施结果行为。

无论哪种情形，都属于行为人开始实施**与法益侵害结果的发生具有因果关系的行为**时，具有责任能力，而且还具有故意或者过失，因此具备有责性。

2. 故意的原因自由行为

所谓故意的原因自由行为，是指行为人故意使自己陷入无责任能力的状态，并在此状态下实施符合构成要件的行为（结果行为）。这里有两点需要注意：

（1）只有结果行为实现了故意的内容，行为人才能对结果承担责任。

例 1 甲为了杀乙而使自己陷入醉酒状态，在醉酒后无责任能力的状态下杀死乙，甲应对乙的死亡结果承担故意杀人既遂的责任。

例 2 丙为了以暴力抢劫丁的财物而使自己陷入无责任能力的醉酒状态，但是在醉酒状态下使用暴力压制被害人反抗后，实施了强奸行为，由于实施奸淫行为时不具有责任能力，此时不能认为行为人具有强奸的故意，只能将其行为评价为抢劫未遂。

（2）原因自由行为的认识错误发生在同一构成要件内，不影响犯罪既遂的认定。

例如甲意欲强奸乙女而故意使自己陷入无责任能力的状态，但在陷入无责任能力的状态下强奸了丙女。

观点 1 属于对象错误，则甲成立强奸既遂；

观点 2 属于打击错误，根据"法定符合说"甲成立强奸罪既遂；根据"具体符合说"甲对于乙成立强奸未遂，对于丙没有强奸的故意，不成立强奸罪，因此最终成立强奸未遂。

（3）刑事责任的承担

根据原因自由行为的法理，故意或者过失使自己陷入丧失或者部分丧失责任能力的状态下，进而实施犯罪的，应当追究刑事责任，而且不适用从轻或者减轻的规定。

【2015－2－2】关于责任年龄与责任能力，下列哪一选项是正确的？（ ）①

A. 甲在不满 14 周岁时安放定时炸弹，炸弹于甲已满 14 周岁后爆炸，导致多人伤亡。甲对此不负刑事责任

B. 乙在精神正常时着手实行故意伤害犯罪，伤害过程中精神病突然发作，在丧失责任能力时抢走被害人财物。对乙应以抢劫罪论处

C. 丙将毒药投入丁的茶杯后精神病突然发作，丁在丙丧失责任能力时喝下毒药死亡。对丙应以故意杀人罪既遂论处

D. 戊为给自己杀人壮胆而喝酒，大醉后杀害他人。戊不承担故意杀人罪的刑事责任

【考点】刑事责任年龄，刑事责任能力

【解析】A 选项，甲已满 14 周岁以后实施了一个新的值得被刑法评价的犯罪行为，即"不作为"。他的先行行为引起了拆除炸药的义务，"当为而不为"不作为是在其已满 14 周岁以后实施的，因此成立不作为的爆炸罪，甲应当负刑事责任。因此，A 选项是错误的。

B 选项，乙属于"不连续类型的原因自由行为"，除非能够认定乙之前行为正常的时候不但有伤害的故意也有抢劫的故意，否则对于发病之后的抢劫行为就不能认定具有故意，不能以抢劫罪来论处。因此，B 选项是错误的。

C 选项，丙投下毒药的时候是有责任能力的，投下毒药之后才精神病发作，被害人是在丙精神病发作之后死亡的，不影响行为人成立故意杀人罪既遂。丙的投放毒药的行为是对于结果发生具有直接作用的原因行为，丙只要在实施该行为的时候是有责任能力的，就认为丙是有责任能力的。因此，C 选项是正确的。

D 选项，戊喝酒的时候是有杀人的故意，尤其是为了给自己壮胆而喝酒，因此，喝酒是原因行为，杀人是结果行为，喝酒的时候有故意，按照原因自由行为理论，既然戊在实施原因行

---

① C

为时具有责任能力，就符合"行为与责任同在"的要求，应当以故意杀人罪承担刑事责任。因此，D选项是错误的。

第二节　违法性认识（可能性）的欠缺

违法性认识 可能性 的欠缺：如果行为人在行为当时，不可能认识到行为的违法性或者不可避免地产生违法性的错误时，则阻却责任，不成立犯罪。

犯罪主观要件，即有责性的成立不要求行为人具有**违法性认识**，否则，任何人都可以自己"不知法、不懂法"而主张不具备非难可能性，不承担刑事责任，这显然是不合理的。但是**违法性认识的可能性**则是责任要素，如果行为人不具有违法性认识可能性，即合理地相信自己的行为并不被刑法所禁止，或者说违法性认识的欠缺是不可避免的，即使实施了客观违法的行为，也不能对其进行法的非难。一言以蔽之，缺乏违法性认识可能性，则阻却责任，进而不成立犯罪。

违法性认识（认识到自己的行为是违法的）	违法性认识**可能性**（有可能认识到自己的行为是违法的）
↓	↓
成立犯罪故意所 不必须	成立犯罪故意所 必须
↓	↓
欠缺"**违法性认识**" 不阻却 有责性	欠缺"**违法性认识可能性**" 阻却 有责性

【例如】 甲在从事生产经营的过程中，不知道某种行为是否违法，于是以书面形式向法院咨询，法院正式书面答复该行为合法，甲实施该行为，事后证明该行为违法。甲没有违法性认识的可能性，所以不成立犯罪。

详言之，即使行为人客观上实施了符合构成要件的行为，甚至认识到自己的行为侵犯了某种法益，但是合理地相信自己的行为并不被刑法所禁止，即违法性的错误不可回避时，就不具有非难可能性，进而阻却责任。

注意：在一个法制统一的国家里，一个有一般社会生活经验的公民，在没有特殊事由的情况下，都是具有违法性认识 可能性 的，除非在非常特别的情形下（如得到国家机关的正式答复），才可能导致违法性认识 可能性 的欠缺。

【2015-2-55】关于故意与违法性的认识，下列哪些选项是正确的？（　　　）①

A. 甲误以为买卖黄金的行为构成非法经营罪，仍买卖黄金，但事实上该行为不违反《刑法》。甲有犯罪故意，成立犯罪未遂

B. 甲误以为自己盗窃枪支的行为仅成立盗窃罪。甲对《刑法》规定存在认识错误，因而无盗窃枪支罪的犯罪故意，对甲的量刑不能重于盗窃罪

C. 甲拘禁吸毒的陈某数日。甲认识到其行为剥夺了陈某的自由，但误以为《刑法》不禁止普通公民实施强制戒毒行为。甲有犯罪故意，应以非法拘禁罪追究刑事责任

D. 甲知道自己的行为有害，但不知是否违反《刑法》，遂请教中学语文教师乙，被告知不违法后，甲实施了该行为。但事实上《刑法》禁止该行为。乙的回答不影响甲成立故意犯罪

---

① CD

【考点】违法性认识错误

【解析】A 选项，成立故意犯罪，首先要求行为人的行为在客观上是刑法所禁止的行为，本案中，他所实施的行为并不是法律所禁止的，在客观上没有法益侵害事实，即便行为人以"恶"的心态去实施，也不构成犯罪。因此，A 选项是错误的。

B 选项，对于罪名的错误认识，不影响定罪。因此，B 选项是错误的。

C 选项，甲"以为"自己的行为是合法的，而他不知道自己的行为是违法的，即欠缺违法性认识，但是违法性认识的欠缺不阻却故意的成立，甲成立非法拘禁罪。因此，C 选项是正确的。

D 选项，甲同样是欠缺违法性认识，但不欠缺违法性认识可能性的情形。因为请教中学语文教师，误以为自己的行为不违法，但是甲完全可以通过其他渠道查清该行为是否为刑法所禁止，这种错误认识并非不可避免，中学语文老师的答复并不会使甲欠缺违法性认识可能性，即甲仍然有可能认识到自己的行为是违法，因此不阻却故意的成立，D 选项是正确的。

第三节　期待可能性的欠缺

一、期待可能性

期待可能性，是指在具体情形下，可以期待行为人不实施**违法行为**而实施**其他适法行为**。

期待可能性理论认为，如果在当时的情况下不能期待行为人实施其他适法行为，就不能对其进行非难，因而不存在刑法上的行为。

因而欠缺期待可能性，或者叫做期待可能性欠缺就成为阻却责任，进而阻却犯罪成立的事由。

期待可能性不仅存在有无的问题（是否阻却责任），还存在程度的问题（是否减轻责任）。

二、理论渊源

【1897 年德国"癖马案"】被告人为一马车夫，他多年以来受雇驾驶一辆双匹马车，其中一匹名叫莱伦芳格的马有以其尾绕住缰绳并用力压低的恶癖，马车夫和雇主都知道莱伦芳格的这一癖性，马车夫也曾要求雇主更换一匹马，雇主不但不允，反以解雇相威胁。1896 年 7 月 19 日，马车夫在雇主的特别命令下，被迫使用了莱伦芳格，结果在途中它又像往常一样癖性发作，以其尾绕缰用力下压。马车夫极力使马尾脱离缰绳，却未成功。此时，马匹暴狂起来，马车夫完全失去了对该马的控制。结果，狂奔的马撞倒了在路旁行走的铁匠，致其脚部骨折。检察官根据上述事实，以 过失伤害罪 对马车夫提起公诉，但是原审法院宣告被告无罪。检察官以原审判决不当为由，向德意志帝国法院提起上告，1897 年 3 月 23 日德意志帝国法院第四刑事部宣布了对于"癖马案"的判决，驳回了检察院上告。

【判决理由】本案马车夫虽然认识到该马有以尾绕缰的癖性并可能导致伤人的后果，但当他要求更换一匹马时，雇主不但不允，反以解雇相威胁。在这种情况下，很难期待被告人不惜失掉工作，违抗雇主的命令而拒绝驾驭该马车。因而，本案属于欠缺期待可能性的情形，阻却马车夫的责任，阻却犯罪的成立。

三、中国刑法中体现期待可能性的情形

1. 近亲属之间的窝藏、包庇行为，可以不追究窝藏、包庇罪的刑事责任；

2. 犯罪人自己毁灭、伪造证据，不成立帮助毁灭、伪造证据罪；

3. 犯罪后掩饰、隐瞒犯罪所得的行为，不成立掩饰、隐瞒犯罪所得罪；

4. 已婚妇女因为被拐卖、被严重虐待、自然灾害流落外地，因生活所迫而与他人重婚，不成立重婚罪。

第九章　故意犯罪的停止形态

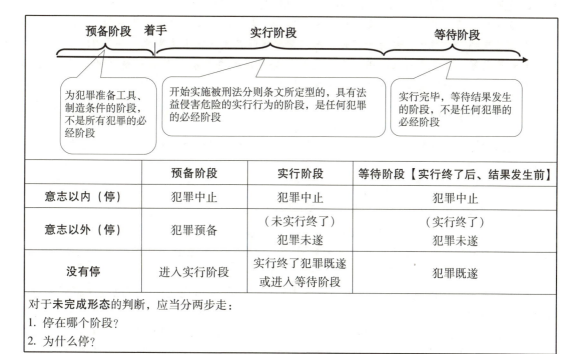

	预备阶段	实行阶段	等待阶段【实行终了后、结果发生前】
意志以内（停）	犯罪中止	犯罪中止	犯罪中止
意志以外（停）	犯罪预备	（未实行终了）犯罪未遂	（实行终了）犯罪未遂
没有停	进入实行阶段	实行终了犯罪既遂或进入等待阶段	犯罪既遂

对于**未完成形态**的判断，应当分两步走：
1. 停在哪个阶段？
2. 为什么停？

第一节　犯罪既遂

一、犯罪既遂的概念和标准

（一）犯罪既遂的概念

犯罪既遂，指犯罪人的行为完整地实现了刑法分则条文所规定的全部犯罪构成的事实。

例如张三要杀李四且将李四杀死，就完全实现了"故意杀人且已将人杀死"这一法定犯罪构成事实，把张三杀人的事实与法定的杀人罪构成"对号入座"，就应判定张三故意杀人罪既遂，直接按照所触犯法条（第232条故意杀人罪）规定的法定刑处罚。

犯罪既遂是刑法分则规定的某种犯罪构成的完成形态，也是依照分则条文规定的法定刑（法律后果）进行处罚的标准形态。

（二）犯罪既遂的判定标准

根据"构成要件（齐备）说"，应当以行为人是否具备刑法分则规定的某一犯罪的全部构成要件作为既遂的标准，不能片面地以"犯罪目的是否达到"或者"犯罪结果是否发生"作为既遂的标准。

1. 目的犯中犯罪目的是否实现，不是评价既遂与否的标准。

例如诬告陷害罪虽然要求意图"使他人受到刑事追诉"的目的，但是被害人受到刑事追诉并不是犯罪既遂的标准。

再如绑架罪虽然要求以"勒索财物"或者"满足其他非法利益"为目的，但并非这些利益的实现才能成立绑架罪的既遂。

2. 危险犯中实害结果是否出现，不是评价既遂与否的标准。

例如生产、销售不符合食品安全标准的食品，产生"足以造成严重食物中毒事故或者其他严重食源性疾病"的危险，犯罪就既遂，而不需要实际产生食物中毒事故。

再如放火罪，只需要对象物开始独立燃烧，并且该燃烧具有某种程度蔓延开来的可能性时，犯罪就既遂，而不需要产生火灾的实害结果。

二、犯罪既遂的形态

在刑法分则规定的数百种犯罪中，犯罪构成的既遂形态呈现出不同的情况，概括起来有以下几种既遂类型：

（一）实害犯

行为必须已造成法定的 实害后果 ，才是该罪的既遂。

例如《刑法》第232条规定的故意杀人罪，仅有杀人的行为尚不足以成立该罪的既遂，必须有杀人行为且致人死亡才能成立该罪的既遂，以"死亡"结果作为既遂的标准；盗窃罪等取得型财产型犯罪，以"取得财物"作为既遂的标准。

1. 实害犯犯罪的既遂以实害结果的出现为要件，在结果出现之前，可以成立犯罪未遂、犯罪中止与犯罪预备。

2. 部分实害犯的既遂，不但要求实害结果的出现，还要求实害结果必须经由特定因果过程造成，在这样的犯罪中，倘若某种结果不是经由特定的因果过程造成的，应当认定为"未得逞"，不能成立犯罪既遂。

例1 甲对元宝实施诈骗行为，被元宝识破骗局。但元宝觉得甲某穷困潦倒，实在可怜，就给其3000元钱，甲得款后离开。甲虽然取得财物，但是并不是被害人基于错误认识处分财物，所以不是经由诈骗罪所要求的特定因果过程，属于"未得逞"，成立诈骗罪未遂。

例2 元宝以强奸的故意从背后扑向小芹菜，将其扑倒在地，小芹菜看出元宝的意图，担心受到更重的伤害，于是佯称自己也喜欢元宝，愿意与其性交，元宝信以为真，认为自己先前的暴力行为已经不起作用，在后面的过程中，小芹菜没有任何反抗。表面看来元宝已经得逞，但是在强奸罪中，只有奸淫行为违背被害人意志，且行为人也明知奸淫行为违背被害人意志时，才能成立既遂。因此，本案中，元宝成立强奸未遂。

【总结】需要经由特定因果过程引起侵害结果的犯罪中，典型且常考的有：

①抢劫罪：强制手段→压制反抗→无法反抗放弃财物→取得财物。

②敲诈勒索罪：威胁→恐惧→交付。

③诈骗罪：虚构事实、隐瞒真相→陷入错误认识→基于错误认识交付财物→取得财物。

④强奸罪：强制手段→压制反抗→违背妇女意志（客观上违背妇女意志，主观上行为人也明知违背妇女意志）→发生性关系。

（二）具体危险犯

具体危险犯的特征是发生侵害法益的 现实、紧迫危险 是既遂的要件。只要行为足以造成某种严重后果发生的危险，就是该罪的既遂。

例如《刑法》第116条规定的破坏交通工具罪，只要破坏行为足以使交通工具有发生倾覆、毁坏危险的，即使尚未造成"倾覆、毁坏"的严重后果，也成立该条之罪的既遂。放火罪、爆炸罪、决水罪、投放危险物质罪、破坏电力设备罪等也是危险犯。

"具体危险的出现"作为既遂的标准，在具体危险没有出现之前，也可以成立犯罪的未完成形态。

例如放火罪，如果对象物还没有达到"独立燃烧"的状态，就被人扑灭，则属于放火罪的未遂。

（三）抽象危险犯

抽象危险犯特征是只要行为实施完毕，就给法益就带来抽象危险，犯罪就既遂的。

例如《刑法》第133条之一规定的危险驾驶罪，只要实施醉酒驾驶的行为，就给交通运输安全带来抽象的危险，成立犯罪既遂。

【2020网络回忆版】宋某杀害刘某，致刘某重伤昏迷，生命垂危。宋某心生怜悯，想要抱起刘某送去医院救治，不料脚下一滑，和刘某一起摔倒在地，刘某原本已经生命垂危，加上摔倒，很快死亡。下列说法正确的有？（   ）①

A. 宋某构成故意杀人罪既遂，救助行为只能是量刑情节

B. 无论如何评价宋某的犯罪形态，宋某均须对刘某的死亡结果负责

C.《刑法》第24条第2款规定："对于中止犯，没有造成损害的，应当免除处罚；造成损害的，应当减轻处罚。"宋某构成故意杀人罪中止，属于"造成损害结果"，应当减轻处罚

D. 由于宋某没有正确预料刘某死亡的因果流程。故构成故意杀人罪未遂

【考点】犯罪的未完成形态

【解析】A选项，宋某客观上实施杀害行为，尽管心生怜悯抱起刘某送医，但是未能有效防止犯罪结果发生，不应当成立犯罪中止；同时宋某脚下一滑，和刘某一起摔倒在地，属于异常的介入因素，但是作用小，如果不是宋某杀害刘某致其生命垂危，摔跤是不会致人死亡的，因此因果关系没有中断，刘某的死亡结果应当归因于宋某的杀人行为，宋某的行为应当综合评价为犯罪既遂。A正确。C错误

B选项，即便有观点的认为，宋某摔一跤的行为属于异常且作用大的介入因素，因果关系中断，宋某摔一跤致刘某死亡的行为，也应当成立过失致人死亡罪，死亡结果归因于宋某的过失行为。B正确。

D选项，宋某没有发生因果关系的认识错误。D错误。

第二节 犯罪预备

一、犯罪预备的特征

（一）行为人具有为便利实行、完成某种犯罪的主观意图。

例如为了便利实行、完成故意杀人罪、强奸罪、抢劫罪的意图。

（二）客观上犯罪人进行了准备工具、制造条件等犯罪的预备活动。

---

① AB

所谓"准备工具"，指准备为实行犯罪使用的各种物品，如为杀人而购买刀、枪、毒药。

所谓"制造条件"，指为实行犯罪制造机会或创造条件，如进行犯罪前的调查，排除实行犯罪的障碍，前往犯罪现场或者诱骗被害人赴犯罪地点，跟踪或者守候被害人，引诱共同犯罪人，商议或者拟定实施犯罪的计划等。从某种意义上讲，准备工具也可属于制造条件的一种方式。

例如为杀人而准备了大量的毒药，尚未投放即被告发；埋伏在路旁伺机拦路抢劫，未遇到被劫者即被警察抓获。

（三）犯罪的预备行为由于犯罪分子 意志以外 的原因被阻止在犯罪准备阶段，未能进展到着手实行犯罪，即犯罪未能进入实行阶段，并非犯罪分子自愿选择的，而是被迫停留在预备阶段不再向前发展。

二、预备行为与实行行为的区别

预备行为与实行行为分界线是"着手"。

所谓"着手"，是指已经开始实行刑法分则条文所规定的某种犯罪的基本构成要件的行为，且给法益带来现实、紧迫、直接的危险。

例1 甲、乙二人合谋抢劫出租车，准备凶器和绳索后拦住一辆出租车，谎称去郊区某地。出租车行驶到检查站，检查人员见甲、乙二人神色慌张便进一步检查，在检查时甲、乙意图逃离出租车被抓获。甲、乙上车后给出租车司机的人身安全带来一种潜在的、非紧迫的危险，抢劫罪实行行为中压制被害人反抗的行为还没有启动，因此，未着手。

例2 元宝意图趁同村的小芹菜的丈夫外出打工之际与小芹菜发生性关系，遂写信给小芹菜进行恐吓。小芹菜收到信后报警，元宝被抓获。元宝写信恐吓的行为，无法直接侵害小芹菜的性权利，属于预备阶段被迫停止犯罪，成立犯罪预备。

例3 元宝意图杀害甲，经过跟踪，掌握了甲每天上下班的路线。某日，元宝准备了凶器，来到甲必经的路口等候。在甲经过的时间快要到时，元宝因口渴到旁边的小卖部买饮料。待元宝返回时，甲因提前下班已经过了路口。元宝等了一阵儿不见甲经过，就准备回家，在回家路上因凶器暴露被抓获。元宝的行为没有直接侵害甲的生命权，属于预备阶段被迫停止犯罪，成立犯罪预备。

【注意】A罪的预备行为，可能是B罪的实行行为。

例如为杀人而盗窃枪支，其盗窃枪支行为本身属于盗窃枪支罪的实行行为。如果行为人盗枪之后又使用该枪支杀人的，构成两个犯罪，盗窃枪支罪（既遂）和故意杀人罪（既遂），数罪并罚；如果行为人盗枪之后，还没来得及杀人就被抓获，则一个行为，既成立故意杀人罪（犯罪预备）又成立盗窃枪支罪（既遂），从一重。

三、预备犯的处罚

《刑法》第22条第2款规定："对于预备犯，可以比照既遂犯从轻、减轻处罚或者免除处罚。"

【2010-2-5】甲与一女子有染，其妻乙生怨。某日，乙将毒药拌入菜中意图杀甲。因久等未归且又惧怕法律制裁，乙遂打消杀人恶念，将菜倒掉。关于乙的行为，下列哪一选项是正

确的?(   )①

    A. 犯罪预备   B. 犯罪预备阶段的犯罪中止

    C. 犯罪未遂   D. 犯罪实行阶段的犯罪中止

【考点】犯罪预备,犯罪中止

【解析】犯罪中止可以出现在故意犯罪的各个阶段,预备阶段、实行阶段、等待阶段。乙是自愿放弃犯罪的,并且是在甲回家之前,说明犯罪还没有着手,因此是预备阶段的中止。B选项是正确的。

第三节 犯罪未遂

一、犯罪未遂的概念和特征

(一) 犯罪未遂的概念

犯罪未遂,指已经着手实行犯罪,由于犯罪分子意志以外的原因而未得逞的形态。犯罪未遂是犯罪未完成形态之一。

(二) 犯罪未遂的特征

1. 犯罪分子已着手实行犯罪

(1)"着手"的判断:开始实施刑法分则构成要件所规定的实行行为,并且给法益带来现实、紧迫、直接的危险。

例1 甲、乙二人合谋抢劫出租车,准备凶器和绳索后拦住一辆出租车,谎称去郊区某地。出租车行驶到检查站,检查人员见甲、乙二人神色慌张便进一步检查,在检查时甲、乙意图逃离出租车被抓获。甲、乙上车后给出租车司机的人身安全带来一种潜在的、非紧迫的危险,抢劫罪实行行为中压制被害人反抗的行为还没有启动,因此,未着手。

例2 甲意图杀害乙,经过跟踪,掌握了乙每天上下班的路线。某日,甲准备了凶器,来到乙必经的路口等候。在乙经过的时间快要到时,甲因口渴到旁边的小卖部买饮料,待甲返回时,乙因提前下班已经过了路口。甲等了一阵儿不见乙经过,就准备回家,回家路上因凶器暴露被抓获。甲在乙必经的路口等候,却与被害人擦肩而过,此时给被害人带来的危险仍然属于潜在的、非紧迫的危险,杀人的实行行为还没有着手。

(2)不同犯罪情形下的"着手":

①不作为:**不履行义务的行为**给法益带来现实、紧迫、直接的危险;

例如母亲不给自己的婴儿哺乳,导致孩子被活活饿死的案件中,由于母亲的拒绝哺乳,导致孩子生命出现紧迫危险时是"着手"。

②间接正犯:**被利用者的行为**给法益带来现实、紧迫、直接的危险;

例如元宝指使邻居家男童(6岁)去盗窃,当甲的小手伸进被害人口袋时是"着手"。

③原因自由行为:开始实施结果行为时。

例如元宝醉酒后强奸小芹菜,当元宝开始以暴力压制小芹菜的反抗时,是"着手"。

2. 犯罪未得逞

所谓"犯罪未得逞",指犯罪没有既遂,即犯罪行为尚未完整地满足刑法分则规定的全部

---

① B

犯罪构成事实。

例1 元宝精心准备凶器，深夜潜入金融机构盗窃，但站在保险柜前试了几下，就发现这种新型保险柜用自己携带的工具完全无法打开，而离开现场。（实害犯的未得逞）

例2 元宝潜入仓库企图放火，因火柴受潮未能点燃引火物，即被抓获。（具体危险犯的未得逞）

例3 元宝企图生产并销售假药，但未能完成生产行为即被抓获。（抽象危险犯的未得逞）

3. 犯罪未得逞是由于犯罪分子意志以外的原因

所谓犯罪分子意志以外的原因，指违背犯罪分子本意的原因。犯罪未得逞并不是犯罪分子自愿的，而是由不可克服的客观障碍造成的。犯罪分子意志以外的原因主要有：

（1）抑制犯罪**意志**的原因。例如正在盗窃，忽闻警笛声，认识到警察来抓自己，于是赶忙逃离现场。

（2）抑制犯罪**行为**的原因。例如正在盗窃，被回家的主人制止、抓获。

（3）抑制犯罪**结果**的原因。例如将被害人打昏后拖入水中，以为被害人必死，适逢过路人将被害人抢救脱险。

【注意】犯罪未遂的本质是遭遇到阻止犯罪达到既遂状态的客观障碍，而被迫放弃犯罪。但有的时候，客观障碍是否存在与行为人的主观判断并不一致，即行为人的判断可能出现偏差，此时应当以行为人的 主观认识 为准。

1. 客观上 能够 达到既遂状态，行为人主观上认为 不能 ，而选择放弃 = 被迫放弃 = 犯罪未遂

例1 元宝入户盗窃，听到门外有声响误以为主人提前回家，急忙跳窗逃跑，实际上只是一个路人经过，属于被迫放弃，成立犯罪未遂。

2. 客观上 不能 达到既遂状态，行为人主观上认为 可以 ，还是选择放弃 = 自愿放弃 = 犯罪中止

例2 元宝以杀人的故意，在1分钟内向甲体内注射70毫升空气，具有致人死亡的危险，后心生悔意将甲送往医院抢救，事实上由于甲体重巨大，即使不抢救也不会死亡。在元宝认识到自己的行为能够既遂的前提下，自愿有效防止犯罪结果的发生，属于自愿放弃，可以成立犯罪中止。

（三）犯罪未遂与犯罪预备的异同

	犯罪预备	犯罪未遂
相同点	被迫放弃	
不同点	着手前	着手后

二、未遂犯的处罚

《刑法》第23条第2款规定："对未遂犯，可以比照既遂犯从轻或者减轻处罚。"

三、犯罪未遂的成立范围

（一）结果加重犯

1. 基本犯 未遂 而加重结果 既遂 ：适用**结果加重犯的法定刑**，同时适用刑法总则关于犯

罪未遂的规定。

例如以奸淫为目的对妇女实施伤害行为，造成妇女重伤，但是未能完成奸淫行为。在"强奸致人重伤"的加重法定刑幅度内，再适用犯罪未遂的规定，从轻或者减轻处罚。

2. 基本犯 既遂 而加重结果 未遂：适用 结果加重犯的法定刑，同时适用刑法总则关于犯罪未遂的规定。

例如以非法占有为目的，故意杀死被害人而取得财物，但是被害人没有死亡。在"抢劫致人死亡"的加重法定刑幅度内，再适用犯罪未遂的规定，从轻或者减轻处罚。

（二）结合犯的未遂

适用加重法定刑档次，同时适用刑法总则关于犯罪未遂的规定。

例1 绑架他人后杀人，但是被害人没有死亡。在"杀害被绑架人"的加重法定刑幅度内，再适用犯罪未遂的规定，从轻或者减轻处罚。

例2 拐卖妇女的过程中，强奸被拐卖的妇女，未能完成奸淫行为。在"奸淫被拐卖妇女"的加重法定刑幅度内，再适用犯罪未遂的规定，从轻或者减轻处罚。

（三）加重构成要件的未遂

适用加重法定刑档次，同时适用刑法总则关于犯罪未遂的规定。

例1 持枪抢劫未遂。在"持枪抢劫"的加重法定刑幅度内，再适用犯罪未遂的规定，从轻或者减轻处罚。

例2 在公共场所当众强奸妇女未遂。在"公共场所当众强奸"的加重法定刑幅度内，再适用犯罪未遂的规定，从轻或者减轻处罚。

（四）关于量刑规则

刑法分则中"情节严重"、"数额巨大"、"多次"等导致法定刑升级的就是量刑规则。关于量刑规则能否成立犯罪未遂，理论上有不同观点。

观点1：量刑规则可以成立犯罪未遂（司法解释）

2016 最高人民法院《关于审理抢劫刑事案件适用法律若干问题的指导意见》"抢劫数额以实际抢劫到的财物数额为依据。对以 数额巨大的财物 为明确目标，由于意志以外的原因，未能抢到财物 或 实际抢得的财物数额不大 的，应同时认定 "抢劫数额巨大" 和 犯罪未遂 的情节，根据刑法有关规定，结合未遂犯的处理原则量刑。"

2011《最高人民法院、最高人民检察院关于办理诈骗刑事案件具体应用法律若干问题的解释》

第6条 "诈骗既有 既遂，又有 未遂，分别达到 不同量刑幅度 的，依照 处罚较重 的规定处罚；达到 同一量刑幅度 的，以 诈骗罪既遂 处罚。"

观点2：量刑规则是不可能存在未遂的，只有当案件完全符合某个量刑规定时，才能按照该规定量刑。

例如甲试图骗取他人60万财物，已经着手，但由于意志以外的原因未得逞，只能认定 普通的诈骗未遂，而不是同时认定"诈骗数额特别巨大"和犯罪未遂的情节。

【2016-2-53】关于犯罪未遂的认定，下列哪些选项是正确的？（   ）①

A. 甲以杀人故意将郝某推下过街天桥，见郝某十分痛苦，便拦下出租车将郝某送往医院。

---

① BC

但郝某未受致命伤，即便不送医院也不会死亡。甲属于犯罪未遂

B. 乙持刀拦路抢劫周某。周某说"把刀放下，我给你钱"。乙信以为真，收起刀子，伸手要钱。周某乘乙不备，一脚踢倒乙后逃跑。乙属于犯罪未遂

C. 丙见商场橱柜展示有几枚金锭（30万元/枚），打开玻璃门拿起一枚就跑，其实是值300元的仿制品，真金锭仍在。丙属于犯罪未遂

D. 丁资助林某从事危害国家安全的犯罪活动，但林某尚未实施相关犯罪活动即被抓获。丁属于资助危害国家安全犯罪活动罪未遂

【考点】犯罪未遂

【解析】A选项，行为人自认为被害人会死亡，在自认为犯罪能够达到既遂的状态下，基于自愿而努力防止犯罪结果发生并且为此做出了真挚的努力，是可以认定为成立犯罪中止的而不是未遂。因此，A选项是错误的。

B选项，乙并非自愿放弃犯罪，而是由于意志以外的原因没有达到既遂状态，所以是犯罪未遂。因此，B选项是正确的。

C选项，丙由于意志以外的原因没有取得自己想要的数额巨大的财物，仅仅取得价值300元的仿制品，没有达到构成犯罪的程度，所以是犯罪未遂。因此，C选项是正确的。

D选项，资助危害国家安全犯罪活动罪，是抽象的危险犯，只要资助行为完成，犯罪就成立既遂。因此，D选项是错误的。

【2015-2-5】下列哪一行为成立犯罪未遂？（ ）①

A. 以贩卖为目的，在网上订购毒品，付款后尚未取得毒品即被查获

B. 国家工作人员非法收受他人给予的现金支票后，未到银行提取现金即被查获

C. 为谋取不正当利益，将价值5万元的财物送给国家工作人员，但第二天被退回

D. 发送诈骗短信，受骗人上当后汇出5万元，但因误操作汇到无关第三人的账户

【考点】犯罪未遂

【解析】A选项，为了贩卖毒品而购买毒品，属于贩卖毒品罪的预备行为。贩卖毒品罪的实行行为是出售行为，开始出售毒品才是贩卖毒品罪的"着手"，将毒品实际交易给购买者才是"既遂"，因此，A选项是错误的。

B选项，受贿罪的法益是国家工作人员职务行为的不可收买性或者公众对国家工作人员职务行为不可收买性的信赖，故只要国家工作人员非法收受他人财物、承诺为他人谋取利益，法益即受到侵害，就是受贿罪的既遂。因此，B选项是错误的。

C选项，行贿罪，只要是为谋取不正当利益，已经将财物送给国家工作人员的，就是既遂，不要求实际谋取到了不正当利益。因此，C选项是错误的。

D选项，诈骗罪的既遂的判断对行为结构有特殊的要求，即行为人的欺骗行为导致被骗人陷入错误认识，基于该错误认识处分财产，行为人因此而取得了财产，就成立诈骗罪既遂。因此诈骗罪属于取得型财产犯罪，只有在行为人经由特定的进程取得财产，才能成立犯罪既遂，本案属于犯罪未遂。因此，D选项是正确的。

---

① D

第四节　犯罪中止

一、犯罪中止的概念和特征

（一）犯罪中止的概念

犯罪中止，指在犯罪过程中，自动放弃犯罪或者自动有效地防止犯罪结果发生的形态。犯罪中止也是犯罪的未完成形态之一。

（二）犯罪中止的特征

1. 时间性：可以出现在故意犯罪的各个阶段，从犯罪预备开始到犯罪既遂以前的全过程，但只能在终局性停顿之前。

（1）当犯罪已经 既遂 ，不能成立中止

例如元宝趁在路上行走的妇女小芹菜不注意之际，将小芹菜价值12000元的项链一把抓走，然后逃跑。跑了50米之后，元宝以为项链根本不值钱，就转身回来跑到小芹菜跟前，打了她两耳光，并说"出来混，也不知道戴条好项链"，然后将项链扔给小芹菜。元宝抓走项链跑出50米时，犯罪已经既遂，后将项链扔回的行为是既遂后返还财物的行为。不成立中止。

（2）犯罪已经 未遂 ，不能成立中止

例1　元宝对仇人王某猛砍20刀后离开现场。两小时后，元宝为寻找销毁犯罪工具回到现场，见王某仍然没有死亡，但极其可怜，即将其送到医院治疗，后脱险。两小时后元宝回到现场发现王某没有死时，犯罪已经未遂，后送王某去医院的行为不能将犯罪形态逆转成为中止。

例2　元宝用菜刀砍杀妻子小芹菜，被邻居阻止。事后，在邻居的批评、指责下，随同邻居一起将小芹菜送医院抢救，小芹菜未死。因为元宝故意杀人罪已达到未遂，所以事后的参与抢救行为不认为是中止。

（3）在犯罪过程中，自动放弃可重复的加害行为，可以成立犯罪中止

例如元宝为了杀害甲，用枪支对准甲在偏僻处开枪，结果没有打中，在可以继续开枪的情况下，元宝心生悔意而放弃了继续开枪。元宝虽然开始没有打中，但是此时犯罪并不是终局性停顿，仍可以立刻追加新的伤害，此时放弃属于自愿放弃，成立犯罪中止。

2. 自动性：自动放弃犯罪或者自动有效地防止犯罪结果发生。

所谓"自动放弃犯罪"，指犯罪分子在自认为能够完成犯罪的情况下，由本人自主地决定放弃犯罪。所谓"自动有效地防止犯罪结果发生"，指在犯罪行为实行终了、犯罪结果尚未发生的特定场合，行为人自动采取积极行动实际有效地阻止了犯罪结果的发生。

（1）放弃犯意的彻底性，自动放弃犯罪意味着行为人彻底放弃继续实施该犯罪的意图。如果行为人仅仅是考虑犯罪的时机、条件不成熟而暂时停止犯罪，待时机、条件成熟后再实施犯罪的，是犯罪的撤退，由于犯罪人继续犯罪的危险性依然存在，故不成立犯罪中止。

①横向：认定放弃犯意的彻底性，只需要放弃这个犯罪的犯意，而不需要放弃所有犯罪的犯意。

例如元宝本打算强奸小芹菜，但是着手后发现小芹菜身上有巨额现金，于是转而使用暴力劫取财物。虽然另起犯意实施抢劫行为，但是就强奸行为而言，可以成立犯罪中止。

②纵向：认定放弃犯意的彻底性，只需要放弃正在准备或者实行的那个犯罪的意图，无论

犯罪人将来是否又萌生其他的犯罪意图，都不影响此次犯罪成立中止。

（2）自动中止犯罪的原因有：出于真诚的悔悟，基于对被害人的怜悯，受到别人的规劝，害怕受到刑罚的惩罚等。但是，不管出于何种原因，只要是犯罪分子认为自己能够把犯罪进行到底而自动停止犯罪行为，或者自动有效地防止犯罪结果发生，都认为具备自动性。

（3）各种原因"放弃犯罪"是否具有自动性的判断

① 基于 惊愕、恐惧 而放弃：具备自动性

例如元宝基于杀人的意图向被害人猛砍数刀，被害人血流不止，此时元宝发现自己晕血，看到血流惊愕不已，而放弃，元宝成立犯罪中止。

② 基于 嫌弃、厌恶 而放弃：具备自动性

例如元宝对妇女小芹菜实施暴力意图强奸，发现小芹菜面部极其丑陋，产生厌恶之情，进而放弃奸淫行为。元宝成立犯罪中止。

【提示】主观心理上的障碍通常是能够克服的，因此属于轻微障碍。面对轻微障碍选择放弃，属于自愿放弃。

③ 担心 当场 被发觉

如果当场可能被警察、被害人发觉，则说明继续进行犯罪已经几乎是不可能的，因此属于被迫放弃，成立犯罪未遂；

如果当场可能被无关的第三人发觉，不会阻碍自己继续进行犯罪，只是使自己名誉受损，而放弃犯罪，属于自愿放弃，成立犯罪中止。

④ 担心 被捕

如果担心当场被捕，则说明犯罪客观上无法继续进行而选择放弃，属于被迫放弃，成立犯罪未遂；

如果担心日后被捕，则说明犯罪在客观上继续进行没有遭遇重大障碍，仅仅是慑于法律的威慑力而放弃犯罪，属于自愿放弃，成立犯罪中止。

⑤ 基于目的物障碍而放弃犯罪

例1　元宝入室盗窃前，没有盗窃特定财物（种类、数量没有明确计划）的意图，只是因为财物价值不高（3000元）而放弃；元宝的犯罪意图仅仅是盗窃财物，而在客观上仍然可以取得数额较大的财物，此时放弃属于自愿放弃。

例2　元宝意图窃取甲家元代缠枝牡丹青花瓷，深夜进入甲家，没有找到青花瓷，继而也没有窃取其他财物；由于青花瓷是元宝实施犯罪的明确目标，青花瓷不存在，意味着元宝的犯罪继续进行遭遇重大障碍，属于被迫放弃。

⑥ 发现手段障碍而放弃犯罪

A 发现自己准备的手段不能完成犯罪，且不存在其他替代性手段，或者存在可替代的其他手段而行为人并无认识，此时的放弃属于被迫放弃，成立犯罪未遂；

B 发现自己准备的手段不能完成犯罪，但当时存在随手可用的其他手段，且行为人也认识到存在这样的手段，此时的放弃属于自愿放弃，成立犯罪中止。

⑦ 发现对方是熟人

判断：是否因为熟人而压制了行为人的犯罪意图？

例1　元宝夜间实施暴力意图强奸妇女，但发现对方是邻居小芹菜。客观上犯罪仍然可以继续进行，被害人是邻居会引起心理障碍，但是这一障碍不足以压制行为人的犯罪意图，属于轻微障碍，选择放弃，则是自愿放弃。

例 2 元宝夜间实施暴力意图强奸妇女，但发现对方是自己的亲妹妹小芹菜，尽管客观上犯罪仍然可以继续进行，但是由于被害人是至亲，会引起行为人巨大的心理障碍，足以压制了任何人的犯罪意图，完全可以等同于客观障碍，属于被迫放弃。

3. 客观有效性：中止不仅仅是一个良好的愿望，还应当有客观的放弃犯罪或阻止结果发生的实际行动，并有效地阻止犯罪结果发生。在通常情况下，行为人自动放弃正在预备或实行的犯罪就具备客观有效性；在犯罪实行终了、犯罪结果将要发生的特定场合，行为人采取积极行动实际阻止犯罪结果发生，才能具备客观有效性。

预备阶段	实行阶段	犯罪行为实行完毕，既遂状态出现之前
打消犯罪念头	放弃犯罪意念、停止犯罪行为	采取措施有效避免危害结果的发生

例 1 元宝投毒杀害其妻，其妻服毒后痛苦万状，元宝心生怜悯之情，速将其妻送医院救治，其妻未死。元宝的中止行为具有有效性，因此成立犯罪中止。

例 2 药店营业员元宝与甲有仇，某日甲之妻到药店买药为甲治病，元宝将一包砒霜混在药中交给甲妻。后元宝后悔，于第二天到甲家欲取回砒霜，而甲谎称已服完。元宝见甲没有什么异常，就没有将真相告诉甲。几天后，甲因服用元宝提供的砒霜而死亡。元宝不成立中止，成立犯罪既遂。

【注意】 行为人为防止结果发生做了真挚努力，但是危害结果还是发生了，能否成立犯罪中止？

A 如果最终结果是前行为所创设的危险的现实化，即因果关系没有中断，则行为人要对最终结果承担责任，即成立犯罪既遂。（如被害人伤势过重，经抢救无效而死亡）

B 如果最终结果是由于介入了异常且独立的因素，直接导致结果发生，则因果关系中断，行为人不需要对最终结果承担责任，即成立中止。（如介入被害人的自杀、医生的重大过失、医院火灾）

二、特殊类型的中止

（一）结果加重犯的中止

1. 基本犯既遂 + 加重结果中止

例如甲意图当场杀死被害人并劫取财物，在制服被害人准备杀害时面对被害人的苦苦哀求，放弃了杀人行为（未造成伤害），仅劫取了被害人的财物。加重结果中止，又未造成损害结果，因此加重部分应当免除处罚，只按照普通抢劫的既遂论处。

2. 基本犯中止 + 加重结果既遂

例如甲为了强奸妇女而对妇女实施暴力，在暴力行为导致妇女重伤后，自动放弃了奸淫行为。

观点 1：甲对普通强奸成立中止，对于强奸致人重伤的结果不成立中止，在适用结果加重犯法定刑的基础上适用中止的规定；

观点 2：结果加重犯的成立以基本犯的成立为前提，由于基本犯没有造成损害，因此属于不受处罚的犯罪中止，故结果加重犯也不受处罚，只成立故意伤害罪；

观点 3：甲对普通强奸成立中止，但是造成被害人重伤的结果，因此在适用结果加重犯法定刑的基础上适用中止的规定，同时与故意伤害罪成立想象竞合犯。

（二）部分的中止

行为人在着手实行阶段，自动放弃了已经具备的加重要素，仅完成基本构成要件的情形。

【例1】甲以抢劫的故意，持枪（显示枪支）对被害人实施胁迫行为，在还没有压制被害人反抗的时候，自觉使用枪支不合适，就自动将枪支抛在20多米外，然后徒手使用暴力压制被害人反抗，劫取财物。甲在可以继续使用枪支的情况下，放弃继续使用枪支，具备自动性，虽然发生了普通抢劫的结果，但是没有发生行为人原本希望的持枪抢劫的结果，因此就加重犯罪而言，仍然没有既遂。

甲的持枪抢劫属于中止，由于没有造成损害，应当免除处罚，故只能认定为普通抢劫的既遂犯。

【例2】乙为了将被害妇女刘某卖往境外而绑架了刘某，在边境上与买方进行谈判过程中，乙见妇女可怜，幡然悔悟，将刘某释放。乙以出卖为目的将刘某绑架，拐卖妇女罪的基本犯罪已经既遂，由于乙主动放弃将刘某卖往境外，属于不受处罚的加重情节的中止，仅成立抢劫的既遂犯。

三、中止的法律后果

（一）没有造成损害的：应当免除！

（二）造成损害的：应当减轻！

【注意】所谓"造成损害"：

1. 只包括实害，不包括危险；

2. 必须是刑法规范禁止的侵害结果；

例1　甲意图强奸妇女，在奸淫之前实施了猥亵行为，后来放弃奸淫，应当认为造成损害。

例2　乙着手入户盗窃后中止了盗窃行为，应当认为造成损害；

例3　丙向被害人实施敲诈勒索行为，使被害人产生恐惧，后又放弃，不应当认为造成损害。

3. 不限于物质性结果，也包括非物质性结果；

【例1】故意杀人的暴力行为对被害人造成侮辱，后又放弃杀人行为，应当认为造成损害；

【例2】谎称在飞机上安放爆炸物，3天后自动会引爆，胁迫机场交付金钱，后来自动放弃敲诈勒索行为，但是编造虚假恐怖信息的行为已经严重扰乱机场秩序，应当认为造成损害。

4. 仅限于对他人造成的损害，不包括对自己造成的损害；

5. 必须是能够主观归责的结果，不包括意外造成的结果。

【小结】只有当行为符合某种重罪的中止犯的成立条件，同时又构成某种轻罪的既遂犯时，才能认定为中止犯中"造成损害"。

【2014-2-53】甲为杀乙，对乙下毒。甲见乙中毒后极度痛苦，顿生怜意，开车带乙前往医院。但因车速过快，车右侧撞上电线杆，坐在副驾驶位的乙被撞死。关于本案的分析，下列哪些选项是正确的？（　　）①

A. 如认为乙的死亡结果应归责于驾车行为，则甲的行为成立故意杀人中止

B. 如认为乙的死亡结果应归责于投毒行为，则甲的行为成立故意杀人既遂

C. 只要发生了构成要件的结果，无论如何都不可能成立中止犯，故甲不成立中止犯

D. 只要行为人真挚地防止结果发生，即使未能防止犯罪结果发生的，也应认定为中止犯，故甲成立中止犯

---

① AB

【考点】犯罪中止

【解析】首先有甲投毒的行为，其次有甲撞车的行为，最终发生乙的死亡结果，需要判断乙的死亡结果应当归属于甲的哪个行为。

A选项，如认为乙的死亡结果应归责于驾车行为，则甲的前一行为是故意杀人罪的中止。如果后面撞车能够评价为交通肇事的话，就与交通肇事并罚，如果不成立交通肇事罪，也要与过失致人死亡罪并罚。因此，A选项是正确的。

B选项，如认为乙的死亡结果仍然归责于投毒行为，则甲的中止行为未能阻断因果关系，甲仍然要为故意杀人罪既遂承担责任。因此，B选项是正确的。

C、D选项是同一问题，即如果行为人真挚地努力防止结果发生，但是最终结果发生了，行为人的行为该如何评价？需要判断结果最终发生的原因！

1. 如果最终结果是前行为所创设的危险的现实化，即因果关系没有中断，则行为人要对最终结果承担责任，即成立犯罪既遂。（例如被害人伤势过重，经抢救无效而死亡）

2. 如果最终结果是由于介入了异常且独立的因素，直接导致结果发生，则因果关系中断，行为人不需要对最终结果承担责任，即成立中止。（例如介入被害人的自杀、医生的重大过失、医院火灾）

码上揭秘

第十章 共同犯罪

第一节 共同犯罪概述

一、共同犯罪的本质

共同犯罪，是指二人以上共同实施犯罪，是一种客观的违法形态，即二人以上共同实施了具有法益侵害性的客观行为，共同造成法益侵害的事实，二人在客观上就是共犯；但是，最终是否承担刑事责任以及如何承担刑事责任还要根据各个人的主观责任而定。

二人具有客观阶层的共同行为，可以视为一种暂时的"共同犯罪"，如果既符合客观阶层又符合主观阶层，那就是最终需要承担责任的共犯。

二、共同犯罪的成立范围

根据两层次的犯罪构成体系，犯罪的成立首先是客观上的违法，其次是主观上的有责，因此共同犯罪中的"犯罪"首先是指客观层面**共同**的法益侵害事实，即法益侵害事实上的连带性；其次指主观上对于该事实的责任。

（一）客观违法层面【整体判断】		
【例1】甲向乙提议教训丙，乙同意并共同对丙使用暴力致丙死亡，事后查明，甲是杀人的故意，乙是伤害的故意。	共同制造了**丙死亡**的事实	
【例2】16周岁的甲应邀为13周岁的乙入室盗窃望风，并一同分赃。	共同制造了**财产损失**的事实	成立共犯
【例3】16周岁的甲与13周岁的乙共同轮流强奸妇女。	共同制造了**被害人被轮奸**的事实	
（二）主观有责层面【分别判断】		
根据各个人的责任范围、责任程度，决定每个人应否承担刑事责任，承担怎样的刑事责任		
【例1】甲向乙提议教训丙，乙同意并共同对丙使用暴力致丙死亡。事后查明，甲是杀人的故意，乙是伤害的故意。	甲：故意杀人罪（既遂）乙：故意伤害（致人死亡）	
【例2】16周岁的甲应邀为13周岁的乙入室盗窃望风，并一同分赃。	甲：盗窃罪（帮助犯）乙：责任无能力（阻却责任）	
【例3】16周岁的甲与13周岁的乙共同轮流强奸妇女。	甲：强奸罪（轮奸）乙：责任无能力（阻却责任）	

【2015-2-7】15周岁的甲非法侵入某尖端科技研究所的计算机信息系统，18周岁的乙对

此知情，仍应甲的要求为其编写侵入程序。关于本案，下列哪一选项是**错误**的？（   ）①

A. 如认为责任年龄、责任能力不是共同犯罪的成立条件，则甲、乙成立共犯

B. 如认为甲、乙成立共犯，则乙成立非法侵入计算机信息系统罪的从犯

C. 不管甲、乙是否成立共犯，都不能认为乙成立非法侵入计算机信息系统罪的间接正犯

D. 由于甲不负刑事责任，对乙应按非法侵入计算机信息系统罪的片面共犯论处

【考点】从犯，间接正犯

【解析】A 选项，如果不考虑年龄问题和责任问题，甲、乙在客观上确实是引起了法益侵害事实，客观上他们共同行为共同引起了法益侵害，所以他们成立共犯。A 选项是正确的。

B 选项，乙仅仅是为甲写程序的，是提供帮助的行为，属于从犯。因此，B 选项是正确的。

C 选项，乙没有对甲形成直接的控制支配，在本案中，应该认为甲是主犯，乙是从犯，不可能因为乙 18 周岁，就认为乙是间接正犯。因此，C 选项是正确的。

D 选项，"片面共犯"是参与同一犯罪的人中，一方知情，另外一方不知情，不知情的一方不成立共犯，知情的一方与对方可以成立共犯。本案当中甲、乙是共谋的。因此，D 选项是错误的。

【2012 - 2 - 9】甲（15 周岁）求乙（16 周岁）为其抢夺作接应，乙同意。某夜，甲抢夺被害人的手提包（内有 1 万元现金），将包扔给乙，然后吸引被害人跑开。乙害怕坐牢，将包扔在草丛中，独自离去。关于本案，下列哪一选项是**错误**的？（   ）②

A. 甲不满 16 周岁，不构成抢夺罪　　B. 甲与乙构成抢夺罪的共犯

C. 乙不构成抢夺罪的间接正犯　　D. 乙成立抢夺罪的中止犯

【考点】共同犯罪

【解析】A 选项，甲只有 15 周岁，属于"已满 14 周岁不满 16 周岁"的相对负刑事责任年龄阶段，不需要为抢夺罪承担刑事责任。注意，这里所称的构成抢夺罪，是指最终需要承担刑事责任的犯罪概念。因此，A 选项是正确的。

B 选项，客观上甲、乙共同完成了抢夺行为，即客观上甲、乙共同引起了抢夺的法益侵犯事实，根据违法层面的共犯理论，甲、乙成立共同犯罪。注意，这里所称的构成共犯，是客观违法意义上的犯罪概念。因此，B 选项是正确的。

C 选项，由于乙并没有通过支配甲而控制抢夺的违法事实的发生，所以乙并非是抢夺罪的间接正犯。因此，C 选项是正确的。

D 选项，甲取得被害人的手提包，将包扔给乙，不管是根据"控制说"，还是根据"失控说"，甲、乙都已经成立抢夺罪的既遂。之后乙害怕坐牢，将包扔在草丛中，不能将犯罪形态退回"中止"。因此，D 选项是错误的。

三、共同犯罪的分类

（一）根据共同故意形成的时间

1. **事前通谋的共同犯罪**，指各共同犯罪人在着手实行犯罪前就已经形成共同故意的共同犯罪。其特征是共同犯罪的故意形成于着手实行之前，是一种有预谋的共同犯罪。

2. **事中通谋的共同犯罪**，指各共同犯罪人的共同故意在着手实行过程中才形成的共同犯罪。其特征是共同犯罪的故意形成于着手实行犯罪的过程中，是一种临时起意的共同犯罪。例

① D　② D

如周某为抢劫财物在某昏暗场所将王某打昏。周某的朋友高某正好经过此地，高某得知真相后应周某的要求提供照明，使周某顺利地将王某钱包拿走。

（二）根据共同犯罪人之间有无分工

1. **简单共同犯罪**，指各共同犯罪人均参与实行某一犯罪构成要件的行为，即每一共同犯罪人都是实行犯的共犯形态，故又称为共同实行犯，又称"共同正犯"。

在简单共同犯罪中，行为人都实行了犯罪，所以在处理时，要根据"部分实行，全部负责"这一原则，即在行为人都实施了实行行为的情形中，由于行为人的行为都属于实行行为的一部分，在实行犯罪这一点上，表现出完整的犯罪意思和主观恶性，并且由于各个行为彼此协力共同形成完整的实行行为，所以，行为人都应当对自己和他人的行为及其后果承担责任。

2. **复杂共同犯罪**，指各共同犯罪人在共同犯罪中有所分工，存在着教唆犯、帮助犯和实行犯区别的共犯形态。在复杂共同犯罪中，由于犯罪人分工的不同，表明其在犯罪中的作用大小的差别，所以对各个犯罪人要按其在共同犯罪中所起作用的大小及社会危害性程度，确定其刑事责任。

（三）根据共同犯罪是否能够以任意形成

1. **任意共同犯罪**，是指二人以上共同构成法律没有限制主体数量的犯罪。这是与必要共同犯罪相对应的一种划分。所谓"任意"，是指法律对该种犯罪主体的数量没有特别限制，其犯罪主体是单个还是二人以上，或者说是否采取共同犯罪的形式，是"任意"的。如抢劫、强奸、杀人、放火、投放危险物质、绑架、诈骗、盗窃、抢夺等犯罪，在主体数量上没有特别限制，当数人共同犯该种罪行时就是任意共同犯罪。因为刑法分则各本条一般是以单人为基准设置犯罪构成的，所以刑法中大多是任意共同犯罪。一般而言，单独犯罪是法律设定犯罪主体数量的标准情况。相对于这种标准情况而言，数人共犯一罪属于犯罪主体方面的特殊形态。总则中关于共同犯罪的规定，主要是解决任意共犯问题。

2. **必要共同犯罪**，是指二人以上共同构成法律规定其犯罪主体是二人以上、必须采取共同犯罪形式的犯罪，即法律规定以采取数人共犯为必要形式的犯罪，是必要共同犯罪。必要的共犯则属于特别规定的共犯形式，其处罚主要根据分则条文，即如果分则条文对该必要共犯作了区别对待的特别规定的，则排斥总则有关共犯规定的适用。必要共同犯罪有下列几种类型：

（1）对向型必要共同犯罪

① 双方罪名、法定刑不同

例如出售假币罪与购买假币罪、拐卖妇女罪与收买被拐卖的妇女罪、受贿罪与行贿罪，尽管刑法分则对于双方分别设置了不同的罪名和法定刑，但这只是法律处断上的分别处理，不能因此否认双方在事实上的共犯关系。

② 双方罪名、法定刑相同

例如非法买卖枪支、弹药、爆炸物罪，无论买方还是卖方，都成立本罪；重婚罪，无论重婚者还是相婚者，都成立本罪。

③ 只处罚一方

理论上称为片面对向犯。例如破坏军婚罪，只处罚与军人的配偶同居或者结婚的人；贩卖淫秽物品牟利罪，只处罚卖方。由于只处罚一方，相对一方不具有可罚性，则此时双方是不具有共犯关系的，因此，片面对向犯并不属于共同犯罪。

（2）聚众型必要共同犯罪

刑法中有许多聚众类的犯罪，"聚众"顾名思义参与犯罪实施的必是多人，因此聚众犯罪通常是共同犯罪，但不排除会有例外。

①如果某个具体的聚众犯罪罪名，分则条文规定既处罚首要分子又处罚积极参加者，甚至还处罚其他参加者的，则这样的罪名一定是共同犯罪，即属于必要共同犯罪。

《刑法》第292条第1款【聚众斗殴罪】聚众斗殴的，对首要分子和其他积极参加的，处三年以下有期徒刑、拘役或者管制……

《刑法》第317条【组织越狱罪；暴动越狱罪；聚众持械劫狱罪】组织越狱的首要分子和积极参加的，处五年以上有期徒刑；其他参加的，处五年以下有期徒刑或者拘役。

暴动越狱或者聚众持械劫狱的首要分子和积极参加的，处十年以上有期徒刑或者无期徒刑；情节特别严重的，处死刑；其他参加的，处三年以上十年以下有期徒刑。

②如果某个具体的聚众犯罪罪名，分则条文规定只处罚首要分子，不处罚其他人，例如聚众扰乱公共场所秩序、交通秩序，能否成立共同犯罪需要区分情形。

《刑法》第291条【聚众扰乱公共场所秩序、交通秩序罪】聚众扰乱车站、码头、民用航空站、商场、公园、影剧院、展览会、运动场或者其他公共场所秩序，聚众堵塞交通或者破坏交通秩序，抗拒、阻碍国家治安管理工作人员依法执行职务，情节严重的，对首要分子，处五年以下有期徒刑、拘役或者管制。

A 具体案件中首要分子有多人，则属于共同犯罪；

B 具体案件中首要分子只有一人，则属于一个人的单独犯罪，而非共同犯罪。

（3）集团型必要共同犯罪

《刑法》第120条第1款【组织、领导、参加恐怖组织罪】组织、领导恐怖活动组织的，处十年以上有期徒刑或者无期徒刑，并处没收财产；积极参加的，处三年以上十年以下有期徒刑，并处罚金；其他参加的，处三年以下有期徒刑、拘役、管制或者剥夺政治权利，可以并处罚金。

《刑法》第294条第1款、第4款【组织、领导、参加黑社会性质组织罪】组织、领导黑社会性质的组织的，处七年以上有期徒刑，并处没收财产；积极参加的，处三年以上七年以下有期徒刑，可以并处罚金或者没收财产；其他参加的，处三年以下有期徒刑、拘役、管制或者剥夺政治权利，可以并处罚金。

犯前三款罪又有其他犯罪行为的，依照数罪并罚的规定处罚。

【2012－2－55】下列哪些选项中的双方行为人构成共同犯罪？（　　　　）①

A. 甲见卖淫秽影碟的小贩可怜，给小贩1000元，买下200张淫秽影碟

B. 乙明知赵某已结婚，仍与其领取结婚证

C. 丙送给国家工作人员10万元钱，托其将儿子录用为公务员

D. 丁帮助组织卖淫的王某招募、运送卖淫女

【考点】共同犯罪

【解析】A选项，该情形属于片面的对向犯。立法规定贩卖淫秽物品的行为成立犯罪，但并不处罚购买淫秽物品的行为，故买卖双方（甲与小贩）不成立共同犯罪。类似的罪名还有破坏军婚罪、枉法裁判罪等。因此，A选项是错误的。

---

① BCD

B 选项，乙与赵某成立重婚罪，重婚者与相婚者（乙与赵某）存在共犯关系。因此，B 选项是正确的。

C 选项，丙成立行贿罪，该国家工作人员成立受贿罪，二者属于对向犯，成立共同犯罪。因此，C 选项是正确的。

D 选项，丁成立协助组织卖淫罪，王某成立组织卖淫罪。虽然在法律规定上需要分别处断，但二者存在事实上的共犯关系。因此，D 选项是正确的。

第二节　正犯与共犯（理论分类）

在共同犯罪的理论架构中，可以将共同犯罪人分为共犯和正犯两类。正犯是在共同犯罪中对于法益侵害结果的发生起直接支配作用的人，除了实行犯外，通常还包括犯罪集团和聚众犯罪的首要分子；共犯是在共同犯罪中对于法益侵害起间接作用的人，即诱使、协助正犯实施法益侵害行为的人。

正犯（主要是实行犯）	共犯（教唆犯、帮助犯）
直接正犯	教唆犯
间接正犯	
共同正犯	帮助犯

注意：正犯与共犯的关系（解决共犯可罚性的依据）

1. **"共犯独立性说"**：共犯的可罚性在于共犯行为本身（教唆、帮助），共犯成立犯罪不要求正犯具有<u>违法性</u>和<u>可罚性</u>。

例如甲教唆乙去盗窃，即使乙没有着手实施盗窃，甲也成立教唆犯，具有可罚性。

2. **"共犯从属性说"**：共犯的可罚性依附于正犯，正犯的行为具有<u>违法性</u>和<u>可罚性</u>，共犯的行为才具有<u>违法性</u>和<u>可罚性</u>，正犯不构成犯罪，帮助犯、教唆犯也不构成犯罪。

例如甲教唆乙去盗窃，乙没有实施盗窃，乙的行为无罪，则甲的行为也无罪。

所谓"从属"，有两层含义：（1）实行行为的从属。这是指教唆犯、帮助犯从属于正犯的实行行为。如果实行者没有实行行为，教唆犯、帮助犯也就没有实行行为，即整个共同犯罪就没有实行行为；（2）犯罪形态的从属。这是指实行犯的形态决定教唆犯、帮助犯的犯罪形态，实行者进入实行阶段，教唆者与帮助者也进入实行阶段；实行者停留在预备阶段，教唆者与帮助者也在预备阶段。

但是，共犯对于正犯的从属，只在客观阶层，即实行行为的从属，而不是最终是否成立犯罪的从属。例如 16 周岁的甲应邀为 13 周岁的乙入室盗窃望风，并一同分赃。客观阶层中甲是帮助犯，乙是实行犯，有乙的实行行为存在，甲的帮助行为就具有可罚性，虽然乙因为具有责任阻却事由而最终不构成犯罪，甲可以单独构成盗窃罪既遂。

一、正犯

直接或通过他人实施构成要件所规定的行为的人。

（一）直接正犯

亲手实施犯罪，实现了构成要件所规定的行为，并对此承担刑事责任的人。**既遂的直接正**

犯是刑法分则设计具体犯罪构成的模板。例如拐卖妇女、儿童罪，直接正犯就是亲自实施**拐骗、绑架、收买、贩卖、接送、中转**行为之一的人。

《刑法》第 240 条【拐卖妇女、儿童罪】拐卖妇女、儿童的，处五年以上十年以下有期徒刑，并处罚金；

拐卖妇女、儿童是指以出卖为目的，有**拐骗、绑架、收买、贩卖、接送、中转**妇女、儿童的行为之一的。

（二）间接正犯

通过强制或者欺骗手段支配直接正犯，通过直接正犯的行为，完成构成要件的实现，将他人作为犯罪工具，以实现自己犯罪目的的人。

1. 间接正犯的类型

（1）利用无责任能力者的行为

利用幼儿、严重的精神病患者的身体活动去实现犯罪的，如果被利用者虽然没有达到完全刑事责任能力，但具有一定的辨认、控制能力和规范意识，利用者对其并没有绝对的控制支配力的，不能认定为间接正犯，而构成教唆犯。

【例 1】20 周岁的甲教唆 15 周岁的乙盗窃财物。15 周岁的乙虽然对于盗窃罪不能承担刑事责任，但对于盗窃行为，具有一定的辨认控制能力和规范意识，因此不属于被操控的工具，甲仅仅是盗窃罪的教唆犯而不是间接正犯。

【例 2】20 周岁的甲教唆 13 周岁的乙奸淫妇女。13 周岁的乙虽然对于强奸罪不能承担刑事责任，但对于强奸行为，具有一定的辨认控制能力和规范意识，因此不属于被操控的工具，甲仅仅是强奸罪的教唆犯而不是间接正犯。

（2）利用他人不属于行为的身体活动

例如利用他人的反射举动或者睡梦中的动作去实现犯罪的。

（3）利用他人合法行为

例如利用他人的正当防卫行为。

甲以杀害乙为目的，诱使乙对丙实施不法侵害，丙正当防卫杀死乙。甲利用的就是丙的正当防卫行为，属于故意杀人罪的间接正犯。

（4）利用行为时承担责任的人

① 他人的过失行为

例如具有杀人故意的医生甲，将某种注射液交给护士乙，令其注射给病人丙，由于注射液与正常药品颜色有重大差异，乙稍加注意就应当发现，但是忙于下班的乙疏忽大意给丙注射了该药品，导致丙死亡。医生甲利用了护士乙的过失行为，实现了杀人的目的，属于故意杀人罪的间接正犯。

② 有故意但无目的的人

例如甲具有传播淫秽物品牟利的目的，但是隐瞒牟利目的，说服乙传播淫秽物品，乙实施了传播淫秽物品的行为，但是没有牟利的目的，因此乙成立传播淫秽物品罪。甲利用乙（有传播淫秽物品的故意，没有牟利目的），甲属于传播淫秽物品牟利罪的间接正犯。

③ 具有轻罪的故意的人

例如甲明知丙坐在丙家贵重财物背后，但乙不知情，甲唆使乙开枪毁坏贵重财物，乙开枪致丙死亡。甲利用乙故意毁坏财物的故意（轻罪），实现了杀人的目的，属于故意杀人罪的间接正犯。

（5）利用被害人的行为

利用、控制、操纵被害人自杀、自伤、毁坏财物，分别成立故意杀人罪的间接正犯、故意伤害罪的间接正犯、故意毁坏财物罪的间接正犯。

2. 间接正犯与身份

（1）间接正犯也是一种正犯，无身份者不能构成**身份犯**的间接正犯

例如一般公民甲冒充警察，声称取证的需要，让邮政工作人员乙开拆若干信件。私自开拆邮件罪要求主体必须是邮政工作人员，因此甲不能成为 私自开拆邮件罪 的间接正犯，只能是侵犯通信自由罪的间接正犯与 私自开拆邮件罪 的教唆犯的想象竞合。

（2）有身份者指使知情的无身份者实施真正身份犯的行为，有身份者不构成间接正犯，而是直接正犯。

例如国家工作人员甲指使知情的妻子乙接受贿赂。甲是受贿罪的直接正犯而不是间接正犯，甲虽然没有直接接受贿赂，但是受贿罪的实行行为并不是收受贿赂，而是以钱权交易来侵害职务行为的不可收买性，甲直接侵害了职务行为的不可收买性，因此是直接正犯。

3. 间接正犯与共同犯罪的成立

间接正犯的成立，并不意味着共同犯罪的否定。如上例中甲、乙在 传播淫秽物品罪 的范围内成立共犯。

（三）共同正犯

1. 概念

二人以上共同实行犯罪的情形，即简单共同犯罪。

（1）客观上，主体之间具有共同实行的事实，即各个主体都分担了导致结果发生的重要行为，或者对构成要件的实现起到了关键作用。

【例1】 甲、乙基于意思联络共同朝丙开枪；

【例2】 甲、乙基于意思联络共同伤害丙，乙在后面将丙抱住，甲在正面袭击丙致丙重伤。

例1、例2中的甲、乙都对构成要件的实现起到关键作用，属于共同正犯。

（2）主观上，主体之间具有共同实行的意思，即各个主体具有和他人共同实施行为的意思，而不要求故意内容完全一致。

例如甲约乙共同对丙实施暴力，乙同意。甲与乙就具有共同实行的意思。

（3）共同正犯的种类

①共同实行犯；

②犯罪集团首要分子、聚众犯罪中的组织、策划、指挥者。

2. 共同正犯的处理原则【部分实行全部责任】

例如甲、乙共谋害丙，进而共同对丙实施伤害行为，导致丙身受一处重伤，但不能查明该重伤由谁的行为引起。甲、乙成立故意伤害罪（致人重伤）

【2016-2-7】 甲、乙、丙共同故意伤害丁，丁死亡。经查明，甲、乙都使用铁棒，丙未使用任何凶器；尸体上除一处致命伤外，再无其他伤害；可以肯定致命伤不是丙造成的，但不能确定是甲造成还是乙造成的。关于本案，下列哪一选项是正确的？（　　）①

A. 因致命伤不是丙造成的，尸体上也没有其他伤害，故丙不成立故意伤害罪

B. 对甲与乙虽能认定为故意伤害罪，但不能认定为故意伤害（致死）罪

① D

C. 甲、乙成立故意伤害（致死）罪，丙成立故意伤害罪但不属于伤害致死

D. 认定甲、乙、丙均成立故意伤害（致死）罪，与存疑时有利于被告的原则并不矛盾

【考点】共同犯罪

【解析】只要是共同故意伤害，又造成构成要件危险现实化，那么甲、乙、丙都要对死亡结果承担责任，至丁究竟是由甲还是乙还是丙导致的，根本不需要进行判断，甲、乙、丙是共同故意地实施伤害行为，他们是一个整体，他们整体所引起的结果就要都承担责任。只有甲、乙、丙不构成共同犯罪的时候，甲、乙、丙的行为要分别评价的时候，我们才需要判断是谁导致的。A选项，丙在现场虽然没有拿凶器，但甲、乙不仅打伤了丁，还导致其死亡。作为共犯的丙需要为丁的死亡承担责任。因此，A选项是错误的。

B、C选项，甲、乙、丙都要对死亡结果承担责任。因此，B、C选项是错误的。

D选项，存疑时有利于被告人的原则，是在不成立共犯，对每个人的行为要单独评价的时，当不能明确究竟谁的行为导致损害结果时，则做出有利于行为人的推定。而在本案中甲、乙、丙的行为是一个整体，无需分别判断，并不存疑，可以直接认定甲、乙、丙均成立故意伤害（致死）罪。因此，D选项是正确的。

3. "共谋共同正犯"

（1）概念：二人以上共谋实施一定的犯罪，但实际上只有一部分共谋人实施了该犯罪，其他没有具体实行行为的人应当与实行行为人成立共同正犯的情形。

（2）成立条件

①共同谋议，二人以上为了共同实施具体犯罪，以将各自的意思付诸实现为内容，互相就犯罪的实行共同发挥作用的意思沟通，并最终达成共识的过程。

②他人的实行，参与共谋的人当中必须有部分人在共同谋议的基础上直接实行了犯罪构成要件中的实行行为，没有具体实施的人就是共谋共同正犯。

（3）共谋共同正犯的本质

共谋者虽然没有直接参与实行，但是因为之前的共谋，使得共谋者与实行者产生了一体化的联系，设定了相互利用的关系，共谋行为对于共同犯罪的实行行为形成了重要的参与关系，以至于能够被评价为实行行为的分担，由此被评价为正犯。

（4）共谋共同正犯的处理原则：一人既遂、全体既遂。

例1　甲与乙共谋次日共同杀丙，但次日甲因腹泻未能前往犯罪地点，乙独自一人杀死丙。甲成立故意杀人既遂。

例2　甲、乙、丙密谋抢劫妇女丁，一起商议作案计划、查看作案地点、购买犯罪工具，后丙因为害怕而退出。甲乙实施抢劫行为并致妇女丁死亡。丙成立抢劫既遂。

二、共犯

（一）教唆犯

1. 教唆的对象

（1）具有规范意识和一定的责任能力即可，不要求具有完全刑事责任能力；

（2）特定人，否则为"煽动"；

（3）教唆对象已有犯意的情形：

① 甲有犯杀人的故意，乙教唆甲实施盗窃，甲实施了盗窃：乙成立盗窃罪的教唆犯；

② 甲本打算明年实施盗窃罪，乙教唆甲现在就去盗窃，甲现在就实施了盗窃：乙成立盗窃罪的教唆犯；

③ 甲有附条件的犯罪故意，乙谎称条件已经具备，于是甲实施了该罪：乙成立该罪的教唆犯；

例如丙欠甲的钱，甲对乙说："你去问丙是否还债，如果不还，我就关押他妻子"乙明知丙会还钱，仍然对甲说"丙不还债"，于是甲关押了丙的妻子。乙是非法拘禁罪的教唆犯。

④ 甲有实施盗窃的故意，乙教唆甲现在去抢劫，甲实施了抢劫：乙成立抢劫罪的教唆犯；

⑤ 甲有实施普通抢劫的故意，乙教唆甲去入户抢劫，甲果然实施了入户抢劫：乙成立入户抢劫的教唆犯；

⑥ 甲有实施普通抢劫的故意，乙教唆甲去入户抢劫，甲还是实施了普通抢劫，乙成立普通抢劫的心理帮助犯；

⑦甲有实施盗窃的故意，打算盗窃 5000，乙教唆甲去盗窃 50000，无论甲盗窃 5000 还是 50000，乙都成立盗窃的心理帮助犯。

2. 教唆的行为

在客观上实施了教唆他人犯罪的行为。通常表现为怂恿、诱骗、劝说、请求、收买、强迫、威胁等方式，唆使特定的人实施特定的犯罪。

【注意】教唆犯的成立，是否要求被教唆人因为教唆而产生犯罪故意？对此，刑法理论上存在肯定说与否定说的分歧。

【例】甲教唆乙说："丙是坏人，你将这个毒药递给他喝。"乙却听成了"丙是病人，你将这个土药递给他喝"，于是将毒药递给丙，丙喝下毒药后死亡，但乙没有杀人的故意。

【观点1】肯定说：只有当被教唆者因为受教唆产生了实行犯的故意，并且着手实行犯罪，才成立教唆犯。（甲不成立任何犯罪）

【观点2】（命题人观点）否定说：教唆犯的成立不以被教唆者产生故意为条件，因此，只要使他人实施了正犯行为，即使该他人没有产生犯罪的故意，也具备了教唆犯的处罚根据。（甲成立故意杀人罪的教唆犯）

【小结】"共犯从属性说"（命题人观点），共犯（帮助犯、教唆犯）对于正犯—客观依附、主观独立。

3. 教唆的故意

唆使他人实施犯罪的故意。认识到自己的教唆行为会使被教唆人产生犯罪意图进而实施犯罪，以及被教唆人的行为会发生危害社会的结果，希望或放任被教唆人实施犯罪行为并发生危害结果。

（二）帮助犯

1. 帮助的方式

（1）作为　　　　　　　（2）不作为

例如甲、乙夫妇因 8 岁的儿子严重残疾，生活完全不能自理而非常痛苦。一天，甲往儿子要喝的牛奶里放入"毒鼠强"时被乙看到，乙说："这是毒药吧，你给他喝呀？"见甲不说话，乙叹了口气后就走开了。毒死儿子后，甲、乙二人一起掩埋尸体并对外人说儿子因病而死。无论乙是父亲还是母亲，对于儿子都有救助的义务，不救助的不作为行为恰恰是对于实行犯甲的帮助。

2. 帮助的内容

（1）物质帮助　　　　　　（2）精神帮助

例如甲欲去乙的别墅盗窃，担心乙别墅结构复杂难以找到贵重财物，就请熟悉乙家的丙为其标图。甲入室后未使用丙提供的图纸就找到乙价值 100 万元的珠宝，即携珠宝逃离现场。甲与丙构成盗窃罪的共犯，尽管甲入室后未使用丙提供的图纸，但是丙的行为对于甲精神上的帮助作用始终存在，丙成立盗窃罪既遂。

3. 关于帮助犯的其他问题

（1）外表无害的"中立"行为，客观上帮助了正犯，是否成立帮助犯？

应当综合判断：正犯行为的紧迫性？帮助行为对法益侵害所起作用的大小？帮助者对于正犯行为的确定性。

如果回答都是肯定的，则应当成立帮助犯。

例1 五金店的店员甲向正在斗殴的人乙出售利刃，乙利用该利刃致被害人重伤。甲成立故意伤害罪的帮助犯。

例2 乙坐上甲的出租车后，发现前方丙女手上提着包，就让甲靠近丙，甲知道乙的用意，仍然靠近丙行驶。乙夺取丙的提包后，让甲加速，甲立刻加速将乙送往目的地。甲成立抢夺罪的帮助犯。

但是如果正犯的行为并不紧迫，或者只能大体估计对方将来可能实施犯罪行为，则不宜认定为帮助犯。

例如五金店店员甲知道乙可能要用螺丝刀去盗窃，仍然将螺丝刀出售给乙。甲不成立盗窃罪的帮助犯。

（2）正犯没有犯罪故意，以帮助故意实施帮助行为者，也可以成立帮助犯

例如甲误以为乙想杀死自己的丈夫丙，于是将毒药递给乙，而乙误以为是治病的药，于是给丈夫丙喂了该药并造成了丈夫死亡的结果。客观层面上甲、乙二人是杀人的共犯，共同引起了丙死亡的事实。甲是帮助犯，乙是实行犯，在主观层面的评价中由于乙不具有犯罪的故意和过失，则不构成犯罪。甲单独成立故意杀人罪的帮助犯。

（3）关于因果关系

如果帮助行为与正犯的行为结果之间不具有物理或者心理上的因果关系，即使帮助者主观上具有帮助的意图，也不能认定为帮助犯。

例如某夜甲发现乙入室行窃，在乙毫不知情的情况下，主动为乙望风，但是望风过程中未发现任何异常，乙窃取3万元现金后离开现场。甲的望风行为对于乙的盗窃结果没有物理和心理上的因果关系，因此甲不成立帮助犯。

【2019网络回忆版】甲男喝醉酒后，女友乙要求甲开车送其回家。甲男表示自己醉酒了，不能开车，但是拗不过乙的坚持，只好同意。甲男驾车10公里时，由于醉酒原因，不慎撞伤行人丙。致其重伤。下列说法正确的有？（　　）①

A. 甲构成危险驾驶罪　　　　　　　B. 乙构成危险驾驶罪（教唆犯）

C. 甲构成交通肇事罪　　　　　　　D. 乙构成交通肇事罪（教唆犯）

【考点】 教唆犯

【解析】 女友乙明知甲喝醉酒，还要求甲开车送其回家，属于危险驾驶罪的教唆犯，甲男属于危险驾驶罪的实行犯。甲男醉酒驾驶致一人重伤，成立交通肇事罪。乙女作为乘车人，指使甲醉酒驾驶，属于指使司机违章驾驶，发生事故，也成立交通肇事罪，但甲乙二人在交通肇事罪中不是共犯关系，各自独立构成交通肇事罪。因此D错误，ABC正确。

---

① ABC

三、共同犯罪的特殊形式

（一）片面的共同犯罪【单向意思联络】

所谓片面的共同犯罪，是指一方知道自己在与对方共同实施犯罪，而相对方却不知道有人在与自己共同实施犯罪的情形。即一方知情，而另一方不知情，只具有单向意思联络的情形。

1. 片面实行

例1 乙以抢劫的故意对丙实施暴力，知情的甲在乙背后举枪威胁（乙不知情），丙被迫交付财物。

2. 片面帮助

例2 甲发现多次盗窃的乙将要进入丙家，在乙不知情的情况下为乙望风，望风过程中见丙回来，主动上前跟丙聊天拖住丙，待乙取得财物离开，甲才离开。

3. 片面教唆

例3 甲偷偷将乙的妻子与丙通奸的照片放在乙的桌子上，同时放了一把枪，乙发现后火冒三丈，用手枪将丙打死。

注意： 片面实行、片面帮助、片面教唆究竟是否成立片面共犯①，理论上有"肯定说"与"否定说"两种观点。

1. "肯定说" 认为：在例1、例2、例3中，客观上如果没有甲的实行、帮助和教唆行为，乙无法顺利完成法益侵害行为，因此甲应当对该法益侵害结果承担责任，以片面共犯身份承担责任。此时，知情方应当与不知情一方成立共犯，对两个人行为承担责任；不知情一方并不与知情一方成立共犯，只对自己的行为承担责任。

【例1】甲成立抢劫罪（片面实行犯）

【例2】甲成立盗窃罪（片面帮助犯）

【例3】甲成立故意杀人罪（片面教唆犯）

2. "否定说" 认为，片面实行与片面教唆都不应当成立片面共犯，此时知情方与不知情方各自分别对自己的行为承担刑事责任；但是片面帮助可以成立片面共犯（片面帮助犯）。

【例1】甲成立抢劫罪（片面帮助犯）

【例2】甲成立盗窃罪（片面帮助犯）

【例3】甲成立故意杀人罪（片面帮助犯）

【例4】甲明知乙（二人无共谋）将要入室抢劫丙的财物，便提前将丙打昏造成重伤。乙进入丙家后发现丙昏迷，便窃取了财物。

根据"肯定说"： 甲是知情方，成立片面共犯（片面实行犯），应当对甲乙两人的行为承担责任，成立抢劫罪；乙是不知情方，只对自己的行为承担责任，成立盗窃罪。

根据"否定说"： 甲的片面实行不能成立片面共犯，只需要对自己的行为承担责任，因此成立故意伤害罪（重伤）；同时甲的故意伤害行为对乙的盗窃提供了帮助，可以以片面帮助犯的身份成立片面共犯，即同时成立乙的盗窃罪的帮助犯，想象竞合，从一重。

【例5】甲得知乙将要强奸丙女，便提前给丙投放了安眠药，并暗中观察乙的奸淫行为，但乙不知情。在乙离开后，甲又奸淫了丙。

根据"肯定说"： 甲是知情方，成立片面共犯（片面实行犯），不仅要对自己的行为与结

---

① 即使成立也是片面的共犯，即共犯的身份只对知情方有效。

果承担责任，而且要对乙的行为与结果承担责任，因此属于强奸罪的加重情形，即二人以上轮奸；但是乙不构成共同正犯（轮奸），仅承担普通强奸既遂的责任。

根据"否定说"：甲的片面实行不能成立片面共犯，只需要对自己的行为承担责任，因此成立普通强奸既遂；但同时甲提前给丙投放安眠药的行为对乙的强奸提供了帮助，可以以片面帮助犯的身份成立片面共犯，即同时成立乙的强奸罪的帮助犯，想象竞合，从一重。

3. "肯定说"与"否定说"在一个问题上是一致的，就是 片面帮助 可以成立 片面共犯 ，即片面帮助犯。

【注意】"肯定说"与"否定说"的分歧在 知情方 ， 不知情方 无论根据何种观点都不成立共犯，只需要对自己的行为承担责任。

【2019 网络回忆版】乙请甲为自己的盗窃望风，仅要求甲看到主人丙回家就电话告知他。乙在户内盗窃时，甲看到丙回来，使用暴力阻拦，将丙打成重伤。乙顺利窃得 4000 元后出门，甲告知乙自己殴打了丙，乙没表示异议。甲乙一同离去。下列说法正确的有？（　　）①

A. 若承认片面共同正犯，则对甲应以抢劫罪（致人重伤）论处，对乙以盗窃罪论处

B. 若承认片面共同正犯，则根据部分实行全部负责原则，对甲乙二人均以抢劫罪（致人重伤）论处

C. 若否认片面共同正犯，则甲既构成故意伤害罪，又构成盗窃罪的帮助犯，择一重罪论处

D. 若否认片面共同正犯，则甲既构成故意伤害罪，又构成盗窃罪的帮助犯，数罪并罚

【考点】片面共犯

【解析】片面实行、片面帮助、片面教唆究竟是否成立片面共犯，理论上有"肯定说"与"否定说"两种观点。

1. "肯定说"认为：客观上如果没有甲使用暴力阻拦，将丙打成重伤的行为，乙无法顺利取得财物，因此甲应当对该法益侵害结果承担责任，以片面共犯身份承担责任。即要对两个人的行为承担责任，甲、乙的行为（暴力＋取财＝抢劫），因此甲应以抢劫罪（致人重伤）论处，对乙以盗窃罪论处（即使成立也是片面的共犯，即共犯的身份只对 知情方甲 有效，乙只需要对自己的行为承担责任）A 正确。

2. "否定说"认为：片面实行与片面教唆都不应当成立片面共犯，此时知情方与不知情方各自分别对自己的行为承担刑事责任；但是片面帮助可以成立片面共犯（片面帮助犯）。本案中，甲有暴力阻拦，将丙打成重伤的行为，但是"否定说"认为，片面实行不应当成立片面共犯，甲只能对 自己的行为 承担责任，即构成 故意伤害罪 ；同时，甲的行为可以认为是对于乙的盗窃是一种 帮助行为 ，甲可以以片面帮助犯的方式与乙成立共犯，因此可以构成 盗窃罪的帮助犯 ，想象竞合，从一重。C 正确。

---

① AC

（二）承继的共同犯罪

1. 种类

（1）承继的共同正犯	（2）承继的帮助犯
前行为人已经实施一部分正犯行为之后，后行为人以共同实施的意思参与犯罪，并对结果的发生起重要作用的情形。	前行为人实施一部分实行行为后，知道真相的后行为人以帮助的故意实施了帮助行为。
【例】甲以抢劫的故意对被害人实施暴力，压制了被害人的反抗，此时知道真相的乙与甲共同强取财物。	【例】甲为劫取财物杀死被害人，途经此处的乙知道真相后，拿着手电筒为甲提供照明，使甲在黑暗中更容易取得财物。

2. 责任承担

（1）后人对前人的犯罪（罪名）承担责任

（2）后人对**加入前，前人犯罪的加重结果**不承担责任

（3）前人对**后人加入后引起**的加重结果承担责任

【例】甲入室抢劫向被害人腹部猛踢一脚，被害人极力抓住甲，甲的朋友乙途经现场并被告知真相，也向被害人腹部猛踢一脚，二人取得财物后逃离现场，被害人因脾脏破裂而死亡，不能查明谁的行为导致脾脏破裂。

甲成立抢劫致人死亡，因为不论是甲还是乙导致被害人死亡，甲都要承担致人死亡的责任。

对于乙有下列两种可能性：

A 甲的行为导致被害人死亡，则乙对死亡结果不承担责任，仅成立普通抢劫；

B 乙的行为导致被害人死亡，则乙对死亡结果承担责任，成立抢劫致人死亡；

由于无法查明究竟是哪种情况，因此需要作出对乙有利的推断，即乙成立普通抢劫，不对死亡结果承担责任。

第三节　共同犯罪人的刑事责任（法定分类）

一、主犯及其刑事责任

主犯，指组织、领导犯罪集团进行犯罪活动的或者在共同犯罪中起主要作用的犯罪分子。

主犯的种类	刑事责任的承担
（一）首要分子（犯罪集团；聚众犯罪）	按集团全部罪行承担；
（二）其他主犯 1. 犯罪集团、聚众犯罪中起**主要作用**的非首要分子 2. 非犯罪集团、聚众犯罪中其**主要作用**的犯罪分子	按所参与、组织、指挥的罪行承担。

例如孙某纠集李某等5人，组成"天龙会"，自封"大天龙"。孙某要求李某等人"发挥主观能动性，为天龙会创收。"李某等人积极响应，在3个月内抢劫6次，杀死1人，重伤3人，劫得财物若干。上述罪行，有的孙某知道，有的不知道。孙某参加抢劫1次。孙某按照集

团的全部罪行承担责任。

二、从犯及其刑事责任

从犯，指在共同犯罪中起次要或者辅助作用的犯罪分子。

（一）次要作用：次要实行犯

（二）辅助作用：帮助犯

对于从犯，应当从轻、减轻处罚或免除处罚。

三、胁从犯及其刑事责任

胁从犯，指被胁迫参加犯罪的犯罪分子，即犯罪人是在他人的暴力强制或者精神威逼之下被迫参加犯罪的。犯罪人虽有一定程度选择的余地，但并非自愿。

注意： 排除胁从犯成立的情形

1. 身体完全受强制。

【例1】歹徒将铁路工人甲捆绑起来，不允许其对轨道进行检修，由于甲未能履行职责，导致火车发生倾覆事故。由于甲身体完全受强制，不成立胁从犯。

2. 完全丧失意志自由。

【例2】抢劫犯持枪挟持出租车司机乙，令乙将其送往某银行进行抢劫。由于乙完全丧失意志自由，不成立抢劫罪的胁从犯。

3. 紧急避险。

【例3】飞机在航行过程中突遇歹徒劫持，机长丙为了避免机毁人亡，不得已将飞机开往歹徒指定地点。丙的行为属于紧急避险，不成立胁从犯。

对于胁从犯，应当按照他的犯罪情节减轻处罚或免除处罚。

四、教唆犯及其刑事责任

教唆犯，指教唆他人实行犯罪的人。具体而言，就是指故意引起他人实行犯罪决意的人。

《刑法》第29条【教唆犯】教唆他人犯罪的，应当按照他在共同犯罪中所起的作用处罚。教唆不满十八周岁的人犯罪的，应当从重处罚。

如果被教唆的人没有犯被教唆的罪，对于教唆犯，可以从轻或者减轻处罚。

1. 被教唆者**已经实施**了所教唆的罪：按照在共同犯罪中所起的作用（主犯或者从犯）；

2. 教唆**不满18周岁的人**犯罪的：从重；

3. **如果被教唆的人没有犯被教唆的罪，对于教唆犯，可以从轻或者减轻处罚。**

（1）根据**"共犯独立性说"**，只要教唆者有教唆行为，即使没有被教唆行为的实行，甚至被教唆人什么行为都没有，教唆者也构成犯罪，属于**教唆未遂**，可以从轻或者减轻处罚。因此**"教唆未遂"**包括：

①被教唆者拒绝教唆；

②被教唆者尚未着实施犯罪；

③被教唆者虽已着手，但是未得逞；

④被教唆人实施的犯罪与教唆无关。

（2）根据**"共犯从属性说"**，教唆犯的成立以正犯的成立为前提，在正犯（被教唆者）接受教唆，开始实施具有违法性的行为时，正犯成立，教唆犯才能成立；如果正犯没有实施任何违法行为，则正犯无罪，教唆犯也无罪。根据"共犯从属性说"：

①被教唆者拒绝教唆（被教唆者无罪、教唆者也无罪）；

②被教唆者尚未着实施犯罪（被教唆者成立犯罪预备或犯罪中止；教唆者成立犯罪预备）；

③被教唆者虽已着手，但是未得逞（教唆者属于**"教唆未遂"**）；

④被教唆人实施的犯罪与教唆无关（教唆者无罪）。

【总结】"共犯独立说"与"共犯从属说"的最大分歧在于，<u>当正犯没有实施任何行为时，教唆犯是否成立</u>。按照前者的观点，教唆犯成立，属于**"教唆未遂"**，可以从轻或者减轻处罚；按照后者的观点，正犯无罪，教唆犯也无罪。

第四节　共同犯罪的其他问题

一、共同犯罪与身份

（一）共同犯罪人中部分人有身份、部分人无身份

1. 存在分工：[正犯] + [共犯]

处理：按[正犯]的罪名定罪。

例1　妻子（非国家工作人员），教唆丈夫（国家工作人员）收受贿赂。丈夫是正犯，因此无身份的妻子与有身份的丈夫构成**受贿罪**的共同犯罪。

例2　无业人员李某与某国有企业副科级仓库管理员张某相勾结，李某于某夜张某值班时，进入仓库盗窃数额巨大的财物，张某假装睡觉不闻不问，事后，所得赃款两人平分。李某是正犯，无身份的李某与有身份的张某构成盗窃罪的共同犯罪。

2. **不存在分工：都是**[正犯]

处理：（1）**有身份者**：身份犯（正犯）与非身份犯（共犯）的想象竞合。（2）无身份者：身份犯（共犯）与非身份犯（正犯）的想象竞合。

例如宋某（某县公安局副局长，分管交警队工作）得知某个体司机李某曾向检察院举报自己受贿问题。一天伙同无业人员张某在公路上将李某的车截住，以李某违章驾驶为由将李某驾驶证没收，车扣压。李某被强行带到交警队一办公室，宋让张某用手铐将李某铐在窗户的钢筋上，让李某反思反思，时间长达一天一夜。

宋某：报复陷害罪（正犯）与非法拘禁罪的（教唆犯），想象竞合从一重；张某：报复陷害罪（帮助犯）与非法拘禁罪（正犯），想象竞合从一重。

（二）共同犯罪人都有身份（部分人是 A 身份，部分人是 B 身份）

1. **存在分工：**[正犯] + [共犯]

处理：按[正犯]的罪名定罪。

例如某国有企业副科级仓库管理员张某与该企业保安赵某相勾结，张某于某夜赵某值班时，从自己保管的仓库窃取数额巨大的财物，赵某假装睡觉不闻不问，事后，所得赃款两人平分。张某是国家工作人员身份，赵某是企业工作人员身份，其中张某为正犯，因此两人构成贪污罪的共同犯罪。

2. **不存在分工：都是 正犯**

处理：（1）**A 身份者：** A 身份犯（正犯）与 B 身份犯（共犯）的想象竞合；（2）**B 身份者：** A 身份犯的（共犯）与 B 身份犯（正犯）的想象竞合。

例 1 甲（投保人）与乙（国有保险公司的职员）合谋诈骗保险公司的保险金。甲：保险诈骗罪（正犯）、贪污罪（帮助犯）想象竞合从一重；乙：贪污罪（正犯）、保险诈骗罪（帮助犯）想象竞合从一重；

例 2 分管政法的党委书记甲利用职务上的便利指使法官乙将有罪的人判为无罪。甲：滥用职权罪（正犯）、徇私枉法罪（教唆犯），想象竞合从一重；乙：滥用职权罪（正犯）、徇私枉法罪（正犯），法条竞合。

二、共同犯罪与实行犯过限

（一）解决问题

共犯对于实行犯 超出共同犯罪的部分 是否承担责任？

质的过限（非重合性过限）	量的过限（重合性过限）
甲教唆乙入室盗窃，乙入室盗窃取得财物后，发现熟睡的女主人，遂将室内女主人强奸。	甲教唆乙入室盗窃，乙入室盗窃时遭遇提前下班回家的男主人，遂将男主人打成重伤，取得财物逃离现场。
质的过限：法益不同且不具有重合性。 过限部分由 过限人 单独承担责任。	**量的过限：法益具有重合的部分。** 非过限人对于 过限部分 是否承担责任，则需要经过判断（见下图）。

判断 { **客观：共谋**实施的犯罪行为对于**过限部分**是否具有**高概率的风险**（直接的原因力）？
{ **主观：非过限人**对于**过限部分**是否具有**预见可能性**？

如果"客观"和"主观"的回答都是肯定的，则非过限人**应当**对过限部分承担责任，成立原罪的 结果加重犯 。

如果"客观"和"主观"有一项回答是否定的，则非过限人**不应当**对过限部分承担责任，仅在重合部分成立 既遂 。

（二）典型案例分析

【例 1】 甲、乙、丙共谋要"狠狠教训一下"他们共同的仇人丁。到丁家后，甲在门外望风，乙、丙进屋对丁进行殴打，遭到丁的抵抗和辱骂，乙、丙二人分别举起板凳和花瓶向丁头部猛击，将其打死。

判断：三人共谋实施的犯罪行为是：严重伤害（"狠狠教训"）

1. "客观"严重伤害行为对于死亡结果是否具有高概率风险：有；

2. "主观"甲对于丁的死亡结果是否应当预见：是；

结论：非过限人甲应当对过限部分承担责任，成立故意伤害罪的结果加重犯。

【例 2】 吕某、黄某二人共谋偷盗邻居家男婴小伟（7 个月）予以出卖，并约定如果被发现就用暴力将孩子抢走，二人为此进行了踩点、并购买了匕首、啤酒瓶等物。作案当天，黄某在外望风，吕某潜入小伟家卧室，被小伟母亲（黄金花）发现，在搏斗过程中，吕某见不能制服黄金花反抗，于是拔出匕首朝黄金花颈部捅刺一刀，抱起小伟准备逃离。后又发现小伟曾祖母戴某坐在地上盯着看他，于是又朝戴某颈部捅刺一刀，两被害人均因颈动脉破裂失血性休克死亡。吕、黄二人带着小伟逃离现场，以 37000 的价格将小伟出卖，破案后，小伟被解救。

判断：二人共谋实施的犯罪行为是：以暴力拐卖儿童

1. "客观"：以暴力拐卖儿童的行为对于死亡结果是否具有高概率风险：有；

2. "主观"：黄某对于黄金花的死亡结果是否应当预见：是；

结论：非过限人黄某应当对过限部分承担责任，成立拐卖儿童罪的结果加重犯（造成被拐卖的妇女、儿童或者其亲属死亡）。

【例3】甲教唆乙入室盗窃，乙入室盗窃时遭遇提前下班回家的男主人，遂将男主人打成重伤，取得财物逃离现场。

判断：甲、乙预谋实施的犯罪行为是：盗窃

1. "客观"：以盗窃行为对于致人重伤是否具有高概率风险：没有；

2. "主观"：甲对于致人重伤的结果是否应当预见：不应当；

结论：非过限人甲不应当对过限部分承担责任，仅在盗窃罪的范围内成立既遂。

三、共同犯罪与认识错误

（一）共同正犯的认识错误

1. 具体事实认识错误

（1）对象错误

例如甲、乙共谋杀害丙，在共同实行时都认为前方是丙，但实际上杀死的是丁。甲、乙成立故意杀人罪既遂的共同正犯。

（2）打击错误

例如甲、乙共谋杀害丙，在共同实行时，没有击中丙，却击中了丙身旁的丁。根据"法定符合说"甲、乙成立故意杀人罪既遂的共同正犯。

2. 抽象事实认识错误（按照"法定符合说"处理）

（1）对象错误

例如甲、乙共谋杀害丙，在同时开枪时都认为前方草丛中是丙，但实际是一只兔子，将兔子打死。甲、乙的认识错误属于主客观没有重合部分的认识错误，最终无罪。

（2）打击错误

例如甲、乙共谋杀害丙，在同时开枪时向丙射击，甲打中了丙身旁的兔子（价值数额较大），乙什么也没有打中。甲、乙构成故意杀人罪（未遂）的共同正犯。

（二）间接正犯的认识错误

间接正犯所认识的事实与被利用者所实现的构成要件事实不一致。

1. 具体事实认识错误

（1）间接正犯的对象错误

例如医生甲想杀死住在 A 病房的丙，便将毒药交给不知情的护士乙，让乙给 A 病房的患者注射，由于丙换了病房，乙到 A 病房后实际上给新来的患者丁注射了毒药，导致丁死亡。甲想利用护士乙杀死在 A 病房的患者，实际上也确实利用乙杀死了 A 病房的患者，但是 A 病房的患者是丁而不是丙，甲属于主观识别的错误，即对象错误，成立故意杀人罪既遂。

（2）间接正犯的打击错误

例如医生甲想杀死住在 A 病房的丙，便将毒药交给不知情的护士乙，让乙给 A 病房的患者注射，由于护士乙走错房间，给 B 病房的患者丁注射毒药，导致丁死亡。护士乙是甲利用的杀人工具，护士乙走错房间等于甲的打击偏离原本预定的方向，属于打击错误，根据"法定符合说"，甲成立故意杀人罪既遂。

2. 抽象事实认识错误

例如甲让无责任能力者乙去盗窃丙的电脑，但乙在实施盗窃行为时，却毁坏了丙的电脑。甲成立盗窃罪未遂的间接正犯。

（三）教唆犯的认识错误

教唆犯所认识的事实与正犯所实现的结果不一致。

1. 具体事实认识错误

（1）对象错误：不影响定罪

例如甲教唆神枪手乙去杀害自己仇人横路敬二，乙当天晚上来到横路敬二家，夜色中看到屋里有一人影，与甲的描述颇为相似，遂认定其就是横路敬二，开枪射击，对方中弹身亡，结果当晚横路敬二不在家，乙杀死的是其弟弟横路敬三。甲、乙故意杀人罪既遂。

（2）打击错误：不影响定罪

例如甲教唆神枪手乙去杀害自己仇人横路敬二，乙当天晚上来到横路敬二家，朝横路敬二开枪射击，由于枪法不好而没有射中，打死横路敬二身旁的横路敬三。甲、乙故意杀人既遂。

处理模式：不论正犯是对象错误还是打击错误，只要发生危害结果，正犯和共犯都成立故意犯罪既遂，即按照"法定符合说"处理该类问题。

2. 抽象事实认识错误（跨越不同犯罪构成）

（1）对象错误

例如甲教唆神枪手乙去杀害自己仇人横路敬二，乙当天晚上来到横路敬二家，夜色中看到屋里有一黑影，认定其就是横路敬二，开枪射击，黑影中弹身亡，结果当晚横路敬二不在家，乙打碎的是其家中的一件珍贵文物。甲、乙故意杀人未遂；乙单独承担过失损毁文物罪。

（2）打击错误

例如甲教唆神枪手乙去杀害自己仇人横路敬二，乙当天晚上来到横路敬二家，朝横路敬二开枪射击，由于枪法不好而没有射中，打碎的是其家中的一件珍贵文物。甲、乙故意杀人未遂；乙单独承担过失损毁文物罪。

处理模式：在主客观相统一的范围内定罪；无错方对有错方超出共同故意以外的过失行为不承担责任。

（四）间接正犯与教唆犯之间认识错误

间接正犯与教唆犯的区别在于，间接正犯对被利用者的实行行为具有支配作用，教唆犯不具备该支配力，因此间接正犯是满足教唆犯要件并有剩余的犯罪形态，换言之，间接正犯可以包容评价为教唆犯。

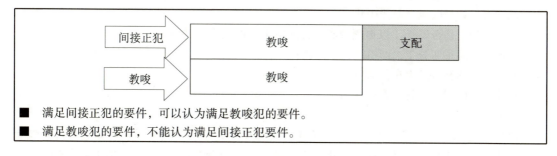

- ■　满足间接正犯的要件，可以认为满足教唆犯的要件。
- ■　满足教唆犯的要件，不能认为满足间接正犯要件。

1. 主观以间接正犯的意图，利用他人犯罪，实际只产生了教唆的效果，在主、客观相重合的范围内定罪，即成立教唆犯。

例1　甲误以为乙是严重的精神病人，指示其强奸妇女丁，事实上乙只是非精神病性精神障碍人，甲的行为仅起到了教唆的效果。

2. 主观以教唆犯的意图，教唆他人犯罪，实际只产生了间接正犯的效果，在主、客观相重合的范围内定罪，即成立教唆犯。

例2　甲误以为乙仅是非精神病性精神障碍人，教唆其强奸妇女丁，而事实上乙是严重的精神病人，完全无刑事责任能力，甲的行为起到了间接正犯的作用。

四、共犯的中止

共同犯罪原则上都是一人既遂、全体既遂。在共同犯罪中的犯罪停止形态，通常是"一人既遂，全体既遂"，部分共同犯罪人成立犯罪中止的可能性非常小，只有下列两种方式：常规中止的方式或者以脱离的方式中止；

（一）常规中止方式

意图中止的部分犯罪人，停止自己的犯罪行为，并且有效制止其他实行犯的行为。

（二）以自愿脱离的方式中止

分工	阶段	
	预备阶段	实行阶段
实行犯	Ⅰ 告知；Ⅱ 收到	有效制止其他实行犯的行为
教唆犯	使被教唆者放弃犯意	
作为 主谋 的实行犯	有效制止 其他 实行犯的行为	
帮助犯	切实切断自己与结果之间 物理、精神 上的原因力	

1. **实行犯**

（1）预备阶段：将退出之意告知其他共同犯罪人，其他人收到，即可成立犯罪中止；

（2）实行阶段：有效制止其他实行犯的行为。

2. **教唆犯**

（1）预备阶段：使被教唆者放弃犯意；

（2）实行阶段：有效制止其他实行犯的行为。

3. **作为主谋的实行犯**：无论预备阶段还是实行阶段，都需要有效制止其他实行犯的行为。

4. **帮助犯**：无论预备阶段还是实行阶段，只要能够切实切断自己与结果之间 **物理、精神** 上的原因力，就可以成立犯罪中止。

判断行为人是否属于"以自愿脱离的方式中止"的四个步骤：

Ⅰ他在共同犯罪分工，即扮演什么角色；

Ⅱ其中止的努力发生在什么阶段；

Ⅲ他应当做到什么就可以成立中止；

Ⅳ他做到了吗？

【例1】 甲与乙共谋盗窃汽车，甲将盗车所需的钥匙交给乙。但甲后来向乙表明放弃犯罪之意，让乙还回钥匙。乙对甲说："你等几分钟，我用你的钥匙配制一把钥匙后再还给你"，甲要回了自己原来提供的钥匙。后乙利用自己配制的钥匙盗窃了汽车（价值5万元）。

【解析】甲作为帮助犯，没有切断自己的帮助行为与盗窃结果之间物理上的原因力，不成立犯罪中止，成立犯罪既遂。

【例2】丁知道孙某想偷车，便将盗车钥匙给孙某，后又在孙某盗车前要回钥匙，但孙某用其他方法盗窃了轿车。

【解析】丁作为帮助犯，在孙某盗车前要回钥匙，切实切断自己的帮助行为与盗窃结果之间物理、精神上的原因力，成立犯罪中止。

【例3】甲、乙二人在河边散步，偶遇朋友丙、丁前往抢劫作案现场，甲乙受邀加入，甲、乙同意，后来丙提出参加人太多恐分赃太少，甲乙自动提出退出。丙、丁抢劫完成，重回原地，驾驶摩托车带着甲、乙离开现场，甲、乙没有参与分赃。

【解析】甲乙作为实行犯，在预备阶段退出，只需要告知对方且对方收到即可，甲乙成立犯罪中止，属于预备阶段的中止。

【例4】甲承诺给乙10万元让乙杀丙，并先付了5万元。在距离乙杀人还有3小时的时候，甲后悔，打电话给乙让乙不要杀丙，乙在电话里说了一声"知道了"就挂断电话，3小时后，乙仍然杀了丙，并要甲支付另外的5万元。

【解析】甲作为教唆犯，在预备阶段退出，需要使被教唆者打消犯罪念头，甲没能做到，实行犯将被害人杀死，甲成立故意杀人罪既遂。

【2020 网络回忆版】甲乙共谋入户抢劫，由甲入户抢劫，由乙望风。甲入户后，乙看外面人流较多，心生胆怯，打电话劝甲放弃。但甲执意继续，乙便声明离去。甲对主人丙实施暴力时，见丙穿着破烂，很可怜，便放弃暴力，没有拿走财物而离去。下列说法正确的有？（　　）①

A. 乙是否中途离开对他的犯罪形态没有影响

B. 乙构成抢劫罪中止

C. 乙成立抢劫罪未遂

D. 甲成立抢劫罪中止

【考点】共犯的中止

【解析】乙作为帮助犯，客观上已经离去不再为甲望风，并且甲也知道乙不再为他望风，有效切断自己的行为与甲的犯罪结果在物理、精神上的原因力，成立犯罪中止。甲作为实行犯，在实行阶段自动放弃犯罪，也成立犯罪中止。BD 正确。

五、共犯的脱离

所谓共犯的脱离，指部分共同犯罪人自愿放弃或者被迫停止行为，并消除自己的行为与结果之间的原因力后，将不再跟随其他犯罪人成立既遂，而承担中止、预备、未遂的刑事责任。

（一）脱离的意义

脱离者不再对 既遂 结果承担责任。

（二）如何脱离

如何脱离	自愿脱离	参见"以自愿脱离的方式中止"
	非自愿脱离	非基于本人意志而消除自己与犯罪结果物理、心理上的原因力

---

① BD

（三）脱离之后的犯罪形态

共犯的脱离		预备阶段	实行阶段
	自愿脱离	中止	
	非自愿脱离	预备	未遂

【例1】乙欲盗汽车，向甲借得盗车钥匙。乙盗车时发现该钥匙<u>不管用</u>，遂用其他工具盗得汽车。乙属于盗窃罪既遂，甲属于？

【分析】乙向甲借得钥匙，甲提供钥匙，属于帮助犯，但甲的钥匙不管用，对于盗窃已没有物理上的帮助作用；同时对于偷车而言，盗车钥匙很重要，乙拿着甲提供的钥匙却打不开车门，发现钥匙原来不管用，此时对于乙而言，无用的钥匙不是精神上的支持作用，而是打击作用，因此心理上也没有帮助作用。甲属于典型的脱离，脱离在实行犯着手之后，即实行阶段。因此成立**盗窃罪未遂（帮助犯）**。

【例2】甲欲前往张某家中盗窃。乙送甲一把擅自配制的张家房门钥匙，并告甲说，张家装有防盗设备，若钥匙打不开就必须放弃盗窃，不可入室。甲用钥匙开张家房门，无法打开，本欲依乙告诫离去，但又不甘心，思量后破窗进入张家窃走数额巨大的财物。

【分析】乙是帮助犯，乙告知甲："若钥匙打不开就必须放弃盗窃，不可入室。"这表明，乙提供钥匙的帮助行为对甲的<u>心理上</u>的支持作用仅仅止于甲打开房门之时；而乙提供的钥匙无法打开房门，<u>显然物理上</u>的因果关系就已消除。因此，在甲"破窗进入"之前，乙脱离了共同犯罪，乙成立**盗窃罪未遂（帮助犯）**。

【2017－2－6】甲欲前往张某家中盗窃。乙送甲一把擅自配制的张家房门钥匙，并告甲说，张家装有防盗设备，若钥匙打不开就必须放弃盗窃，不可入室。甲用钥匙开张家房门，无法打开，本欲依乙告诫离去，但又不甘心，思量后破窗进入张家窃走数额巨大的财物。关于本案的分析，下列哪一选项是正确的？（　　　）①

A. 乙提供钥匙的行为对甲成功实施盗窃起到了促进作用，构成盗窃罪既遂的帮助犯

B. 乙提供的钥匙虽未起作用，但对甲实施了心理上的帮助，构成盗窃罪既遂的帮助犯

C. 乙欲帮助甲实施盗窃行为，因意志以外的原因未能得逞，构成盗窃罪的帮助犯未遂

D. 乙的帮助行为的影响仅延续至甲着手开门盗窃时，故乙成立盗窃罪未遂的帮助犯

【考点】帮助犯，共犯的脱离

【解析】在本案中，送钥匙的乙构成盗窃的帮助犯，当乙消除了自己的帮助行为与最终结果之间物理上和心理上的原因力，乙才能构成共犯的脱离。乙告知甲："若钥匙打不开就必须放弃盗窃，不可入室。"这表明，乙提供钥匙的帮助行为对甲的心理上的支持作用仅仅止于甲打开房门之时，而乙提供的钥匙无法打开房门，显然物理上的因果关系就已消除。所以，在甲"破窗进入"之前，乙就已经脱离了共同犯罪，在他脱离的时候，甲的盗窃行为处在未遂状态，则乙属于盗窃罪未遂的帮助犯。因此A、B错误，D正确的。

本题还考查了帮助犯未遂、对未遂犯的帮助问题。"帮助犯未遂"，是指虽然实施了帮助行为，但被帮助的人并未着手实行犯罪或者着手实行与帮助行为无关的其他犯罪的情形。根据共犯从属性原理，正犯尚未着手实行犯罪时，不得处罚帮助犯，因此虽有一个"犯"字，但

---

① D

如同迷信犯一样，帮助犯未遂是不可罚的（不可以作为共犯中的帮助犯加以处罚）。"对未遂犯的帮助"指对正犯行为提供了帮助，但被帮助的正犯仅构成犯罪未遂的情形。如盗窃犯利用同伙配置的钥匙打开了被害人家的房门，刚翻取财物就被室主抓获的，同伙就属于对盗窃罪未遂犯的帮助。被帮助的人（正犯）是否着手实行犯罪，是区分"帮助犯未遂"与"对未遂犯的帮助"的关键所在。本案中，甲已经利用乙提供的钥匙着手盗窃，既然正犯已经着手犯罪，依据共犯从属性说，就能处罚作为共犯的帮助犯，故乙不属于不可罚的帮助犯未遂。C 选项错误。

第十一章　罪数形态

码上揭秘

第一节　一　罪

实质的一罪	继续犯
	想象竞合犯
	法条竞合犯
法定的一罪	结合犯
	集合犯
处断的一罪	连续犯
	牵连犯
	吸收犯

一、实质的一罪

（一）继续犯

1. 继续犯的概念

继续犯，又称持续犯，是指作用于同一对象的一个犯罪行为从着手实行到实行终了，犯罪行为与不法状态在一定时间内同时处于继续状态的犯罪。最典型的是非法拘禁罪，即非法将他人拘禁，在释放之前，不法拘禁行为和他人身体遭受非法拘禁的状态处于同步持续之中。

2. 继续犯的特征

（1）一个犯罪故意；

（2）侵犯同一法益；

（3）犯罪行为能够对法益形成持续、不间断的侵害；

（4）犯罪既遂后，犯罪行为及其所引起的不法状态同时持续。

例如非法拘禁罪，行为人一旦着手实行拘禁行为，犯罪行为与（被害人）被非法剥夺自由的不法状态便同时、持续地存在。行为人将被害人非法拘禁之后，犯罪就既遂。如果行为人继续扣押被害人，不仅意味着（被害人）被非法剥夺自由的不法状态持续存在，而且意味着其非法拘禁被害人的行为本身也在继续。

3. 继续犯的类型

（1）持有型犯罪：如非法持有毒品罪，非法持有枪支、弹药、爆炸物罪，非法持有假币罪。

（2）不作为犯罪：如遗弃罪，拒不执行判决、裁定罪，战时拒绝、逃避兵役罪等。

（3）侵犯人身自由的犯罪：如绑架罪，拐卖妇女儿童罪，非法拘禁罪。

4. 继续犯的意义

（1）追诉时效的起算时间推后，不是从犯罪成立之日起计算，而是从犯罪行为终了之日起计算。一般犯罪，不法状态持续到何时与追诉时效无关，例如盗窃罪，行为人持有赃物5年以后，对其行为的追诉时效仍自犯罪成立之日起算。而继续犯则不同，根据《刑法》第89条第1款规定，"追诉期限从犯罪之日起计算；犯罪行为有连续或者继续状态的，从犯罪行为终了之日起计算。"

例如行为人自2006年12月1日非法拘禁他人，到2007年5月1日释放受害人，则追诉时效自受害人获释之后起算。

（2）正当防卫时机。在犯罪既遂以后，如果犯罪行为继续存在，属于正在进行的不法侵害，允许进行正当防卫。例如甲绑架乙，犯罪既遂，但在犯罪既遂之后继续扣押人质期间，人质对甲可实行正当防卫。

（3）犯罪继续期间，其他人加入的可以成立共犯。例如甲非法拘禁他人数日后，乙参与进来帮助实施看守行为。

（4）新法溯及力的问题。继续犯的行为持续时间跨越新旧刑法时，应当全案适用新法，依然成立一罪。

例如甲在2015年9月30日绑架乙，并且在绑架过程中故意对乙实施伤害行为，导致乙重伤，绑架行为持续到2015年11月30日，则2015年10月31日通过的《刑法修正案（九）》适用于全案。①

5. 继续犯的处断原则

刑法分则对于继续犯设置了专门法条，规定了具体罪名，确定了相应法定刑，对于继续犯应当依据刑法分则的规定论处，不实行数罪并罚。犯罪行为和不法状态在时间上持续的长短，则可以在量刑的时候加以考虑。

（二）想象竞合犯

1. 想象竞合犯的概念

想象竞合犯，指行为人实施一个犯罪行为同时触犯数个罪名的情况。

例如甲偷盗机场的照明灯装歌厅，一个偷盗行为同时触犯盗窃罪和破坏交通设施罪。

由于想象竞合犯只有一行为，从重视行为在确认罪数方面的地位看，以"一行为"而犯数罪，不是实际的数罪，而是观念上的数罪或者想象的数罪，所以想象竞合犯又称观念竞合犯或想象数罪。含有貌似数罪实为一罪的意味。

2. 想象竞合犯的特征

（1）行为人只实施了一个犯罪行为。

（2）行为人同时触犯了数个罪名。

例1 甲想谋杀在博物馆工作的元宝，一天夜里潜入博物馆，开枪向元宝射击，将元宝打死，同时打坏元宝身后的珍贵文物。甲的一个行为，同时触犯故意杀人罪和故意（过失）损毁文物罪。

例2 乙盗窃电力设备，导致电力设备被破坏，因而危害公共安全。乙的一个行为，同时触犯盗窃罪和破坏电力设备罪。

---

① 《刑法修正案（九）》对绑架罪作出了修改，绑架过程中故意伤害被绑架人致人重伤的，处无期徒刑或者死刑。

例3　元宝患有一罕见疾病，发病时必须服食一种从国外进口的价格昂贵的药物才能活命。与元宝有仇的丙对此知情。某日，丙在元宝发病时，将元宝药物盗走，元宝由于没有服食药物而死亡。丙同时触犯故意杀人罪和盗窃罪。

（3）想象竞合犯的处断原则

想象竞合犯是实际上的一罪，对其采取"从一重罪处罚"的原则。也就是在犯罪人同时触犯的数个罪名中，选择最重的一罪处罚。

（三）法条竞合犯

1. 概念：指一行为同时触犯存在法条竞合关系的数个法条的犯罪形态。

例如元宝以非法占有为目的，在签订合同过程中骗取对方当事人甲50万元定金后逃匿。元宝的行为既符合《刑法》第224条合同诈骗罪的构成要件，也符合《刑法》第266条诈骗罪的构成要件，因为二者存在法条竞合关系，导致元宝的一行为不可避免地触犯这两个法条，属于法条竞合犯。

2. 类型

（1）包容竞合

例如诈骗罪与合同诈骗罪之间属于包容竞合。实施合同诈骗的行为，一定会触犯诈骗罪，因为合同诈骗罪被诈骗罪完全包容。

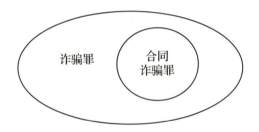

（2）交叉竞合

例如交通肇事罪与过失致人死亡罪之间属于交叉竞合，交通肇事罪不见得一定会出现死亡结果，一旦出现死亡结果，则属于一种特殊的过失致人死亡情形，与过失致人死亡罪形成法条竞合。

3. 法条竞合犯的处理原则

（1）原则：特别法优于一般法。

（2）例外：重法优于轻法。在法律有明确规定的时候，重法优于轻法。

例1　《刑法》第149条第2款【对生产、销售伪劣商品行为的法条适用原则】生产、销售本节第141条至第148条所列产品，构成各该条规定的犯罪，同时又构成本节第140条规定之罪的，依照 处罚较重 的规定定罪处罚。

如果元宝生产、销售劣药，已经给人体健康造成严重危害，成立生产、销售劣药罪，但是如果销售金额在5万元以上，也成立生产、销售伪劣产品罪定罪，则依照处罚较重的规定定罪处罚。

例2　传播性病罪与故意伤害罪之间是法条竞合关系，前罪是特别法，后罪是一般法，传播性病罪是在卖淫嫖娼领域的故意伤害行为，属于时空具有特殊性的伤害行为。根据司法解释，明知自己患有艾滋病或者感染艾滋病病毒而卖淫、嫖娼的，致使他人感染艾滋病病毒的，依照重法优于轻法的原则，以故意伤害罪（重伤）定罪处罚。

例3　洗钱罪与掩饰隐瞒犯罪所得、犯罪所得收益罪之间是法条竞合关系，前罪是特别法，后罪是一般法。根据司法解释，明知是犯罪所得及其产生的收益而予以掩饰、隐瞒，构成洗钱罪与掩饰隐瞒犯罪所得、犯罪所得收益罪的，依照处罚较重的规定定罪处罚。

4. 想象竞合与法条竞合的区别

	想象竞合	法条竞合
形式	竞合来自于案件事实	竞合来自于法条之间的关系
内容	数个法益侵害事实 一个行为侵害了数个刑法规范所保护的法益，因而触犯数个刑法规范。	一个法益侵害事实 一个行为侵害了一个刑法规范所保护的法益，而该规范与其他规范之间存在着特别法与普通法的关系。
举例	【例】在他人心脏病发作时故意盗走他人速效救心丸（数额较大）致人死亡。 故意杀人罪的法益：生命权。 盗窃罪的法益：财产权。	【例】票据诈骗罪的法益→财产权与金融秩序→与诈骗罪法条竞合。

【2016－2－11】 关于法条关系，下列哪一选项是正确的（不考虑数额）？（　　　）①

A. 即使认为盗窃与诈骗是对立关系，一行为针对同一具体对象（同一具体结果）也完全可能同时触犯盗窃罪与诈骗罪

B. 即使认为故意杀人与故意伤害是对立关系，故意杀人罪与故意伤害罪也存在法条竞合关系

C. 如认为法条竞合仅限于侵害一犯罪客体的情形，冒充警察骗取数额巨大的财物时，就会形成招摇撞骗罪与诈骗罪的法条竞合

D. 即便认为贪污罪和挪用公款罪是对立关系，若行为人使用公款赌博，在不能查明其是否具有归还公款的意思时，也能认定构成挪用公款罪

【考点】 法条竞合

【解析】 A选项，两个罪名如果是对立关系，针对一个行为对象或者法益的侵害结果，不可能同时触犯两个罪名。因此，A选项是错误的。

B选项，法条竞合关系不可能同时出现在两个对立的罪名之间，只可能出现在两个相互交叉或者包含的罪名中。因此，B选项是错误的。

C选项，招摇撞骗罪侵犯的法益是国家机关工作人员的公共信赖，诈骗罪侵犯的法益是财

① D

产权益,这两个罪侵犯的法益不同。换句话说,任何一个法条都不能概括这两个罪所保护的法益,所以招摇撞骗罪与诈骗罪是想象竞合,而非法条竞合。因此,C选项是错误的。

D选项,贪污罪要求行为人具有非法占有的目的,而挪用公款罪不要求行为人具有非法占有的目的,在不能查明行为人是否具有非法占有的目的时,根据"存疑时有利于被告人",应认为行为人不具有非法占有的目的,即成立挪用公款罪。这与贪污罪和挪用公款罪之间是否存在法条竞和关系的判断无关。因此,D选项是正确的。

二、法定的一罪

法定的一罪,指数个独立的犯罪行为依据刑法的规定作为一罪定罪处罚的情况。主要有结合犯、集合犯。

(一)结合犯

1. 结合犯的概念

结合犯,指两个以上各自独立成罪的犯罪行为,根据刑法的明文规定,结合成另一独立的新罪的犯罪形态。

2. 结合犯的特征

(1)结合犯中的犯罪行为,是数个可以分别构成其他犯罪的行为结合而来的。

(2)结合的公式:甲罪+乙罪=甲罪。

例1 拐卖妇女的过程中,强奸被拐卖的妇女的,成立拐卖妇女罪一罪(拐卖妇女罪+强奸罪=拐卖妇女罪)。

例2 拐卖妇女的过程中,强迫被拐卖的妇女卖淫或者将被拐卖的妇女卖给他人迫使其卖淫的,成立拐卖妇女罪一罪(拐卖妇女罪+强迫卖淫罪=拐卖妇女罪)。

例3 绑架过程中杀害被绑架人的,成立绑架罪一罪(绑架罪+故意杀人罪=绑架罪);故意伤害被绑架人,致人重伤、死亡的,成立绑架罪一罪(绑架罪+故意伤害致人重伤、死亡=绑架罪)。

例4 组织、运送他人偷越国(边)境的过程中,以暴力、威胁方法抗拒检查的,定组织、运送偷越国(边)境罪一罪(组织、运送偷越国边境罪+妨害公务罪=组织、运送偷越国边境罪)。

例5 走私、贩卖、运输、制造毒品的过程中,以暴力、威胁方法抗拒检查的,定走私、贩卖、运输、制造毒品罪一罪(走私、贩卖、运输、制造毒品罪+妨害公务罪=走私、贩卖、运输、制造毒品罪)。

(3)数个独立的犯罪结合成为一个新罪,是根据刑法的明文规定。

3. 结合犯的处断原则

由于结合犯是法定的一罪,不实行数罪并罚。

【小结】结合犯与结果加重犯的界分

	结合犯	结果加重犯
相同点	法定性	
不同点	两个行为	一个行为
倘若取消法律的规定	数罪并罚	想象竞合犯

（二）集合犯

1. 集合犯的概念

集合犯，是指行为人以实施不定次数的同种犯罪行为为目的，实施了数个同种犯罪行为，刑法规定作为一罪论处的犯罪形态。

2. 集合犯的特征

（1）行为人以实施不定次数的同种犯罪行为为目的。

例如《刑法》第 336 条规定的非法行医罪，行为人就是意图实施不定次数的非法行医行为。这是集合犯的主观方面的特征。

（2）实施了数个同种的犯罪行为，即刑法要求行为人具有多次实施同种犯罪行为的意图，并且行为人一般也是实施了数个同种犯罪行为的。所谓"同种犯罪行为"，是指数个行为的法律性质是相同的。如数个生产、销售伪劣商品的行为，数个走私普通货物、物品的行为，数个非法组织卖血的行为，数个非法行医的行为等。集合犯的数个同种的犯罪行为，必须触犯的是同一个罪名。

（3）刑法将数个同种犯罪行为规定为一罪，集合犯是法律规定的一罪。

3. 集合犯的分类

（1）营业犯

例如赌博罪，以"赌博为业"意味着行为人以营利为目的，反复实施赌博行为，每一次赌博行为本身不构成犯罪，刑法将反复实施的赌博行为类型化为一个犯罪构成，只成立一罪。

关联法条：《刑法》第 303 条第 1 款【赌博罪】以**营利**为目的，聚众赌博或者**以赌博为业**的，处三年以下有期徒刑、拘役或者管制，并处罚金。

（2）职业犯

例如非法行医罪，未取得医生职业资格的人，将行医作为一种业务而反复从事行医活动，如果不是将行医作为一种业务，则不成立本罪。

关联法条：《刑法》第 336 条第 1 款【非法行医罪】**未取得医生执业资格的人非法行医**，情节严重的，处三年以下有期徒刑、拘役或者管制，并处或者单处罚金；严重损害就诊人身体健康的，处三年以上十年以下有期徒刑，并处罚金；造成就诊人死亡的，处十年以上有期徒刑，并处罚金。

	营业犯	职业犯
相同点	① 主观上都具有反复多次实施的意思； ② 客观上都是将犯罪作为一种业务、职业反复多次实施； ③ 不要求行为人将犯罪行为作为唯一职业（可副业、可兼职）； ④ 不要求具有不间断性。	
不同点	具有营利目的	不具有营利目的

4. 集合犯的处断原则

由于集合犯是法定的一罪，不实行数罪并罚。

三、处断的一罪

处断的一罪，指数行为犯数罪按一罪定罪处罚的情况。数罪并罚是一般规则，但是有些数罪并罚会不近情理，所以例外情况下不实行数罪并罚。主要有连续犯、牵连犯、吸收犯。

（一）连续犯

1. 连续犯的概念

连续犯，指行为人基于同一或者概括的犯罪故意，连续多次实施犯罪行为，触犯相同罪名的犯罪。

2. 连续犯的特征

（1）实施数个犯罪行为；

（2）数个犯罪行为具有连续性；

（3）数个犯罪行为出于同一的或概括的故意；

① 同一的故意，指行为人主观上具有数次实施同一犯罪的故意；

② 概括的故意，指行为人主观上具备只要有条件就实施特定犯罪的故意。

（4）数个犯罪行为触犯相同罪名。

例1 甲基于行凶报复的意思，到乙家一连杀死乙家5口人。甲属于连续犯。

例2 甲基于盗窃的意思，一夜连续撬窃13户人家。甲属于连续犯。

3. 连续犯的意义

（1）追诉时效起算。犯罪行为有连续状态的，追诉时效从行为终了之日计算；

（2）在刑法的溯及力方面，根据司法解释，犯罪行为由刑法生效前连续到刑法生效后，如果新旧刑法都认为是犯罪的，即使现行刑法规定的处罚较重也适用现行刑法，但是在量刑时可以适当从宽处罚。

4. 连续犯的处断原则

连续犯实际上是以数行为犯同种数罪。鉴于连续犯只有一个概括或同一的犯罪故意，实施的数行为又具有连续性，在我国一般按一罪处罚。

（二）牵连犯

1. 牵连犯的概念

牵连犯，指实施某个犯罪，作为该犯罪的手段行为或结果行为又触犯其他罪的情况。

2. 牵连犯的特征

（1）有一个最终的犯罪目的；

（2）有两个以上的犯罪行为；

（3）触犯了两个以上不同的罪名；

（4）所触犯的两个以上罪名之间有牵连关系，即**方法与目的**或**原因与结果**的关系。

例1 为了实施招摇撞骗罪，需要伪造国家机关工作人员的证明文件，则会触犯伪造国家机关公文罪，两罪之间具有方法与目的的牵连关系。

例2 非法制造毒品后，再持有该毒品，即属于原因与结果的牵连。

方法	伪造国家机关公文罪	**原因**	制造毒品罪
目的	招摇撞骗罪	**结果**	非法持有毒品罪

【注意】这里的"牵连关系"要具有类型化的特点，即实施A目的的行为通常采取B方法行为，或者实施C原因行为，通常会引起D结果行为。如果行为之间不具有类型化的关联，只是在某个案件中偶尔出现原因与结果或者方法与目的的关联，则不成立牵连犯。

例如目的是驾车冲撞人群（以危险方法危害公共安全罪），采用了抢劫出租车的方法，虽然在具体案件中可能有方法和目的的牵连，但这种牵连不具有通常性和稳定性，因此不属于牵连犯，而应当数罪并罚。

3. 牵连犯的处断原则

择一重罪处罚。牵连犯实际上是数行为犯数罪，但鉴于其数行为间存在上述牵连关系，数罪并罚显得过重，所以一般按择一重罪处罚的原则处理，但是刑法有特别规定的除外。

例如为了实施保险诈骗行为而故意造成财产损失的保险事故或者故意造成被保险人死亡、伤残或者疾病，《刑法》第 198 条明确规定数罪并罚。

（三）吸收犯

1. 吸收犯的概念

吸收犯，指一个犯罪行为因为是另一个犯罪行为的必经阶段、组成部分、当然结果，而被另一个犯罪行为吸收的情况。

2. 吸收犯的形式

（1）吸收必经阶段的行为

例如行为人入户抢劫的场合，往往有非法侵入他人住宅的行为。这个"非法侵入他人住宅"的行为是行为人预定入室"抢劫"行为的一个必经阶段，被抢劫行为吸收，只需要以抢劫一罪论处。

（2）吸收组成部分的行为

例如行为人伪造增值税发票，同时又伪造发票印章。伪造印章的行为是行为人伪造发票行为的一个组成部分，被伪造发票行为吸收，只需要以伪造发票罪论处。

（3）吸收当然结果的行为

例如行为人非法制造枪支后又持有该非法制造的枪支。非法持有枪支的行为是行为人非法制造枪支行为的当然结果，为非法制造枪支行为所吸收，只需要以非法制造枪支罪一罪论处。

此外，对下列情形也有人认为是吸收犯：

（1）重行为吸收轻行为

例如抢劫实施暴力殴打他人致轻伤的，抢劫罪吸收故意伤害行为。

（2）实行行为吸收非实行行为

例如行为人在同一案件中既有教唆行为、帮助行为，又参与了犯罪的实行，一般按照实行行为定罪处罚。对于教唆、帮助行为，作为在共同犯罪中的作用考虑。

（3）高度行为吸收低度行为

如行为人进行犯罪预备之后，转入实行，以实行行为作为根据定罪处罚。

3. 牵连犯与吸收犯的区别

应当承认二者的确难以区别。因为牵连犯与吸收犯，都是数行为犯数罪，都是实际的数罪，处断的一罪，都是不同种数罪。产生这一问题的根源在于学者们使用了吸收犯和牵连犯两个概念解决同一个问题，即数罪但不需要并罚的问题。两个概念的作用相同，难免在使用中发生冲突。

【2016 - 2 - 54】关于罪数，下列哪些选项是正确的（不考虑数额或情节）？（　　）①

A. 甲使用变造的货币购买商品，触犯使用假币罪与诈骗罪，构成想象竞合犯

B. 乙走私毒品，又走私假币构成犯罪的，以走私毒品罪和走私假币罪实行数罪并罚

C. 丙先后三次侵入军人家中盗窃军人制服，后身穿军人制服招摇撞骗。对丙应按牵连犯从一重罪处罚

---

① BD

D. 丁明知黄某在网上开设赌场，仍为其提供互联网接入服务。丁触犯**开设赌场罪**与帮助信息网络犯罪活动罪，构成想象竞合犯

【考点】罪数

【解析】A选项，使用假币罪仅限于行为人使用伪造的货币，所以甲不成立使用假币罪。因此，A选项是错误的。

B选项，乙实施了两个行为，侵犯了两个法益，在法律没有特殊规定的情况下，应当数罪并罚。因此，B选项是正确的。

C选项，牵连犯要求行为人实施的两个行为必须具有类型化的牵连关系，即在通常意义上有极高的并发性。通常情况下，行为人为了招摇撞骗，并不会侵入军人家中盗窃制服，所以丙前后两个行为不具备类型化的关联。因此，C选项是错误的。

D选项，丁实施了开设赌场罪的帮助行为，该帮助行为又触犯了《刑法修正案（九）》新增加的帮助信息网络犯罪活动罪，属于一行为触犯两罪，成立想象竞合犯。因此，D选项是正确的。

【2011－2－56】关于罪数的认定，下列哪些选项是**错误**的？（　　　）①

A. 引诱幼女卖淫后，又容留该幼女卖淫的，应认定为引诱、容留卖淫罪

B. 既然对绑架他人后故意杀害他人的不实行数罪并罚，那么对绑架他人后伤害他人的就更不能实行数罪并罚

C. 发现盗得的汽车质量有问题而将汽车推下山崖的，成立盗窃罪与故意毁坏财物罪，应当实行并罚

D. 明知在押犯脱逃后去杀害证人而私放，该犯果真将证人杀害的，成立私放在押人员罪与故意杀人罪，应当实行并罚

【考点】罪数

【解析】A选项，应该数罪并罚。首先，这不是一个选择性罪名，而是两个罪，一个是容留卖淫罪，一个是引诱幼女卖淫罪；其次，这两个罪之间不具有吸引关系，前后行为并不是高度伴随的，即引诱并不必然会容留，容留之前并不必须要引诱，所以也不是吸收犯，应当数罪并罚，即引诱幼女卖淫罪和容留卖淫罪数罪并罚。因此，A选项是错误的。

B选项，《刑法》第239条第2款"犯前款罪，杀害被绑架人的，或者故意伤害被绑架人，致人重伤、死亡的，处无期徒刑或者死刑，并处没收财产。"根据法律的规定，绑架过程中故意杀人或者故意伤害致人重伤、死亡都成立绑架罪一罪，而不必数罪并罚。但是，题干中的理由是不对的，不能因为对绑架他人后故意杀害他人的不实行数罪并罚，就可以自行推导出对绑架他人后伤害他人的就更不能实行数罪并罚的结论。因此，B选项是错误的。

C选项，盗窃汽车已经侵犯了主人对汽车的占有，之后将汽车推下山崖的行为，没有侵犯新的法益，属于事后的不可罚行为，所以不数罪并罚。但是，盗窃毒品之后又贩卖毒品，由于后行为又侵犯了新的法益（国家对麻醉药品、精神药品的管理秩序）就不是不可罚的事后行为，需要数罪并罚。因此，C选项是错误的。

D选项，行为人实施了一个行为，既构成故意杀人罪，属于故意杀人罪的帮助犯；又构成了私放在押人员罪，属于私放在押人员罪的实行犯。所以是想象竞合，应当从一重处罚。因此，D选项是错误的。

---

① ABCD

第二节　数　罪

同种数罪	行为具备数个同一犯罪构成	元宝在 2018 年、2019 年、2021 年各抢劫一次
异种数罪	具备数个不同的犯罪构成	元宝在 2020 年实施 1 次抢劫、1 次盗窃、1 次强奸

1. 区分**同种数罪**与**异种数罪**的意义在于：我国司法习惯仅对异种数罪实行数罪并罚，而对一并审理的同种数罪不实行数罪并罚。不实行数罪并罚的同种数罪不仅包括罪名相同的数罪，如甲犯有三个盗窃罪，通常是将三次盗窃数额累加按一个盗窃罪定罪处罚，也包括"选择的一罪"，如走私、贩卖、运输、制造毒品罪，若甲分别犯有一个贩卖毒品罪、一个运输毒品罪，则将两次犯罪事实只按一个贩卖、运输毒品罪定罪处罚。

2. 同种数罪与连续犯的界分

		同种数罪	连续犯
相同		同一罪名	
不同	形态	不具有连续性	具有连续性
	时效起算	各罪单独计算	从行为终了之日起算
	溯及力	重法不具有溯及力	犯罪行为由刑法生效前连续到刑法生效后，如果新旧刑法都认为是犯罪的，即使现行刑法规定的处罚较重也适用现行刑法，但是在量刑时可以适当从宽处罚。

例 1　（同种数罪）元宝 2008 年盗窃 3000 元，2015 年盗窃 3000 元，2021 年盗窃 3000 元被抓，只能追究 2021 年盗窃 3000 元的刑事责任。

例 2　（连续犯）元宝从 2008 年—2021 年每周盗窃 3000 元，全部数额的追诉时效从 2021 年开始计算。

例 3　（同种数罪）元宝是非国家工作人员，2019 年 1 月受贿 10 万元，2021 年 4 月受贿 10 元，2021 年 3 月 1 日生效的《刑法修正案（十一）》只能适用于 2021 年 4 月的 10 万元，2019 年的适用旧法。

例 4　（连续犯）元宝是非国家工作人员，2020 年 9 月—2021 年 6 月，每周受贿 3 万元，全案适用 2021 年 3 月 1 日生效的《刑法修正案（十一）》。

3. **刑法分则条文中明确规定应当数罪并罚的情形：**

（1）出售、运输假币又使用的；

（2）以放火、爆炸、故意杀人等方法制造保险事故，骗取保险金的；

（3）收买被拐卖的妇女，又非法拘禁、伤害、侮辱、强奸的；

（4）组织、领导、参加恐怖组织罪，组织、领导、参加黑社会性质组织罪，又实施杀人、爆炸、绑架等行为；

（5）组织、运送他人偷越国（边）境，又对被组织者、运输者有杀害、伤害、强奸、拐卖等行为；

（6）组织卖淫、强迫卖淫的过程中又实施杀害、伤害、强奸、绑架等行为的。

第三编 刑罚论

静态（刑罚的种类）		动态（刑罚的适用）	
主刑	附加刑	量刑	行刑
管制；拘役；有期；无期；死刑	罚金；没收财产；剥夺政治权利；驱逐出境	累犯；自首、立功、坦白；数罪并罚；缓刑	减刑 假释

码上揭秘

第十二章　刑罚种类

第一节　主　刑

一、管制（限制自由刑）

1. 概念：对罪犯不予关押，但限制人身自由，并进行社区矫正的刑罚方法。

2. 期限：3 个月以上 2 年以下；数罪并罚不得超过 3 年【3 - 2 - 3】

3. 起算：判决执行之日起计算

4. 执行

（1）执行方式：社区矫正（司法行政机关—司法局）

（2）执行期间应当遵守的规定：①遵守法律、行政法规，服从监督；②未经执行机关批准，不得行使言论、出版、集会、结社、游行、示威的权利；③按照执行机关规定报告自己的活动情况；④遵守执行机关关于会客的规定；⑤离开所居住的市、县或者迁居，应当报经执行机关批准；⑥必要时可以禁止—从事特定活动；进入特定区域、场所；接触特定的人。

禁止令：禁止犯罪分子在执行期间从事特定活动，进入特定区域、场所，接触特定的人。

1. 特点

（1）"可有可无"：判处管制或者宣告缓刑的罪犯，"可以"适用禁止令，但不是"必须"；

（2）"因人而异"：禁止令的内容，根据案件的具体性质决定；

（3）"不得强人所难"：不得造成被适用者重大生存利益的剥夺。

2. 期限

（1）原则：等于或者短于管制（缓刑）期限；

（2）例外：① 判处管制，禁止令不少于 3 个月（由于折抵刑期而使得管制执行刑期少于 3

个月的，不受此限制）；②宣告缓刑，禁止令不少于 2 个月；

3. 起算：管制（缓刑）执行之日

4. 禁止的内容（2011 年 4 月 28 日两高、公安部、司法部《关于对判处管制、宣告缓刑的犯罪分子适用禁止令有关问题的规定》）

【禁止"干啥"】 禁止从事特定活动	A. 个人为进行违法犯罪活动而设立公司、企业、事业单位或者在设立公司、企业、事业单位后以实施犯罪为主要活动的，禁止设立公司、企业、事业单位； B. 实施证券犯罪、贷款犯罪、票据犯罪、信用卡犯罪等金融犯罪的，禁止从事证券交易、申领贷款、使用票据或者申领、使用信用卡等金融活动； C. 利用从事特定生产经营活动实施犯罪的，禁止从事相关生产经营活动； D. 附带民事赔偿义务未履行完毕，违法所得未追缴、退赔未到位，或者罚金尚未足额缴纳的，禁止从事高消费活动； E. 其他确有必要禁止从事的活动；
【禁止"去哪"】 禁止进入特定场所	A. 禁止进入夜总会、酒吧、迪厅、网吧等娱乐场所； B. 未经执行机关批准，禁止进入举办大型群众性活动的场所； C. 禁止进入中小学校区、幼儿园园区及周边地区，确因本人就学、居住等原因，经执行机关批准的除外； D. 其他确有必要禁止进入的区域、场所。
【禁止"见谁"】 禁止接触特定人	A. 未经对方同意，禁止接触被害人及其法定代理人、近亲属； B. 未经对方同意，禁止接触证人及其法定代理人、近亲属； C. 未经对方同意，禁止接触控告人、批评人、举报人及其法定代理人、近亲属； D. 禁止接触同案犯； E. 禁止接触其他可能遭受其侵害、滋扰的人或者可能诱发其再次危害社会的人。

【2014－2－2】甲怀疑医院救治不力致其母死亡，遂在医院设灵堂、烧纸钱，向医院讨说法。结合社会主义法治理念和刑法规定，下列哪一看法是**错误**的？（　　）①

A. 执法为民与服务大局的理念要求严厉打击涉医违法犯罪，对社会影响恶劣的涉医犯罪行为，要依法从严惩处

B. 甲属于起哄闹事，只有造成医院的秩序严重混乱的，才构成寻衅滋事罪

C. 如甲母的死亡确系医院救治不力所致，则不能轻易将甲的行为认定为寻衅滋事罪

D. 如以寻衅滋事罪判处甲有期徒刑 3 年、缓刑 3 年，为有效维护医疗秩序，法院可同时发布禁止令，禁止甲 1 年内出入医疗机构

【考点】罪刑法定原则

【解析】A 选项，从严惩处并非突破法律的界线从严惩处，该选项说的是依法从严惩处，是正确的。

B 选项，寻衅滋事罪属于妨害社会管理秩序的犯罪，需要判断行为人的行为是否给社会秩序带来了严重的混乱。因此，B 选项是正确的。

C 选项，从刑事政策角度来讲，如果医院确有过错的，那么甲的行为在某种程度上是情有可原的，所以认定他构成犯罪需要更加谨慎，不应当轻易地把他的行为评价为是犯罪行为。因

---

① D

此，C 选项是正确的。

D 选项，关于禁止令，所禁止的事项不能剥夺适用者基本生存权益，可以禁止行为人进出中小学、禁止其申请信用卡、禁止其办公司、禁止其去高档饭店消费等，但不能禁止他人进出医疗机构、公共厕所，影响到其日常的生活。因此，D 选项是错误的。

二、拘役（剥夺人身自由）

1. 概念：短期剥夺罪犯人身自由，就近实行劳动改造的刑罚方法
2. 期限：1 个月 ~ 6 个月；数罪并罚不得超过 1 年【1 - 6 - 1】
3. 起算：从判决执行之日
4. 执行：公安机关就近执行（拘役所或看守所）；每月回家 1 ~ 2 天；参加劳动，发放酌量报酬。

三、有期徒刑

1. 期限：6 个月 ~ 15 年（数罪并罚时总和刑期小于 35 年，数罪并罚不得超过 20 年；总和刑期大于或等于 35 年，数罪并罚不得超过 25 年）。
2. 起算：从判决执行之日
3. 执行
①执行场所：原则上在监狱执行；剩余刑期少于 3 个月在看守所执行；
②执行内容：凡有劳动能力的，都应当参加劳动，接受教育和改造。

四、无期徒刑

1. 概念
无期徒刑是剥夺犯罪分子的终身自由，强制其参加劳动并接受教育改造的刑罚方法。它是仅次于死刑的一种严厉的刑罚。
2. 特征
（1）没有刑期限制，罪犯终身被剥夺自由；
（2）被判处无期徒刑的罪犯在判决执行以前的羁押时间不存在折抵刑期的问题；

【小结】关于折抵刑期

	管制	拘役	有期	无期
判决宣告前先行羁押	1 日	1 日	1 日	不折抵
折抵刑期	2 日	1 日	1 日	

（3）对被判处无期徒刑的犯罪分子，必须剥夺政治权利终身。
3. 执行
被判处无期徒刑的罪犯，除了无劳动能力的以外，都要在监狱或其他执行场所中参加劳动，接受教育和改造。

五、死刑（中国刑法关于适用死刑的规定）

1. 限制死刑适用条件。死刑只适用于罪行极其严重的犯罪分子。
2. 限制死刑适用对象

犯罪的时候不满 18 周岁的人不适用死刑	审判的时候怀孕的妇女不适用死刑	审判的时候已满 75 周岁的人原则上不适用死刑
"生日当天"视为"不满"	"审判时"扩大解释为整个羁押期间；（直到执行前）	"审判的时候"扩大解释为整个羁押期间
	"怀孕"扩大解释为含在羁押期间流产（自然、人工）、分娩；	例外：以特别残忍手段致人死亡的（"特别残忍"不等于"特别恶劣"）
	流产后又因同一事实被起诉或审判，视为"审判时怀孕的妇女"	

3. 限制死刑适用程序。判处死刑立即执行的，除依法由最高人民法院判决的以外，都应当报请最高人民法院核准；判处死刑缓期两年执行的，可以由高级人民法院核准。

4. 限制死刑执行制度。对于应当判处死刑的犯罪分子，如果不是必须立即执行的，可以判处死刑同时宣告缓期 2 年执行。

5. 死刑的执行方法

（1）死刑立即执行；

（2）死刑缓期二年执行，是执行死刑的一种制度，指对应当判处死刑，但又不是必须立即执行的犯罪分子，在判处死刑的同时宣告缓刑 2 年执行，实行劳动改造，以观后效。在 2 年考验期内，如果：

①没有故意犯罪，且有重大立功表现：期满后，减为 25 年有期徒刑；

②没有故意犯罪：期满后，减为无期徒刑；

③故意犯罪，情节恶劣的，报请最高人民法院核准后执行死刑。（故意犯罪，情节不恶劣，未执行死刑的，死刑缓期执行的期间重新计算，并报最高人民法院备案）

④故意犯罪（情节不恶劣）又有重大立功表现的：重新计算死刑缓期执行期间，重新计算的 2 年考验期满，再减为 25 年有期徒刑；

⑤过失犯罪：将过失犯罪所判处的刑罚与原判死缓进行并罚，重新计算死缓考验期。

【2012－2－11】《刑法》第 49 条规定：_____的时候不满 18 周岁的人和_____的时候怀孕的妇女，不适用死刑。_____的时候已满 75 周岁的人，不适用死刑，但_____的除外。下列哪一选项与题干空格内容相匹配？（　　）①

A. 犯罪——审判——犯罪——故意犯罪致人死亡

B. 审判——审判——犯罪——故意犯罪致人死亡

C. 审判——审判——审判——以特别残忍手段致人死亡

D. 犯罪——审判——审判——以特别残忍手段致人死亡

【考点】死刑

【解析】"第 49 条 犯罪的时候不满 18 周岁的人和审判的时候怀孕的妇女，不适用死刑。审判的时候已满 75 周岁的人，不适用死刑，但以特别残忍手段致人死亡的除外。"D 选项，以特别残忍的手段致人死亡，既包括故意杀人，也包括故意伤害致人死亡，二者都属于特别残忍手段致人死亡。因此，D 选项是正确的。

---

① D

第二节　附加刑

一、罚金

（一）适用方式

1. **单处**：只单处罚金刑

在单位犯罪中，单处罚金是单位承担刑事责任的唯一方式。

【例】《刑法》第387条第1款【单位受贿罪】国家机关、国有公司、企业、事业单位、人民团体，索取、非法收受他人财物，为他人谋取利益，情节严重的，对 单位 判处 罚金 ……

2. **选处**：或者不适用，或者单独适用

【例】《刑法》第270条第1款【侵占罪】将代为保管的他人财物非法占为己有，数额较大，拒不退还的，处二年以下有期徒刑、拘役 或者罚金 ……

3. **并处**：判处主刑的同时，并处罚金

【例】《刑法》第133条之一【危险驾驶罪】在道路上驾驶机动车，有下列情形之一的，处拘役， 并处罚金 ……

4. **并处或单处**：或者附加主刑适用，或者单独适用

【例】《刑法》第213条【假冒注册商标罪】未经注册商标所有人许可，在同一种商品、服务上使用与其注册商标相同的商标，情节严重的，处三年以下有期徒刑， 并处 或者 单处罚金 ……

（二）缴纳方式

限期一次缴纳	"有钱"
限期分期缴纳	"有稳定收入"
强制缴纳	期满不缴纳的，强制缴纳
随时缴纳	不能全部缴纳罚金的，人民法院在任何时候发现被执行人有可以执行的财产
延期缴纳、酌情减少或者免除	由于遭遇不能抗拒的灾祸等原因缴纳确实有困难； 经人民法院裁定；

（三）"先民后刑"

民事责任与刑事责任竞合时，民事优先！

二、没收财产【只能附加适用】

（一）没收范围

1. 【人道主义】保留必需的生活费用（本人及其扶养的家属）
2. 【罪责自负】家属财产不得没收

（二）以没收财产偿还债务【F60】

1. 判决生效以前 犯罪分子所负的 正当 债务；

2. 需要以没收的财产偿还的；

3. 经债权人请求；

注意：财产刑的并罚

①罚金刑的并罚：并科

②没收财产的并罚：没收部分财产＋没收部分财产＝并科；没收部分财产＋没收全部财产＝吸收

③罚金刑与没收财产并罚：分别执行，先执行罚金再执行没收财产。

（三）罚金与没收财产的区别

	罚金	没收财产
内容	金钱（现实或者将来）	现有财产
	不受 犯罪人判决时个人合法财产数额的限制	受 犯罪人判决时个人合法财产数额的限制
执行方式	一次或分期或减免	一次性没收
并罚	分别执行：先执行罚金刑，再执行没收财产	

三、剥夺政治权利

（一）剥夺的权利内容

1. 选举权、被选举权；（含村委会）

2. 言论、出版、集会、结社、游行、示威自由的权利；

3. 担任 国家机关职务 的权利；

4. 担任**国有公司、企业、事业单位和人民团体** 领导职务 的权利。

（二）适用对象

"应当"剥夺：①危害国家安全类犯罪；②死刑、无期徒刑（终身）；

（三）期限

1. 死刑、无期徒刑：终身；

2. 有期徒刑、拘役、独立适用：1～5 年；

3. 死缓减为有期徒刑或者无期徒刑减为有期徒刑：3～10 年；

4. 管制：与管制同期；

（四）起算

1. 独立适用：判决执行之日；

2. 附加于死刑、无期徒刑：主刑执行之日；

3. 附加于有期徒刑、拘役：主刑执行完毕之日（剥夺政治权利的效力及于主刑执行期间）；

4. 死缓 减为有期徒刑， 无期徒刑 减为有期徒刑：减刑后的有期徒刑执行完毕之日（剥夺政治权利的效力及于主刑执行期间）；

5. 管制：同时起算、同时执行；

6. 假释：假释之日；

四、驱逐出境

强迫犯罪的外国人离开中国国（边）境的刑罚方法。

1. 独立使用：从判决确定之日执行
2. 附加适用：主刑执行完毕之日起执行

【注意】 刑期的起算

刑种	缓刑；死缓；独立适用驱逐出境	其余全部主刑；附加刑	禁止令
起算日	判决确定之日	判决执行之日	管制、缓刑执行之日

1. **判决确定**之日：判决生效之日；
2. **判决执行**之日：法院签发执行通知之日；

判决确定与判决执行之间，存在一个法院将生效判决交付执行机关（如监狱、公安机关）的间隔；

第三节　职业禁止与犯罪物品的处理

一、职业禁止

职业禁止，是指因利用职业便利实施犯罪，或者实施违背职业要求的特定义务的犯罪被判处刑罚的，人民法院可以根据犯罪情况和预防再犯罪的需要，禁止其自刑罚执行完毕之日或者假释之日起从事相关职业，期限为三年至五年。

（一）"利用职业便利"

包括利用职务便利，有"职业"不等于有"职务"，"职业"的范畴大于"职务"，因此，利用职务便利一定是利用了职业便利，但利用职业便利则未必利用职务便利。

（二）起算日期

从**刑罚执行完毕之日**或者**假释之日**起开始计算。这里的"刑罚"是指主刑，不包括附加剥夺政治权利，即不是从剥夺政治权利执行完毕之日起开始职业禁止。

二、犯罪物品的处理

（一）违法所得的一切财物，应当予以追缴或者责令退赔

1. "违法所得"

（1）违法所得的财物本身。如因受贿收受的贿赂，受雇佣杀人所得的酬金。

（2）违法所得财物产生的收益。如将收受的贿赂用于放贷所获得利息、用于炒股所获得的收益。

（3）违法所得及其收益，应扣除成本，是纯的所得收益。

注意： 因犯罪而损失的财物不属于"违法所得"；共同犯罪的违法所得，为各个共同犯罪人所得之和，不必重复计算。

2. "追缴"：尚存的违法所得的财物，进行追缴。追缴后，属于被害人的，返还被害人，其余上缴国库。

3. 责令退赔：违法所得的财物已被毁坏、挥霍，无法追回的，责令退赔。

（二）没收违禁品

"违禁品"：包括毒品、枪支、弹药、假币、淫秽物品等禁止个人持有的物品。

（三）没收供犯罪所用的本人财物

不仅包括一般所称的犯罪工具，而且包括组成犯罪行为之物。前者如杀人用的刀具、走私集团所用的船只、无行医执照的人在行医过程中所使用的器材；后者如聚众赌博者的赌资、走私的货物或物品、行贿人用于行贿的财物。

【2016－2－9】关于职业禁止，下列哪一选项是正确的？（　　）①

A. 利用职务上的便利实施犯罪的，不一定都属于"利用职业便利"实施犯罪

B. 行为人违反职业禁止的决定，情节严重的，应以拒不执行判决、裁定罪定罪处罚

C. 判处有期徒刑并附加剥夺政治权利，同时决定职业禁止的，在有期徒刑与剥夺政治权利均执行完毕后，才能执行职业禁止

D. 职业禁止的期限均为3年至5年

【考点】职业禁止

【解析】A选项，"职业"是大的概念，有职业的人，未必都有职务；而"职务"往往是与管理组织相关的工作，利用职务上的便利实施犯罪，一定都是利用职业便利实施犯罪的。因此，A选项是错误的。

B选项，《刑法》第37条之一规定，违反职业禁止的规定，公安机关应给予处罚。情节严重的，依照本法第313条的规定定罪处罚。第313条就是关于拒不执行判决裁定罪的规定。因此，B选项是正确的。

C选项，职业禁止的执行起算点是"刑罚执行完毕之日"，此处应与累犯的规定作同一解释，即指主刑执行完毕之日，因为主刑执行完毕就恢复人身自由，职业禁止就有必要开始执行。因此，C选项是错误的。

D选项，关于职业禁止制度，既有刑法的规定，也有其他法律的规定。虽然刑法规定是三到五年，但其他法律行政法规另有规定的从其规定。因此，D选项也是错误的。

① B

第十三章 量刑（刑罚的裁量）

码上揭秘

第一节 累 犯

一、一般累犯

（一）概念

一般累犯也称普通累犯，是指因犯罪受过一定的刑罚处罚，刑罚执行完毕或者赦免以后，在法定期限内又犯一定之罪的，刑法规定对其从重处罚。

（二）成立条件

1. 主观条件：前后两罪都是故意犯罪；

2. 刑度条件：前后两罪都是有期徒刑以上刑罚；

3. 年龄条件：前后两罪都必须是满18周岁以后实施的；

4. 时间条件：后罪发生在前罪的刑罚执行完毕或赦免之日起的5年内；

所谓"刑罚执行完毕"，是指主刑执行完毕，不包括附加刑在内。主刑执行完毕后5年内又犯罪，即使附加刑未执行完毕，仍构成累犯。后罪发生在前罪的刑罚执行期间，则不构成累犯，而应适用数罪并罚。

【注意】假释、缓刑与累犯

1. 假释：（1）在假释考验期内犯新罪，不成立累犯，因为刑罚没有执行完毕，此时要撤销假释，数罪并罚；（2）在假释期满之日起五年内犯罪，可以成立累犯，因为成功的假释就视为原判刑罚已经执行完毕。

2. 缓刑：（1）在缓刑考验期内犯新罪，不成立累犯，因为刑罚没有执行完毕，此时要撤销缓刑，数罪并罚；（2）在缓刑考验期满后再犯新罪，也不能成立累犯。因为成功的缓刑，视为原判刑罚不再执行，而非视为原判刑罚已经执行完毕。

二、特别累犯

（一）概念

所谓特别累犯，是指因犯危害国家安全犯罪、恐怖活动犯罪、黑社会性质的组织犯罪的犯罪分子受过刑罚处罚，刑罚执行完毕或者赦免以后，在任何时候再犯上述任一类罪的犯罪分子。

（二）成立条件

1. 前后两罪均为 危害国家安全 或者 恐怖活动 或者 黑社会性质的组织犯罪 。如果行为人实施的前后两罪都不是危害国家安全犯罪、恐怖活动犯罪、黑社会性质的组织犯罪的任一类犯罪，或者其中之一不是危害国家安全犯罪、恐怖活动犯罪、黑社会性质的组织犯罪的任一类犯罪，就不能构成特别累犯。

2. 前罪被判处的刑罚和后罪应判处的刑罚的种类及其轻重不受限制。即使前后两罪或者其中之一被判处或者应当判处管制、拘役或者单处某种附加刑，不影响特别累犯的成立。

3. 因危害国家安全犯罪、恐怖活动犯罪、黑社会性质的组织犯罪的任一类犯罪被判处刑罚，在刑罚执行完毕或者赦免以后的任何时候，再犯危害国家安全罪、恐怖活动犯罪、黑社会性质的组织犯罪的任一类犯罪，就构成特别累犯，不受前后两罪相距时间长短的限制。

【注意】（1）特别累犯也要求主体已满 18 周岁；（2）特别累犯也要求在前罪执行完毕或者赦免之后，即主刑或附加刑执行完毕。如果前罪被判处主刑，则主刑执行完毕之后；如果前罪单处附加刑，则附加刑执行完毕之后。

三、累犯的法律后果

（一）应当从重处罚

无论具备一般累犯的构成条件者，还是具备特别累犯的构成条件者，都必须对其在法定刑的限度以内，判处相对较重的刑罚即适用较重的刑种或较长的刑期。

（二）不适用缓刑

（三）不适用假释

【2015－2－10】 关于累犯，下列哪一选项是正确的？（　　　）①

A. 对累犯和犯罪集团的积极参加者，不适用缓刑

B. 对累犯，如假释后对所居住的社区无不良影响的，法院可决定假释

C. 对被判处无期徒刑的累犯，根据犯罪情节等情况，法院可同时决定对其限制减刑

D. 犯恐怖活动犯罪被判处有期徒刑 4 年，刑罚执行完毕后的第 12 年又犯黑社会性质的组织犯罪的，成立累犯

【考点】 累犯

【解析】 A 选项，不适用缓刑的对象是犯罪集团的首要分子，而非积极参加者。因此，A 选项是错误的。

B 选项，累犯不得假释。对累犯，即使假释后对所居住的社区无不良影响的，也不得适用假释。因此，B 选项是错误的。

C 选项，限制减刑的对象是判处死缓的犯罪分子，一个是被判处死缓的累犯，一个是被判处死缓的八类重犯，无期徒刑不是被限制减刑的对象。因此，C 选项是错误的。

D 选项，危害国家安全犯罪、恐怖活动犯罪、黑社会性质组织犯罪的犯罪分子，在刑法执行完毕或者赦免以后，在任何时候再犯上述任一类罪的，都以累犯论处，属于特别累犯。

第二节　自首、立功、坦白

一、自首

（一）一般自首

一般自首，是指犯罪分子犯罪以后自动投案，如实供述自己罪行的行为。一般自首的成立条件为：

---

① D

1. 自动投案

即在犯罪事实或者犯罪嫌疑人未被司法机关发觉，或者虽被发觉，但犯罪嫌疑人尚未受到讯问、未被采取强制措施时，主动、直接向公安机关、人民检察院或者人民法院投案。

（1）投案对象：司法机关、所在单位、城乡基层组织、其他有关负责人；

（2）投案时间：尚未采取刑事诉讼强制措施之前（犯罪后逃跑，在被通缉、追捕过程中，主动投案的；经查实确已准备去投案；或者正在投案途中，被公安机关捕获的，应当视为自动投案）

（3）投案方式：本人或者委托他人代投或者信函、电话、电报或者送子归案；

【注意1】根据司法解释犯罪嫌疑人具有以下情形之一的，也应当视为自动投案：

①犯罪后主动报案，虽未表明自己是作案人，但没有逃离现场，在司法机关询问时交代自己罪行的；

②明知他人报案而在现场等待，抓捕时无拒捕行为，供认犯罪事实的；

③在司法机关未确定犯罪嫌疑人，尚在一般性排查询问时主动交代自己罪行的；

④因特定违法行为被采取劳动教养、行政拘留、司法拘留、强制隔离戒毒等行政、司法强制措施期间，主动向执行机关交代尚未被掌握的犯罪行为的；

【注意2】关于"送子归案"，根据司法解释：

①并非出于犯罪嫌疑人主动，而是经亲友 规劝、陪同 投案的，视为自动投案；

②公安机关通知犯罪嫌疑人的亲友，或者亲友主动报案后，将犯罪嫌疑人 送去 投案的，视为自动投案。

③犯罪嫌疑人被亲友采用 捆绑 等手段送到司法机关，或者在亲友带领侦查人员前来抓捕时无拒捕行为，并如实供认犯罪事实的，不能认定为自动投案，但可以参照法律对自首的有关规定酌情从轻处罚。

【注意3】关于"形迹可疑"，根据司法解释：

①罪行未被有关部门、司法机关发觉，仅因形迹可疑被盘问、教育后，主动交代了犯罪事实的，应当视为自动投案；

②但有关部门、司法机关在其身上、随身携带的物品、驾乘的交通工具等处发现与犯罪有关的物品的，不能认定为自动投案。

【注意4】交通肇事罪案件中的自首

交通肇事后保护现场、抢救伤者，并向公安机关报告的，应认定为自动投案，构成自首的，因上述行为同时系犯罪嫌疑人的法定义务，对其是否从宽、从宽幅度要适当从严掌握。

交通肇事逃逸后自动投案，如实供述自己罪行的，应认定为自首，但应依法以较重法定刑为基准，视情决定对其是否从宽处罚以及从宽处罚的幅度。

（4）投案动机：真诚悔改、争取宽大处理或者摄于法律威力、走投无路

2. 如实供述自己的罪行

（1）自己的主要犯罪事实

供述自己实施并应由本人承担刑事责任的罪行。投案人所供述的犯罪，既可以是投案人单独实施的，也可以是与他人共同实施的；既可以是一罪，也可以是数罪。同时还包括同案犯的共同犯罪事实。

（2）如实

如果犯罪人在供述犯罪的过程中推诿罪责，保全自己，意图逃避制裁；大包大揽，庇护同

伙，意图包揽罪责；歪曲罪质，隐瞒情节，企图蒙混过关；掩盖真相，避重就轻，试图减轻罪责，等等，均属不如实供述自己的犯罪事实，不能成立自首。

【注意】根据司法解释：

1. 如实供述自己的罪行，除供述自己的主要犯罪事实外，还应包括姓名、年龄、职业、住址、前科等情况；

2. 供述的身份等情况与真实情况虽有差别，但不影响定罪量刑的，应认定为如实供述自己的罪行；

3. 如实供述行为事实但对行为性质加以辩解的，应认定为如实供述自己的罪行；

4. 对于犯罪证据、凶器拒不交代，不影响认定为如实供述自己的罪行；

5. 如实供述后又翻供的，不是自首；但 一审宣判前 又如实供述的成立自首，应当认定为自首；

6. 不退还赃物的，原则上不影响自首的成立。

（二）特别自首的概念及其成立条件

特别自首，亦称准自首，是指被采取强制措施的犯罪嫌疑人、被告人和正在服刑的罪犯，如实供述司法机关还未掌握的本人其他罪行的行为。特别自首的成立条件为：

1. 成立特别自首的主体必须是被采取强制措施的犯罪嫌疑人、被告人和正在服刑的罪犯

所谓强制措施，是指我国刑事诉讼法规定的拘传、拘留、取保候审、监视居住和逮捕。所谓正在服刑的罪犯，是指已经人民法院判决、正在执行所判刑罚的罪犯。上述法律规定的三种人以外的犯罪分子，不能成立特别自首。

2. 如实供述司法机关尚未掌握的本人其他罪行

被采取强制措施的犯罪嫌疑人、被告人和已宣判的罪犯，如实供述司法机关 尚未掌握 的罪行，与司法机关已掌握的或者判决确定的罪行属 不同罪行 的，以自首论；如实供述司法机关尚未掌握的罪行，与司法机关已掌握的或者判决确定的罪行属 同种罪行 的，可以酌情从轻处罚；如实供述的同种罪行较重的，一般应当从轻处罚。

（1）"尚未掌握"

①如果该罪行已被通缉，一般应以该司法机关是否在通缉令发布范围内作出判断，不在通缉令发布范围内的，应认定为还未掌握，在通缉令发布范围内的，应视为已掌握；

②如果该罪行已录入全国公安信息网络在逃人员信息数据库，应视为已掌握；

③如果该罪行未被通缉、也未录入全国公安信息网络在逃人员信息数据库，应以该司法机关是否已实际掌握该罪行为标准。

（2）"异种罪行"：原则上指"罪名"不同

①如果所交代罪行与司法机关掌握的罪名**密切相关**或者**属于选择性罪名**，视为"同种罪行"，不成立特别自首；

例1 法官元宝因为收受甲的贿赂被逮捕，侦查阶段交代自己收受甲贿赂后，对于甲的刑事案件违法做出无罪判决的事实，由于徇私枉法罪与受贿罪密切相关，则元宝不成立特别自首。

例2 人贩子元宝因为拐卖儿童甲被逮捕后，侦查阶段交代自己另有拐卖妇女乙的事实，由于拐卖妇女、儿童罪属于选择性罪名，则元宝不成立特别自首。

②如果司法机关掌握的罪名证据不足、指控不能成立，在此范围以外交代同种罪行的，视为"异种罪行"，成立特别自首。

例3 国家工作人员元宝，因涉嫌在A工程上贪污公款而被逮捕，侦查机关在法定羁押期

间无法搜集到确实、充分的证据，元宝主动交代自己在B工程上贪污公款的事实，元宝成立特别自首。

(三) 单位犯罪自首

1. 概念：单位犯罪的自首，是指单位在犯罪以后，自动投案，如实交代自己的罪行的行为。

在单位自首的认定上，需要注意的是，单位犯罪案件中，单位集体决定或者单位负责人决定而自动投案，如实交代单位犯罪事实的，或者单位直接负责的主管人员自动投案，如实交代单位犯罪事实的，应当认定为单位自首。

2. 单位自首的，直接负责的主管人员和直接责任人员未自动投案，但如实交代自己知道的犯罪事实的，可以视为自首；拒不交代自己知道的犯罪事实或者逃避法律追究的，不应当认定为自首。

3. 单位没有自首，直接责任人员自动投案并如实交代自己知道的犯罪事实的，对该直接责任人员应当认定为自首。

【2017-2-9】关于自首，下列哪一选项是正确的？(   )①

A. 甲绑架他人作为人质并与警察对峙，经警察劝说放弃了犯罪。甲是在"犯罪过程中"而不是"犯罪以后"自动投案，不符合自首条件

B. 乙交通肇事后留在现场救助伤员，并报告交管部门发生了事故。交警到达现场询问时，乙否认了自己的行为。乙不成立自首

C. 丙故意杀人后如实交代了自己的客观罪行，司法机关根据其交代认定其主观罪过为故意，丙辩称其为过失。丙不成立自首

D. 丁犯罪后，仅因形迹可疑而被盘问、教育，便交代了自己所犯罪行，但拒不交代真实身份。丁不属于如实供述，不成立自首

【考点】 自首

【解析】 A选项，对于"自动投案"，法律并未要求必须是在"犯罪过程中"或"犯罪之后"，只要是在司法机关采取强制措施之前，自动将自己置于司法机关的控制之下，就构成"自动投案"。因此，A选项是错误的。

B选项，乙在交警到达现场之后，矢口否认自己的犯罪事实，不满足"如实供述自己的罪行"的要求，所以乙不成立自首。因此，B选项是正确的。

C选项，"如实供述自己的罪行"仅要求行为人对自己客观实施的犯罪事实供认不讳，对自己主观心态的辩解不影响自首的认定。因此，C选项是错误的。

D选项，司法解释规定，行为人仅因形迹可疑而被盘问、教育，便交代了自己所犯罪行，即便供述的身份等情况与真实情况虽有差别，但不影响定罪量刑的，也应认定为如实供述自己的罪行。因此，D选项是错误的。

二、坦白

(一) 概念
虽然没有自动归案，但是被动归案后如实供述自己的罪行。

(二) 法律后果
1. 坦白的：可以从轻处罚；

---

① B

2. 因其如实供述自己罪行，避免特别严重后果发生的：可以减轻处罚；

三、立功

（一）一般立功

1. **检举、揭发**他人犯罪行为，包括共同犯罪案件中的犯罪分子揭发同案犯共同犯罪以外的其他犯罪，经查证属实；

2. **提供**侦破其他案件的重要线索，经查证属实；

3. **阻止**他人犯罪活动；

4. **协助**司法机关抓捕其他犯罪嫌疑人（含同案犯）

5. 具有其他有利于国家和社会的突出表现的。

（二）重大立功

1. 检举、揭发他人**重大**犯罪行为，经查证属实；

2. 提供侦破其他**重大**案件的重要线索，经查证属实；

3. 阻止他人**重大**犯罪活动；

4. 协助司法机关抓捕其他**重大**犯罪嫌疑人（包括同案犯、必要共犯）

5. 对国家和社会有其他**重大**贡献等表现的。

"重大犯罪" "重大案件" "重大犯罪嫌疑人"	犯罪嫌疑人、被告人可能被判处**无期徒刑**【客观上】以上刑罚或者案件在本省、自治区、直辖市或者全国范围内有较大影响。

（三）关于立功的其他问题

1. 立功线索来源的具体认定

（1）犯罪分子通过贿买、暴力、胁迫等非法手段，或者被羁押后与律师、亲友会见过程中违反监管规定，获取他人犯罪线索并"检举揭发"的，不能认定为有立功表现。

（2）犯罪分子将本人以往查办犯罪职务活动中掌握的，或者从负有查办犯罪、监管职责的国家工作人员处获取的他人犯罪线索予以检举揭发的，不能认定为有立功表现。

（3）犯罪分子亲友为使犯罪分子"立功"，向司法机关提供他人犯罪线索、协助抓捕犯罪嫌疑人的，不能认定为犯罪分子有立功表现。

例1 甲某反贪局处长，因受贿被逮捕。甲在平时办案时收集了若干官员贪污线索，在自己被逮捕后提供给办案人员，经查证属实。甲不构成立功。

例2 乙因受贿被判决后，家人多方打点狱警。某日，狱警杨某通过眼线得知与乙一同服刑的ABC三人要计划越狱，便将此消息透露给乙。乙将此消息报告给监区长，经查证属实，阻止了一场组织精密的越狱计划。乙不构成立功。

2. 关于"协助抓捕其他犯罪嫌疑人"的具体认定

犯罪分子具有下列行为之一，使司法机关抓获其他犯罪嫌疑人的，属于"协助司法机关抓捕其他犯罪嫌疑人"：

（1）按照司法机关的安排，以打电话、发信息等方式将其他犯罪嫌疑人（包括同案犯）约至指定地点的；

（2）按照司法机关的安排，当场指认、辨认其他犯罪嫌疑人（包括同案犯）的；

（3）带领侦查人员抓获其他犯罪嫌疑人（包括同案犯）的；

（4）提供司法机关尚未掌握的 其他案件 犯罪嫌疑人的联络方式、藏匿地址的，等等。

但是，犯罪分子提供 同案犯 姓名、住址、体貌特征等基本情况，或者提供犯罪前、犯罪中掌握、使用的同案犯联络方式、藏匿地址，司法机关据此抓捕同案犯的， 不能 认定为协助司法机关抓捕同案犯。

（四）立功的法律后果

1. **立功**：可以从轻或者减轻处罚；

2. **重大立功**：可以减轻或者免除处罚

【2015－2－11】下列哪一选项成立自首？（   ）①

A. 甲挪用公款后主动向单位领导承认了全部犯罪事实，并请求单位领导不要将自己移送司法机关

B. 乙涉嫌贪污被检察院讯问时，如实供述将该笔公款分给了国有单位职工，辩称其行为不是贪污

C. 丙参与共同盗窃后，主动投案并供述其参与盗窃的具体情况。后查明，系因分赃太少、得知举报有奖才投案

D. 丁因纠纷致程某轻伤后，报警说自己伤人了。报警后见程某举拳冲过来，丁以暴力致其死亡，并逃离现场

【考点】自首

【解析】A选项，"不要将自己移送到司法机关"，说明他不愿将自己置于司法机关的控制之下，自首不但要求如实供述，在如实供述之前还要自愿将自己置于司法机关的控制之下，所以甲不成立自首。因此，A选项是错误的。

B选项，乙在被检察机关讯问时，已经丧失了自动投案的机会，尽管如实供述，也不可成立自首。B选项是错误的。

C选项，丙作为共同犯罪人，主动投案并如实供述共同犯罪的内容，满足自首的要求，至于丙的自首动机，由于动机不是自首的成立要素，不影响自首的成立。因此，C选项是正确的。

D选项，丁虽有报警行为，但最终逃离现场，逃避警察的抓捕，不满足"自动投案"的条件。因此，D选项是错误的。

【2012－2－57】下列哪些选项 不构成 立功？（   ）②

A. 甲是唯一知晓同案犯裴某手机号的人，其主动供述裴某手机号，侦查机关据此采用技术侦查手段将裴某抓获

B. 乙因购买境外人士赵某的海洛因被抓获后，按司法机关要求向赵某发短信"报平安"，并表示还要购买毒品，赵某因此未离境，等待乙时被抓获

C. 丙被抓获后，通过律师转告其父想办法协助司法机关抓捕同案犯，丙父最终找到同案犯藏匿地点，协助侦查机关将其抓获

D. 丁被抓获后，向侦查机关提供同案犯的体貌特征，同案犯由此被抓获

【考点】立功

【解析】A选项，根据2010年《最高人民法院关于处理自首和立功若干具体问题的意见》"犯罪分子提供同案犯姓名、住址、体貌特征等基本情况，或者提供犯罪前、犯罪中掌握、使

---

① C   ② ACD

用的同案犯联络方式、藏匿地址，司法机关据此抓捕同案犯的，不能认定为协助司法机关抓捕同案犯。"因此，甲不成立立功，A 选项是正确的。

B 选项，根据司法解释的规定，打电话、发信息，将同案犯约至特定地点，属于"协助司法机关抓捕其他犯罪嫌疑人"，成立立功。因此，乙成立立功，B 选项是错误的。

C 选项，根据 2010 年《最高人民法院关于处理自首和立功若干具体问题的意见》"犯罪分子亲友为使犯罪分子'立功'，向司法机关提供他人犯罪线索、协助抓捕犯罪嫌疑人的，不能认定为犯罪分子有立功表现。"因此，丙不成立立功，C 选项是正确的。

D 选项，根据 2010 年《最高人民法院关于处理自首和立功若干具体问题的意见》"犯罪分子提供同案犯姓名、住址、体貌特征等基本情况，或者提供犯罪前、犯罪中掌握、使用的同案犯联络方式、藏匿地址，司法机关据此抓捕同案犯的，不能认定为协助司法机关抓捕同案犯。"因此，丁不成立立功，D 选项是正确的。

第三节　数罪并罚

一、数罪并罚概述

（一）概念

数罪并罚，是指对一行为人所犯数罪合并处罚的制度。我国刑法中的数罪并罚，是指人民法院对一行为人在法定时间界限内所犯数罪分别定罪量刑后，按照法定的并罚原则及刑期计算方法决定其应执行的刑罚的制度。这种制度的实质在于，依一定准则，解决或协调行为人所犯数罪的各个宣告刑（包括同一判决中的数个宣告刑或两个以上不同判决中的数个宣告刑）与执行刑之间的关系。

（二）特点

1. 必须是一行为人犯有数罪；

2. 行为人所犯的数罪必须发生于法定的时间界限之内。我国刑法以刑罚执行完毕以前所犯数罪作为适用并罚的最后时间界限，对于在不同的刑事法律关系发展阶段内实施或发现的数罪，采用的并罚方法也不尽一致；

3. 必须在对数罪分别定罪量刑的基础上，依照法定的并罚原则、并罚范围和并罚方法（刑期计算方式），决定执行的刑罚。

二、数罪并罚的原则

（一）并科原则

亦称相加原则，是指将一人所犯数罪分别宣告的各罪刑罚绝对相加、合并执行的合并处罚规则。

（二）吸收原则

是指对一人所犯数罪采用重罪吸收轻罪或者重罪刑吸收轻罪刑的合并处罚规则。

（三）限制加重原则

亦称限制并科原则，是指以一人所犯数罪中法定（应当判处）或已判处的最重刑罚为基础，再在一定限度之内对其予以加重作为执行刑罚的合并处罚规则。

（四）折中原则

亦称混合原则，是指对一人所犯数罪的合并处罚不单纯采用并科原则、吸收原则或限制加重原则，而是根据法定的刑罚性质及特点兼采并科原则、吸收原则或限制加重原则，以分别适用于不同刑种和宣告刑结构的合并处罚规则。

三、中国刑法中的并罚原则

（一）吸收原则的适用

1. 判决宣告的数个主刑中有数个死刑或最重刑为死刑的，采用吸收原则，仅应决定执行一个死刑；

2. 判决宣告的数个主刑中有数个无期徒刑或最重刑为无期徒刑的，采用吸收原则，只应决定执行一个无期徒刑；

3. 数罪中有判处有期徒刑和拘役的，执行有期徒刑，拘役不再执行。

例如甲犯某罪被判处有期徒刑 2 年，犯另一罪被判处拘役 6 个月。对甲只需执行有期徒刑。

（二）并科原则的适用

1. 数罪中有判处有期徒刑和管制，或者拘役和管制的，有期徒刑、拘役执行完毕后，管制仍须执行；

2. 数罪中有判处附加刑的，附加刑仍须执行，其中附加刑种类相同的，合并执行，种类不同的，分别执行；

例如乙犯某罪被判处有期徒刑 2 年，犯另一罪被判处管制 1 年。对乙应在有期徒刑执行完毕后，继续执行管制。

（三）限制加重原则的适用

1. 判决宣告的数个主刑均为有期徒刑的，应当在总和刑期以下，数刑中最高刑期以上，酌情决定执行的刑期；有期徒刑总和刑期不满 35 年的，最高不能超过 20 年，总和刑期在 35 年以上的，最高不能超过 25 年；

2. 判决宣告的数个主刑均为拘役的，应当在总和刑期以下，数刑中最高刑期以上，酌情决定执行的刑期，但是最高不能超过 1 年；

3. 判决宣告的数个主刑均为管制的，应当在总和刑期以下，数刑中最高刑期以上，酌情决定执行的刑期，但是最高不能超过 3 年。

四、不同情况下并罚原则的具体适用

1. 判决宣告以前一人犯数罪的。具体适用规则，与前述数罪并罚原则的基本适用规则完全一致。

2. 刑罚执行期间发现 漏罪 的。判决宣告以后，刑罚执行完毕以前，发现被判刑的犯罪分子在判决宣告以前还有其他罪没有判决的，应当对新发现的漏罪作出判决，把前后两个判决所判处的刑罚，依照数罪并罚原则进行合并，确定应当执行的刑罚，再减去已经执行的刑期，剩下就是还需要执行的刑期。

3. 刑罚执行期间又犯 新罪 的。判决宣告以后，刑罚执行完毕以前，被判刑的犯罪分子又犯罪的，应当对新犯的罪作出判决，把前罪没有执行的刑罚和后罪所判处的刑罚，依照数罪并罚原则，确定执行的刑罚。

4. 刑罚执行期间发现 漏罪 ，又再犯 新罪 的，对新发现的漏罪作出判决，把前后两个判决所判处的刑罚，依照数罪并罚原则进行合并，确定应当执行的刑罚，再减去已经执行的刑期之后的剩余刑，再与新罪所确定的刑期，依照数罪并罚原则，确定执行的刑罚。

例如丙犯某罪被判处有期徒刑 6 年，执行 4 年后发现应被判处拘役的漏罪。数罪并罚后，对丙只需再执行尚未执行的 2 年有期徒刑。

再如丁犯某罪被判处有期徒刑 6 年，执行 4 年后被假释，在假释考验期内犯应被判处 1 年管制的新罪。对丁再执行 2 年有期徒刑后，执行 1 年管制。

【小结】"追寻时间的脚步"

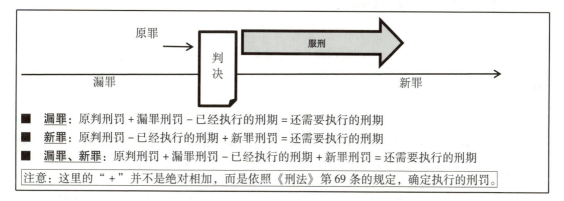

- **漏罪**：原判刑罚 + 漏罪刑罚 − 已经执行的刑期 = 还需要执行的刑期
- **新罪**：原判刑罚 − 已经执行的刑期 + 新罪刑罚 = 还需要执行的刑期
- **漏罪、新罪**：原判刑罚 + 漏罪刑罚 − 已经执行的刑期 + 新罪刑罚 = 还需要执行的刑期

注意：这里的"＋"并不是绝对相加，而是依照《刑法》第 69 条的规定，确定执行的刑罚。

例 1 甲犯有 A、B、C、D 四个罪，但法院只判决 A 罪 11 年有期徒刑、B 罪 12 年有期徒刑，合并执行 18 年有期徒刑。执行 5 年后，发现漏掉 C、D 两罪，法院判处 C 罪 6 年有期徒刑、D 罪 7 年有期徒刑。法院应在 18 年以上 31 年（18 + 6 + 7）以下决定应执行的刑期，此时并罚不超过 20 年，故在 18 年以上 20 年以下执行刑罚。

例 2 乙犯抢劫罪被判处有期徒刑 15 年，执行 10 年后又犯故意伤害罪，应判处有期徒刑 8 年。应当将未执行的 5 年与故意伤害罪 8 年实行并罚，在 8 年以上 13（5 + 8）以下决定执行的刑罚。

例 3 丙犯盗窃罪被判 8 年有期徒刑，执行 5 年后，又犯故意伤害罪，法院判处 7 年有期徒刑，另发现原判决宣告前还有没有判决的侵占罪判处 6 年有期徒刑。法院将漏罪 6 年有期徒刑与盗窃罪的 8 年有期徒刑并罚，在 8 年以上 14 年以下决定应当执行的刑罚，假如决定执行 12 年有期徒刑，12 年减去已经执行的 5 年，丙尚需执行 7 年有期徒刑，再与故意伤害罪 7 年有期徒刑并罚，在 7 年以上 14 年以下决定应当执行的刑罚。

【2017 - 2 - 55】关于数罪并罚，下列哪些选项是正确的？（　　　）①

A. 甲犯某罪被判处有期徒刑 2 年，犯另一罪被判处拘役 6 个月。对甲只需执行有期徒刑

B. 乙犯某罪被判处有期徒刑 2 年，犯另一罪被判处管制 1 年。对乙应在有期徒刑执行完毕后，继续执行管制

C. 丙犯某罪被判处有期徒刑 6 年，执行 4 年后发现应被判处拘役的漏罪。数罪并罚后，对丙只需再执行尚未执行的 2 年有期徒刑

D. 丁犯某罪被判处有期徒刑 6 年，执行 4 年后被假释，在假释考验期内犯应被判处 1 年管制的新罪。对丁再执行 2 年有期徒刑后，执行 1 年管制

---

① ABCD

【考点】数罪并罚

【解析】A选项，《刑法修正案（九）》规定，同时判处有期徒刑和拘役的，采用吸收原则，执行有期徒刑即可。因此，A选项是正确的。

B选项，同时判处有期徒刑和管制的，采用并科原则，先执行有期徒刑，再执行管制。因此，B选项是正确的。

C选项，同时判处有期徒刑和拘役的，采用吸收原则，只需要继续执行未执行的有期徒刑即可。因此，C选项是正确的。

D选项，同时判处有期徒刑和管制的，采用并科原则，先执行尚未执行的2年有期徒刑，再执行管制。因此，D选项是正确的。

第四节 缓 刑

一、概念

刑罚暂缓执行，即对原判刑罚附条件不执行的一种刑罚制度。它是指人民法院对于被判处拘役、3年以下有期徒刑的犯罪分子，根据其犯罪情节和悔罪表现，认为暂缓执行原判刑罚，没有再犯罪的危险，且宣告缓刑不会对所居住社区产生重大的不良影响的，规定一定的考验期，暂缓其刑罚的执行，若犯罪分子在考验期内没有发生法定撤销缓刑的情形，原判刑罚就不再执行的制度。

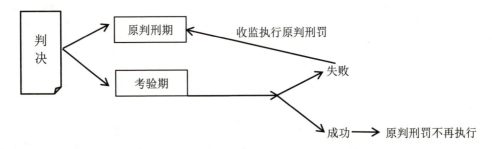

二、缓刑的适用条件

	"可以型"缓刑	"应当型"缓刑
实质条件	① 犯罪情节较轻 ② 有悔罪表现 ③ 没有**再犯罪**的危险 ④ 宣告缓刑对**所居住社区**没有重大不良影响	
对象条件	被判处拘役、三年以下有期徒刑的**犯罪分子**	被判处拘役、三年以下有期徒刑的**不满18、孕妇、已满75**
禁止缓刑：① 累犯；② 犯罪集团的首要分子。		

三、缓刑考验期

（一）原判刑罚为拘役：原判刑罚以上 1 年以下（最低不少于 2 个月）

例 1　甲被判处拘役 6 个月，同时宣告缓刑；甲的缓刑考验期为 6 个月以上 1 年以下；

例 2　乙被判处拘役 1 个月，同时宣告缓刑；乙的缓刑考验期为 1 个月～1 年，但是最低不少于 2 个月；

（二）原判刑罚为有期徒刑：原判刑罚以上 5 年以下（最低不少于 1 年）

例 1　甲被判处有期徒刑 3 年，同时宣告缓刑；甲的缓刑考验期为 3 年～5 年；

例 2　乙被判处有期徒刑 8 个月，同时宣告缓刑；乙的缓刑考验期为 8 个月～5 年以下，但是最低不少于 1 年；

四、执行

1. 执行方式：社区矫正
2. 执行机关：司法行政机关——司法局、司法所

五、执行期间应遵守的规定

1. 遵守法律、行政法规，服从监督；
2. 按照考察机关的规定报告自己的活动情况；
3. 遵守考察机关关于会客的规定；
4. 离开所居住的市、县或者迁居，应当报经考察机关批准；
5.【禁止令】：禁止—从事特定活动；进入特定区域、场所；接触特定的人；

六、法律后果

1. 被宣告缓刑的犯罪分子，在缓刑考验期限内，没有《刑法》第 77 条规定的情形，缓刑考验期满，原判的刑罚就不再执行，并公开予以宣告；

2. 被宣告缓刑的犯罪分子，在缓刑考验期限内犯新罪（在缓刑考验期内再犯，**不论是否在考验期内发现**）或者发现判决宣告以前还有其他罪没有判决的（在缓刑考验期内发现），应当撤销缓刑，对新犯的罪或者新发现的罪作出判决，把前罪和后罪所判处的刑罚，依照《刑法》第 69 条的规定，决定执行的刑罚；

3. 被宣告缓刑的犯罪分子，在缓刑考验期限内，违反法律、行政法规及国务院有关部门关于缓刑的监督管理规定，违反人民法院的禁止令，情节严重的，应当撤销缓刑，执行原判刑罚。

4. 此外无论缓刑是否撤销，所判处的附加刑均须执行。

【注意】1. 缓刑的效力不及于附加刑，即被宣告缓刑的犯罪分子，如果被判处附加刑的，附加刑仍须执行附加刑仍需执行；2. 即便是成功的缓刑，效力只及于刑而不及于罪，仍有刑事前科。

【2015 - 2 - 59】关于缓刑的适用，下列哪些选项是正确的？（　　）①

A. 甲犯重婚罪和虐待罪，数罪并罚后也可能适用缓刑

B. 乙犯遗弃罪被判处管制 1 年，即使犯罪情节轻微，也不能宣告缓刑

---

①　ABCD

C. 丙犯绑架罪但有立功情节，即使该罪的法定最低刑为 5 年有期徒刑，也可能适用缓刑

D. 丁 17 岁时因犯放火罪被判处有期徒刑 5 年，23 岁时又犯伪证罪，仍有可能适用缓刑

【考点】缓刑

【解析】A 选项，甲犯重婚罪和虐待罪，数罪并罚后也可能适用缓刑。缓刑的适用条件（一）犯罪情节较轻；（二）有悔罪表现；（三）没有再犯罪的危险；（四）宣告缓刑对所居住社区没有重大不良影响。具备这四个条件就可以缓刑。数罪并罚并不排斥缓刑的适用。因此，A 选项是正确的。

B 选项，管制刑原本就不羁押，不存在也不需要适用缓刑。因此，B 选项是正确的。

C 选项，丙有立功情节，是可以从轻或者减轻处罚的，减轻处罚就可能被减到三年或者是三年以下有期徒刑的，所以是可能适用缓刑的。因此，C 选项是正确的。

D 选项，丁犯前罪时不满 18 周岁，所以丁不成立累犯，是可能适用缓刑的。因此，D 选项是正确的。

第十四章 行刑（刑罚的执行）

第一节 减 刑

一、概念

对被判处管制、拘役、有期徒刑或者无期徒刑的犯罪分子，因其在刑罚执行期间认真遵守监规，接受教育改造，确有悔改或者立功表现，而适当减轻其原判刑罚的制度。

二、适用条件

	"可以型"减刑	"应当型"减刑
对象条件	管制、拘役、有期徒刑、无期徒刑	
实质条件	确有**悔改**表现或者**立功**表现	**重大立功**表现
限度条件	犯罪分子经过减刑以后，应当实际执行的最低刑期	
	1. 管制、拘役、有期徒刑：不少于原判刑期的 1/2； 2. 无期徒刑：不少于 13 年 3. 死缓：不少于 15 年（死刑缓期执行期间不包括在内） 4. 对被判处 无期徒刑 的职务犯罪罪犯，破坏金融管理秩序和金融诈骗犯罪罪犯，组织、领导、参加、包庇、纵容黑社会性质组织犯罪罪犯，危害国家安全犯罪罪犯，恐怖活动犯罪罪犯，毒品犯罪集团的首要分子及毒品再犯，累犯以及因故意杀人、强奸、抢劫、绑架、放火、爆炸、投放危险物质或者有组织的暴力性犯罪的罪犯，确有履行能力而不履行或者不全部履行生效裁判中财产性判项的罪犯，数罪并罚被判处 无期徒刑 的罪犯，符合减刑条件的，减刑后的刑期最低不得少于 20 年有期徒刑。	

（一）悔改表现

根据有关司法解释，同时具备以下四个方面情形的，应当认为是确有悔改表现：

1. 认罪服法；

2. 认真遵守监规、接受教育改造；

3. 积极参加政治、文化、技术学习；

4. 积极参加生产，完成生产任务；

【注意】根据 2016 年《最高人民法院关于办理减刑、假释案件具体应用法律的规定》对职务犯罪、破坏金融管理秩序和金融诈骗犯罪、组织（领导、参加、包庇、纵容）黑社会性质组织犯罪等罪犯，不积极退赃、协助追缴赃款赃物、赔偿损失，或者服刑期间利用个人影响力和社会关系等不正当手段意图获得减刑、假释的，不认定其"确有悔改表现"

（二）立功表现

1. 检举、揭发监内外犯罪活动，或者提供重要的破案线索，经查证属实；
2. 阻止他人犯罪活动；
3. 在生产、科研中进行技术革新，成绩突出；
4. 在抢险救灾或者排除重大事故中表现积极；
5. 有其他有利于国家和社会的突出事迹；

（三）重大立功表现

1. 阻止他人<u>重大</u>犯罪活动；
2. 检举监狱内外<u>重大</u>犯罪活动，经查证属实；
3. 有发明创造或者<u>重大</u>技术革新；
4. 在日常生产、生活中舍己救人；
5. 在抗御自然灾害或者排除<u>重大</u>事故中，有突出表现；
6. 对国家和社会有其他<u>重大</u>贡献的

三、死缓犯的限制减刑

对于被限制减刑的死缓犯，缓期执行期满后依法减为无期徒刑的，今后再减刑，实际执行的刑期不能少于 25 年；缓期执行期满后依法减为 25 年有期徒刑的，今后再减刑，实际执行的刑期不能少于 20 年。

死缓犯的限制减刑		
对象	① 判处 死缓 的累犯	
	② 判处 死缓 的八类重犯	
	（故意杀人、强奸、抢劫、绑架、放火、爆炸、投放危险物质、有组织的暴力犯罪）	
法院可以在作出死缓判决的同时作出限制减刑的决定		
死缓考验期满后		
考验期满	无期	25 年有期
今后再减刑，所实际执行的刑期		
再减	不少于 25 年	不少于 20 年

四、减刑后的刑期计算

（一）原判管制、拘役、有期徒刑

减刑后的刑期自**原判决执行**之日起算，原判刑期已经执行的部分，应计入减刑以后的刑期之内。

（二）对于原判无期徒刑减为有期徒刑的

刑期自**裁定减刑**之日起算；已经执行的刑期，不计入减为有期徒刑以后的刑期之内。

（三）对于无期徒刑减为有期徒刑之后，再次减刑的

其刑期的计算，则应按照有期徒刑的减刑方法计算，即应当从**前次裁定减为有期徒刑**之日

算起。

（四）对于曾被依法适用减刑，后因原判决有错误，经再审后改判为较轻刑罚的

原来的减刑仍然有效，所减刑期，应从改判的刑期中扣除。

小专题：普通死缓犯和被限制减刑死缓犯减刑后实际执行刑期比较

	两年考验期表现	后果	实际服刑期
普通死缓	故意犯罪、情节恶劣	执行死刑	死刑
	没有故意犯罪 两年期满	减为无期徒刑	不少于 15 年 （不含死缓 2 年考验期）
	重大立功表现 两年期满	减为 25 年有期徒刑	
被限制减刑的死缓	故意犯罪、情节恶劣	执行死刑	死刑
	没有故意犯罪 两年期满	减为无期徒刑	不少于 25 年 （不含死缓 2 年考验期）
	重大立功表现 两年期满	减为 25 年有期徒刑	不少于 20 年 （不含死缓 2 年考验期）

第二节　假　释

一、概念

对被判处有期徒刑、无期徒刑的犯罪分子，在执行一定刑期之后，因其认真遵守监规，接受教育改造，确有悔改表现，没有再犯罪的危险，而附条件地将其予以提前释放的制度。

二、适用条件

1. 对象条件	有期徒刑、无期徒刑
2. 实质条件	认真遵守监规，接受教育改造，**确有悔改表现，没有再犯罪的危险** 所谓"确有悔改表现"，是指同时具备以下四个方面情形：（1）认罪悔罪；（2）遵守法律法规及监规，接受教育改造；（3）积极参加思想、文化、职业技术教育；（4）积极参加劳动，努力完成劳动任务。 所谓"没有再犯罪的危险"，是指罪犯在刑罚执行期间一贯表现好，确有悔改表现，不致违法、重新犯罪，或是年老、身体有残疾（不含自伤致残），并丧失犯罪能力。
3. 限制条件 （已经执行一部分刑期）	（1）有期徒刑：已经执行原判刑罚的 1/2 （2）无期徒刑：已经执行 13 年

注意：两类人不得假释

① 累犯；② **八类重犯**（故意杀人、强奸、抢劫、绑架、放火、爆炸、投放危险物质、有组织暴力犯罪）被判处 <u>10 年以上</u>有期徒刑、无期徒刑。

三、假释考验期

1. 有期徒刑的考验期：没有执行完毕的刑期。
2. 无期徒刑的考验期：10 年。

四、考验期应遵守的规定

1. 遵守法律、行政法规，服从监督。
2. 按照考察机关的规定报告自己的活动情况。
3. 遵守考察机关关于会客的规定。
4. 离开所居住的市、县或者迁居，应当报经考察机关批准。

五、执行

1. 执行方式：社区矫正。
2. 执行机关：司法行政机关（司法局）。

六、法律后果

1. 在假释考验期限内再犯新罪（在假释考验期内再犯，**不论是否在考验期内发现**），应当撤销假释，依照《刑法》第 71 条的规定实行数罪并罚。

2. 在假释考验期限内，发现被假释的犯罪分子在判决宣告以前还有其他罪没有判决的（在假释考验期内发现），应当撤销假释，依照《刑法》第 70 条的规定实行数罪并罚。

3. 被假释的犯罪分子，在假释考验期限内，有违反法律、行政法规或者国务院有关部门关于假释的监督管理规定的行为，尚未构成新的犯罪的，应当依照法定程序撤销假释，收监执行未执行完毕的刑罚。

4. 被假释的犯罪分子，在假释考验期限内没有上述情形，即没有再犯新罪或者发现漏罪，或者违反法律、行政法规及国务院有关部门关于假释的监督管理规定，假释考验期满，就认为原判刑罚已经执行完毕，并公开予以宣告。

1. **发现漏罪**（在假释考验期内发现）	撤销假释、数罪并罚
【原罪所判处的刑罚 + "漏罪"的刑罚】 - 假释前已经执行的刑期 = 还需执行的刑期	
2. **再犯新罪**（在假释考验期内再犯，**不论是否在考验期内发现**）	撤销假释、数罪并罚；
【原罪所判处的刑罚 - 假释前已经执行的刑期】 + 新罪所判处的刑期 = 还需执行的刑期	
3. **违反规定、情节严重**	撤销假释、执行剩余刑罚；
4. **无 123 情形**	考验期满，视为原判刑罚执行完毕；

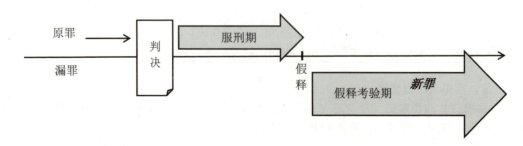

【2015－2－12】关于假释的撤销，下列哪一选项是**错误**的？（ ）①

A. 被假释的犯罪分子，在假释考验期内犯新罪的，应撤销假释，按照先减后并的方法实行并罚

B. 被假释的犯罪分子，在假释考验期内严重违反假释监督管理规定，即使假释考验期满后才被发现，也应撤销假释

C. 在假释考验期内，发现被假释的犯罪分子在判决宣告前还有同种罪未判决的，应撤销假释

D. 在假释考验期满后，发现被假释的犯罪分子在判决宣告前有他罪未判决的，应撤销假释，数罪并罚

【考点】假释

【解析】A 选项，被假释的犯罪分子，在假释考验期内犯新罪的，应撤销假释，按照"先减后并"的方法实行并罚。先减后并中"减"的是假释之前所执行的刑期，剩余刑期跟新罪进行合并。因此，A 选项是正确的。

B 选项，根据《刑法》第 86 条"被假释的犯罪分子，在假释考验期限内，有违反法律、行政法规或者国务院有关部门关于假释的监督管理规定的行为，尚未构成新的犯罪的，应当依照法定程序撤销假释，收监执行未执行完毕的刑罚。"被假释的犯罪分子，只要在假释考验期内有违规行为，不论是否在考验期内发现，都应当撤销假释，收监执行剩余刑期。

C 选项，在假释考验期内，发现被假释的犯罪分子在判决宣告前还有同种罪未判决的，应撤销假释。对于"漏罪"只要是在考验期内发现的，就应当撤销假释、数罪并罚。如果是考验期满之后在发现，就不撤销假释了，只对漏罪进行审判。因此，C 选项是正确的。

D 选项，在假释考验期满后，发现被假释的犯罪分子在判决宣告前有他罪未判决的，应撤销假释，数罪并罚，这是错的。假释考验期满后，就不需要撤销假释，只需要对漏罪进行量刑、定罪量刑，然后只执行漏罪的刑罚即可。因此，D 选项是错误的。

【2017－2－11】在符合"执行期间，认真遵守监规，接受教育改造"的前提下，关于减刑、假释的分析，下列哪一选项是正确的？（ ）②

A. 甲因爆炸罪被判处有期徒刑 12 年，已服刑 10 年，确有悔改表现，无再犯危险。对甲可以假释

B. 乙因行贿罪被判处有期徒刑 9 年，已服刑 5 年，确有悔改表现，无再犯危险。对乙可优先适用假释

C. 丙犯贪污罪被判处无期徒刑，拒不交代贪污款去向，一直未退赃。丙已服刑 20 年，确有悔改表现，无再犯危险。对丙可假释

D. 丁因盗窃罪被判处有期徒刑 5 年，已服刑 3 年，一直未退赃。丁虽在服刑中有重大技术革新，成绩突出，对其也不得减刑

【考点】减刑、假释

【解析】A、B 选项，《刑法》第 81 条第 1 款、第 2 款规定："被判处有期徒刑的犯罪分子，执行原判刑期二分之一以上，被判处无期徒刑的犯罪分子，实际执行十三年以上，如果认真遵守监规，接受教育改造，确有悔改表现，没有再犯罪的危险的，可以假释。如果有特殊情况，经最高人民法院核准，可以不受上述执行刑期的限制。对累犯以及因故意杀人、强奸、抢劫、绑架、放火、爆炸、投放危险物质或者有组织的暴力性犯罪被判处十年以上有期徒刑、无

———————————
① D ② B

期徒刑的犯罪分子，不得假释。"因此，A 选项是错误的，B 选项是正确的。

C 选项，根据 2016 年《最高人民法院关于办理减刑、假释案件具体应用法律的规定》对职务犯罪、破坏金融管理秩序和金融诈骗犯罪、组织（领导、参加、包庇、纵容）黑社会性质组织犯罪等罪犯，不积极退赃、协助追缴赃款赃物、赔偿损失，或者服刑期间利用个人影响力和社会关系等不正当手段意图获得减刑、假释的，不认定其"确有悔改表现"。因此，C 选项是错误的。

D 选项，减刑分为可以型减刑和应当型减刑两种，根据《刑法》第 78 条规定，认真遵守监规，接受教育改造，确有悔改表现的，或者有立功表现的，属于可以型减刑的情节；有重大立功表现得，则属于应当型减刑的情节。丁是普通的盗窃犯，即便没有退赃，也不能认定其没有悔改表现，何况丁还有重大技术革新，属于重大立功表现之一，应当减刑。因此，D 选项是错误的。

第三节 减刑与假释的程序

执行机关与审判机关分工合作、共同完成

减刑（假释） 建议书 →	合议庭 →	裁定
执行机关	服刑地的 中级 以上法院	
	死缓犯 的减刑、无期徒刑犯 的减刑与假释，由服刑地的 高级 人民法院裁定。	

第十五章 刑罚消灭制度

码上揭秘

第一节 刑罚消灭概述

一、刑罚消灭的概念

刑罚消灭，是指针对特定犯罪人的刑罚权因法定事由而归于消灭。

刑罚消灭以成立犯罪为前提，无犯罪即无刑罚，无刑罚即刑罚消灭。刑罚权是国家对犯罪人适用刑罚，以惩罚犯罪人的权力，它包括制刑权、求刑权、量刑权和行刑权四个方面。刑罚消灭，是指求刑权、量刑权和行刑权的消灭，至于刑罚权中的制刑权，作为立法权的组成部分，对特定的犯罪而言，在任何情况下都是不可能消灭的。

二、刑罚消灭的法定原因

刑罚消灭，必须以一定的法定事由为前提。就各国刑事立法例而言，导致刑罚消灭的法定原因大致有以下几种情况：刑罚执行完毕、缓刑考验期满（假释考验期满）、犯罪人死亡、超过时效期限、赦免。

我国的刑罚消灭制度，是指法律所规定的因不同事由而导致刑罚消灭的制度。它的具体内容较为分散。其中，因刑罚执行完毕而导致的刑罚消灭，主要属于监狱学研究的问题；因犯罪人死亡而导致的刑罚消灭，一般属于刑事诉讼法研究的范围；至于因缓刑和假释考验期满而导致的刑罚消灭，尽管属于刑法学研究的范围，但因为分别与缓刑制度和假释制度联系紧密，故而通常为缓刑制度和假释制度所包容。

所以，本章刑罚消灭所涉及的内容，只是我国刑罚消灭制度中的一部分，即时效和赦免制度。

第二节 时 效

一、时效的概念和意义

（一）时效的概念

时效，是指经过一定的期限，对犯罪不得追诉或者对所判刑罚不得执行的一项制度。

（二）追诉时效与行刑时效

时效分为追诉时效和行刑时效两种。

1. 追诉时效，是指依法对犯罪分子追究刑事责任的有效期限。在法定的期限内，司法机关有权追究犯罪分子的刑事责任；超过这个期限，除法定最高刑为无期徒刑、死刑的，经最高人民检察院特别核准必须追诉的以外，都不得再追究犯罪分子的刑事责任；已经追究的，应当撤销案件，或者不起诉，或者终止审理。

2. 行刑时效，是指法律规定对被判处刑罚的犯罪分子执行刑罚的有效期限。判处刑罚而未执行，超过法定执行期限，刑罚就不得再执行。我国刑法没有规定行刑时效制度。

（三）时效的意义

1. 有利于实现刑罚的目的；

2. 有利于司法机关集中打击现行犯罪；

3. 有利于社会安定团结。

二、追诉期限

（一）追诉的期限

1. 法定最高刑为不满 5 年有期徒刑的		5 年
2. 法定最高刑为 5 年以上不满 10 年有期徒刑的	经过	10 年
3. 法定最高刑为 10 年以上有期徒刑的		15 年
4. 法定最高刑为无期徒刑、死刑的		20 年
【注意】（1）法定最高刑为 5 年，则时效为 10 年；法定最高刑为 10 年，则时效为 15 年；（2）如果 20 年以后认为必须追诉的，须报请**最高人民检察院**核准。		

在具体计算追诉期限时，应注意以下几点：

1. 如果规定所犯罪行的刑罚，分别有几条或几款时，按其罪行应当适用的条或款的法定最高刑计算；

例如抢劫罪，既有普通抢劫，3 至 10 年的法定刑区间；也有入户抢劫、持枪抢劫，10 年以上至死刑的法定刑区间。如果行为人实施普通抢劫，其法定最高刑为 10 年，追诉时效为 15 年；如果行为人实施入户抢劫，其法定最高刑为死刑，追诉时效为 20 年。

2. 如果在同一条文中，有几个量刑幅度时，即按其罪行应当适用的量刑幅度的法定最高刑计算；

例如交通肇事罪，处三年以下有期徒刑或者拘役。如果行为人的罪行应当适用有期徒刑，则法定最高刑为三年有期徒刑，追诉时效为 5 年；如果行为人的罪行应当适用拘役，则法定最高刑为拘役六个月，追诉时效为 5 年。

3. 如果只有单一的量刑幅度时，即按此条的法定最高刑计算。

（二）追诉期限的起算

1. 追诉期限从犯罪之日起计算

所谓"犯罪之日"，应理解为犯罪成立之日。

对预备犯、未遂犯、中止犯，应分别从犯罪预备（犯罪未遂、犯罪中止成立之日起计算）

2. 犯罪行为有连续或继续状态的：犯罪行为终了之日；

所谓犯罪行为有连续或者继续状态的，是指连续犯和继续犯，其追诉期限从犯罪行为终了之日起计算。

（三）追诉时效中断的概念及其计算方法

1. 概念

所谓时效中断，是指在追诉期限内，因发生法定事由而使已经过了的时效期间归于无效，法定事由消失后重新计算追诉期限的制度，中断即重新计算。

2. 中断的原因

《刑法》第 89 条规定："在追诉期限以内又犯罪的，前罪追诉的期限从犯后罪之日起计算。"即只要犯罪分子在追诉期限内又犯罪，不论新罪的性质和刑罚轻重如何，前罪所经过的时效期间均归于无效，前罪的追诉期限从犯新罪之日起重新计算。

例如 1999 年 11 月，甲（17 周岁）因邻里纠纷，将邻居杀害后逃往外地。2004 年 7 月，甲诈骗他人 5000 元现金。2014 年 8 月，甲因扒窃 3000 元现金，被公安机关抓获。在讯问阶段，甲主动供述了杀人、诈骗罪行。甲的三个罪：

1. 故意杀人罪的时效是 20 年，刚开始是从 1999 年开始算，到 2004 年甲再犯新罪（诈骗）时又开始重新计算，所以到 2024 年的时候才届满。所以故意杀人罪没有届满；

2. 甲 2004 年诈骗 7000 元，法定最高刑是 3 年，追诉时效是 5 年，因此到 2009 年就届满，但是一直没有追诉，到了 2014 年才供述，显然诈骗罪已过追诉时效，不能追究；

3. 盗窃罪是 3 年，而且盗窃罪是被当场抓获的，所以不存在追诉时效的问题；

当甲被抓的时候故意杀人罪、盗窃罪在追诉时效期间内，诈骗罪已经经过了追诉时效。

（四）追诉时效延长的概念及其计算方法

1. 概念

所谓时效延长，是指在追诉期限内，因发生法定事由而使追究犯罪人的刑事责任不受追诉期限制的制度，延长即无限延长，案件摆脱时效的限制。

2. 延长的理由

（1）在人民检察院、公安机关、国家安全机关立案侦查或者在人民法院受理案件以后，逃避侦查或者审判的，不受追诉期限的限制。

（2）被害人在追诉期限内提出控告，人民法院、人民检察院、公安机关应当立案而不予立案的，不受追诉期限的限制。

（五）共同犯罪中追诉时效的计算

1. 对于共同犯罪，追诉期限不具有连带性，应独立计算各个共犯人的追诉期限。

2. 共同犯罪中，一个人超过了时效，另一人没超过时效的，只能对后者进行追诉。

3. 共同犯罪后，在追诉期限内又犯罪的共犯人，其前罪的追诉期限发生中断，重新计算；但另一共犯人的追诉期限并不发生中断，继续计算。

例如甲与乙共同实施合同诈骗犯罪。在合同诈骗罪的追诉期届满前，乙单独实施抢夺罪。对甲合同诈骗罪的追诉时效，从合同诈骗之日起计算；对乙合同诈骗罪的追诉时效，从乙抢夺罪之日起计算。

【2018 网络回忆版】关于追诉期限的表述，正确的有？（　　　）①

A. 追诉期限为 15 年的共同犯罪案件，有的犯罪人被追究刑事责任，未被立案侦查的共犯人，在追诉期满后可以立案追究其刑事责任

B. 在共同犯罪案件中，在追诉期限内又犯新罪的共犯人，其前罪的追诉期限从犯后罪之日起重新计算，其他未犯新罪的共犯人的追诉期限应一并中断

C. 国家工作人员在工作中严重失职，玩忽职守，多年后才发生致使国家利益遭受重大损失的危害结果，其追诉期限应当自重大损失的结果发生之日起计算

D. 法定最高刑为 10 年以上有期徒刑的故意犯罪，经过 15 年后，司法机关认为犯罪分子

---

① C

罪行严重，具有极大社会危险性的，应当立案追究其刑事责任

【考点】追诉时效

【解析】A选项，共同犯罪中，各个共犯人之间的追诉时效不具有连带性，每个人按照自己对应的法定刑量刑区间确定时效。例如甲乙入户盗窃3000元，离开时乙为了抗拒抓捕将主任打成重伤，甲对此不知情，甲是盗窃罪，追诉时效是5年；乙转化为抢劫罪（致人重伤），追诉时效20年，如果经过10年后，只能追究乙而不能追究甲。A错误

B选项，共同犯罪中，各个共犯人之间的追诉时效不具有连带性，又犯新罪的共犯人，只有他本人发生追诉时效的中断，对其他共犯人没有影响。B错误。

C选项，根据司法解释"以危害结果为条件的渎职犯罪的追诉期限，从危害结果发生之日起计算；有数个危害结果的，从最后一个危害结果发生之日起计算。"C正确。

D选项，法定最高刑为10年以上有期徒刑犯罪，追诉时效是15年，经过15年后，无论罪行多么严重，都不得追究其刑事责任。

【2016－2－10】关于追诉时效，下列哪一选项是正确的？（　　　）①

A.《刑法》规定，法定最高刑为不满5年有期徒刑的，经过5年不再追诉。危险驾驶罪的法定刑为拘役，不能适用该规定计算危险驾驶罪的追诉时效

B. 在共同犯罪中，对主犯与从犯适用不同的法定刑时，应分别计算各自的追诉时效，不得按照主犯适用的法定刑计算从犯的追诉期限

C. 追诉时效实际上属于刑事诉讼的内容，刑事诉讼采取从新原则，故对刑法所规定的追诉时效，不适用从旧兼从轻原则

D. 刘某故意杀人后逃往国外18年，在国外因伪造私人印章（在我国不构成犯罪）被通缉时潜回国内。4年后，其杀人案被公安机关发现。因追诉时效中断，应追诉刘某故意杀人的罪行

【考点】追诉时效

【解析】A选项，拘役不满5年里面包含拘役，法定最高刑不满5年的它就包含所有轻于五年的刑罚。因此，A选项是错误的。

B选项，应该分别计算，共同犯罪在追诉时效的计算问题上不具有连带性。因此，B选项是正确的。

C选项，追诉时效是刑法的内容，《刑法》第87条明确规定了时效问题，所以就应该遵守刑法的规定，应该从旧兼从轻。因此，C选项是错误的。

D选项，所谓追诉时效的中断指的是在前罪追诉时效期间内再犯新罪，刘某在这里的追诉时效没有中断，他所犯的伪造私人印章罪在我国不构成犯罪，所以追诉时效不中断，不中断意味着时效连续计算，因此18＋4＝22年。刘某前罪故意杀人罪法定最高刑为死刑，因此追诉时效20年，显然已经过了追诉时效，不应当追诉。因此，D选项是错误的。

---

① B

第三节 赦 免

一、赦免的概念

(一) 概念

赦免，是国家对于犯罪分子宣告免予追诉或者免除执行刑罚的全部或者部分的法律制度。

(二) 大赦与特赦的区别

赦免分为大赦和特赦两种。

大赦，是指国家对不特定的多数犯罪分子的赦免。其效力及于罪与刑两个方面，即对宣布大赦的犯罪，不再认为是犯罪，对实施此类犯罪者，不再认为是犯罪分子，也不再追究其刑事责任。已受罪刑宣告的，宣告归于无效；已受追诉而未受罪刑宣告的，追诉归于无效。

特赦，是指国家对特定的犯罪分子的赦免，即对于受罪刑宣告的特定犯罪分子免除其刑罚的全部或部分的执行。这种赦免只赦其刑，不赦其罪。

大赦	特赦
赦免一定种类或不特定种类的犯罪，其对象是不特定的犯罪人	赦免特定的犯罪人
既可实行于法院判决之后，也可实行于法院判决之前	只能实行于法院判决之后
既可赦其罪，又可赦其刑	只能赦其刑，不能赦其罪
大赦后再犯罪不构成累犯	特赦后再犯罪的，如果符合累犯条件，则构成累犯

■ 大赦、特赦通常由**国家元首**或**最高权力机关**以命令的形式宣布。这种命令称为大赦令、特赦令。
■ 大赦、特赦完毕，命令便自然失效。

二、我国的特赦制度

我国1954年《宪法》规定了大赦和特赦，但在实践中并没有使用过大赦。1978年《宪法》和1982年《宪法》都只规定特赦，没有规定大赦。因此，《刑法》第65，66条所说的赦免，都是指特赦减免。根据现行《宪法》第67，80条的规定，特赦一般由党中央或国务院提出建议，经全国人大常委会审议决定，由国家主席发布特赦令，并授权最高人民法院和高级人民法院执行。

自1959年至2019年，我国先后实行了九次特赦。2019年6月29日，国家主席习近平签署主席特赦令，根据十三届全国人大常委会第十一次会议表决通过的特赦决定，对部分服刑罪犯予以特赦。这是继2015年我国在抗日战争胜利70周年之际实施特赦后又一次进行特赦，具有重大政治意义和法治意义。

第四编　刑法分论

第十六章　刑法分论概说

码上揭秘

第一节　刑法分则条文的结构

一、刑法分则条文的构成

刑法分则的条文都是由罪罪状和法定刑两个部分组成。例如：

《刑法》第252条　隐匿、毁弃或者非法开拆他人信件，侵犯公民通信自由权利，情节严重的，处一年以下有期徒刑或者拘役。

二、罪状

（一）概念

罪状是指刑法分则条文对某种具体犯罪特征的描述，罪状只存在于刑法分则条文中。

（二）类型

根据刑法分则性条文对罪状描述方式的不同，可以把罪状分为简单罪状、叙明罪状、空白罪状、引证罪状。

1. **简单罪状**：即在刑法分则条文中只简单描述具体犯罪的基本特征而不作更多的解释。公民完全可以凭借自己的日常生活经验对于犯罪的具体特征加以把握。例如：

《刑法》第170条【伪造货币罪】伪造货币的，处三年以上十年以下有期徒刑，并处罚金……

《刑法》第232条【故意杀人罪】故意杀人的，处死刑、无期徒刑或者十年以上有期徒刑；情节较轻的，处三年以上十年以下有期徒刑。

《刑法》第233条【过失致人死亡罪】过失致人死亡的，处三年以上七年以下有期徒刑；情节较轻的，处三年以下有期徒刑。

2. **叙明罪状**：即在刑法分则条文中详尽描述具体犯罪的基本特征。如果不详细加以描述，有可能难以区分罪与非罪以及此罪与彼罪的界限，必须对其犯罪构成要件详细说明。

《刑法》第261条【遗弃罪】对于年老、年幼、患病或者其他没有独立生活能力的人，负有扶养义务而拒绝扶养，情节恶劣的，处五年以下有期徒刑、拘役或者管制。

《刑法》第305条【伪证罪】在刑事诉讼中，证人、鉴定人、记录人、翻译人对与案件有重要关系的情节，故意作虚假证明、鉴定、记录、翻译，意图陷害他人或者隐匿罪证的，处三年以下有期徒刑或者拘役；情节严重的，处三年以上七年以下有期徒刑。

3. **引证罪状**：引证罪状即引用刑法分则的其他条款来说明某种犯罪的特征。引证罪状的条文本身并不描述犯罪的特征，而是引用其他条款已经描述过的某种犯罪的特征来认定该种犯罪。

《刑法》第 107 条【资助危害国家安全犯罪活动罪】境内外机构、组织或者个人资助实施本章第 102 条、第 103 条、第 104 条、第 105 条规定之罪的，对直接责任人员，处五年以下有期徒刑、拘役、管制或者剥夺政治权利；情节严重的，处五年以上有期徒刑。

4. 空白罪状：在刑法分则条文中不直接叙明犯罪的特征，而只是指出该犯罪行为所违反的其他法律、法规。

《刑法》第 322 条【偷越国（边）境罪】违反国（边）境管理法规，偷越国（边）境，情节严重的，处一年以下有期徒刑、拘役或者管制，并处罚金……

《刑法》第 345 条第 2 款【滥伐林木罪】违反森林法的规定，滥伐森林或者其他林木，数量较大的，处三年以下有期徒刑、拘役或者管制，并处或者单处罚金；数量巨大的，处三年以上七年以下有期徒刑，并处罚金。

三、法定刑

（一）概念

法定刑即刑法分则条文对具体犯罪所规定的量刑标准，包括刑罚种类（即刑种）和刑罚幅度（即刑度）。

（二）类型

根据法定刑中的刑种和刑罚幅度的确定程度，可以把法定刑分为绝对确定的法定刑、相对确定的法定刑和浮动法定刑三种类型。

1. 绝对确定的法定刑：在刑法分则条文中对某种犯罪规定单一的刑种与固定的刑罚幅度的法定刑。我国刑法中只有极少数犯罪在其加重罪状中规定有绝对确定的法定刑。

《刑法》第 121 条【劫持航空器罪】以暴力、胁迫或者其他方法劫持航空器的，处十年以上有期徒刑或者无期徒刑；致人重伤、死亡或者使航空器遭受严重破坏的，处死刑。

2. 相对确定的法定刑：在刑法分则条文中对某种犯罪规定一定的刑种和刑罚幅度的法定刑。我国刑法分则条文所规定的法定刑基本属于相对确定的法定刑，这种法定刑的好处是法官可以根据案件的具体情况，裁量轻重适当的刑罚，有利于实现刑罚的统一和刑罚的个别化。

《刑法》第 133 条【交通肇事罪】违反交通运输管理法规，因而发生重大事故，致人重伤、死亡或者使公私财产遭受重大损失的，处三年以下有期徒刑或者拘役；交通运输肇事后逃逸或者有其他特别恶劣情节的处三年以上七年以下有期徒刑；因逃逸致人死亡的，处七年以上有期徒刑。

3. 浮动法定刑：法定刑的具体期限或具体数量并非确定的，而是根据一定的标准升降不居，处于一种相对不确定的游移状态。

《刑法》第 227 条【伪造、倒卖伪造的有价票证罪】伪造或者倒卖伪造的车票、船票、邮票或者其他有价票证，数额较大的，处二年以下有期徒刑、拘役或者管制，并处或者单处票证价额一倍以上五倍以下罚金；数额巨大的，处二年以上七年以下有期徒刑，并处票证价额一倍以上五倍以下罚金。

四、罪名

（一）概念

犯罪的名称，罪名所体现出来的是对犯罪本质特征的科学概括

（二）分类

1. **单一罪名**：所包含的犯罪构成的具体内容单一，只能反映一个犯罪行为，不能分解拆开使用的罪名。

【例如】故意杀人罪；故意伤害罪；逃避商检罪；非法拘禁罪；诬告陷害罪；

2. **选择罪名**：所包含的犯罪构成具体内容复杂，反映出多种行为类型，既可以概括使用，也可以拆解分开使用的罪名。选择罪名既有行为方式的选择，也有行为对象的选择，还有行为方式和行为对象一并选择的。

行为选择	引诱、容留、介绍卖淫罪
对象选择	拐卖妇女、儿童罪
行为、对象同时选择	非法制造、买卖、运输、邮寄、储存枪支、弹药、爆炸物罪

3. **概括罪名**：所包含的犯罪构成具体内容复杂，反映出多种行为类型，但是只能概括使用，不可以拆解分开使用的罪名。

例如信用卡诈骗罪，行为方式包括四种类型，无法在罪名中将四种行为方式全部呈现，因此只能用一个概括性的罪名。

（1）使用伪造的信用卡，或者使用以虚假的身份证明骗领的信用卡；

（2）使用作废的信用卡；

（3）冒用他人信用卡的；

（4）恶意透支的。

第二节　注意规定与法律拟制

一、注意规定

（一）概念

在刑法已经作出规定的前提下，提示司法人员注意，以免司法人员忽略的规定。

（二）基本特征

1. 并不改变基本规定的内容，只是对基本规定内容的重申；

2. 只具有提示性，不会导致将原本不符合规定的行为也按照相关规定论处；

《刑法》第 156 条【走私共犯】与走私罪犯通谋，为其提供贷款、资金、帐号、发票、证明，或者为其提供运输、保管、邮寄或者其他方便的，以**走私罪的共犯**论处。

《刑法》第 198 条第 4 款【保险诈骗罪共犯】保险事故的鉴定人、证明人、财产评估人故意提供虚假的证明文件，为他人诈骗提供条件的，以保险诈骗的共犯论处。

《刑法》第 271 条第 2 款【贪污罪】国有公司、企业或者其他国有单位中从事公务的人员和国有公司、企业或者其他国有单位委派到非国有公司、企业以及其他单位从事公务的人员有前款行为的，依照本法第 382 条、第 383 条的规定定罪处罚。

《刑法》第 242 条第 1 款【妨害公务罪】以暴力、威胁方法阻碍国家机关工作人员解救被收买的妇女、儿童的，依照本法第二百七十七条的规定定罪处罚。

二、法律拟制

（一）概念

将原本不符合某种规定的行为也按照该规定处理。尽管立法者明知 T2 与 T1 的事实并非完全相同，但是出于某种目的仍然将 T2 赋予 T1 相同的法律效果，从而指明法律适用者，将 T2 视为 T1 的一种情形，对 T2 适用 T1 的法律后果。

（二）设置法律拟制的理由

1. 形式：基于法律经济性的考虑，避免重复，即直接规定"对 T2 适用 T1 的法律后果"而不用重复 T1 的法律后果；

2. 实质：两种行为对于法益侵害具有相同性或者相似性，即立法者意识到 T2、T1 之间不同，同时意识到 T2、T1 之间在本质上的类似性；

例如第 267 条第 2 款【抢劫罪】携带凶器抢夺的，依照本法第 263 条的规定定罪处罚。携带凶器抢夺，原本并不符合抢劫罪的构成要件（没有对人强制），但是抢夺本身是对于财产法益的侵害，携带凶器又具有侵犯人身的高度危险性，因此"携带凶器抢夺"对人身权和财产权双重法益都带来威胁，与抢劫罪的法益侵害具有相同性。

三、注意规定与法律拟制区分

倘若取消该条文，遇到这样的法律问题，是否还会如条文所指引的处理？	
会	不会
说明该条文仅具有**提示**意义，即**提示注意**	说明该条文具有**创设**意义
注意规定	**法律拟制**
例如《刑法》第 259 条第 2 款【强奸罪】利用职权、从属关系，以胁迫手段奸淫现役军人的妻子的，依照本法第 236 条的规定定罪处罚。 即使没有第 259 条第 2 款的规定，以胁迫手段奸淫现役军人的妻子，也满足强奸罪的构成要件，应当以强奸罪论处	例如《刑法》第 292 条第 2 款【故意伤害罪、故意杀人罪】聚众斗殴，致人重伤、死亡的，依照本法第 234 条、第 232 条的规定定罪处罚。 如果没有第 292 条第 2 款的规定，聚众斗殴，致人重伤、死亡的，就有可能成立过失致人重伤罪、过失致人死亡罪。

四、特殊类型的注意规定、法律拟制

	在机器上使用	本该定盗窃罪	注意规定
《刑法》第 196 条第 3 款 盗窃信用卡并使用的，依照本法第**264 条**的规定定罪处罚。	对人使用	本该定信用卡诈骗罪	法律拟制
《刑法》第 362 条 旅馆业、饮食服务业、文化娱乐业、出租汽车业等单位的人员，在公安机关查处 卖淫、嫖娼 活动时，为违法犯罪分子通风报信，情节严重的，依照本法第 310 条的规定定罪处罚。	查处的是组织卖淫、强迫卖淫等犯罪行为	本该定窝藏、包庇罪	注意规定
	查处的是单纯的卖淫、嫖娼活动	本不该定窝藏、包庇罪	法律拟制

根据刑法第 196 条的规定，盗窃信用卡并使用的一律定盗窃罪。其实，盗窃信用卡对机器

使用的，本应该成立盗窃罪（机器不能被骗），因此在对机器使用的场合，该条规定就是注意规定；但是盗窃信用卡对人使用使用时，本应该成立信用卡诈骗罪，而法律将其拟制为盗窃罪，此时该条规定就法律拟制。

根据刑法第362条的规定，为卖淫嫖娼活动通风报信的，成立窝藏、包庇罪。实际上，窝藏罪是指窝藏犯罪的人，包庇罪是指为犯罪的人作假证明包庇，而与卖淫、嫖娼活动有关的并非都成立犯罪，组织卖淫、强迫卖淫是犯罪行为，而单纯的卖淫和嫖娼行为就不是犯罪，因此当公安机关查处卖淫、嫖娼活动时，为组织者、强迫者通风报信的行为本应该成立窝藏、包庇罪，此时该规定就是注意规定；但如果为卖淫女、嫖客通风报信本不应该成立窝藏、包庇罪，此时该规定就是法律拟制。

【2011－2－58】关于《刑法》分则条文的理解，下列哪些选项是**错误**的？（   ）①

A. 即使没有《刑法》第二百六十九条的规定，对于犯盗窃罪，为毁灭罪证而当场使用暴力的行为，也要认定为抢劫罪

B. 即使没有《刑法》第二百六十七条第二款的规定，对于携带凶器抢夺的行为也应认定为抢劫罪

C. 即使没有《刑法》第一百九十六条第三款的规定，对于盗窃信用卡并在ATM取款的行为，也能认定为盗窃罪

D. 即使没有《刑法》第一百九十八条第四款的规定，对于保险事故的鉴定人故意提供虚假的证明文件为他人实施保险诈骗提供条件的，也应当认定为保险诈骗罪的共犯

【考点】注意性规定，法律拟制

【解析】A选项，《刑法》第269条规定，在犯盗窃、诈骗、抢夺的过程中，为了窝藏赃物，抗拒抓捕，毁灭罪证，而当场使用暴力或者以暴力相威胁的要构成抢劫罪，但事实上，这样的行为并不完全符合抢劫罪的构成要件，如果立法者没有作出这样的拟制性规定，则应以盗窃罪和故意伤害罪数罪并罚，而不会直接变成抢劫罪，因此，A选项是错误的。

B选项，与A选项一样，属于法律拟制的情形，如果立法者没有做出这样的规定，则携带凶器抢夺的，应当以抢夺罪从重处罚。因此，B选项是错误的。

C选项，《刑法》第196条规定，盗窃信用卡并使用，认定为盗窃罪。如果盗窃信用卡，在ATM机上使用，对机器使用本来就因此定盗窃罪，所以有没有这样的规定，都应该认定构成盗窃罪。因此，C选项是正确的。

D选项，属于注意规定。明知对方实施保险诈骗，还为其提供证明文件的帮助行为，本来就应该是共犯，完全符合共犯的成立条件。所以做出这样的规定和没做出这样的规定没什么区别，仅仅是提醒法律适用者注意而已。因此，D选项是正确的。

---

① **AB**

第十七章 危害国家安全罪

码上揭秘

一、间谍罪

> 第一百一十条【间谍罪】有下列间谍行为之一，危害国家安全的，处十年以上有期徒刑或者无期徒刑；情节较轻的，处三年以上十年以下有期徒刑：
> （一）参加间谍组织或者接受间谍组织及其代理人的任务的；
> （二）为敌人指示轰击目标的。

（一）概念

参加间谍组织或者接受间谍组织及其代理人的任务，或者为敌人指示轰击目标，危害国家安全的行为。

（二）认定

1. 客观方面：参加间谍组织，或者接受间谍组织及其代理人的任务，或者为敌人指示轰击目标。

（1）"参加间谍组织"是指通过履行一定的手续加入间谍组织，成为其成员的行为。

（2）"接受间谍组织及其代理人的任务"，是指接受间谍组织及其代理人的指派、委托，从事危害我国国家安全的活动。接受间谍组织及其代理人的任务，不要求以事先参加间谍组织为前提，未参加间谍组织，但接受了有关任务的，也构成本罪。

（3）为敌人指示轰击目标中的"敌人"，是指处于军事及政治对抗状态下的敌对方国家或地区，也包括敌视我国政权和社会制度的敌对势力营垒和敌对组织。"轰击目标"，是指任何不为敌对势力所知晓且具有战略价值的军事设施、阵地或其他目的物。"为敌势力指示轰击目标"，包括采取信件、传真、电话、电报等间接方式，也包括径直去敌对阵营中告知等直接方式。

2. 本罪在主观方面是故意。因被诱骗而将间谍组织误认为是一般的文化交流机构，参加该组织后并未实际从事危害国家安全活动的，或者在间谍组织中从事一般勤杂事务，但并不明知该组织性质的，都不具有本罪故意。

3. 罪数：犯本罪，又实施颠覆政府、分裂国家等其他危害国家安全的犯罪活动的，以及国家机关工作人员叛逃后又参加间谍组织或者接受间谍任务的，应当数罪并罚。

二、为境外窃取、刺探、收买、非法提供国家秘密、情报罪

> 第一百一十一条【为境外窃取、刺探、收买、非法提供国家秘密、情报罪】为境外的机构、组织、人员窃取、刺探、收买、非法提供国家秘密或者情报的，处五年以上十年以下有期徒刑；情节特别严重的，处十年以上有期徒刑或者无期徒刑；情节较轻的，处五年以下有期徒刑、拘役、管制或者剥夺政治权利。

（一）概念

为境外的机构、组织、人员窃取、刺探、收买、非法提供国家秘密或者情报的行为。

（二）认定

1. 客观方面：为境外的机构、组织、人员窃取、刺探、收买、非法提供国家秘密或者情报的行为。

（1）"境外机构、组织、个人"性质没有限定，即境外机构、组织与个人是否与我国为敌，并不影响本罪的成立。

（2）"窃取"，通过盗取文件或者使用计算机、电磁波、照相机等方式取得国家秘密或者情报；"刺探"，是指使用探听或者一定的侦察技术获取国家秘密或者情报；

（3）"收买"，利用金钱、物质或其他利益换取国家秘密或者情报；

（4）"非法提供"，违反法律规定，将国家秘密、情报直接或者间接使境外机构、组织或者个人知悉。通过互联网将国家秘密或者情报非法发送给境外的机构、组织、个人的，属于非法提供。

（5）行为的对象：国家秘密或者情报。

① "国家秘密"是指关系国家安全和利益，依法确定的在一定时间内只限一定范围内的人员知悉的事项。

② "情报"，是指关系国家安全和利益、尚未公开或者依照有关规定不应公开的事项。

2. 主观方面：故意，即明知是国家秘密或者情报，而故意为境外机构、组织、个人窃取、刺探、收买或者非法提供。

3. 罪数

（1）参加间谍组织，或者接受间谍组织及其代理人的任务，为该组织窃取、刺探、收买、非法提供国家秘密或情报的，属于完成间谍组织任务的行为，为间谍罪所包容，只构成间谍罪，而不应与本罪并罚。

（2）如果不明知对方是间谍组织，但知道对方是境外机构，并为其窃取、刺探国家秘密的，定为境外窃取、刺探国家秘密罪。

【例如】某国间谍戴某，结识了我某国家机关机要员黄某。戴某谎称来华投资建厂需了解政策动向，让黄某借工作之便为其搞到密级为"机密"的《内参报告》四份，戴某拿到文件后送给黄某一部手机，并为其子前往某国留学提供了六万元资金。

【分析】黄某不知道戴某是间谍，但他明知戴某是境外人员，也明知自己所提供的是国家秘密，因此成立为境外窃取、刺探、收买、非法提供国家秘密、情报罪与受贿罪，数罪并罚。

4. 此罪与彼罪的区分

为境外窃取、刺探、收买国家秘密、情报罪	非法获取国家秘密罪
为境外	没有要求
特别法	一般法
为境外非法提供国家秘密、情报罪	故意泄露国家秘密罪
为境外	没有要求
特别法	一般法
例如通过互联网将国家秘密或者情报非法发送给境外的特定机构、组织、个人。	例如将国家秘密通过互联网予以公开发布。

三、资助危害国家安全犯罪活动罪

> **第一百零七条【资助危害国家安全犯罪活动罪】** 境内外机构、组织或者个人资助实施本章第一百零二条、第一百零三条、第一百零四条、第一百零五条规定之罪的，对直接责任人员，处五年以下有期徒刑、拘役、管制或者剥夺政治权利；情节严重的，处五年以上有期徒刑。

（一）概念

境内外机构、组织或者个人资助他人实施背叛国家罪、分裂国家罪、煽动分裂国家罪、武装叛乱、暴乱罪、颠覆国家政权罪、煽动颠覆国家政权罪的行为。

（二）认定

1. "资助"是指向有危害国家安全行为的他人提供经费、场所和物资；
2. 资助的对象：可以是组织或个人；可以是在境内或境外；
3. 资助的具体方式、时间：没有限定。

四、叛逃罪

> **第一百零九条【叛逃罪】** 国家机关工作人员在履行公务期间，擅离岗位，叛逃境外或者在境外叛逃的，处五年以下有期徒刑、拘役、管制或者剥夺政治权利；情节严重的，处五年以上十年以下有期徒刑。
>
> 掌握国家秘密的国家工作人员叛逃境外或者在境外叛逃的，依照前款的规定从重处罚。

【2012－2－14】甲系海关工作人员，被派往某国考察。甲担心自己放纵走私被查处，拒不归国。为获得庇护，甲向某国难民署提供我国从未对外公布且影响我国经济安全的海关数据。关于本案，下列哪一选项是**错误**的？（　　）①

A. 甲构成叛逃罪

B. 甲构成为境外非法提供国家秘密、情报罪

C. 对甲不应数罪并罚

D. 即使《刑法》分则对叛逃罪未规定剥夺政治权利，也应对甲附加剥夺 1 年以上 5 年以下政治权利

【考点】叛逃罪、为境外非法提供国家秘密、情报罪

【解析】A、B、C 选项，甲作为海关工作人员，在境外叛逃的，成立叛逃罪。又故意向某国难民署提供我国从未对外公布且影响我国经济安全的海关数据，属于向境外机构非法提供国家秘密、情报，成立为境外非法提供国家秘密、情报罪。前后两个行为不具有类型化的牵连关系，应该数罪并罚。因此，A、B 选项是正确的，C 选项是错误的。

D 选项，危害国家安全的犯罪，无论分则条文也没有规定，总则都规定了，一定要附加剥夺政治权利。因此，D 选项是正确的。

---

① C

码上揭秘

第十八章　危害公共安全罪

第一节　危害公共安全罪概述

危害公共安全罪是指故意或者过失地实施危害不特定或者多数人的生命、健康和重大公私财产安全的行为。这一类犯罪的共同特征是：侵犯了社会的公共安全，即不特定或者多数人的生命、健康、财产安全以及公众生活的平稳、安定。

从犯罪性质的角度看，这类犯罪是仅次于危害国家安全罪的危害性质非常严重的一类犯罪。这类犯罪中的多数犯罪表现为积极的作为，少数犯罪表现为消极的不作为，既包括实害犯，也包括危险犯，但过失类犯罪都以造成法定的实际损毁结果作为构成犯罪的必要要件。

第二节　本章要求掌握的具体罪名

一、放火罪

第一百一十四条【放火罪、决水罪、爆炸罪、投放危险物质罪、以危险方法危害公共安全罪】放火、决水、爆炸以及投放毒害性、放射性、传染病病原体等物质或者以其他危险方法危害公共安全，尚未造成严重后果的，处三年以上十年以下有期徒刑。

第一百一十五条　放火、决水、爆炸以及投放毒害性、放射性、传染病病原体等物质或者以其他危险方法致人重伤、死亡或者使公私财产遭受重大损失的，处十年以上有期徒刑、无期徒刑或者死刑。

过失犯前款罪的，处三年以上七年以下有期徒刑；情节较轻的，处三年以下有期徒刑或者拘役。

（一）概念

故意放火焚烧公私财物，危害公共安全的行为。

（二）认定

1. 客观要件：实施放火焚烧公私财物，危害公共安全的行为

（1）"放火"是指故意使对象物燃烧、引起火灾的行为；

（2）"火灾"是指在时间上或者空间上失去控制的燃烧所造成的灾害。

"使对象物燃烧的行为是否属于放火行为"，关键在于它这种燃烧有没有可能变成火灾，这便需要正确判断。

首先，要将所有客观事实作为判断资料，如行为本身的危险性，对象物本身的性质、结构、价值，对象物周围的状况，对象物与周围可燃物的距离，行为时的气候、气温等等。

其次，要根据客观的因果法则进行判断，对象物燃烧的行为是否足以形成在时间上或空间

上失去控制的燃烧状态。

如果行为确实引起了对象物的燃烧，但是综合考察燃烧的具体情状，如果发现不可能出现燃烧失控的状态，则该行为就不是"放火"，而只是以<u>燃烧的方式</u>故意毁坏财物的行为。

2. 犯罪主体：已满 14 周岁、具有辨认和控制自己行为能力的自然人。

3. 既遂标准

放火罪属于具体危险犯，当行为产生引起火灾的具体危险时，犯罪既遂。而对于"危险"的判断，刑法采取"独立燃烧说"，即放火对象着火后，将引火物撤离，对象物能够处于独立燃烧的状态，火势具有某成程度蔓延开来的可能性。

（1）使对象物"燃烧"行为在有可能发展成为"火灾"时，才能评价为"放火"；

（2）"燃烧"只需要达到"独立燃烧"的程度，放火罪就既遂。

（3）如果还没有将对象物点燃，或刚点燃还未能脱离引火物独立燃烧，过后随即熄灭的，不是既遂。

4. 区分放火罪与使用放火的方法实施其他犯罪的界限

放火罪	使用 燃烧 方法实施的故意毁坏财物罪、故意杀人罪
危及公共安全	没有危及公共安全

例如元宝因与邻居发生口角心生怨恨，意图报复邻居，便趁黑夜将邻居堆放在水泥稻场中央的前一天收割的稻子一把火烧光（稻堆周围 20 米范围内并无易燃易爆物）。元宝的行为并无危害公共安全的具体危险，仅构成故意毁坏财物罪。

二、爆炸罪

（一）概念

故意针对不特定的多数人或者重大公私财产实施爆炸行为，危害公共安全的行为。

（二）认定

1. 客观方面：引起爆炸物或其他设备、装置爆炸，危害公共安全。

（1）"引起爆炸物爆炸"：主要是指引起炸弹、炸药包、手榴弹、雷管及各种易爆的固体、液体、气体物品爆炸。

（2）"引起其他设备、装置爆炸"：主要是指利用各种手段，导致机器、锅炉等设备或装置爆炸。

2. 区分爆炸罪与使用爆炸的方法破坏特定设备的犯罪的界限。使用爆炸的方法破坏交通工具、交通设施、电力设备等，既符合爆炸罪的构成，也符合破坏特定工具、设备犯罪的构成，属于法条竞合犯（交叉竞合），按照特别法条优于普通法条的原则处理，即按照破坏交通工具罪、破坏交通设施罪、破坏电力设备罪等罪定罪处罚。

3. 罪数

（1）以爆炸手段杀伤特定个人，而结果只是损害了特定的个人的生命、健康，应分别按故意杀人罪、故意伤害罪论处；

（2）利用爆炸手段，其目的虽是杀伤特定的个人，但除杀伤特定个人外，又危害不特定多数人的生命、健康或者财产安全的，构成故意杀人罪和爆炸罪的想象竞合犯。

三、投放危险物质罪

（一）概念

故意针对不特定的多数人或者重大公私财产投放毒害性、放射性、传染病病原体等物质，危害公共安全的行为。

（二）认定

1. 客观方面：投放毒害性、放射性、传染病病原体等物质。

（1）"投放"

①是将危险物质投放于供不特定或多数人饮食的食品或饮料中；

②将危险物质投放于供人、畜等使用的河流、池塘、水井等中；

③释放危险物质，如将沙林、传染病病原体释放于一定场所。

（2）"危险物质"：毒害性、放射性、传染病病原体等危险物质，包括危险气体、液体、固体。

2. 本罪是具体危险犯，即投放危险物质的行为足以造成不特定或者多数人重伤、死亡以及财产重大损失的，就构成本罪。

四、以危险方法危害公共安全罪

（一）概念

使用与放火、爆炸、决水、投放危险物质危险性相当的其他危险方法，危害公共安全的行为。

（二）认定

1. 客观方面：使用与放火、爆炸、决水、投放危险物质危险性相当的其他危险方法，危害公共安全的行为。

（1）使用放火、决水、爆炸、投放危险物质 以外的其他 危险方法危害公共安全。

（2）"以外的其他方法"仅限于与放火、决水、爆炸、投放危险物质相当的方法，而不是泛指任何具有危害公共安全性质的方法。常见的危险方法有：

①破坏矿井通风设备，危害公共安全；

②在多人通行的场所私拉电网，危害公共安全；

③在火灾现场破坏消防器材，危害公共安全；

④乘客在公共交通工具行驶过程中，抢夺方向盘、变速杆等操纵装置，殴打、拉拽驾驶人员，或者有其他妨害安全驾驶行为，危害公共安全；

⑤驾驶人员在公共交通工具行驶过程中，与乘客发生纷争后违规操作或者擅离职守，与乘客厮打、互殴，危害公共安全；

上述④⑤两种情形，只有在给交通运输安全带来现实、紧迫、具体的危险，如导致公共交通工具发生激烈晃动，严重偏离线路，足以发生倾覆毁坏的后果或者造成严重交通事故致人伤亡时才成立本罪，如果只是有"抢夺""拉拽""互殴"行为，而没有引发紧迫具体危险，则以妨害安全驾驶罪定罪处罚。

⑥邪教组织人员以自焚、自爆方法，危害公共安全；

⑦驾车冲撞人群，危害公共安全；

⑧醉酒后驾驶机动车在高速公路上逆向高速行驶；

⑨故意从高空抛弃物品，尚未造成严重后果，但足以危害公共安全；

【注意】只有在从高空抛弃物品给公共安全带来紧迫、具体的危险（如一次性扔下十个啤酒瓶）或者已经造成不特定多数人伤亡时，才成立本罪；如果仅是从高空抛弃物品，情节严重（如扔下一把菜刀，没有砸中人员与财物），则以高空抛物罪定罪处罚。

⑩已经确诊的新型冠状病毒感染肺炎病人、病原体携带者，拒绝隔离治疗或者隔离期未满擅自脱离隔离治疗，并进入公共场所或者公共交通工具的；新型冠状病毒感染肺炎疑似病人拒绝隔离治疗或者隔离期未满擅自脱离隔离治疗，并进入公共场所或者公共交通工具，造成新型冠状病毒传播的。

2. 本罪是与"放火罪、爆炸罪、决水罪"并列的罪名，因此要求行为不但危及公共安全，还要具有瞬间的爆发性，损害结果随时扩大或增加，只有这样才能认为与放火、爆炸、决水行为程度相当。

例如甲为寻求刺激，在某县多个乡镇，趁学生放学或上学之机，多次使用废弃的注射器、锥子、自制铁锐器（有倒钩）等凶器刺伤中小学女生的胸部，造成1人死亡24名中小学女生不同程度受伤。甲每一次捅刺行为只能伤害一人，损害结果不具有随时扩大或增加的可能性，应当构成故意杀人罪和故意伤害罪，进行数罪并罚。

3. 以危险方法危害公共安全罪的构成要件缺乏明确性，如果某一行为符合刑法分则第二章其他犯罪的构成要件，则应当优先认定为其他罪名。

例如甲、乙二人出于毁坏车辆，以达到帮助别人修车、守车获取劳务费的目的，在某二级汽车专用公路的行车路面上放置了两块分别约80公斤和20公斤的石头。当晚23时许，元宝驾驶汽车途经此地，汽车撞在二被告人放置的石头上，致左前轮爆裂，车辆失控冲到公路旁的防洪沟内，造成车内二人死亡。甲乙的行为构成破坏交通设施罪，不应当认定为以危险方法危害公共安全罪。

五、破坏交通工具罪

第一百一十六条【破坏交通工具罪】破坏火车、汽车、电车、船只、航空器，足以使火车、汽车、电车、船只、航空器发生倾覆、毁坏危险，尚未造成严重后果的，处三年以上十年以下有期徒刑。

第一百一十九条 破坏交通工具、交通设施、电力设备、燃气设备、易燃易爆设备，造成严重后果的，处十年以上有期徒刑、无期徒刑或者死刑。

过失犯前款罪的，处三年以上七年以下有期徒刑；情节较轻的，处三年以下有期徒刑或者拘役。

（一）概念

破坏火车、汽车、电车、船只、航空器，足以使火车、汽车、电车、船只、航空器发生倾覆、毁坏危险，尚未造成严重后果或者已经造成严重后果的行为。

（二）认定

1. 客观方面：破坏火车、汽车、电车、船只、航空器，足以使火车、汽车、电车、船只、航空器发生倾覆、毁坏危险，尚未造成严重后果或者已经造成严重后果的行为。

（1）"破坏"：对上述交通工具的整体或者重要部件的破坏，不影响交通运输安全的行为不能评价为"破坏"。破坏行为必须足以使火车、汽车、电车、船只或者航空器发生倾覆、毁坏危险。其中，尚未造成严重后果的，属于第116条的未遂，适用第116条；已经造成严重后果的，属于第119条的既遂，适用第119条。

（2）犯罪对象：关涉不特定或者多数人的生命、健康或者重大财产安全的火车、汽车、电车、船只、航空器。对于上述交通工具是否关涉公共安全主要从交通工具所处的状态进行判断。一般来说，交通工具处于下列状态时，便成为本罪对象：

①交通工具正在行驶（飞行）中；

②交通工具处于已交付随时使用的状态；

③交通工具处于不需再检修便可使用的状态，如交付检修的汽车的刹车系统并无故障，但汽车检修人员首先破坏刹车系统，然后只检修其他部件，再交付使用的，仍然构成破坏交通工具罪。

2. 既遂标准。本罪是具体危险犯，破坏行为只要足以使交通工具发生颠覆、毁坏危险的，无论是否造成严重后果，均既遂。当然，从着手到危险发生之间有时间距离，所以仍然存在未遂或中止形态，比如行为人刚着手破坏汽车的刹车系统，未来得及剪断刹车管即被当场抓获而未得逞，应按未遂处理。

3. 出于贪利动机窃取交通工具的关键部件，足以发生使其倾覆或毁坏危险的，成立本罪与盗窃罪的想象竞合犯。

六、破坏交通设施罪

第一百一十七条【破坏交通设施罪】破坏轨道、桥梁、隧道、公路、机场、航道、灯塔、标志或者进行其他破坏活动，足以使火车、汽车、电车、船只、航空器发生倾覆、毁坏危险，尚未造成严重后果的，处三年以上十年以下有期徒刑。

（一）概念

故意破坏轨道、桥梁、隧道、公路、机场、航道、灯塔、标志或者进行其他破坏活动，足以使火车、汽车、电车、船只、航空器发生倾覆、毁坏危险或者造成严重后果的行为。

（二）认定

1. 客观方面：破坏轨道、桥梁、隧道、公路、机场、航道、灯塔、标志或者进行其他破坏活动，足以使火车、汽车、电车、船只、航空器发生倾覆、毁坏危险或者造成严重后果的行为。

（1）"破坏"：对交通设施的毁坏和使其丧失正常功能。包括作为和不作为两种形式。例如检修工见设备损坏不加修理，见灯塔上发光设备损坏不予修复等。

（2）"交通设施"成为犯罪对象，必须满足两个前提条件：

①正在使用；

②关系到交通运输安全。例如熄灭灯塔上的灯光，破坏轨道上的钢轨，拔掉交通警告标志等，就可能危及公共安全。如果破坏与交通运输安全无关的设施（如候机室的生活设施），则不构成本罪。

2. 既遂标准：本罪是具体危险犯，破坏交通设施行为足以使交通工具发生倾覆、毁坏危险的，即成立犯罪既遂。

3. 以盗窃手段破坏交通设施与盗窃罪的区别，在于是否危及公共安全。

例1 采用秘密窃取手段，盗窃铁道枕木、保障交通运输安全的电器设备上的电子元件、偷割铁路专用电缆、电话线，危害公共安全的，应成立破坏交通设施罪，同时也成立盗窃罪，想象竞合，从一重罪论处，最终应当认定为破坏交通设施罪；

　　例2　盗窃未投入使用或已经废弃不用的交通设施，因不影响交通安全，只成立盗窃罪。

　　【2018网络回忆版】甲、乙二人出于毁坏车辆，以达到帮助别人修车、守车获取劳务费的目的，在某二级汽车专用公路的行车路面上放置了两块分别约80公斤和20公斤的石头。当晚23时许，驾驶汽车途径此地，汽车撞在二被告人放置的石头上，致左前轮爆裂，车辆失控冲下公路旁的防洪沟内，造成车内二人死亡。下列说法正确的有？（　　　）①

A. 甲、乙构成破坏交通设施罪　　　　　B. 甲、乙构成破坏交通工具罪
C. 甲、乙构成故意毁坏财物罪　　　　　D. 甲、乙构成以危险方法危害公共安全罪

　　【考点】破坏重要设施危害公共安全的犯罪

　　【解析】A选项，二级汽车专用公路属于交通设施，甲乙二人在上面放置石头，使得公路丧失原有功能，变得不再可用，属于对于交通设施的破坏，A正确。

　　B选项，甲乙二人的行为虽然没有直接作用于汽车，但是必然会导致汽车撞上巨石、损坏轮胎以及汽车的其他部件，也是一种破坏交通工具的行为，B正确。

　　C选项，汽车属于财物，造成汽车的毁坏，必然是一种毁坏财物的行为，甲乙二人同时构成故意毁坏财物罪，C正确。

　　由于甲、乙只有一个行为，属于破坏交通设施罪、破坏交通工具罪、故意毁坏财物罪，想象竞合，从一重。

　　D选项，以危险方法危害公共安全罪的构成要件缺乏明确性，如果某一行为符合刑法分则第二章其他犯罪的构成要件，则应当认定为其他罪名，而不需要认定为以危险方法危害公共安全罪，D错误。

七、破坏电力设备罪

第一百一十八条【破坏电力设备罪】破坏电力、燃气或者其他易燃易爆设备，危害公共安全，尚未造成严重后果的，处三年以上十年以下有期徒刑。

（一）概念

破坏电力设备罪，是指故意破坏电力设备，危害公共安全的行为。

（二）认定

犯罪对象：关涉公共电力安全的电力设备，即处于运行、应急等使用中的电力设备。

1. 尚未安装完毕的农用低压照明电线路，不属于正在使用中的电力设备；即使行为人盗走其中架设好的部分电线，也不致对公共安全造成危害，成立盗窃罪；

2. 已经通电使用，只是由于枯水季节或电力不足等原因，而暂停供电的线路，仍应认为是正在使用的线路。行为人偷割这类线路中的电线，成立破坏电力设备罪；

3. 已经安装完毕，还未供电的电力线路的行为，应分别不同情况处理：

（1）如果偷割的是未正式交付电力部门使用的线路，成立盗窃罪；

（2）如果明知线路已交付电力部门使用而偷割电线的，成立破坏电力设备罪。

---

① ABC

八、组织、领导、参加恐怖组织罪

第一百二十条【组织、领导、参加恐怖组织罪】组织、领导恐怖活动组织的，处十年以上有期徒刑或者无期徒刑，并处没收财产；积极参加的，处三年以上十年以下有期徒刑，并处罚金；其他参加的，处三年以下有期徒刑、拘役、管制或者剥夺政治权利，可以并处罚金。

犯前款罪并实施杀人、爆炸、绑架等犯罪的，依照数罪并罚的规定处罚。

（一）概念

为首策划组织、领导或者积极参加恐怖活动组织的行为。

（二）认定

1. 客观方面：组织、领导、参加恐怖组织的行为。

（1）"恐怖组织"：为实施恐怖活动而组成的犯罪集团。恐怖活动，是指以制造社会恐慌、危害公共安全或者胁迫国家机关、国际组织为目的，采取暴力、破坏、恐吓等手段，造成或者意图造成人员伤亡、重大财产损失、公共设施损坏、社会秩序混乱等严重危害社会的行为。

（2）"组织"：主要是指组建恐怖活动组织；

（3）"领导"：指策划、指挥恐怖活动组织的具体活动；

（4）"参加"：加入恐怖活动组织，使自己成为该组织成员。

2. 既遂。本罪是行为犯，行为人将组织、领导、参加恐怖活动组织的行为实施完毕，犯罪就既遂。

3. 罪数。组织、领导、参加恐怖组织之后，又实施杀人、爆炸、抢劫、强奸、绑架等罪的，数罪并罚。

九、非法持有宣扬恐怖主义、极端主义物品罪

第一百二十条之六【非法持有宣扬恐怖主义、极端主义物品罪】明知是宣扬恐怖主义、极端主义的图书、音频视频资料或者其他物品而非法持有，情节严重的，处三年以下有期徒刑、拘役或者管制，并处或者单处罚金。

（一）概念

明知是宣扬恐怖主义、极端主义的图书、音频视频资料或者其他物品而非法持有，情节严重的行为。

（二）认定

1. 持有：一个广义的概念，包括握有、占有、隐藏等一切控制宣扬恐怖主义、极端主义物品的行为。

2. 主观方面：行为人必须明知是宣扬恐怖主义、极端主义的图书、音频视频资料或者其他物品；明知图书、音频视频资料或其他物品载有宣扬恐怖主义、极端主义的内容，但出于营利或其他目的，违反国家规定，给予出版、印刷、复制、发行、传播或者提供仓储、邮寄、投递、运输、传输等服务的，可以按照非法经营罪等具体罪名定罪处罚。

十、劫持航空器罪

第一百二十一条【劫持航空器罪】以暴力、胁迫或者其他方法劫持航空器的，处十年以上有期徒刑或者无期徒刑；致人重伤、死亡或者使航空器遭受严重破坏的，处死刑。

（一）概念

以暴力、胁迫或者其他方法劫持航空器的行为。

（二）认定

1. 客观方面：以暴力、胁迫或者其他方法劫持航空器的行为。

（1）"暴力"：对机组成员等人不法行使有形力，并达到足以抑制其反抗的程度。

（2）"胁迫"：一般是指以对机组成员等人进行加害相威胁，并达到足以迫使其不敢反抗的程度。行为人为了使机组成员等人产生恐惧心理，实施对物暴力行为，足以抑制其反抗的，亦属于本罪的胁迫。

（3）"其他方法"：与暴力、胁迫性质相当的，使航空器内的机组成员或其他人员不能反抗、不敢反抗或者不知反抗的方法，如暗中投放麻醉药品，使机组成员丧失反抗能力等。

（4）劫持，包括下列两种情形：

① 劫夺航空器：行为人直接驾驶或者操作航空器。

② 强迫航空器驾驶、操作人员按照自己的意志驾驶、操作，从而控制航空器的方向、速度、降落地。

（5）行为对象：正在使用中或者飞行中的航空器

① "正在使用"：自地面人员或机组为某一特定飞行而对航空器进行飞行前的准备时起，直到降落后24小时为止，该航空器被认为是正在使用中；

② "飞行中"：航空器从装载完毕，机舱外部各门均已关闭时起，直至打开任一机舱门以便卸载时止，属于正在飞行中。

2. 既遂。着手实施劫持行为后，已经实际控制该航空器的为既遂。

3. 主观方面是故意。不论行为人出于何种动机劫持航空器，都不影响本罪的成立。对以政治避难为名劫持航空器的，亦构成本罪。

4. 绝对死刑的规定。本罪是重罪，所以其法定刑起点高，法定刑跨度大，致人重伤、死亡或者使航空器遭受严重破坏的，最高刑为绝对确定的死刑。

5. 劫持航空器罪与破坏交通工具罪的界限

	劫持航空器罪	破坏交通工具罪
客观方面	控制	破坏
主观方面	直接故意（以控制航空器的方向、速度为目的）	直接故意或者间接故意

十一、劫持船只、汽车罪

第一百二十二条【劫持船只、汽车罪】以暴力、胁迫或者其他方法劫持船只、汽车的，处五年以上十年以下有期徒刑；造成严重后果的，处十年以上有期徒刑或者无期徒刑。

（一）概念

以暴力、胁迫或者其他方法劫持正在使用的船只、汽车的行为。

（二）认定

1. 既遂：实际控制船只、汽车时，犯罪就既遂。

2. 被劫持的船只、汽车停泊在港口或停放在路边，行为人将船只、汽车的驾驶人员劫持上船只、汽车，强迫其按指示方向行驶，到达目的地后将驾驶人员释放的，亦属于劫持正在使用中的船只、汽车，成立本罪。

十二、非法制造、买卖、运输、邮寄、储存枪支、弹药、爆炸物罪

第一百二十五条 【非法制造、买卖、运输、邮寄、储存枪支、弹药、爆炸物罪】非法制造、买卖、运输、邮寄、储存枪支、弹药、爆炸物的，处三年以上十年以下有期徒刑；情节严重的，处十年以上有期徒刑、无期徒刑或者死刑。

非法制造、买卖、运输、储存毒害性、放射性、传染病病原体等物质，危害公共安全的，依照前款的规定处罚。

单位犯前两款罪的，对单位判处罚金，并对其直接负责的主管人员和其他直接责任人员，依照第一款的规定处罚。

(一) 概念

违反国家有关枪支、弹药、爆炸物管理的法律规定，非法制造、买卖、运输、邮寄、储存枪支、弹药、爆炸物的行为。

(二) 认定

1. 非法制造，是指违反国家有关法规，私自制造枪支、弹药、爆炸物的行为，包括自行设计、制造、改装、修复和购买零件装配等。

2. 非法买卖，是指非法从事枪支、弹药、爆炸物的经营活动，或者私自购买、出卖枪支、弹药、爆炸物的行为。以物易物也属于买卖。

例如甲有三支枪，用其中一支枪与乙交换了一支不同型号的枪，用第二支枪向丙换取了子弹，还用第三支冲锋枪向丁换取了两支手枪。甲的行为构成非法买卖枪支、弹药罪。

3. 非法运输，是指未经国家有关部门批准，私自从事枪支、弹药、爆炸物运输的行为。

4. 非法邮寄，是指通过邮政部门或者速递机构传递枪支、弹药、爆炸物的行为。

5. 非法储存，是指明知是他人非法制造、买卖、运输、邮寄的枪支、弹药、爆炸物而为其存放的行为。

十三、违规制造、销售枪支罪

第一百二十六条 【违规制造、销售枪支罪】依法被指定、确定的枪支制造企业、销售企业，违反枪支管理规定，有下列行为之一的，对单位判处罚金，并对其直接负责的主管人员和其他直接责任人员，处五年以下有期徒刑；情节严重的，处五年以上十年以下有期徒刑；情节特别严重的，处十年以上有期徒刑或者无期徒刑：

(一) 以非法销售为目的，超过限额或者不按照规定的品种制造、配售枪支的；

(二) 以非法销售为目的，制造无号、重号、假号的枪支的；

(三) 非法销售枪支或者在境内销售为出口制造的枪支的。

十四、非法持有、私藏枪支、弹药罪

第一百二十八条 【非法持有、私藏枪支、弹药罪】违反枪支管理规定，非法持有、私藏枪支、弹药的，处三年以下有期徒刑、拘役或者管制；情节严重的，处三年以上七年以下有期徒刑。

依法配备公务用枪的人员，非法出租、出借枪支的，依照前款的规定处罚。

依法配置枪支的人员，非法出租、出借枪支，造成严重后果的，依照第一款的规定处罚。

单位犯第二款、第三款罪的，对单位判处罚金，并对其直接负责的主管人员和其他直接责任人员，依照第一款的规定处罚。

（一）概念

违反国家有关枪支、弹药的管理规定，非法持有、私藏枪支、弹药的行为。

（二）认定

1. 客观方面：违反国家有关枪支、弹药的管理规定，非法持有、私藏枪支、弹药的行为。

（1）"非法持有"，是指不符合配备、配置枪支、弹约条件的人员，违反枪支管理法律、法规的规定，擅自持有枪支、弹药的行为。

（2）"私藏"，是指依法配备、配置枪支、弹药的人员，在配备、配置枪支、弹药的条件消除后，违反枪支管理法律、法规的规定，私自藏匿所配备、配置的枪支、弹药且拒不交出的行为。

2. 非法 持有 枪支、弹药与非法 储存 枪支、弹药的区别

非法 储存 枪支、弹药罪	非法 持有 枪支、弹药罪
储存 ：与制造、买卖、运输、邮寄相关，可以是在**本人**制造、买卖、运输、邮寄的过程中储存，也可以是**明知他人**制造、买卖、运输、邮寄，而为其储存。	持有 ：与制造、买卖、运输、邮寄无关的存放、控制行为。

十五、交通肇事罪

第一百三十三条【交通肇事罪】违反交通运输管理法规，因而发生重大事故，致人重伤、死亡或者使公私财产遭受重大损失的，处三年以下有期徒刑或者拘役；交通运输肇事后逃逸或者有其他特别恶劣情节的，处三年以上七年以下有期徒刑；因逃逸致人死亡的，处七年以上有期徒刑。

（一）概念

违反交通运输管理法规，在公共交通管理范围内发生重大事故，致人重伤、死亡或者使公私财产遭受重大损失的行为。

（二）认定

1. 客观方面：违反交通运输管理法规，在公共交通管理范围内发生重大事故，致人重伤、死亡或者使公私财产遭受重大损失的行为。

（1）有违反交通运输管理法规的行为；

"交通运输管理法规"，主要指公路、水上交通运输中的各种交通规则、操作规程、劳动纪律等，同时也包括铁路、航空交通运输中的各种管理法规。

（2）在公共交通管理范围内；

①陆路、水路；

②单位管辖范围，但允许社会机动车通行的地方；

例如甲在施工场地卸货倒车时，不慎将一装卸工人轧死。甲的行为构成重大责任事故罪，而不是交通肇事罪。

（3）发生重大交通事故，致人重伤、死亡或者使公私财产遭受重大损失。行为虽然违反交通运输管理法规，但没有发生重大交通事故的，不成立本罪；

（4）重大交通事故必须发生在交通过程中以及与交通有直接关系的活动中。

【注意】利用非机动交通工具从事交通运输违章造成重大事故的，如果这种行为发生在公

共交通管理的范围内，具有危害公共安全的性质，成立本罪。

例 1　在高速公路上实施拉车乞讨等行为，造成重大事故的，应认定为交通肇事罪。

例 2　在城区或其他行人较多、有机动车来往的道路上违章骑三轮车，造成重大事故的，应认定为交通肇事罪。

（5）违反交通运输管理法规的行为与结果之间必须具有因果关系。换言之，即使行为人违反了交通运输管理法规，客观上也发生了危害结果，但如果危害结果与行为人违反交通运输管理法规的行为之间没有因果关系，则不能以本罪论处。

例如行为人并未按照交通运输管理法规之规定对车俩进行年检，但车辆并无故障。若因被害人自身横穿马路造成交通事故，行为人**不构成**交通肇事罪。

2. 犯罪主体：一般主体

（1）交通运输从业人员

（2）非交通运输从业人员

根据 2000 年 11 月 10 日《关于审理交通肇事刑事案件具体应用法律若干问题的解释》

①"单位主管人员、机动车辆所有人或者机动车辆承包人 指使、强令 他人违章驾驶造成重大交通事故，以 交通肇事罪 定罪处罚。"此时，单位主管人员、机动车所有人、承包人与机动车驾驶者分别成立交通肇事罪，而他们之间并不成立共同犯罪。

②"交通肇事后，单位主管人员、机动车辆所有人、承包人或者乘车人指使肇事人逃逸，致使被害人因得不到救助而死亡的，以 交通肇事罪的共犯 论。"此时，单位主管人员、机动车辆所有人、承包人、乘车人与机动车驾驶者对于"被害人因得不到及时救助而死亡"这一结果是有共同故意，因此以交通肇事罪的共犯论处。

3. **交通肇事罪的** 基本情形 **与** 加重情形

（1）基本情形

交通肇事罪与一般的交通肇事行为相比，具有独立的认定标准，根据司法解释交通肇事罪的成立需要具有下列情形之一：①死亡 1 人或者重伤 3 人以上，负事故全部或者主要责任的；②死亡 3 人以上，负事故同等责任的；③造成公共财产或者他人财产直接损失，负事故全部或者主要责任，无能力赔偿数额在 30 万元以上的。

此外，交通肇事致 1 人以上重伤，负事故全部或者主要责任，并具有下列情形之一的，以交通肇事罪定罪处罚：①酒后、吸食毒品后驾驶机动车辆的；②无驾驶资格驾驶机动车辆的；③明知是安全装置不全或者安全机件失灵的机动车辆而驾驶的；④明知是无牌证或者已报废的机动车辆而驾驶的；⑤严重超载驾驶的；⑥为逃避法律追究逃离事故现场的。

主观责任		客观后果	法定刑
完全或主要责任	类型 1	①死亡 1 人以上或 ②重伤 3 人以上或 ③造成公私直接财产损失30 万以上并无力赔偿	3 年以下有期徒刑或者拘役
	类型 2	重伤 1 人 +①酒后、吸毒后驾驶②无驾驶资格③明知车况不良④明知是无牌证、报废车辆 ⑤严重超载⑥肇事后逃逸①	
同等责任		死亡 3 人以上	

---

①　"逃逸"是交通肇事罪的成立条件，而非法定刑升格条件；

（2）加重情形

交通肇事罪	逃逸①	一级加重	3 年以上 7 年以下
交通肇事	逃逸且因逃逸②致人死亡	二级加重	7 年以上有期徒刑

【一级加重】即"交通运输肇事后逃逸"的基本要件：

① 逃逸之外的行为已经构成 交通肇事罪 ；

② 行为人明知发生了交通事故；

③ 逃逸的目的："为逃避法律追究"

【二级加重】即"因逃逸致人死亡"的基本要件：

① 发生了交通事故（不需要构成交通肇事罪）

② 行为为什么逃？ –为逃避法律追究

③ 被害人为什么死？ –因得不到及时救助

【例1】甲违章驾驶，肇事致使 1 人重伤，逃逸：交通肇事罪（基本）

【例2】乙酒后开车，肇事致 1 人重伤，逃逸：交通肇事罪（一级加重）

【例3】丙酒后开车，肇事致 1 人重伤，逃逸，被害人因失血过多而死亡：交通肇事罪（二级加重）

【例4】丁超速驾驶，肇事致 1 人重伤，逃逸，被害人因失血过多而死亡：交通肇事罪（二级加重）

4. 罪数问题

（1）行为人在交通肇事后，将被害人带离事故现场后隐藏或者遗弃，致使被害人无法得到救助而死亡或者严重残疾的，应当分别以故意杀人罪或者故意伤害罪定罪处罚。

（2）行为人在交通肇事后，以为被害人已经死亡，为了隐匿罪迹，将被害人沉入河流中，事实上被害人溺死于河流中的，应将后行为认定为过失致人死亡罪；如果前行为已构成交通肇事罪，则应实行数罪并罚。

十六、危险驾驶罪

第一百三十三条之一【危险驾驶罪】在道路上驾驶机动车，有下列情形之一的，处拘役，并处罚金：

（一）追逐竞驶，情节恶劣的；

（二）醉酒驾驶机动车的；

（三）从事校车业务或者旅客运输，严重超过额定乘员载客，或者严重超过规定时速行驶的；

（四）违反危险化学品安全管理规定运输危险化学品，危及公共安全的。

机动车所有人、管理人对前款第三项、第四项行为负有直接责任的，依照前款的规定处罚。

有前两款行为，同时构成其他犯罪的，依照处罚较重的规定定罪处罚。

---

① 以"逃逸"前的行为构成交通肇事罪为前提，属于交通肇事罪一级加重情形；

② 交通事故发生后，逃逸行为致被害人得不到及时救助而死亡，属于交通肇事罪二级加重情形

（一）概念

在道路上驾驶机动车追逐竞驶，情节恶劣的，或者在道路上醉酒驾驶机动车的，或者从事校车业务或者旅客运输，严重超过额定乘员载客，或者严重超过规定时速行驶的，或者违反危险化学品安全管理规定运输危险化学品，危及公共安全的行为。

（二）认定

1. 客观方面

（1）追逐竞驶 + 情节恶劣

①"追逐竞驶"是指在道路上高速、超速行驶，随意追逐、超越其他车辆，频繁或突然并线，近距离驶入其他车辆之前的危险驾驶行为。

②可以是 2 人以上，也可由单个人实施。

（2）醉酒驾驶

"醉酒驾驶"在道路上驾驶机动车，血液酒精含量达到 80 毫克/100 毫升以上。

（3）从事 校车业务 或者 旅客运输 ，严重超过 额定乘员 载客，或者严重超过 规定时速 行驶；

（4）违反危险化学品安全管理规定 运输危险化学品 ， 危及公共安全 。

2. 犯罪主体：一般主体

机动车所有人、管理人对第（3）、（4）项中的行为负有直接责任的，同样构成本罪。

3. 罪数问题

（1）危险驾驶致使发生交通事故，又构成 交通肇事罪 的：以 交通肇事罪 ，从重处罚；

（2）危险驾驶致使发生交通事故，又构成 交通肇事罪 ，且行为人不顾周围群众拦截继续驾车行驶，又撞死撞伤多人的：以 以危险方法危害公共安全罪 ，从重处罚；

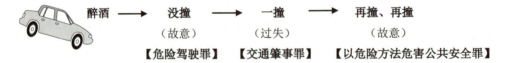

如果危险驾驶，但是在驾驶过程中由于其他原因导致发生事故，则与危险驾驶罪数罪并罚。例如：

①醉酒驾驶，但是由其他违反交通运输管理法规的行为（如闯红灯、超速）引发交通事故，构成交通肇事罪：危险驾驶罪与交通肇事罪数罪并罚；

②违规运输危险化学品，发生重大事故，造成严重后果：以危险品肇事罪论处；

③违规运输危险化学品，危及公共安全，又由于闯红灯等原因造成交通事故，构成交通肇事罪：危险驾驶罪与交通肇事罪数罪并罚；

④危险驾驶行为具有与放火、爆炸等相当的具体危险，行为人对该具体危险具有故意，应当认定为以危险方法危害公共安全罪。

【2015－2－13】下列哪一行为应以危险驾驶罪论处？（　　　）①

A. 醉酒驾驶机动车，误将红灯看成绿灯，撞死 2 名行人

---

① D

B. 吸毒后驾驶机动车，未造成人员伤亡，但危及交通安全

C. 在驾驶汽车前吃了大量荔枝，被交警以呼气式酒精检测仪测试到酒精含量达到醉酒程度

D. 将汽车误停在大型商场地下固定卸货车位，后在醉酒时将汽车从地下三层开到地下一层的停车位

【考点】危险驾驶罪

【解析】A 选项，危险驾驶罪仅仅评价危险驾驶的行为，一旦发生事故就超出危险驾驶罪的评价范围，变成交通肇事罪或者以危险方法危害公共安全。因此，A 选项是错误的。

B 选项，轻行为醉酒驾驶构成危险驾驶罪，按照当然解释，吸毒驾驶更应该构成危险驾驶罪了。但是，刑法第 133 条仅仅规定醉酒驾驶机动车，将"吸毒"评价为"醉酒"的一种，是违反罪刑法定原则的。所以根据当然解释得出的结论，并不必然正确。因此，B 选项是错误的。

C 选项，没有醉酒驾驶（危险驾驶）的故意。所谓危险驾驶的故意是明知自己处于一种危险驾驶状态而仍然驾驶。吃了荔枝之后被检测出酒精含量，行为人根本没有危险驾驶的故意，不构成本罪。因此，C 选项是错误的。

D 选项，在大型商场的停车位算是公共交通管理的范围内，地下三层开到地下一层，属于一种驾驶行为，构成危险驾驶罪。因此，D 选项是正确的。

十七、妨害安全驾驶罪

第一百三十三条之二　对行驶中的公共交通工具的驾驶人员使用暴力或者抢控驾驶操纵装置，干扰公共交通工具正常行驶，危及公共安全的，处一年以下有期徒刑、拘役或者管制，并处或者单处罚金。

前款规定的驾驶人员在行驶的公共交通工具上擅离职守，与他人互殴或者殴打他人，危及公共安全的，依照前款的规定处罚。

有前两款行为，同时构成其他犯罪的，依照处罚较重的规定定罪处罚。

（一）概念

对行驶中的公共交通工具的驾驶人员使用暴力或者抢控驾驶操纵装置，干扰公共交通工具正常行驶，驾驶人员在行驶的公共交通工具上擅离职守，与他人互殴或者殴打他人，危及公共安全的行为。

（二）认定

1. 实行行为包括两种类型

（1）乘客对行驶中的公共交通工具的驾驶人员使用暴力或者抢控驾驶操纵装置，干扰公共交通工具正常行驶，危及公共安全；

（2）驾驶人员在行驶的公共交通工具上擅离职守，与他人互殴或者殴打他人，危及公共安全。

2. 本罪是行为犯，只需要在行驶的公共交通工具上，有抢夺方向盘或者与他人互殴等行为，就可认为给公共安全造成抽象危险，犯罪就成立。

3. 如果因为实施本罪行为，给交通运输安全带来现实、紧迫、具体的危险，如导致公共交通工具发生激烈晃动，严重偏离线路，足以发生倾覆毁坏的后果或者造成严重交通事故致人伤亡，则同时成立以危险方法危害公共安全罪，依照处罚较重的规定定罪处罚。

十八、重大责任事故罪

第一百三十四条第一款【重大责任事故罪】在生产、作业中违反有关安全管理的规定，因而发生重大伤亡事故或者造成其他严重后果的，处三年以下有期徒刑或者拘役；情节特别恶劣的，处三年以上七年以下有期徒刑。

（一）概念

在生产、作业中违反有关安全管理的规定，发生重大伤亡事故或者造成其他严重后果的行为。

（二）认定

1. 本罪与失火罪、过失爆炸罪或者危险物品肇事罪的界限：不是在生产、作业中违反有关安全管理的规定，发生重大伤亡事故或者造成其他严重后果，而是在日常生活中或者生产、储存、运输、使用危险物品的过程中导致重大事故发生的，不构成本罪，而构成失火罪、过失爆炸罪或者危险物品肇事罪。

2. 安全事故发生后，直接负责的主管人员和其他直接责任人员故意阻挠开展抢救，导致人员死亡或者重伤，或者为了逃避法律追究，对被害人进行隐藏、遗弃，致使被害人因无法得到救助而死亡或者重度残疾的，以故意杀人罪或者故意伤害罪定罪处罚。

十九、危险作业罪

第一百三十四条之一　在生产、作业中违反有关安全管理的规定，有下列情形之一，具有发生重大伤亡事故或者其他严重后果的 现实危险 的，处一年以下有期徒刑、拘役或者管制：

（一）关闭、破坏直接关系生产安全的监控、报警、防护、救生设备、设施，或者篡改、隐瞒、销毁其相关数据、信息的；

（二）因存在重大事故隐患被依法责令停产停业、停止施工、停止使用有关设备、设施、场所或者立即采取排除危险的整改措施，而拒不执行的；

（三）涉及安全生产的事项未经依法批准或者许可，擅自从事矿山开采、金属冶炼、建筑施工，以及危险物品生产、经营、储存等高度危险的生产作业活动的。

（一）概念

在生产作业过程违规操作，具有发生重大伤亡事故或者其他严重后果的现实危险的行为。

（二）认定

本罪是具体危险犯，实施上述行为具有发生重大伤亡事故或者其他严重后果的现实危险的，犯罪就成立。

本罪的立法目的在于，将重大责任事故发生前的危险操作并引发现实危险的行为，纳入犯罪圈，作为刑事处罚的对象，刑法介入的时间由此提前，起到遏制事故类犯罪发生的作用。

二十、强令、组织他人违章冒险作业罪

第一百三十四条第二款【强令、组织他人违章冒险作业罪】强令他人违章冒险作业，或者明知存在重大事故隐患而不排除，仍冒险组织作业，因而发生重大伤亡事故或者造成其他严重后果的，处五年以下有期徒刑或者拘役；情节特别恶劣的，处五年以上有期徒刑。

（一）概念

强令他人违章进行作业，或者明知存在重大事故隐患而不排除，仍冒险组织作业，发生重大伤亡事故或者造成其他严重后果的行为。

（二）认定

本罪与重大责任事故罪的界限

	重大责任事故罪	强令违章冒险作业罪
主体	生产、作业第一线工作人员	一般不是第一线工作人员，而是管理者、经营者。

强令他人冒险作业比一般的不服管理、违反规章制度的行为性质更严重，社会危害更大，如果同时构成重大责任事故和强令违章冒险作业罪的，应当认定为强令违章冒险作业罪。

二十一、危险物品肇事罪

第一百三十六条【危险物品肇事罪】违反爆炸性、易燃性、放射性、毒害性、腐蚀性物品的管理规定，在生产、储存、运输、使用中发生重大事故，造成严重后果的，处三年以下有期徒刑或者拘役；后果特别严重的，处三年以上七年以下有期徒刑。

（一）概念

违反爆炸性、易燃性、放射性、毒害性、腐蚀性物品的管理规定，在生产、储存、运输、使用中发生重大事故，造成严重后果的行为。

（二）认定

本罪专门针对危险物品的生产、作业事故，与重大责任事故罪之间是特别法与一般法的关系，在生产、作业中违反危险物品管理规定，发生重大事故的，同时成立本罪与重大责任事故罪的，特别法优于一般法。

第十九章　破坏社会主义市场经济秩序罪

第一节　生产、销售伪劣商品罪

码上揭秘

抽象危险犯	生产、销售、提供假药罪	第141条　**生产、销售假药的**，处三年以下有期徒刑或者拘役，并处罚金……
	生产、销售有毒有害食品罪	第144条　在生产、销售的食品中**掺入有毒、有害的非食品原料的**，或者**销售明知掺有有毒、有害的非食品原料的食品的**，处五年以下有期徒刑，并处罚金……
具体危险犯	生产、销售不符合安全标准的食品罪	第143条　生产、销售不符合食品安全标准的食品，**足以造成严重食物中毒事故或者其他严重食源性疾病**的，处三年以下有期徒刑或者拘役，并处罚金……
结果犯	生产、销售伪劣产品罪	第140条　生产者、销售者在产品中掺杂、掺假，以假充真，以次充好或者以不合格产品冒充合格产品，**销售金额五万元以上不满二十万元的**，处二年以下有期徒刑或者拘役……
	生产、销售、提供劣药罪	第142条　生产、销售劣药，**对人体健康造成严重危害的**，处三年以上十年以下有期徒刑，并处罚金……
	生产、销售不符合安全标准的产品罪	第146条　生产不符合保障人身、财产安全的国家标准、行业标准的电器、压力容器、易燃易爆产品或者其他不符合保障人身、财产安全的国家标准、行业标准的产品，或者销售明知是以上不符合保障人身、财产安全的国家标准、行业标准的产品，**造成严重后果的**，处五年以下有期徒刑，并处销售金额百分之五十以上二倍以下罚金……

（一）犯罪主体

本节全部罪名都可由**单位**构成；

（二）法条竞合

《刑法》第149条【对生产、销售伪劣商品行为的法条适用原则】生产、销售本节第141条至第148条所列产品，不构成各该条规定的犯罪，但是销售金额在五万元以上的，依照本节第140条的规定定罪处罚。

生产、销售本节第141条至第148条所列产品，构成各该条规定的犯罪，同时又构成本节第140条规定之罪的，依照 处罚较重 的规定定罪处罚。

生产、销售《刑法》第141~148所列产品，如果

1. 不构成各该条规定的犯罪，但是销售金额在 5 万元以上，成立**生产、销售伪劣产品罪**；

例如生产、销售劣药，没有给人体健康造成严重危害不成立生产、销售劣药罪，但是如果销售金额在 5 万元以上，则以生产、销售伪劣产品罪定罪。

2. 构成各该条规定的犯罪，同时又构成生产、销售伪劣产品罪，依照处罚较重的规定定罪处罚。

例如生产、销售劣药，已经给人体健康造成严重危害，成立生产、销售劣药罪，但是如果销售金额在 5 万元以上，也成立生产、销售伪劣产品罪定罪，则依照处罚较重的规定定罪处罚。

（三）共犯

明知他人实施本节犯罪，而为其提供贷款、资金、帐号、发票、证明、许可证件；生产、经营场所；运输、仓储、保管、邮寄、网络销售条件；制假生产技术；食品原料、食品添加剂；广告宣传等**直接帮助的，以**共犯**论处。**

（四）罪数

1. 犯本节之罪同时，又构成侵犯知识产权、非法经营罪、合同诈骗等犯罪，属于想象竞合，依照处罚较重的犯罪处罚；

2. 本节之罪同时，以暴力、威胁方法抗拒检查，构成妨害公务罪的，数罪并罚。

一、生产、销售伪劣产品罪

第一百四十条【生产、销售伪劣产品罪】生产者、销售者在产品中掺杂、掺假，以假充真，以次充好或者以不合格产品冒充合格产品，销售金额五万元以上不满二十万元的，处二年以下有期徒刑或者拘役，并处或者单处销售金额百分之五十以上二倍以下罚金……

（一）概念

生产者、销售者在产品中掺杂、掺假、以假充真、以次充好或者以不合格产品冒充合格产品，销售金额达 5 万元以上的行为。

（二）认定

1. 实行行为：在产品中掺杂、掺假、以假充真、以次充好或者以不合格产品冒充合格产品。

（1）"在产品中掺杂、掺假"，即在产品中掺入杂质或者异物，致使产品不符合质量要求，降低、失去应有使用性能。如在芝麻中掺砂子，在磷肥中掺入颜色相同的泥土等。

（2）"以假充真"，即以不具有某种使用性能的产品冒充具有该种使用性能的产品。如将党参冒充人参、将猪皮鞋冒充牛皮鞋等。

（3）"以次充好"，即以低等级、低档次产品冒充高等级、高档次产品，或者以残次、废旧零配件组合、拼装后冒充正品或者新产品。

（4）"不合格产品"，即不符合产品质量法规定的质量要求的产品。

上述四种行为有时很难绝对地区分，也没有必要硬性区分某种行为属哪一类。只要实施其中一种行为便可能构成生产、销售伪劣产品罪，同时实施多种行为的，也只以一罪论处。

2. 结果：销售金额达 5 万元以上的行为。

（1）"销售金额"，是指生产者、销售者出售伪劣产品后所得和应得的全部违法收入。

（2）多次实施生产、销售伪劣产品行为，未经处理的，伪劣产品的销售金额或货值金额累计计算。

（3）相关司法解释规定："伪劣产品尚未销售，货值金额达到15万的，以生产、销售伪劣产品罪（未遂）定罪处罚。"

3. 犯罪主体：生产者与销售者

（1）生产者、销售者是否取得了有关产品的生产许可证或营业执照，不影响本罪的成立；

（2）生产者与销售者既可以是自然人，也可以是单位。

4. 主观要件：故意

明知自己生产、销售伪劣产品的行为会发生破坏国家产品质量监管秩序、侵害用户、消费者合法权益的危害结果，并且希望或者放任这种结果发生。

二、生产、销售、提供假药罪

第一百四十一条【生产、销售、提供假药罪】生产、销售假药的，处三年以下有期徒刑或者拘役，并处罚金；对人体健康造成严重危害或者有其他严重情节的，处三年以上十年以下有期徒刑，并处罚金；致人死亡或者有其他特别严重情节的，处十年以上有期徒刑、无期徒刑或者死刑，并处罚金或者没收财产。

药品使用单位的人员明知是假药而提供给他人使用的，依照前款的规定处罚。

（一）概念

生产、销售、提供假药罪是指生产者、销售者违反国家药品管理法规，生产、销售假药或者药品使用单位的人员明知是假药而提供给他人使用的行为。

（二）认定

1. 实行行为：生产、销售假药的行为。

（1）"生产假药"：一切制造、加工、配制、采集、收集某种物品充当合格或特定药品的行为。根据司法解释，以生产、销售假药、劣药为目的，实施下列行为之一的，应当认定为刑法第141条、第142条规定的"生产"：

①合成、精制、提取、储存、加工炮制药品原料的行为；

②将药品原料、辅料、包装材料制成成品过程中，进行配料、混合、制剂、储存、包装的行为；

③印制包装材料、标签、说明书的行为。

（2）"销售假药"：一切有偿提供假药的行为，都是销售假药的行为。

根据司法解释，为出售而购买、储存的行为，应当认定为刑法第141条、第142条规定的"销售"。

（3）"提供假药"：药品使用单位的人员明知是假药而提供给他人使用。

（4）"假药"：根据药品管理法的规定，有下列情形之一的为假药：

①药品所含成份与国家药品标准规定的成份不符；

②以非药品冒充药品或者以他种药品冒充此种药品；

③变质的药品；

④药品所标明的适应症或者功能主治超出规定范围。

例如某企业将面粉和白糖的混合物，冒充避孕药予以销售。属于生产、销售假药。

2. 结果

本罪属于抽象危险犯（行为犯），只要实施生产、销售假药的行为，就成立本罪既遂。如果生产、销售的假药对人体健康造成严重危害或者有其他严重情节，则是本罪法定刑升格的条件。

三、生产、销售、提供劣药罪

第一百四十二条【生产、销售、提供劣药罪】生产、销售劣药，对人体健康造成严重危害的，处三年以上十年以下有期徒刑，并处罚金；后果特别严重的，处十年以上有期徒刑或者无期徒刑，并处罚金或者没收财产。

药品使用单位的人员明知是劣药而提供给他人使用的，依照前款的规定处罚。

（一）概念

生产、销售、提供劣药罪是指违反国家药品管理制度，生产、销售劣药或者药品使用单位的人员明知是劣药而提供给他人使用，对人体健康造成严重危害的行为。

（二）认定

1. 实行行为：生产、销售、提供劣药的行为。

"劣药"包括

（1）药品成份的含量不符合国家药品标准；

（2）被污染的药品；

（3）未标明或者更改有效期的药品；

（4）未注明或者更改产品批号的药品；

（5）超过有效期的药品；

（6）擅自添加防腐剂、辅料的药品；

（7）其他不符合药品标准的药品。

例如某企业在其生产的六味地黄丸中，擅自添加黄色着色剂，并予以销售，属于生产、销售劣药。

2. 结果内容：对人体健康造成严重危害。

本罪属于结果犯（实害犯），需要对人体健康造成严重危害，犯罪才成立。所谓"严重危害"：轻伤以上伤害或者轻度以上残疾或者器官组织损伤导致一般功能障碍。

四、妨害药品管理罪

第一百四十二条之一【妨害药品管理罪】违反药品管理法规，有下列情形之一，足以严重危害人体健康的，处三年以下有期徒刑或者拘役，并处或者单处罚金；对人体健康造成严重危害或者有其他严重情节的，处三年以上七年以下有期徒刑，并处罚金：

（一）生产、销售国务院药品监督管理部门禁止使用的药品的；

（二）未取得药品相关批准证明文件生产、进口药品或者明知是上述药品而销售的；

（三）药品申请注册中提供虚假的证明、数据、资料、样品或者采取其他欺骗手段的；

（四）编造生产、检验记录的。

有前款行为，同时又构成本法第一百四十一条、第一百四十二条规定之罪或者其他犯罪的，依照处罚较重的规定定罪处罚。

（一）概念

违反药品管理法规，实施法定行为，足以严重危害人体健康的情形。

（二）认定

1. 实行行为

（1）生产、销售国务院药品监督管理部门禁止使用的药品的；

（2）未取得药品相关批准证明文件生产、进口药品或者明知是上述药品而销售的；

（3）药品申请注册中提供虚假的证明、数据、资料、样品或者采取其他欺骗手段的；

（4）编造生产、检验记录的。

2. 本罪是具体危险犯，实施上述行为，足以严重危害人体健康的，犯罪就成立。

3. 本罪往往是为生产、销售假药罪和生产、销售劣药罪的预备行为，实施本罪同时又构成生产、销售假药罪或者生产、销售劣药罪的，形成牵连关系，依照处罚较重的定罪处罚。

五、生产、销售不符合安全标准的食品罪

第一百四十三条【生产、销售不符合安全标准的食品罪】生产、销售不符合食品安全标准的食品，足以造成严重食物中毒事故或者其他严重食源性疾病的，处三年以下有期徒刑或者拘役，并处罚金；对人体健康造成严重危害或者有其他严重情节的，处三年以上七年以下有期徒刑，并处罚金；后果特别严重的，处七年以上有期徒刑或者无期徒刑，并处罚金或者没收财产。

（一）概念

违反国家食品卫生安全管理法规，生产、销售不符合安全标准的食品，足以造成严重食物中毒事故或者其他严重食源性疾病的行为。

（二）认定

1. 实行行为：生产、销售不符合安全标准的食品。

"不符合安全标准的食品"，是指不符合食品安全法规定的安全标准的食品。

2. 结果内容

本罪是具体危险犯，因此生产、销售不符合食品安全标准的食品，足以造成严重食物中毒事故或者其他严重食源性疾病的，才构成本罪的既遂。

根据《最高人民法院、最高人民检察院关于办理危害食品安全刑事案件适用法律若干问题的解释》具有下列情形之一的，应当认定"足以造成严重食物中毒事故或者其他严重食源性疾病"：

（1）含有严重超出标准限量的致病性微生物、农药残留、兽药残留、生物毒素、重金属等污染物质以及其他严重危害人体健康的物质的；

（2）属于病死、死因不明或者检验检疫不合格的畜、禽、兽、水产动物肉类及其制品的；

（3）属于国家为防控疾病等特殊需要明令禁止生产、销售的；

（4）特殊医学用途配方食品、专供婴幼儿的主辅食品营养成分严重不符合食品安全标准的；

（5）在食品生产、销售、运输、贮存等过程中，违反食品安全标准，超限量或者超范围滥用食品添加剂，足以造成严重食物中毒事故或者其他严重食源性疾病的；

（6）在食用农产品种植、养殖、销售、运输、贮存等过程中，违反食品安全标准，超限量或者超范围滥用添加剂、农药、兽药，足以造成严重食物中毒事故或者其他严重食源性疾病的；

（7）其他足以造成严重食物中毒事故或者严重食源性疾病的情形。

【注意】对于"不符合安全标准"的理解，关键在于 滥用 和 不足 。

六、生产、销售有毒、有害食品罪

第一百四十四条【生产、销售有毒、有害食品罪】在生产、销售的食品中掺入有毒、有害的非食品原料的，或者销售明知掺有有毒、有害的非食品原料的食品的，处五年以下有期徒刑，并处罚金；对人体健康造成严重危害或者有其他严重情节的，处五年以上十年以下有期徒刑，并处罚金；致人死亡或者有其他特别严重情节的，依照本法第一百四十一条的规定处罚。

（一）概念

违反国家食品安全管理法律法规，在生产、销售的食品中掺入有毒、有害的非食品原料的，或者销售明知掺有有毒、有害的非食品原料的食品的行为。

（二）认定

1. 实行行为：生产、销售的食品中掺入有毒、有害的非食品原料，或者销售明知掺有有毒、有害的非食品原料的食品的行为。

（1）在生产的食品中 掺入 有毒、有害的非食品原料；

（2）在销售的食品中 掺入 有毒、有害的非食品原料；

例如将工业用酒精勾兑成散装白酒出售给他人；将工业用猪油冒充食用油出售给他人的，成立销售有毒食品罪。

（3）明知是掺有有毒、有害的非食品原料的食品而 销售 。

例如行为人将自己打捞的有毒鱼虾拿到市场上出卖，没有经过任何加工的，可以成立销售有毒有害食品罪。

此外，根据《最高人民法院、最高人民检察院关于办理危害食品安全刑事案件适用法律若干问题的解释》下列行为成立本罪：

① 在 食品 生产、销售、运输、贮存等过程中，掺入有毒、有害的 非食品原料 ，或者使用有毒、有害的 非食品原料 生产食品的；

② 在 食用农产品 种植、养殖、销售、运输、贮存等过程中，使用 禁用农药、食品动物中禁止使用的药品及其他化合物 等有毒、有害的非食品原料；

③ 在 保健食品 或者其他食品中非法添加国家 禁用药物 等有毒、有害的非食品原料的，

【注意1】对于"有毒、有害"的理解，关键在于 非食品原料 和 禁用 。只要掺入的物质是 不能用做食品的原料 或者 国家明令禁止在食品中使用 的，则属于"有毒、有害"，至于该物质对人体究竟有多少直接损害，并不是定罪需要考虑的问题。

【注意2】关于"瘦肉精"（盐酸克仑特罗）：在饲料和动物饮用水中 使用 该药品或者 使用 含有该类药品的饲料养殖供人食用的动物，或者 销售 明知是使用该类药品或者含有该类药品的饲料养殖的供人食用的动物的，以本罪论处。明知是使用该药品或者含有该类药品的饲料养殖的供人食用的动物，而提供 屠宰 等加工服务，或者 销售 其制品的，成立本罪。

【一句话】使用"瘦肉精"不能喂猪、不能卖猪、不能杀猪。

2. 结果：本罪是抽象危险犯只要实施生产、销售有毒、有害食品的行为，即构成本罪。如果生产、销售的有毒、有害食品对人体健康造成严重危害或者有其他严重情节，则是本罪法定刑升格的条件。

3. 生产、销售有毒、有害食品罪与投放危险物质罪

	生产、销售有毒、有害食品罪	投放危险物质罪
实行行为	生产、销售掺入有毒、有害的非食品原料的食品	在食品、河流、水井乃至公众场所等地投放毒害性、放射性等危险物质
时空	在生产、经营活动中实施其行为	与生产、经营活动没有关系
主体	自然人（已满16周岁）、单位	自然人（已满14周岁）

【注意】不排除可能出现竞合关系。即生产、销售有毒有害食品的行为，同时触犯投放危险物质罪，属于想象竞合，从一重。

4. 生产、销售有毒有害食品罪与生产、销售不符合安全标准的食品罪

特别法与一般法的关系，成立生产、销售有毒、有害食品罪的行为，也必然符合生产、销售不符合安全标准的食品罪的犯罪构成。由于前罪属于特别法条，故对生产、销售有毒、有害食品的行为，应认定为生产、销售有毒、有害食品罪。当然，在生产、销售的食品中掺入非食品原料，未达到有毒、有害的程度，但该食品不符合食品安全标准，足以造成严重食物中毒事故或者其他严重食源性疾病的，应以生产、销售不符合安全标准的食品罪论处。

【2016－2－57】关于生产、销售伪劣商品罪，下列哪些选项是正确的？（　　　）①

A. 甲既生产、销售劣药，对人体健康造成严重危害，同时又生产、销售假药的，应实行数罪并罚

B. 乙为提高猪肉的瘦肉率，在饲料中添加"瘦肉精"。由于生猪本身不是食品，故乙不构成生产有毒、有害食品罪

C. 丙销售不符合安全标准的饼干，足以造成严重食物中毒事故，但销售金额仅有500元。对丙应以销售不符合安全标准的食品罪论处

D. 丁明知香肠不符合安全标准，足以造成严重食源性疾患，但误以为没有毒害而销售，事实上香肠中掺有有毒的非食品原料。对丁应以销售不符合安全标准的食品罪论处

【考点】生产、销售伪劣产品罪

【解析】A选项，甲既有生产、销售劣药的行为，又有生产、销售假药的行为，满足生产、销售劣药罪和生产、销售假药罪的构成。对于不同的行为、不同的对象成立数罪，应当数罪并罚。因此，A选项是正确的。

B选项，瘦肉精是国家明令禁止在食品中添加的原料，生猪虽然不能直接进作为食品，但是被屠宰后其肉属于人类餐桌上的食品，在猪饲料中添加瘦肉精，最终瘦肉精将通过食物环节进入人体，满足生产、销售有毒、有害食品罪的要求。因此，B选项是错误的。

C选项，"第143条 生产、销售不符合安全标准的食品，足以造成严重食物中毒事故或者其他严重食源性疾病的，处三年以下有期徒刑或者拘役，并处罚金；"丙销售不符合安全标准的食品，足以造成严重食物中毒事故，构成销售不符合安全标准的食品罪。因此，C选项是正确的。

D选项，丁主观上有销售不符合安全标准食品的故意，客观上确实销售有毒、有害食品，属于抽象事实认识错误。由于两个罪有法益重合，处理方式是在重合的范围内成立轻罪的既遂，即对丁按照销售不符合安全标准的食品罪论处。因此，D选项是正确的。

---

① ACD

【2014-2-58】关于生产、销售伪劣商品罪，下列哪些判决是正确的？（   ）①

A. 甲销售的假药无批准文号，但颇有疗效，销售金额达500万元，如按销售假药罪处理会导致处罚较轻，法院以销售伪劣产品罪定罪处罚

B. 甲明知病死猪肉有害，仍将大量收购的病死猪肉，冒充合格猪肉在市场上销售。法院以销售有毒、有害食品罪定罪处罚

C. 甲明知贮存的苹果上使用了禁用农药，仍将苹果批发给零售商。法院以销售有毒、有害食品罪定罪处罚

D. 甲以为是劣药而销售，但实际上销售了假药，且对人体健康造成严重危害。法院以销售劣药罪定罪处罚

【考点】生产、销售伪劣商品罪

【解析】A选项，根据2019年《药品管理法》的规定，无批准文号的药，已经不能认定为"假药"，因此甲的行为不能认定为销售假药罪；既然不是假药，甲的销售行为也就不属于"销售者在产品中掺杂、掺假、以假充真、以次充好或者以不合格产品冒充合格产品"，不成立销售伪劣产品。根据《刑法修正案（十一）》"未取得药品相关批准证明文件生产、进口药品或者明知是上述药品而销售的，足以严重危害人体健康的"可以成立妨害药品管理罪，但是甲销售的药品颇有疗效，也不能成立妨害药品管理罪。A选项错误。

B选项，根据2013年《关于办理危害食品安全刑事案件适用法律若干问题的解释》第一条规定：生产、销售"属于病死、死因不明或者检验检疫不合格的畜、禽、兽、水产动物肉类及其制品的"，成立生产、销售不符合安全标准的食品罪。据此，甲销售病死猪肉的，成立销售不符合安全标准的食品罪。因此，B选项是错误的。

C选项，根据2013年《关于办理危害食品安全刑事案件适用法律若干问题的解释》第十一条"在食用农产品种植、养殖、销售、运输、贮存等过程中，使用禁用农药、食品动物中禁止使用的药品及其他化合物等有毒、有害的非食品原料"，按照生产、销售有毒、有害食品罪定罪处罚。甲明知贮存的苹果上使用了禁用农药，将苹果批发给零售商，应当以销售有毒、有害食品罪定罪。因此，C选项是正确的。

D选项，甲出于销售劣药的故意实际上销售了假药，属于抽象的事实认识错误，由于主观上没有销售假药的故意，因此不能认定为销售假药罪。按照主客观相一致原则，二罪可以重合在轻罪的范围内，应认定为销售劣药罪。因此，D选项是正确的。

第二节　走私罪

七、走私普通货物、物品罪

第一百五十三条【走私普通货物、物品罪】走私本法第一百五十一条、第一百五十二条、第三百四十七条规定以外的货物、物品的，根据情节轻重，分别依照下列规定处罚：

（一）走私货物、物品偷逃应缴税额较大或者一年内曾因走私被给予二次行政处罚后又走私的，处三年以下有期徒刑或者拘役，并处偷逃应缴税额一倍以上五倍以下罚金。

---

① CD

（二）走私货物、物品偷逃应缴税额巨大或者有其他严重情节的，处三年以上十年以下有期徒刑，并处偷逃应缴税额一倍以上五倍以下罚金。

（三）走私货物、物品偷逃应缴税额特别巨大或者有其他特别严重情节的，处十年以上有期徒刑或者无期徒刑，并处偷逃应缴税额一倍以上五倍以下罚金或者没收财产。

单位犯前款罪的，对单位判处罚金，并对其直接负责的主管人员和其他直接责任人员，处三年以下有期徒刑或者拘役；情节严重的，处三年以上十年以下有期徒刑；情节特别严重的，处十年以上有期徒刑。

对多次走私未经处理的，按照累计走私货物、物品的偷逃应缴税额处罚。

（一）概念

违反海关法规，逃避海关监管，非法运输、携带、邮寄国家禁止进出口的武器、弹药、核材料、假币、珍贵动物及其制品、珍稀植物及其制品、淫秽物品以及国家禁止出口的文物、金银和其他贵重金属 以外的 其他货物、物品进出境，偷逃应缴纳关税数额较大或者一年内曾因走私被给予两次行政处罚后又走私的行为。

（二）认定

1. 实行行为：违反海关法规，走私"普通"货物、物品，数量较大的行为。具体方式如下：

（1）"绕关走私"：未经国务院或国务院授权的部门批准，不经过设立海关的地点，非法运输、携带依法应当缴纳关税的货物、物品进出国（边）境；

（2）"瞒关走私"：虽然通过设立海关的地点进出国（边）境，但采取隐匿、伪装、假报等欺骗手段，逃避海关监管、检查，非法盗运、偷带或者非法邮寄依法应当缴纳关税的货物、物品；

（3）"变相走私"：即国家基于特定事由，允许特定种类的货物、物品免税或者减税进境，但是行为人违反规定未将减免税进口的货物、物品用于特定事项上，而是在境内销售牟利，实质上是变相掠取了国家的关税利益。变相走私又有两种行为方式：

①【特定的保税货物、物品】未经国务院批准或者海关许可并补缴关税，擅自将批准进口的来料加工、来件装配、补偿贸易的原材料、零件、制成品、设备等保税货物或者海关监管的其他货物、进境的海外运输工具等，非法在境内销售牟利的。

A. "保税货物"，是指经海关批准，未办理纳税手续进境，在境内储存、加工、装配后应予复运出境的货物，包括通过加工贸易、补偿贸易等方式进口的货物，以及在保税仓库、保税工厂、保税区或者免税商店内等储存、加工、寄售的货物。

B. "销售牟利"，是指行为人主观上为了牟取非法利益而擅自销售海关监管的保税货物、特定减免税货物，偷逃税额在 10 万元以上。

②【特定的减免税货物、物品】假借捐赠名义进口货物、物品，或者未经海关许可并补缴关税，擅自将减税、免税进口捐赠货物、物品或者其他特定减税、免税进口用于特定企业、特定地区、特定用途的货物、物品，非法在境内销售牟利的。

（4）"间接走私"：直接向走私人非法收购走私进口的货物、物品，数额较大的；在内海、领海、界河、界湖运输、收购、贩卖走私进口的货物、物品，数额较大，没有合法证明的。

2. 刑事可罚性起点

成立本罪要求偷逃应缴税额较大（10 万）或者一年内曾因走私被给予二次行政处罚后又走私的，才以本罪论处。

3. 共犯：与走私罪犯通谋，为其提供贷款、资金、帐号、发票、证明、运输、保管、邮寄等直接帮助，以走私罪的共犯论处；

4. 武装掩护走私，从重处罚；

5. 以暴力、威胁方法抗拒缉私，本罪与妨害公务罪，数罪并罚。

6. 混合走私：走私普通货物物品中，藏匿武器弹药、核材料、假币、文物、贵重金属、珍贵动物、珍贵动物制品、国家禁止进出口的货物、物品、淫秽物品、毒品、制毒物品，数罪并罚。

7. 本罪与其他走私类犯罪的关系

禁止进出境	禁止出境	禁止进境	不禁止但要交税
走私**武器、弹药**罪	走私**文物**罪	走私**废物**罪	走私**普通货物、物品**罪
走私**核材料**罪			
走私**假币**罪			
走私**珍贵动物、珍贵动物制品**罪	走私**贵重金属**罪		
走私**淫秽物品**罪			
走私国家 禁止进出口 的货物、物品罪			

（1）**禁止进出境的货物、物品**：①武器、弹药罪；②核材料；③假币；④珍贵动物、珍贵动物制品；⑤淫秽物品；⑥国家禁止进出口的其他货物、物品。

违反规定运输、邮寄、携带此类货物、物品 进出境 ，成立相应犯罪。

（2）**禁止出境的货物、物品**：①文物；②贵重金属。

违反规定运输、邮寄、携带文物或者贵重金属 出境 ，成立走私文物罪、走私贵重金属罪。

（3）**禁止进境的货物、物品**：废物。

违反规定运输、邮寄、携带废物 进境 ，成立走私废物罪。

（4）普通货物物品：国家禁止进出境、国家限制进出境以外的货物、物品。

运输、邮寄、携带普通货物物品进出境，偷逃关税在 10 万元以上的，成立走私普通货物、物品罪。

【**注意**】如果将文物、贵重金属 进口 ，将废物 出口 ，则在偷逃关税在 10 万元以上的，成立 走私普通货物、物品罪 。

【2017－2－13】甲系外贸公司总经理，在公司会议上拍板：为物尽其用，将公司以来料加工方式申报进口的原材料剩料在境内销售。该行为未经海关许可，应缴税款 90 万元，公司亦未补缴。关于本案，下列哪一选项是正确的？（ ）①

A. 虽未经海关许可，但外贸公司擅自销售原材料剩料的行为发生在我国境内，不属于走私行为

B. 外贸公司的销售行为有利于物尽其用，从利益衡量出发，应认定存在超法规的犯罪排除事由

C. 外贸公司采取隐瞒手段不进行纳税申报，逃避缴纳税款数额较大且占应纳税额的 10%

---

① C

以上，构成逃税罪

D. 如海关下达补缴通知后，外贸公司补缴应纳税款，缴纳滞纳金，接受行政处罚，则不再追究外贸公司的刑事责任

【考点】走私罪；逃税罪

【解析】甲将公司以来料加工方式申报进口的原材料剩料在境内销售，属于变相走私的行为，触犯了走私普通货物、物品罪。走私行为其本质就是逃避关税的行为，本身也符合逃税罪的犯罪构成，但如税务机关（海关）下达补缴通知后，外贸公司补缴应纳税款，缴纳滞纳金，接受行政处罚，根据《刑法》的规定，不再追究外贸公司逃税罪的刑事责任，但是走私普通货物、物品罪的责任仍然要追究，因此，A、B、D选项错误，C选项正确。

八、走私假币罪

（一）概念

违反海关法规，逃避海关监管，非法运输、携带、邮寄伪造的货币进出境的行为。

（二）认定

1. 实行行为：走私伪造的货币的行为。

"走私"：包括绕关走私、瞒关走私、间接走私三种方式。

【注意】假币是 禁止进出口 的货物物品，因此运输、邮寄、携带假币 进出境 的行为都成立本罪。

2. 行为对象：伪造的货币而不包括变造的货币。

3. 主观要件：故意，明知是伪造的货币而走私。

九、走私文物罪

（一）概念

违反海关法规，逃避海关监管，非法运输、携带、邮寄国家禁止出口的文物出境的行为。

（二）认定

1. 实行行为：违反海关法规，走私国家禁止出口的文物的行为。

"走私"：包括绕关走私、瞒关走私、间接走私三种方式。

注意：本罪仅限于将文物从境内 走私至境外 的行为，如果将文物 从境外走私至境内，偷逃关税数额达到10万的，成立 走私普通货物、物品罪。

2. 行为对象：国家禁止出口的文物

3. 主观要件：故意

十、走私贵重金属罪

（一）概念

违反海关法规，逃避海关监管，非法运输、携带、邮寄国家禁止出口的贵重金属出境的行为。

（二）认定

1. 实行行为：违反海关法规，走私国家禁止出口的黄金、白银或者其他贵重金属的行为。

2. "走私"：包括绕关走私、瞒关走私、间接走私三种方式。

【注意】本罪仅限于将贵重金属从境内 走私至境外 的行为，如果将贵重金属 从境外走私

至境内，偷逃关税数额达到 10 万的，成立**走私普通货物、物品罪**。

3. 行为对象：国家禁止出口的黄金、白银或者其他贵重金属。

4. 主观要件：故意

十一、走私淫秽物品罪

（一）概念

违反海关法规，逃避海关监管，以牟利或者传播为目的，非法运输、携带、邮寄国家禁止进出口的淫秽的影片、录像带、录音带、图片、书刊或者其他淫秽物品进出境的行为。

（二）认定

1. 实行行为：违反海关法规，以牟利或者传播为目的，走私淫秽的影片、录像带、录音带、图片、书刊或者其他淫秽物品的行为。

"走私"：包括绕关走私、瞒关走私、间接走私三种方式。

2. 行为对象：淫秽的影片、录像带、录音带、图片、书刊或者其他淫秽物品。

3. 主观要件：故意，且具有牟利或者传播的目的。

十二、走私国家禁止进出口的货物、物品罪

（一）概念

违反海关法规，逃避海关监管，非法运输、携带、邮寄国家禁止进出口的其他货物、物品进出境的行为

（二）认定

1. 实行行为：违反海关法规，走私国家禁止进出口的其他货物、物品的行为。

"走私"：包括绕关走私、瞒关走私、间接走私三种方式。

2. 行为对象：国家禁止进出口的其他货物、物品。

"禁止进出口的其他货物、物品"包括珍稀植物及其制品、变造的货币、管制刀具、仿真枪等。

3. 主观要件：故意

【2015 - 2 - 61】下列哪些行为（不考虑数量），应以走私普通货物、物品罪论处？（   ）①

A. 将白银从境外走私进入中国境内

B. 走私国家禁止进出口的旧机动车

C. 走私淫秽物品，有传播目的但无牟利目的

D. 走私无法组装并使用（不属于废物）的弹头、弹壳

【考点】走私普通货物、物品罪

【解析】A 选项，走私贵重金属罪要求携带出境，该罪禁止出境但是不禁止进境，将白银从境外走私进入中国境外境内不构成走私贵重金属，但如果未缴纳关税的，构成走私普通货物物品罪。因此，A 选项是正确的。

B 选项，构成走私国家禁止进出口的货物物品罪。因此，B 选项是错误的。

C 选项，构成走私淫秽物品罪，要么具有传播的目的，要么具有牟利的目的，只具有其一即可。所以构成走私淫秽物品罪。因此，C 选项是错误的。

---

① **AD**

D选项，刑法当中关于"弹头弹壳"分成三个档次，第一，可用的，即经过组装可以使用，发挥弹药作用，构成走私弹药罪；第二，如果走私的无法组装并使用的弹头弹壳，但还不属于废物的，应该以走私普通货物物品罪论处；第三，如果走私无法武装并使用，经过鉴定属于废物的，那么成立走私废物罪。因此，D选项是正确的。

第三节　妨害对公司、企业的管理秩序罪

十三、非国家工作人员受贿罪

第一百六十三条第一款【非国家工作人员受贿罪】公司、企业或者其他单位的工作人员，利用职务上的便利，索取他人财物或者非法收受他人财物，为他人谋取利益，数额较大的，处三年以下有期徒刑或者拘役，并处罚金；数额巨大或者有其他严重情节的，处三年以上十年以下有期徒刑，并处罚金；数额特别巨大或者有其他特别严重情节的，处十年以上有期徒刑或者无期徒刑，并处罚金。

（一）概念

公司、企业或者其他单位的工作人员利用职务上的便利，索取他人财物或者非法收受他人财物，为他人谋取利益，数额较大的行为。

（二）认定

1. 实行行为：利用职务上的便利，索取他人财物或者非法收受他人财物，为他人谋取利益，数额较大的行为。

（1）利用职务上的便利；

（2）索取或者非法收受他人财物，并且数额较大。"财物"包括有形财物、无形财物及财产性利益。

（3）为他人谋取利益。

"为他人谋取利益"只要求承诺为他人谋利即可，不要求实际上为他人谋取了利益，而承诺既包括 明示 承诺也包括 默示 承诺。

此外，公司、企业或者其他单位的工作人员在经济往来中，违反国家规定，收受各种名义的回扣、手续费，归个人所有的，成立本罪。

2. 犯罪主体：公司、企业或者其他单位的工作人员。

（1）"公司、企业的工作人员"：既包括非国有公司、企业、社会团体中的工作人员，也包括国有公司、企业以及其他国有单位中 并不从事公务 的 非国家工作人员。

（2）"其他单位"：既包括事业单位、社会团体、村民委员会、居民委员会、村民小组等 常设性 的组织，也包括为组织体育赛事、文艺演出或者其他正当活动而成立的组委会、筹委会、工程承包队等 非常设性 的组织。

根据司法解释，下列行为成立本罪：

① 银行 或者其他金融机构的工作人员（国有金融机构工作人员和国有金融机构委派到非国有金融机构从事公务的人员除外），在金融业务活动中索取他人财物或者非法收受他人财物，为他人谋取利益的，或者违反国家规定，收受各种名义的回扣、手续费，归个人所有。

②医疗机构中的医务人员，利用开处方的职务便利，以各种名义非法收受药品、医疗器械、医用卫生材料等医药产品销售方财物，为医药产品销售方谋取利益，数额较大。

③学校及其他教育机构中的非国家工作人员，在教材、教具、校服或者其他物品的采购等活动中，利用职务上的便利，索取销售方财物，或者非法收受销售方财物，为销售方谋取利益，数额较大。

④学校及其他教育机构中的教师，利用教学活动的职务便利，以各种名义非法收受教材、教具、校服或者其他物品销售方财物，为教材、教具、校服或者其他物品销售方谋取利益，数额较大

⑤依法组建的评标委员会、竞争性谈判采购中谈判小组、询价采购中询价小组的组成人员，在招标、政府采购等事项的评标或者采购活动中，索取他人财物或者非法收受他人财物，为他人谋取利益，数额较大。

第四节　破坏金融管理秩序罪

十四、伪造货币罪

第一百七十条【伪造货币罪】伪造货币的，处三年以上十年以下有期徒刑，并处罚金；有下列情形之一的，处十年以上有期徒刑或者无期徒刑，并处罚金或者没收财产：
（一）伪造货币集团的首要分子；
（二）伪造货币数额特别巨大的；
（三）有其他特别严重情节的。

（一）概念

伪造货币罪是指违反国家货币管理法规，仿照货币的形状、色彩、图案等特征，使用各种方法非法制造出外观上足以乱真的假货币，破坏货币的公共信用，破坏金融管理秩序的行为。

（二）认定

1. 实行行为：制造外观上足以使一般人误认为是货币的假货币，即伪造货币的行为。

（1）"货币"：流通中的人民币（含纪念币—面额以初始发售价格记）和境外货币（含在我国尚无法兑换境外货币）；

（2）"伪造"，是指制造外观上足以使一般人误认为是货币的假货币的行为。伪造的方法包括机器印制、石印、影印、复印、手描等等；同时采用伪造和变造手段，制造真伪拼凑货币的，以伪造货币罪定罪处罚。

根据司法解释，伪造货币必须是仿照真币的图案、形状、色彩等特征非法制造假币来冒充真币，因此必须存在与伪造的货币相对应的（或相当的）真币，例如伪造10元、50元、100元面值的人民币。

（3）伪造的货币：包括伪造正在流通的中国货币、外国货币及中国香港、澳门、台湾地区的货币，包括硬币（含普通纪念币和贵金属纪念币）与纸币。

①伪造正在流通的境外货币，即使该境外货币不可在国内市场流通或者兑换，同样构成本罪。

②行为人所伪造的货币必须是正在流通的货币，如果伪造已经停止通用的古钱、废钞，则不成立本罪。

③以使用为目的，伪造停止流通的货币，或者使用伪造的停止流通的货币的，以诈骗罪定罪处罚。

（4）伪造的程度，应在外观上足以使一般人误认为是货币，即对于所伪造的货币必须特别加以注意，或者具有一定检测手段、具有专业知识方能发现。因此，如果行为人制造出来的物品完全不可能被人们误认为是货币的，不可能成立伪造货币罪；如果实施了伪造行为，客观上可能制造出足以使一般人误认为真币的假币，但是没有完成全部印制工序，则成立犯罪未遂。

2. 犯罪主体：没有货币发行权的自然人。

3. **伪造货币罪**与变造货币罪

	伪造货币罪	变造货币罪
原材料	非货币材料或者真币	真币
实行方法	对非货币材料进行加工或者对真币进行大改	对**真币**小改（不伤害同一性）剪贴、挖补、揭层、涂改、移位、重印。 所谓"小改"：① 改 面值 （增加或者减少），不改基本形态；② 不改面值，只改 非基本 形态；

下列行为，由于对于基本形态造成破坏，因此全部成立伪造货币罪。
（1）将金属货币熔化后，制作成较薄的、更多的金属货币；
（2）以货币碎片为材料，加入其他纸张，制作成假币；
（3）将日元改成美元。

4. 伪造货币罪 与 出售、运输假币罪 ， 持有、使用假币罪 属于各自独立的罪名，能否成立吸收犯，则要看是否针对同一批货。伪造货币并出售、运输或者持有、使用自己伪造的货币的，以 伪造货币罪 从重处罚，不另成立出售、运输假币罪，持有、使用假币罪，属于重行为吸收轻行为，但这仅限于行为人出售、运输、持有、使用自己伪造的假币的情形；如果行为人不仅伪造货币，而且出售、运输或者持有、使用 他人伪造的 货币，即伪造的假币与出售、运输的假币与持有、使用的假币不具有同一性时，则应当实行数罪并罚。

【2013－2－14】关于货币犯罪，下列哪一选项是**错误**的？（　　）①
A. 伪造货币罪中的"货币"，包括在国内流通的人民币、在国内可兑换的境外货币，以及正在流通的境外货币
B. 根据《刑法》规定，伪造货币并出售或者运输伪造的货币的，依照伪造货币罪从重处罚。据此，行为人伪造美元，并运输他人伪造的欧元的，应按伪造货币罪从重处罚
C. 将低额美元的纸币加工成高额英镑的纸币的，属于伪造货币
D. 对人民币真币加工处理，使100元面额变为50元面额的，属于变造货币
【考点】货币犯罪
【解析】A选项，伪造货币罪当中的"货币"，包括在国内流通的人民币、在国内可兑换的境外货币，以及正在流通的境外货币。因此，A选项的表述是正确的。

① B

B 选项，根据《刑法》的规定，伪造货币并出售或者运输伪造的货币的，依照伪造货币罪从重处罚。根据该规定，伪造货币罪确实可以吸收一切货币犯罪。但是注意，存在吸收关系必须是针对同一批假币。如果伪造货币之后，运输了他人伪造的货币，或者使用了他人伪造的货币，就要数罪并罚。因此，B 选项是错误的。

C 选项，将低额美元的纸币加工成高额英镑的纸币的，属于伪造货币。以真实的货币为原材料进行加工的并不都是变造，小改是变造，大改是伪造。美元与英镑是不同主权国家发行的货币，属于大改，因此，C 选项的表述是正确的。

D 选项，对人民币真币加工处理，使 100 元面额变为 50 元面额的，改的是面值，属于小改，因此是变造货币。因此，D 选项的表述是正确的。

十五、骗取贷款、票据承兑、金融票证罪

第一百七十五条之一【骗取贷款、票据承兑、金融票证罪】以欺骗手段取得银行或者其他金融机构贷款、票据承兑、信用证、保函等，给银行或者其他金融机构造成重大损失的，处三年以下有期徒刑或者拘役，并处或者单处罚金；给银行或者其他金融机构造成特别重大损失或者有其他特别严重情节的，处三年以上七年以下有期徒刑，并处罚金。

单位犯前款罪的，对单位判处罚金，并对其直接负责的主管人员和其他直接责任人员，依照前款的规定处罚。

（一）概念

以欺骗手段取得银行或者其他金融机构贷款、票据承兑、信用证、保函等，给银行或者其他金融机构造成重大损失的行为。

（二）认定

1. 实行行为：以欺骗手段取得银行或者其他金融机构贷款、票据承兑、信用证、保函的行为。

2. 犯罪结果：本罪是结果犯，必须给银行或者其他金融机构造成重大损失。

3. 主观要件：故意，但不具有非法占有目的。如果行为人具有非法占有目的，则应按照相应的金融诈骗罪定罪处罚。

例如以非法占有为目的，骗取银行贷款的，成立贷款诈骗罪；以非法占有为目的，骗取信用证的，成立信用证诈骗罪。

4. 骗取贷款罪与贷款诈骗罪的界限

	骗取贷款罪	贷款诈骗罪
主观	不具有非法占有的目的	以非法占有为目的
主体	自然人或者单位	自然人
实质	不符合贷款条件，仍然要贷款	卷银行的钱走人

十六、非法吸收公众存款罪

第一百七十六条【非法吸收公众存款罪】非法吸收公众存款或者变相吸收公众存款，扰乱金融秩序的，处三年以下有期徒刑或者拘役，并处或者单处罚金；数额巨大或者有其他严重情节的，处三年以上十年以下有期徒刑，并处罚金；数额特别巨大或者有其他特别严重情节的，处十年以上有期徒刑，并处罚金。

单位犯前款罪的，对单位判处罚金，并对其直接负责的主管人员和其他直接责任人员，依照前款的规定处罚。

有前两款行为，在提起公诉前积极退赃退赔，减少损害结果发生的，可以从轻或者减轻处罚。

（一）概念

违反国家金融管理法规非法吸收公众存款或变相吸收公众存款，扰乱金融秩序的行为。

（二）认定

1. 实行行为：非法吸收公众存款或者非法变相吸收公众存款的行为。根据司法解释，无论是非法吸收还是变相吸收，都需要具备下列四个特性：

（1）非法性，即未经有关部门依法批准或者借用合法经营的形式吸收资金；

（2）公开性，即过媒体、推介会、传单、手机短信等途径向社会公开宣传；

（3）利诱性，承诺在一定期限内以货币、实物、股权等方式还本付息或者给付回报；

（4）社会性，向社会公众即社会不特定对象吸收资金。

①未向社会公开宣传，在亲友或者单位内部针对特定对象吸收资金的，不属于非法吸收或者变相吸收公众存款。

②在向亲友或者单位内部人员吸收资金的过程中，明知亲友或者单位内部人员向不特定对象吸收资金而予以放任的，或者以吸收资金为目的，将社会人员吸收为单位内部人员，并向其吸收资金的，属于向社会公众吸收资金。

③数额计算。以吸收的资金全额计算。案发前后已归还的数额，可以作为量刑情节酌情考虑。

例如甲在5月份吸收50万元，6月份吸收200万元，并以此偿还将5月份借款。非法吸收公众存款的数额为250万元，而不是150万元。

2. 犯罪结果：非法吸收或者变相吸收存款，扰乱金融秩序的，才成立本罪。

具有下列情节，属于扰乱金融秩序的，成立本罪：

（1）个人非法吸收或者变相吸收公众存款20万元以上的，单位非法吸收或者变相吸收公众存款100万元以上的；

（2）个人非法吸收或者变相吸收公众存款30户以上的，单位非法吸收或者变相吸收公众存款150户以上的；

（3）个人非法吸收或者变相吸收公众存款给存款人造成损失10万元以上的，单位非法吸收或者变相吸收公众存款给存款人造成损失50万元以上的；

（4）造成其他严重后果的。

3. 主观要件：故意，不要求有非法占有目的。如果具有非法占有目的，则成立集资诈骗罪。

【注意】犯罪人在提起公诉前积极退赃退赔，减少损害结果发生的，可以从轻或者减轻处罚。

十七、妨害信用卡管理罪

第一百七十七条之一第一款【妨害信用卡管理罪】有下列情形之一，妨害信用卡管理的，处三年以下有期徒刑或者拘役，并处或者单处一万元以上十万元以下罚金；数量巨大或者有其他严重情节的，处三年以上十年以下有期徒刑，并处二万元以上二十万元以下罚金：

（一）明知是伪造的信用卡而持有、运输的，或者明知是伪造的空白信用卡而持有、运输，数量较大的；

（二）非法持有他人信用卡，数量较大的；

（三）使用虚假的身份证明骗领信用卡的；

（四）出售、购买、为他人提供伪造的信用卡或者以虚假的身份证明骗领的信用卡的。

（一）概念

违反信用卡管理法律、法规的规定，妨害信用卡管理的行为。

（二）认定

1. "信用卡"：银行或其他金融机构发行的，具有**消费支付、信用贷款、转账结算、存取现金**等全部或部分功能的电子支付卡。（含借记卡）

2. 行为方式

（1）明知是伪造的信用卡而持有、运输的，或者明知是伪造的空白信用卡而持有、运输，数量较大的；

（2）非法持有他人信用卡，数量较大的；

（3）使用虚假的身份证明骗领信用卡的；

①【用真证】违背他人意愿，使用其居民身份证、军官证、士兵证、港澳居民往来内地通行证、台湾居民来往大陆通行证、护照等身份证明申领信用卡；

②【用假证】使用伪造、变造的身份证明申领信用卡；

（4）出售、购买、为他人提供伪造的信用卡或者以虚假的身份证明骗领的信用卡的。

【注意】伪造信用卡的，构成 伪造金融票证罪 。

十八、窃取、收买、非法提供信用卡信息罪

第一百七十七条之一第二款、第三款【窃取、收买、非法提供信用卡信息罪】窃取、收买或者非法提供他人信用卡信息资料的，依照前款规定处罚。

银行或者其他金融机构的工作人员利用职务上的便利，犯第二款罪的，从重处罚。

（一）概念

违反信用卡管理法律、法规，窃取、收买、非法提供他人信用卡信息资料的行为。

（二）认定

1. "窃取"他人信用卡信息资料：采取自认为不被他人知悉的手段，非法获取他人信用卡信息资料的行为；

2. "收买"他人信用卡信息资料：通过向知悉他人的信用卡信息资料的人员以送财物的手段，非法获取他人信用卡信息资料的行为；

3. "非法提供"他人信用卡信息资料：知悉他人信用卡信息资料的人员向第三人非法提供其所知悉的他人信用卡信息资料的行为。

4. 刑事可罚性起点：实施窃取、收买、非法提供他人信用卡信息资料的行为，达到足以伪造可以交易的信用卡，或者足以使他人以信用卡持卡人的名义交易的程度，犯罪成立。

5. 窃取、收买、非法提供信用卡信息罪与妨害信用卡管理罪的共同特点在于，都是信用卡诈骗罪的预备行为，即如果行为人非法持有他人信用卡，又使用这些卡实施信用卡诈骗行为，前后行为具有吸收关系，成立 信用卡诈骗 罪一罪即可。

十九、内幕交易、泄露内幕信息罪

第一百八十条第一款【内幕交易、泄露内幕信息罪】证券、期货交易内幕信息的知情人员或者非法获取证券、期货交易内幕信息的人员，在涉及证券的发行，证券、期货交易或者其他对证券、期货交易价格有重大影响的信息尚未公开前，买入或者卖出该证券，或者从事与该内幕信息有关的期货交易，或者泄露该信息，或者明示、暗示他人从事上述交易活动，情节严重的，处五年以下有期徒刑或者拘役，并处或者单处违法所得一倍以上五倍以下罚金……

（一）概念

证券、期货交易内幕信息的知情人员或者非法获取证券、期货内幕信息的人员，在涉及证券、期货的发行，交易或者其他对证券、期货交易价格有重大影响的信息尚未公开前，买入或者卖出该证券，或者从事与该内幕信息有关的期货交易，或者泄露该信息，或者明示、暗示他人从事上述交易活动，情节严重的行为。

（二）认定

1. "内幕信息"指证券、期货交易活动中，涉及公司的经营、财务或者对该公司证券、期货的市场价格有重大影响的尚未公开的信息。

2. 三种行为方式：

（1）从事内幕交易，是指在涉及证券的发行，证券、期货交易或者其他对证券、期货交易价格有重大影响的信息尚未公开前，买入或者卖出该证券，或者从事与该内幕信息有关的期货交易的行为。

（2）泄露内幕信息，是指在涉及证券的发行，证券、期货交易或者其他对证券、期货交易价格有重大影响的信息尚未公开前，故意泄露该信息的行为。

（3）明示、暗示他人从事上述交易活动，是指虽未直接从事交易，也没有将内幕信息直接告诉他人，但对交易行为本身进行提示（明示和暗示）的行为。

3. 本罪是选择性罪名。只要实施了其中一种行为即可成立犯罪，如果同时具有上述三种行为的，只定一罪，不实行数罪并罚。

二十、利用未公开信息交易罪

第一百八十条第四款【利用未公开信息交易罪】证券交易所、期货交易所、证券公司、期货经纪公司、基金管理公司、商业银行、保险公司等金融机构的从业人员以及有关监管部门或者行业协会的工作人员，利用因职务便利获取的内幕信息以外的其他未公开的信息，违反规定，从事与该信息相关的证券、期货交易活动，或者明示、暗示他人从事相关交易活动，情节严重的，依照第一款的规定处罚。

（一）概念

证券交易所、期货交易所、证券公司、期货经纪公司、基金管理公司、商业银行、保险公司等金融机构的从业人员以及有关监管部门或者行业协会的工作人员，利用因职务便利获取的内幕信息 以外的 其他未公开信息，违反规定，从事与该信息相关的证券、期货交易活动，或者明示、暗示他人从事相关交易活动，情节严重的行为。

（二）认定

1. "内幕信息以外的其他未公开的信息"，主要是指资产管理机构、代客投资理财机构即将用客户资金投资购买某个证券、期货等金融产品的决策信息。

2. 行为方式：

（1）资产管理机构的从业人员在用客户资金买入证券或者其衍生品、期货或者期权合约等金融产品前，自己先行买入，或者在卖出前，自己先行卖出。

（2）或者在卖出前，自己先行卖出，或在自己建仓的同时，以直接或者间接方式示意其亲朋好友同时建仓等。

3. 利用未公开信息交易罪与内幕交易、泄露内幕信息罪的区别

	利用未公开信息交易罪	内幕交易、泄露内幕信息罪
犯罪主体	金融机构及有关监管部门及行业协会的工作人员，只能是自然人	证券、期货内幕信息的知情人员或者非法获取内幕信息的人员或者单位
犯罪对象	不属于法律、行政法规所规定的内幕信息，而是内幕信息以外的其他未公开的信息	由法律、行政法规确定的内幕信息
信息的来源	利用职务便利获取的	包括因工作原因而获得，也包括采取非法手段获取
侵犯的利益不同	资产管理机构的客户的利益	不特定投资者和股民的合法权益

【2018 网络回忆版】甲（A 公司股东）、乙（A 公司总经理）为男女朋友，分手后，甲怀恨在心，经自己研究发现，A 公司生产的保健品毫无保健作用。甲抛售股票后紧接着在网上公布该研究结果，并写明乙是公司总经理。该报告导致乙公司股价狂跌。关于甲的行为，下列哪一说法是正确的？（　　　）①

A. 甲构成破坏生产经营罪　　　　　　B. 甲构成侵犯公民个人信息罪

C. 甲构成内幕交易罪　　　　　　　　D. 不构成犯罪

【考点】破坏生产经营罪、侵犯公民个人信息罪、内幕交易罪

【解析】A 选项，甲在网上公布 A 公司生产的保健品毫无保健作用这一信息，确实导致 A 公司股价狂跌，给 A 公司造成损失，但这是 A 公司生产、销售没有功效的保健品，欺骗消费者所应当承受的损失，不需要刑法评价。

B 选项，侵犯公民个人信息罪，是指违反国家有关规定，向他人出售或者提供公民个人信息，情节严重的行为。甲披露的不是乙的个人信息，不成立本罪。

C 选项，内幕交易、泄露内幕信息罪，是指证券、期货交易内幕信息的知情人员或者非法获取证券、期货内幕信息的人员，在涉及证券、期货的发行，交易或者其他对证券、期货交易价格有重大影响的信息尚未公开前，买入或者卖出该证券，或者从事与该内幕信息有关的期货交易，或者泄露该信息，或者明示、暗示他人从事上述交易活动，情节严重的行为。本罪中的"知情人员"，特指在公司内部利用其职务上的便利和信息上的优势，可以接触、知悉内幕信息的人员，甲对于乙公司关键信息的知悉，是经自己研究发现，不属于对于自己优势地位的滥用；甲的行为确实会造成普通股民利益损失，但这是炒股行为所应当承担的风险，刑法也不必干涉。甲的行为不成立本罪。

D 选项正确。

---

① D

二十一、洗钱罪

第一百九十一条【洗钱罪】为掩饰、隐瞒毒品犯罪、黑社会性质的组织犯罪、恐怖活动犯罪、走私犯罪、贪污贿赂犯罪、破坏金融管理秩序犯罪、金融诈骗犯罪的所得及其产生的收益的来源和性质，有下列行为之一的，没收实施以上犯罪的所得及其产生的收益，处五年以下有期徒刑或者拘役，并处或者单处罚金；情节严重的，处五年以上十年以下有期徒刑，并处罚金：

（一）提供资金帐户的；

（二）将财产转换为现金、金融票据、有价证券的；

（三）通过转帐或者其他支付结算方式转移资金的；

（四）跨境转移资产的；

（五）以其他方法掩饰、隐瞒犯罪所得及其收益的来源和性质的。

单位犯前款罪的，对单位判处罚金，并对其直接负责的主管人员和其他直接责任人员，依照前款的规定处罚。

（一）概念

明知是毒品犯罪、黑社会性质的组织犯罪、恐怖活动犯罪、走私犯罪、贪污贿赂犯罪、破坏金融管理秩序犯罪、金融诈骗犯罪的违法所得及其产生的收益，而采用掩饰、隐瞒其来源和性质的方法，从而使其"合法化"的行为。

（二）认定

1. 实行行为：为法定的七类犯罪的犯罪所得及其产生的收益实施洗钱行为。

（1）"法定的七类犯罪"：毒品犯罪、黑社会性质的组织犯罪、恐怖活动犯罪、走私犯罪、贪污贿赂犯罪、破坏金融管理秩序犯罪、金融诈骗犯罪。

毒品犯罪	刑法分则第六章第七节所规定的所有犯罪
黑社会性质的组织犯罪	既包括组织、领导、参加黑社会性质组织罪，也包括其他一切涉黑犯罪
恐怖活动犯罪	既包括组织、领导、参加恐怖组织罪，也包括其他一切涉恐犯罪
走私犯罪	刑法分则第三章第二节所规定的所有犯罪
贪污贿赂犯罪	原则上指刑法分则第八章贪污贿赂罪中的罪名，但是有例外： 挪用公款罪中的"公款"不属于"犯罪所得"，但挪用公款所产生的收益，属于上游犯罪所产生的收益，可以成为洗钱的对象。
破坏金融管理秩序犯罪	刑法分则第三章第四节所规定的所有犯罪
金融诈骗犯罪	刑法分则第三章第五节所规定的所有犯罪

（2）"犯罪所得及其产生的收益"，是指由上述七类犯罪行为所获取的非法利益以及利用该非法利益所产生的经济利益。

【注意1】洗钱罪应当以上游犯罪事实成立为认定前提。上游犯罪尚未依法裁判，但查证属实的，不影响对洗钱罪的审判；上游犯罪事实可以确认，因行为人死亡等原因依法不予追究刑事责任的，不影响洗钱罪的认定；上游犯罪事实可以确认，依法以其他罪名定罪处罚的，也不影响洗钱罪的认定。

（3）"洗钱行为"：

①提供资金**帐户**；

②协助将财产**转换为**现金、金融票据、有价证券；

③通过转帐或者其他**支付**结算方式转移资金的；

④**跨境**转移资产的；

⑤以**其他方法**掩饰、隐瞒犯罪所得及其收益的来源和性质；包括：

A. 通过**典当、租赁、买卖、投资**等方式，协助转移、转换犯罪所得及其收益

B. 通过与**商场、饭店、娱乐场所**等现金密集型场所的经营收入**相混合**的方式，协助转移、转换犯罪所得及其收益的；

C. 通过**虚构交易、虚设债权债务、虚假担保、虚报收入**等方式，协助将犯罪所得及其收益转换为"合法"财物的；

D. 通过**买卖彩票、奖券**等方式，协助转换犯罪所得及其收益的；

E. 通过**赌博**方式，协助将犯罪所得及其收益转换为赌博收益的；

F. 协助将犯罪所得及其收益**携带、运输**或者**邮寄**出入境的；

2. 主观要件：故意，行为人必须明知是法定的七类犯罪的犯罪所得及其产生的收益。

如果行为人将此种上游犯罪的犯罪所得及其收益误认为是上游犯罪范围内的彼种犯罪所得及其收益的，不影响本罪"明知"的认定。

【注意2】如果行为人就是上游犯罪人，为自己的犯罪所得实施洗钱行为，即自洗钱行为，同样构成洗钱罪。

【2011－2－12】关于洗钱罪的认定，下列哪一选项是**错误**的？（　　　）①

A.《刑法》第一百九十一条虽未明文规定侵犯财产罪是洗钱罪的上游犯罪，但是，黑社会性质组织实施的侵犯财产罪，依然是洗钱罪的上游犯罪

B. 将上游的毒品犯罪所得误认为是贪污犯罪所得而实施洗钱行为的，不影响洗钱罪的成立

C. 上游犯罪事实上可以确认，因上游犯罪人死亡依法不能追究刑事责任的，不影响洗钱罪的认定

D. 单位贷款诈骗应以合同诈骗罪论处，合同诈骗罪不是洗钱罪的上游犯罪。为单位贷款诈骗所得实施洗钱行为的，不成立洗钱罪

【考点】洗钱罪

【解析】A选项，黑社会性质组织的犯罪，组织者所组织实施的侵犯财产罪，即使侵犯了公民个人的财产，也属于黑社会组织的犯罪。只要是黑社会组织所实施的犯罪，就是洗钱罪的上游犯罪，因此，A选项是正确的。

B选项，被告人将《刑法》第191条规定的某一上游犯罪的犯罪所得及其收益误认为是上游犯罪范围内其他犯罪的其他犯罪所得及其收益的，属于同一犯罪构成内的对象错误，不影响定罪。因此，B选项是正确的。

C选项，只要上游犯罪依法成立就可以，是否追究上游犯罪的刑事责任不影响洗钱罪的认定。因此，C选项是正确的。

D选项，贷款诈骗只要行为人事实上有贷款诈骗的行为就可以，对于这样的犯罪，可以直接追究单位的直接责任人的刑事责任，所以在这里明明是有贷款诈骗的犯罪事实，完全可以认为下游的人成立洗钱罪。因此，D选项是错误的。

___

① D

第五节　金融诈骗罪

二十二、集资诈骗罪

第一百九十二条【集资诈骗罪】 以非法占有为目的，使用诈骗方法非法集资，数额较大的，处三年以上七年以下有期徒刑，并处罚金；数额巨大或有其他严重情节的，处七年以上有期徒刑或者无期徒刑，并处罚金或者没收财产。

单位犯前款罪的，对单位判处罚金，并对其直接负责的主管人员和其他直接责任人员，依照前款的规定处罚。

（一）概念

集资诈骗罪是指以非法占有为目的，使用诈骗方法非法集资，数额较大的行为。

（二）认定

1. 实行行为：以诈骗方法，非法向社会公开募集资金，数额较大的行为

（1）"诈骗方法"，是指行为人采取虚构资金用途，以虚假的证明文件和高回报率为诱饵等方式骗取集资款的手段；

（2）"非法向社会公开募集资金"，是指违反法律、法规有关集资规定，向社会公众募集资金的行为；

（3）数额较大：个人在 10 万元以上，单位在 50 万元以上，诈骗的数额以实际骗取的数额计算，案发前已归还的数额应予扣除。

2. 集资诈骗罪与非法吸收公众存款罪的界限。区分的关键仍然在于行为人是否具有 非法占有的目的 。根据司法解释以下情况可以认定为本罪的"以非法占有为目的"：

（1）集资后不用于生产经营活动或者用于生产经营活动与筹集资金规模明显不成比例，致使集资款不能返还的；

（2）肆意挥霍集资款，致使集资款不能返还的；

（3）携带集资款逃匿的；

（4）将集资款用于违法犯罪活动的；

（5）抽逃、转移资金，隐匿财产，逃避返还资金的；

（6）隐匿、销毁账目，或者搞假破产、假倒闭，逃避返还资金的；

（7）拒不交代资金去向，逃避返还资金的；

（8）其他可以认定为具有非法占有目的的行为。

二十三、贷款诈骗罪

第一百九十三条【贷款诈骗罪】 有下列情形之一，以非法占有为目的，诈骗银行或者其他金融机构的贷款，数额较大的，处五年以下有期徒刑或者拘役，并处二万元以上二十万元以下罚金；数额巨大或者有其他严重情节的，处五年以上十年以下有期徒刑，并处五万元以上五十万元以下罚金；数额特别巨大或者有其他特别严重情节的，处十年以上有期徒刑或者无期徒刑，并处五万元以上五十万元以下罚金或者没收财产：

（一）编造引进资金、项目等虚假理由的；

（二）使用虚假的经济合同的；

（三）使用虚假的证明文件的；

（四）使用虚假的产权证明作担保或者超出抵押物价值重复担保的；

（五）以其他方法诈骗贷款的。

（一）概念

贷款诈骗罪是指以非法占有为目的，使用法定方法诈骗银行或者其他金融机构的贷款，数额较大的行为。

（二）认定

1. 实行行为：使用欺诈方法，诈骗银行或者其他金融机构的贷款。

"欺诈方法"：①编造引进资金、项目等虚假理由；②使用虚假的经济合同；③使用虚假的证明文件；④使用虚假的产权证明作担保或者超出抵押物价值重复担保；⑤以其他方法诈骗贷款。

2. 犯罪结果：诈骗数额较大

贷款诈骗罪同所有诈骗类犯罪一样，都需要遵循如下模式，达到犯罪既遂：

> 行为人实施欺骗行为——金融机构工作人员陷入认识错误——基于认识错误发放贷款——行为人取得贷款——金融机构遭受财产损失。

因此，如果行为人虽然实施了欺骗行为，但是金融机构工作人员没有陷入错误认识，而是基于其他原因将贷款发放给行为人，行为人成立贷款诈骗罪未遂。

3. 犯罪主体：自然人

单位不能构成本罪，单位假借签订、履行借款合同诈骗银行或其他金融机构贷款的，如何处理。

对组织、策划、实施的自然人定本罪；根据 2014 年 4 月《全国人民代表大会常务委员会关于〈中华人民共和国刑法〉第三十条的解释》：公司、企业、事业单位、机关、团体等单位实施刑法规定的危害社会的行为，刑法分则和其他法律未规定追究单位的刑事责任的，对组织、策划、实施该危害社会行为的人依法追究刑事责任。

【2016－2－14】甲急需 20 万元从事养殖，向农村信用社贷款时被信用社主任乙告知，一个身份证只能贷款 5 万元，再借几个身份证可多贷。甲用自己的名义贷款 5 万元，另借用 4 个身份证贷款 20 万元，但由于经营不善，不能归还本息。关于本案，下列哪一选项是正确的？（　　）①

A. 甲构成贷款诈骗罪，乙不构成犯罪

B. 甲构成骗取贷款罪，乙不构成犯罪

C. 甲构成骗取贷款罪，乙构成违法发放贷款罪

D. 甲不构成骗取贷款罪，乙构成违法发放贷款罪

【考点】贷款诈骗罪，骗取贷款罪

【解析】甲虽然利用他人的身份证贷款，但是并未对农村信用社的工作人员隐瞒真相，没有利用信息优势进行欺骗的诈骗行为，不成立贷款诈骗罪或者骗取贷款罪。信用社主任乙在明知甲在利用完自己的身份证后不能再贷款的情况下，仍然同意对其他人身份证违规贷款，成立违法发放贷款罪。因此，D 选项是正确的。

---

① D

二十四、信用卡诈骗罪

第一百九十六条【信用卡诈骗罪】有下列情形之一，进行信用卡诈骗活动，数额较大的，处五年以下有期徒刑或者拘役，并处二万元以上二十万元以下罚金；数额巨大或者有其他严重情节的，处五年以上十年以下有期徒刑，并处五万元以上五十万元以下罚金；数额特别巨大或者有其他特别严重情节的，处十年以上有期徒刑或者无期徒刑，并处五万元以上五十万元以下罚金或者没收财产：

（一）使用伪造的信用卡，或者使用以虚假的身份证明骗领的信用卡的；

（二）使用作废的信用卡的；

（三）冒用他人信用卡的；

（四）恶意透支的。

前款所称恶意透支，是指持卡人以非法占有为目的，超过规定限额或者规定期限透支，并且经发卡银行催收后仍不归还的行为。

盗窃信用卡并使用的，依照本法第二百六十四条的规定定罪处罚。

（一）概念

以非法占有为目的，使用法定方法进行信用卡诈骗活动，数额较大的行为。

（二）认定

1. 实行行为：利用信用卡进行诈骗活动。

第一部分：根据刑法第 196 条的规定，信用卡诈骗罪的具体方式包括：

（1）使用 伪造的信用卡 或者使用以虚假的身份证明 骗领的信用卡 ；

"使用"，是指按照信用卡的通常使用方法，将伪造的信用卡作为真实有效的信用卡予以利用。将伪造的信用卡予以出售的行为不属于使用。

此外，使用"变造的信用卡"（如磁条内的信息被变更的信用卡）的，应认定为使用伪造的信用卡。

（2）使用 作废的 信用卡；（"使用"，同样是按照信用卡的通常使用方法加以使用。）

（3）冒用 他人 信用卡；

"冒用"，是指非持卡人以持卡人名义使用合法持卡人的信用卡进行骗取财物的行为。包括：

①拾得他人信用卡后使用的；

②骗取他人信用卡后使用的；

③窃取、收买、骗取或者以其他非法方式获取他人信用卡信息资料，并通过互联网、通讯终端等使用的；

例如甲盗窃了乙的借记卡与身份证，记下了借记卡的卡号后将借记卡偷偷放回原处。随后，甲持乙的身份证并冒充乙向银行挂失，由于甲能向银行工作人员准确提供借记卡的姓名、卡号与密码，使银行工作人员信以为真。但甲并没有要求银行工作人员为其补办新的借记卡，而是让银行工作人员将乙借记卡中的 7000 元全部转入自己的另一张借记卡。甲虽然没有现实地持有乙的借记卡，但冒用他人信用卡信息，也属于冒用他人信用卡的行为。

（4）恶意透支；根据相关司法解释，持卡人以非法占有为目的，超过规定限额或者规定期限透支，并且经发卡银行两次有效催收后超过 3 个月仍不归还的，应当认定为恶意透支。

"有效催收"，需要同时符合下列条件：

①在透支超过规定限额或者规定期限后进行；

②催收应当采用能够确认持卡人收悉的方式，但持卡人故意逃避催收的除外；

③两次催收至少间隔三十日；

④符合催收的有关规定或者约定。

第二部分：法律及司法解释的特别规定

（1）盗窃信用卡并使用的，定 盗窃罪

①"使用"

A. 本人使用；

B. 利用不知情的第三人使用；

例如张某窃得同事一张银行借记卡及身份证，向丈夫何某谎称路上所拾。张某与何某根据身份证号码试出了借记卡密码，持卡消费5000元。张某成立盗窃罪；何某成立信用卡诈骗罪；

C. 按照信用卡通常的方法使用（不包括出售）；

② 明知是他人盗窃的信用卡而使用的，也成立盗窃罪；

例如甲盗窃信用卡后交给乙，乙知道真相后仍然使用，甲是在盗窃信用卡并使用，乙加入到甲盗窃信用卡并使用的过程中，因此也成立盗窃罪。

（2）抢劫信用卡并使用的，定 抢劫罪

① 数额认定：以行为人实际使用、消费的数额为抢劫数额；

② 抢劫信用卡并以实力控制被害人，当场提取现金的，成立抢劫罪；

③ 一方抢劫信用卡后控制被害人，知情的另一方帮助取款的，成立抢劫罪共犯；

（3）拾得信用卡并在 ATM 机上使用，定 信用卡诈骗罪

《最高人民检察院关于拾得他人信用卡并在自动柜员机（ATM 机）上使用的行为如何定性问题的批复》："拾得他人信用卡并在自动柜员机（ATM 机）上使用的行为，属于刑法第一百九十六条第一款第（三）项规定的"冒用他人信用卡"的情形，构成犯罪的，以信用卡诈骗罪追究刑事责任。"

第三部分：如果取得信用卡后 未使用

抢劫		未使用	抢劫罪（不计数额，根据情节定罪）
骗取、捡拾、侵占、抢夺、勒索			一般不定罪 如果数量较大：妨害信用卡管理罪
窃取	普通方式窃取		
	以"入户、携带凶器、扒窃"的方式窃取		盗窃信用卡的行为值得单独评价，成立 盗窃罪

（1）抢劫信用卡 未使用 的，成立抢劫罪。

（2）骗取、捡拾、侵占、抢夺、勒索信用卡后 未使用 的，一般不定罪；如果取得的信用卡数量较大的成立信用卡诈骗罪。

（3）以普通方式窃取信用卡后 未使用 的，一般不定罪；如果窃取的信用卡数量较大的成立妨害信用卡管理罪。

（4）以"入户、携带凶器、扒窃"的方式窃取信用卡，即使 未使用 的，也成立盗窃罪（盗窃信用卡的行为值得单独评价）。

第四部分：利用"无形卡"骗取财物

（1）信用卡的信息资料

①原则：对人使用定 信用卡诈骗罪 ；对机器或通过网络系统使用定 盗窃罪 ；

②例外：以 非法方式获取 他人 信用卡信息资料 ，无论对人还是对机器使用，一律定 信用卡诈骗罪 。

（2009年12月3日两高《关于办理妨害信用卡管理刑事案件具体应用法律若干问题的解释》）

例1 （2019年客观题）乙在工商银行领取银行卡及相配套的U盾，银行大厅经理甲（非国家工作人员）在假意指导乙如何使用U盾时偷换了乙的U盾，并骗乙："只能在一周后使用U盾。"乙信以为真。次日甲使用乙的U盾将乙网上银行账户内的3万元转入自己的网上银行账户。

【解析】甲盗窃了乙的U盾，就盗窃了乙的银行卡信息资料，通过网上银行，将乙账户里的资金划到自己的账户。对甲定**信用卡诈骗罪**。

例2 （2016年客观题）甲侵入银行计算机信息系统，将刘某存折中的5万元存款转入自己的账户。

【解析】甲的行为针对的是存折，不是银行卡，因此，属于原则规定的情形而不属于例外，即通过网络系统适用信用卡信息，因此构成盗窃罪。

（2）其他类型的信息资料

①支付宝账户内的余额或余额宝（或微信的钱包）

该资金账户不属于信用卡账户，该资金账户的信息资料不属于信用卡信息资料，因此按照原则处理：①对人使用，欺骗他人处分资金，则构成诈骗罪（不存在利用信用卡的问题，因此不构成信用卡诈骗罪）；②对机器使用或通过网络系统使用，构成盗窃罪。

②蚂蚁花呗

蚂蚁花呗在法律性质上不同于信用卡，属于非信用卡类信息资料，因此按照原则处理：①对人使用，欺骗他人处分资金，则构成诈骗罪（不存在利用信用卡的问题，因此不构成信用卡诈骗罪）；②对机器使用或通过网络系统使用，构成盗窃罪。

例如（2019年客观题），甲偷到乙的手机，破解了乙手机上的支付宝密码，使用里面的"蚂蚁花呗"在网上商家购买了3万元商品。

【解析】甲冒用乙的蚂蚁花呗账户，欺骗商家，但是受害人是花呗公司，花呗公司将自己的资金支付给了商家，遭受财产损失。甲属于三角诈骗，构成诈骗罪。由于蚂蚁花呗不属于信用卡，因此甲不构成信用卡诈骗罪。

③蚂蚁借呗

蚂蚁借呗是蚂蚁金服公司推出的一款借贷服务，申请人申请贷款，蚂蚁借呗批准后，将款项打入申请人的指定账户，申请人日后还款。蚂蚁借呗在法律性质上不同于信用卡，属于非信用卡类信息资料，因此同蚂蚁花呗一样，按照原则处理。

例如甲偷到乙的手机，破解了乙手机上的支付宝密码，使用里面的"蚂蚁借呗"申请贷款1万元，借呗公司审核批准后，将款项打入甲的指定账户。

【解析】甲冒用乙的蚂蚁借呗账户，欺骗借呗公司，由于借呗公司属于其他金融机构，甲构成贷款诈骗罪。

④**支付宝绑定的银行卡账户**

能够进入该银行卡账户并能支配其中资金的信息资料就属于信用卡信息资料，支付宝绑定的银行卡的信息资料属于信用卡信息资料，因此既有原则又有例外。

例如甲窃到乙的手机，后破解了乙手机上的支付宝密码，发现乙的支付宝余额及余额宝中没钱，但是乙的支付宝绑定了乙的一个银行卡账户，该账户里有 3 万元。甲用支付密码将该银行账户内的 3 万元转到自己的银行账户。

【解析】甲属于非法获取他人信用卡信息资料，继而使用，无论对人还是对信息系统，都成立信用卡诈骗罪。

2. 妨害信用卡管理罪与信用卡诈骗罪

	妨害信用卡管理罪	信用卡诈骗罪
实行行为	① 持有、运输：（伪造的）（伪造的空白）信用卡 ② 非法持有（他人的）信用卡，数量较大 ③ 骗领信用卡（使用虚假的身份证明） ④ 出售、购买、提供：（伪造、骗领的）信用卡	① 使用【他人的、伪造的、骗领的、作废的】卡 ③ 恶意透支（自己的）卡
针对	卡本身	卡里的钱

前罪 往往是 后罪 的预备行为

■ 对同一批卡：定后罪；

■ 对不同的卡：数罪并罚；

【2019 网络回忆版】王某捡到李某丢失的手机，发现李某的微信支付软件与储蓄卡绑定。王某猜出支付密码后，通过微信支付，将李某储蓄卡中的 3 万元资金转到自己的银行卡账户。下列说法正确的是?（   ）①

A. 对王某以诈骗罪论处

B. 对王某以盗窃罪论处

C. 相关司法解释规定，拾得他人信用卡并在 ATM 机上使用的，以信用卡诈骗罪论处。基于此，对王某以信用卡诈骗罪论处

D. 相关司法解释规定，以非法方式获取他人信用卡信息资料，并通过互联网使用的，以信用卡诈骗罪论处。基于此，对王某以信用卡诈骗罪论处

【考点】信用卡诈骗罪

【解析】根据 2009 年 12 月 3 日两高《关于办理妨害信用卡管理刑事案件具体应用法律若干问题的解释》，以非法方式获取他人信用卡信息资料，无论对人还是对机器使用，一律定信用卡诈骗罪。本案中，王某捡到李某丢失的手机，进入微信获取微信绑定的信用卡信息资料，再利用互联网转账，属于以非法方式获取他人信用卡信息资料后通过互联网使用，定信用卡诈骗罪。

【2019 网络回忆版】甲盗窃了丙的一张银行卡，卡里有 3 万元。甲告诉乙该卡是捡来的，让乙在商场购物。乙在商场冒用该卡购买了 3 万元商品。关于本案，下列说法正确的有?（   ）②

A. 甲、乙均成立盗窃罪　　　　　　　　B. 甲、乙均成立信用卡诈骗罪

———————————

① D　② BCD

C. 甲是信用卡诈骗罪的教唆犯和帮助犯　　D. 乙是信用卡诈骗罪的正犯

【考点】根据刑法第196条的规定，盗窃信用卡并使用的，定盗窃罪。"使用"既包括自己使用，也包括让第三人使用。本案中，甲盗窃信用卡后让乙使用，也属于"使用"，因此甲成立盗窃罪。乙明知信用卡不是自己的，而冒用该卡购买了3万元商品，构成信用卡诈骗罪，甲同时是乙的信用卡诈骗的教唆犯和帮助犯。甲的一个行为"盗窃信用卡并使用"，既构成盗窃罪，又构成信用卡诈骗的教唆犯和帮助犯，最终应当以盗窃罪定罪。BCD正确。

二十五、保险诈骗罪

第一百九十八条【保险诈骗罪】有下列情形之一，进行保险诈骗活动，数额较大的，处五年以下有期徒刑或者拘役，并处一万元以上十万元以下罚金；数额巨大或者有其他严重情节的，处五年以上十年以下有期徒刑，并处二万元以上二十万元以下罚金；数额特别巨大或者有其他特别严重情节的，处十年以上有期徒刑，并处二万元以上二十万元以下罚金或者没收财产：

（一）投保人故意虚构保险标的，骗取保险金的；

（二）投保人、被保险人或者受益人对发生的保险事故编造虚假的原因或者夸大损失的程度，骗取保险金的；

（三）投保人、被保险人或者受益人编造未曾发生的保险事故，骗取保险金的；

（四）投保人、被保险人故意造成财产损失的保险事故，骗取保险金的；

（五）投保人、受益人故意造成被保险人死亡、伤残或者疾病，骗取保险金的。

有前款第四项、第五项所列行为，同时构成其他犯罪的，依照数罪并罚的规定处罚。

单位犯第一款罪的，对单位判处罚金，并对其直接负责的主管人员和其他直接责任人员，处五年以下有期徒刑或者拘役；数额巨大或者有其他严重情节的，处五年以上十年以下有期徒刑；数额特别巨大或者有其他特别严重情节的，处十年以上有期徒刑。

保险事故的鉴定人、证明人、财产评估人故意提供虚假的证明文件，为他人诈骗提供条件的，以保险诈骗的共犯论处。

（一）概念

以非法占有为目的，进行保险诈骗活动，数额较大的行为。

（二）认定

1. 实行行为：保险诈骗活动，数额较大的行为。

（1）投保人故意虚构保险标的，骗取保险金的；

例如将他人财产谎称自己财产进行投标，骗取保险金；恶意复保险；隐瞒重大疾患投保；

（2）投保人、被保险人或者受益人对发生的保险事故编造虚假的原因或者夸大损失的程度，骗取保险金的；

例如自己酒后驾驶机动车，发生事故谎称由第三人驾驶机动车，骗取保险金；

（3）投保人、被保险人或者受益人编造未曾发生的保险事故，骗取保险金的；

例如投保人、受益人，将他人作为被保险人的替身杀害，骗取保险金。此时保险诈骗罪与故意杀人罪应当数罪并罚。

（4）投保人、被保险人故意造成财产损失的保险事故，骗取保险金的；

例如故意制造火灾事故，骗取保险金。此时保险诈骗罪与放火罪应当数罪并罚。

（5）投保人、受益人故意造成被保险人死亡、伤残或者疾病，骗取保险金的。此时保险诈骗罪与故意杀人罪、故意伤害罪应当数罪并罚。

2. 犯罪结果：骗取保险金数额较大

3. 行为主体

（1）投保人、被保险人与受益人（自然人、单位）

（2）共犯：保险事故的鉴定人、证明人、财产评估人故意提供虚假的证明文件，为他人诈骗提供条件的，以保险诈骗的共犯论处。

4. 着手、既遂标准

（1）着手：必须开始索赔或者提出支付保险金请求，仅开始虚构保险标的、制造保险事故属于预备行为；

（2）既遂：获得保险赔偿。

第六节　危害税收证管罪

二十六、逃税罪

第二百零一条【逃税罪】纳税人采取欺骗、隐瞒手段进行虚假纳税申报或者不申报，逃避缴纳税款数额较大并且占应纳税额百分之十以上的，处三年以下有期徒刑或者拘役，并处罚金；数额巨大并且占应纳税额百分之三十以上的，处三年以上七年以下有期徒刑，并处罚金。

扣缴义务人采取前款所列手段，不缴或者少缴已扣、已收税款，数额较大的，依照前款的规定处罚。

对多次实施前两款行为，未经处理的，按照累计数额计算。

有第一款行为，经税务机关依法下达追缴通知后，补缴应纳税款，缴纳滞纳金，已受行政处罚的，不予追究刑事责任；但是，五年内因逃避缴纳税款受过刑事处罚或者被税务机关给予二次以上行政处罚的除外。

（一）概念

纳税人采取欺骗、隐瞒手段进行虚假的纳税申报或者不申报，逃避缴纳税款数额较大并且占应纳税额10%以上或者扣缴义务人采取欺骗、隐瞒手段，不缴或少缴已扣、已收税款，数额较大的行为。

（二）认定

1. 犯罪主体：纳税人、扣缴义务人

（1）"纳税人"：法律、行政法规规定的负有纳税义务的单位或者个人；

（2）"扣缴义务人"：法律、行政法规规定的负有代扣代缴、代收代缴税款义务的单位或者个人；既可以是各种类型的企业，也可以是机关、社会团体、民办非企业单位、部队、学校和其他单位，或者是个体工商户、个人合伙经营者和其他自然人。例如个人所得税中，个人所得税以支付所得的单位或者个人为扣缴义务人。

2. 实行行为：采取欺骗、隐瞒手段进行虚假纳税申报或者不申报（手段行为），逃避缴纳税款（目的行为）的行为。

（1）"虚假纳税申报"：可以通过伪造、变造、隐匿、擅自销毁账簿、记账凭证的方法进行虚假纳税申报，也可以通过在账簿上多列支出或者不列、少列收入的方式进行虚假纳税申报进而逃税

（2）"不申报"，即经税务机关通知申报而拒不申报，即拒绝按税务机关的通知申报纳税。

3. 犯罪结果

（1）纳税人逃税：逃避缴纳税款数额较大（5万）并且占应纳税额10%以上；

（2）扣缴义务人逃税：不缴或少缴已扣、已收税款，数额较大（5万）。

4. 针对纳税人的处罚阻却事由及例外

有逃税行为，经税务机关依法下达追缴通知后，补缴应纳税款，缴纳滞纳金，已受行政处罚的，不予追究刑事责任；但是5年内因逃避缴纳税款受过刑事处罚或者被税务机关给予二次以上行政处罚的除外。

二十七、抗税罪

第二百零二条【抗税罪】以暴力、威胁方法拒不缴纳税款的，处三年以下有期徒刑或者拘役，并处拒缴税款一倍以上五倍以下罚金；情节严重的，处三年以上七年以下有期徒刑，并处拒缴税款一倍以上五倍以下罚金。

（一）概念

抗税罪是指纳税人以暴力、威胁方法拒不缴纳税款的行为。

（二）认定

1. 实行行为：以暴力、威胁方法拒不缴纳税款。

（1）方法行为：暴力或者威胁

①"暴力"：

对人暴力（对履行税收职责的税务人员的人身不法行使有形力，使其不能正常履行职责）；

对物暴力（冲击、打砸税务机关，使税务机关不能从事正常的税收活动）

②"威胁"：对履行税收职责的税务人员实行精神强制，使其不敢正常履行税收职责；

（2）目的行为：拒不缴纳税款

2. 犯罪主体：

行为主人：自然人

3. 罪数

（1）实施抗税行为，致人轻伤：抗税罪与故意伤害（轻伤）的想象竞合，以抗税罪从重处罚；

（2）实施抗税行为，致人重伤、死亡：抗税罪与故意伤害（重伤）或者故意杀人罪的想象竞合，以故意伤害罪、故意杀人罪从重处罚。

二十八、虚开增值税专用发票、用于骗取出口退税、抵扣税款发票罪

第二百零五条第一款【虚开增值税专用发票、用于骗取出口退税、抵扣税款发票罪】虚开增值税专用发票或者虚开用于骗取出口退税、抵扣税款的其他发票的，处三年以下有期徒刑或者拘役，并处二万元以上二十万元以下罚金；虚开的税款数额较大或者有其他严重情节的，处三年以上十年以下有期徒刑，并处五万元以上五十万元以下罚金……

（一）概念

违反国家发票管理、增值税征管的法规，实施虚假开具增值税专用发票或者虚开用于骗取出口退税、抵扣税款的其他发票的行为。

（二）认定

1. 实行行为：虚开增值税专用发票或者虚开用于骗取出口退税、抵扣税款的其他发票的

行为。

（1）"虚开"，包括为他人虚开、为自己虚开、让他人为自己虚开、介绍他人虚开专用发票四种情况。根据有关司法解释，具有下列情形之一的，属于虚开增值税专用发票的行为：

①没有货物购销或者没有提供或接受应税劳务而为他人、为自己、让他人为自己、介绍他人开具专用发票；

②有货物购销或者提供或接受了应税劳务而为他人、为自己、让他人为自己、介绍他人开具数量或者金额不实的专用发票；

③进行了实际经营活动，但让他人为自己代开专用发票。

（2）"用于骗取出口退税、抵扣税款的其他发票"：除增值税专用发票以外的，具有出口退税、抵扣税款功能的收付款凭证或者完税凭证。

2. 犯罪结果：虚开数额：虚开的税款数额在1万元以上或者致使国家税款被骗数额在5000元以上的，应予立案追诉。

【注意】司法机关应以一般的经济运行方式为根据，判断是否具有骗取国家税款的可能性。如果虚开、代开增值税等发票的行为根本不具有骗取国家税款的可能性，则不宜认定为本罪。

3. 涉税犯罪的罪数问题

（1）虚开增值税专用发票罪

①只虚开：成立虚开增值税专用发票罪；

②虚开后又骗取国家税款：只定虚开增值税专用发票罪；

（2）虚开用于骗取出口退税、抵扣税款发票罪

①只虚开：成立虚开用于骗取出口退税、抵扣税款发票罪；

②虚开后又骗取国家出口退税款：只定虚开用于骗取出口退税、抵扣税款发票罪；

【2012-2-61】①纳税人逃税，经税务机关依法下达追缴通知后，补缴应纳税款，缴纳滞纳金，已受行政处罚的，一律不予追究刑事责任

②纳税人逃避追缴欠税，经税务机关依法下达追缴通知后，补缴应纳税款，缴纳滞纳金，已受行政处罚的，应减轻或者免除处罚

③纳税人以暴力方法拒不缴纳税款，后主动补缴应纳税款，缴纳滞纳金，已受行政处罚的，不予追究刑事责任

④扣缴义务人逃税，经税务机关依法下达追缴通知后，补缴应纳税款，缴纳滞纳金，已受行政处罚的，不予追究刑事责任

关于上述观点的正误判断，下列哪些选项是**错误**的？（　　）①

A. 第①句正确，第②③④句错误　　　　B. 第①②句正确，第③④句错误

C. 第①③句正确，第②④句错误　　　　D. 第①②③句正确，第④句错

【考点】逃税罪

【解析】①五年内因逃税已经受过行政处罚或者受过两次以上行政处罚之后又逃税的，这种情况下仍要追究刑事责任。所以①是一个处罚阻却事由，但该阻却事由是有例外的。所以"一律不予追究"错误。

②纳税人逃避追缴欠税，经税务机关依法下达追缴通知后，补缴应纳税款，缴纳滞纳金，已受行政处罚的，是"不予追究刑事责任"，而不是"减轻或者免除处罚"。

_____

① ABCD

③该规定仅仅适用于逃税罪，像这种以暴力方法拒不缴纳的行为触犯了抗税罪，抗税罪中不存在处罚阻却事由的，所以第三句话是错误的。

④对于扣缴义务人逃税，经税务机关依法下达追缴通知后，补缴应纳税款，缴纳滞纳金，已受行政处罚的，仍应追究刑事责任。即纳税人的处罚阻却事由适用于扣缴义务人。

因此A、B、C、D是错误的。

第七节　侵犯知识产权罪

二十九、假冒注册商标罪

第二百一十三条【假冒注册商标罪】未经注册商标所有人许可，在同一种商品、服务上①使用与其注册商标相同的商标，情节严重的，处三年以下有期徒刑，并处或者单处罚金；情节特别严重的，处三年以上十年以下有期徒刑，并处罚金。

（一）概念

违反国家商标管理法规，未经商标所有人许可，在同一种商品上使用与其注册商标相同的商标，情节严重的行为。

（二）认定

1. 实行行为：未经注册商标所有人的许可，在同一种商品、服务上使用与其注册商标相同的商标，情节严重。

（1）"在同一种商品、服务上"：行为人使用商标的商品或服务与注册商标的商品或服务，必须属于同一种商品、服务。名称相同的商品、服务以及名称不同但指同一事项的商品、服务，可以认定为"同一种商品、服务"。

①按照商标识别对象不同，商标可以分为"商品商标"和"服务商标"，前者用于识别商品提供者；后者用于识别服务提供者。

例如"空客""波音"是商品商标，标识飞机的制造商；而"东方航空""南方航空""海南航空"是服务商标，标识民航运输服务的提供者。

②"名称"是指国家工商行政管理总局和商标局在商标注册工作中对商品、服务使用的名称；

③"名称不同但指同一事物的商品、服务"是指在功能、用途、主要原料、消费对象、销售渠道等方面相同或者基本相同，相关公众一般认为是同一种事物的商品、服务。

例如清华大学诉江西清华幼儿园一案。清华大学在"教育娱乐"类别上获得注册商标，因为清华大学提供的是教育培训，应认定是一个服务商标。江西清华幼儿园在招生中，大量使用"清华"商标，构成在相同服务（教育娱乐）上使用相同商标，构成商标假冒。

（2）"使用"：将注册商标或者假冒的注册商标用于商品、商品包装或者容器以及产品说明书、服务说明书、商品服务交易文书，或者将注册商标或者假冒的注册商标用于商品、服务的广告宣传、展览以及其他商业活动等行为。

---

① 服务商标又称服务标记或劳务标志，是指提供服务的经营者为将自己提供的服务与他人提供的服务相区别而使用的标志。与商品商标一样，服务商标可以由文字、图形、字母、数字、三维标志、声音和颜色组合，以及上述要素的组合而构成。它一旦被服务企业所注册，该企业也就拥有了对该服务商标的独占专有使用权，并受法律的保护。

（3）"与他人注册商标相同的商标"，既包括完全相同的商标，也包括下列在视觉上基本误差，足以对公众产生误导的商标：

①改变注册商标的字体、字母大小写或者文字横竖排列，与注册商标之间仅有细微差别的；

②改变注册商标的文字、字母、数字等之间的间距，不影响体现注册商标显著特征的；

③改变注册商标颜色的。

2. 罪数

假冒注册商标的犯罪人销售自己假冒注册商标的商品的，只成立 假冒注册商标罪 ，不另成立本销售假冒注册商标的商品罪。但是如果行为人在此商品上假冒他人注册商标，同时又销售他人假冒注册商标的商品，则成立 假冒注册商标罪 与 销售假冒注册商标的商品罪 ，数罪并罚。

三十、侵犯著作权罪

第二百一十七条【侵犯著作权罪】以营利为目的，有下列侵犯著作权或者与著作权有关的权利的情形之一，违法所得数额较大或者有其他严重情节的，处三年以下有期徒刑，并处或者单处罚金；违法所得数额巨大或者有其他特别严重情节的，处三年以上十年以下有期徒刑，并处罚金：

（一）未经著作权人许可，复制发行、通过信息网络向公众传播其文字作品、音乐、美术、视听作品、计算机软件及法律、行政法规规定的其他作品的；

（二）出版他人享有专有出版权的图书的；

（三）未经录音录像制作者许可，复制发行、通过信息网络向公众传播其制作的录音录像的；

（四）未经表演者许可，复制发行录有其表演的录音录像制品，或者通过信息网络向公众传播其表演的；

（五）制作、出售假冒他人署名的美术作品的；

（六）未经著作权人或者与著作权有关的权利人许可，故意避开或者破坏权利人为其作品、录音录像制品等采取的保护著作权或者与著作权有关的权利的技术措施的。

（一）概念

以营利为目的，侵犯他人著作权，违法所得数额较大或者有其他严重情节的行为。

（二）认定

1. 实行行为：违反著作权法的规定，侵犯他人著作权。

（1）未经著作权人许可，复制发行、通过信息网络向公众传播其文字作品、音乐、美术、视听作品、计算机软件及法律、行政法规规定的其他作品的。

①"未经著作权人许可"，是指没有得到著作权人授权或者伪造、涂改著作权人授权许可文件或者超出授权许可范围的情形。

②"复制发行"，包括复制、发行或者既复制又发行的行为。

③"发行"，包括总发行、批发、零售、通过信息网络传播以及出租、展销等活动。侵权产品的持有人通过广告、征订等方式推销侵权产品的，属于发行。

（2）出版他人享有专有出版权的图书。

"出版"，包括编辑、加工、复制、发行的全部过程；

（3）未经录音录像制作者许可，复制发行、通过信息网络向公众传播其制作的录音录像的。

"录音、录像制作者"，指录音、录像制品的首次制作人。

（4）未经表演者许可，复制发行录有其表演的录音录像制品，或者通过信息网络向公众传播其表演的。

（5）制作、出售假冒他人署名的美术作品。

例1 复制 名人 的美术作品，署名人的姓名，假冒名人亲笔作品，再出售：成立侵犯著作权罪，侵犯 名人 的著作权；

例2 复制 第三人 的美术作品，署名人的姓名，假冒名人亲笔作品，再出售：成立侵犯著作权罪，侵犯 第三人 的著作权；

例3 在 自己制作 的美术作品上，署名人的姓名，假冒名人亲笔作品，再出售：侵犯了名人的姓名权，没有侵犯他人的署名权，不成立侵犯著作权罪。但是侵犯了购买者的财产权，可以成立诈骗罪。

（6）未经著作权人或者与著作权有关的权利人许可，故意避开或者破坏权利人为其作品、录音录像制品等采取的保护著作权或者与著作权有关的权利的技术措施的。

例如爱奇艺、腾讯视频都需要充值才能成为会员，进而观看影片，如果黑客通过修改"程序代码"直接进入，观看所有影片，则属于"避开权利人的技术措施"。

2. 犯罪结果：违法所得数额较大或者有其他严重情节。

3. 犯罪主体：自然人、单位。

出版单位与他人事前通谋，向其出售、出租或者以其他形式转让该出版单位的名称、书号、刊号、版号，他人实施侵犯著作权行为，构成犯罪的，对该出版单位应当以 共犯 论处。

4. 主观要件：故意，并且具有营利目的。

根据司法解释，除 销售 外，具有下列情形之一的，可以认定为"以营利为目的"：

（1）以在他人作品中刊登收费广告、捆绑第三方作品等方式直接或者间接收取费用；

（2）通过信息网络传播他人作品，或者利用他人上传的侵权作品，在网站或者网页上提供刊登收费广告服务，直接或者间接收取费用；

（3）以会员制方式通过信息网络传播他人作品，收取会员注册费或者其他费用。

三十一、销售侵权复制品罪

第二百一十八条【销售侵权复制品罪】以营利为目的，销售明知是本法第二百一十七条规定的侵权复制品，违法所得数额巨大或者有其他严重情节的，处五年以下有期徒刑，并处或者单处罚金。

（一）概念

以营利为目的，违反著作权管理法规，明知是侵权复制品而故意销售，违法所得数额巨大的行为。

（二）认定

1. 实行行为：销售侵权复制品，违法所得数额巨大的行为。

"侵权复制品"，是指侵权复制的文字作品、音乐、电影、电视、录像作品、计算机软件及其他作品、他人享有专有出版权的图书、录音录像制品、美术作品等。

2. 犯罪结果：违法所得数额巨大。

"违法所得数额巨大"是指个人违法所得数额在 10 万元以上，单位违法所得数额在 50 万元以上。

3. 犯罪主体：侵犯著作权罪主体以外的自然人或者单位。

（1）侵犯著作权罪主体销售自己非法复制的侵权复制品，仅成立侵犯著作权罪，不再认定为本罪；

（2）侵犯著作权罪主体销售的不是自己非法复制的侵权复制品，则成立侵犯著作权罪与销售侵权复制品罪，数罪并罚。

三十二、侵犯商业秘密罪

第二百一十九条【侵犯商业秘密罪】有下列侵犯商业秘密行为之一，情节严重的，处三年以下有期徒刑，并处或者单处罚金；情节特别严重的，处三年以上十年以下有期徒刑，并处罚金：

（一）以盗窃、贿赂、欺诈、胁迫、电子侵入或者其他不正当手段获取权利人的商业秘密的；

（二）披露、使用或者允许他人使用以前项手段获取的权利人的商业秘密的；

（三）违反保密义务或者违反权利人有关保守商业秘密的要求，披露、使用或者允许他人使用其所掌握的商业秘密的。

明知前款所列行为，获取、披露、使用或者允许他人使用该商业秘密的，以侵犯商业秘密论。

本条所称权利人，是指商业秘密的所有人和经商业秘密所有人许可的商业秘密使用人。

（一）概念

侵犯商业秘密罪是指违反反不正当竞争法等规范商业秘密的法律规定，侵犯商业秘密，给商业秘密的权利人造成重大损失的行为。

（二）认定

1. 实行行为：实施侵犯他人商业秘密行为。

（1）【非法获取】

①以盗窃、贿赂、欺诈、胁迫、电子侵入或者其他不正当手段获取权利人的商业秘密；

②"电子侵入"，指侵入他人存储商业秘密信息的电子载体，如数字化办公系统、服务器、邮箱、云盘或者应用账户。

（2）【非法扩散】

①披露、使用或者允许他人使用以上述第一种手段获取的权利人的商业秘密；

②违反保密义务或者违反权利人有关保守商业秘密的要求，披露、使用或者允许他人使用其所掌握的商业秘密。即合法知悉商业秘密内容的人披露、使用或允许他人使用商业秘密的行为，包括公司、企业内部的工作人员，曾在公司、企业内工作的调离人员、离退休人员以及与权利人订有保守商业秘密协议的有关人员。

③明知或应知是他人通过上述 非法获取 或者 非法扩散 的方式取得的商业秘密，仍然予以获取、披露、使用或者允许他人使用该商业秘密。

2. 犯罪结果：给权利人造成了重大损失。

"重大损失"，指经济损失，但不包括商业秘密本身的价值。根据司法解释，给商业秘密权利人造成损失数额在 50 万元以上的，属于重大损失。

三十三、为境外窃取、刺探、收买、非法提供商业秘密罪

第二百一十九条之一【为境外窃取、刺探、收买、非法提供商业秘密罪】为境外的机构、组织、人员窃取、刺探、收买、非法提供商业秘密的，处五年以下有期徒刑，并处或者单处罚金；情节严重的，处五年以上有期徒刑，并处罚金。

（一）概念

为境外的机构、组织、人员窃取、刺探、收买、非法提供商业秘密的行为。

（二）认定

1. "窃取"，通过盗取文件或者使用计算机、电磁波、照相机等方式取得商业秘密；

2. "收买"，利用金钱、物质或其他利益换取商业秘密；

3. "非法提供"，违反法律规定，将商业秘密直接或者间接使境外机构、组织或者个人知悉。通过互联网将商业秘密非法发送给境外的机构、组织、个人的，属于非法提供。

4. "商业秘密"，不为公众所知悉、具有商业价值并经权利人采取相应保密措施的技术信息、经营信息等商业信息。

【2012－2－（86～91）】赵氏调味品公司欲设加盟店，销售具有注册商标的赵氏调味品，派员工赵某物色合作者。甲知道自己不符加盟条件，仍找到赵某送其 2 万元真币和 10 万元假币，请其帮忙加盟事宜。赵某与甲签订开设加盟店的合作协议。（事实二）

甲加盟后，明知伪劣的"一滴香"调味品含有害非法添加剂，但因该产品畅销，便在"一滴香"上贴上赵氏调味品的注册商标私自出卖，前后共卖出 5 万多元"一滴香"。（事实三）

88. 关于事实三的定性，下列选项正确的是：（　　　）①

A. 在"一滴香"上擅自贴上赵氏调味品注册商标，构成假冒注册商标罪

B. 因"一滴香"含有害人体的添加剂，甲构成销售有毒、有害食品罪

C. 卖出 5 万多元"一滴香"，甲触犯销售伪劣产品罪

D. 对假冒注册商标行为与出售"一滴香"行为，应数罪并罚

【考点】假冒注册商标罪，销售有毒、有害食品罪，销售伪劣产品罪

【解析】A 选项，假冒注册商标罪行为的实质是"乱贴"，即未经注册商标所有人的许可，在同一种商品、服务上使用与其注册商标相同的商标，情节严重，甲在"一滴香"上贴上赵氏调味品的注册商标私自出卖，成立假冒注册商标罪，A 选项是正确的。

B 选项，因为该添加剂是有害人体的，而且是属于含有非法添加剂，所以构成销售有毒、有害食品罪。因此，B 选项是正确的。

C 选项，"一滴香"既是有毒有害的食品，又是伪劣产品，销售伪劣产品金额在 5 万元以上的，成立销售伪劣产品罪。因此，C 选项是正确的。

D 选项，"一滴香"是假冒注册商标的商品，出售一滴香的行为成立销售假冒注册商标的商品罪，两个行为具有吸收关系，直接认定假冒注册商标罪即可，不需要数罪并罚，同时，根据司法解释，在生产、销售伪劣产品的过程中，如果又侵犯了知识产权，同样不需要数罪并罚，择一重罪论处即可。因此，D 选项是错误的。

---

① ABC

第八节 扰乱市场秩序罪

三十四、合同诈骗罪

第二百二十四条【合同诈骗罪】有下列情形之一，以非法占有为目的，在签订、履行合同过程中，骗取对方当事人财物，数额较大的，处三年以下有期徒刑或者拘役，并处或者单处罚金；数额巨大或者有其他严重情节的，处三年以上十年以下有期徒刑，并处罚金；数额特别巨大或者有其他特别严重情节的，处十年以上有期徒刑或者无期徒刑，并处罚金或者没收财产：

（一）以虚构的单位或者冒用他人名义签订合同的；

（二）以伪造、变造、作废的票据或者其他虚假的产权证明作担保的；

（三）没有实际履行能力，以先履行小额合同或者部分履行合同的方法，诱骗对方当事人继续签订和履行合同的；

（四）收受对方当事人给付的货物、货款、预付款或者担保财产后逃匿的；

（五）以其他方法骗取对方当事人财物的。

（一）概念

以非法占有为目的，在签订、履行合同过程中，骗取对方当事人财物，数额较大的行为。

（二）认定

1. 实行行为：为在签订、履行合同过程中，使用欺诈手段，骗取对方当事人数额较大的财物的行为。

（1）"欺诈手段"，根据第二百二十四条的规定，主要指下列情形：

①以虚构的单位或者冒用他人名义签订合同的；

②以伪造、变造、作废的票据或者其他虚假的产权证明作担保的；

③没有实际履行能力，以先履行小额合同或者部分履行合同的方法，诱骗对方当事人继续签订和履行合同的；

④收受对方当事人给付的货物、货款、预付款或者担保财产后逃匿的。

【注意】仅限于行为人在收受对方当事人给付的货物、货款、预付款或者担保财产之前便存在非法占有目的，而且对方之所以给付货物、货款、预付款或者担保财产，是由于行为人的诈骗行为所致。行为人收受对方当事人给付的货物、货款、预付款或者担保财产之后，才产生非法占有目的，但仅仅是逃匿，而没有采取虚构事实、隐瞒真相的手段使对方免除其债务的，不成立合同诈骗罪。

（2）"合同"，不限于书面合同，也包括口头合同，但必须是经济合同，即合同的文字内容是通过市场行为获得利润，合同当事人应当是从事经营活动的市场主体。

例如甲得知自己的朋友乙（一般公民）有大量存款，便产生诈骗故意。甲声称，自己有一笔绝对赚钱的生意，投资50万元后，3个月内可以赚100万元，但自己一时没有50万元，希望乙投资30万元，3个月后返还乙60万元。甲按上述内容起草了一份书面合同，双方在合同上签字后，乙交付30万元给甲。甲获得乙的30万元后逃匿。甲乙之间的借贷合同不属于经济合同，对于甲应当认定为诈骗罪，而不是合同诈骗罪。

2. 主观要件：故意，并且具有非法占有目的。非法占有目的既可以存在于签订合同时，也可以存在于履行合同的过程中。

三十五、组织领导传销活动罪

第二百二十四条之一【组织、领导传销活动罪】组织、领导以推销商品、提供服务等经营活动为名，要求参加者以缴纳费用或者购买商品、服务等方式获得加入资格，并按照一定顺序组成层级，直接或者间接以发展人员的数量作为计酬或者返利依据，引诱、胁迫参加者继续发展他人参加，骗取财物，扰乱经济社会秩序的传销活动的，处五年以下有期徒刑或者拘役，并处罚金；情节严重的，处五年以上有期徒刑，并处罚金。

(一) 概念

组织、领导以推销商品、提供服务等经营活动为名，要求参加者以缴纳费用或者购买商品、服务等方式获得加入资格，并按照一定顺序组成层级，直接或者间接以发展人员的数量作为计酬或者返利依据，引诱、胁迫参加者继续发展他人参加，骗取财物，扰乱社会经济秩序的传销活动的行为。

(二) 认定

1. 刑事可罚性起点：根据司法解释，传销组织内部参与传销活动人员在30人以上且层级在3级以上的，应对组织者、领导者追究刑事责任。

2. 犯罪主体是传销活动的组织者、领导者，而不包括一般参加者。

"传销活动的组织者、领导者"，是指在传销活动中起组织、领导作用的发起人、决策人、操纵人，以及在传销活动中担负策划、指挥、布置、协调等重要职责，或者在传销活动实施中起到关键作用的人员。

3. 罪数问题

(1) 实施本罪，同时触犯集资诈骗罪等罪的，从一重罪处罚

(2) 实施本罪，并实施故意伤害、非法拘禁、敲诈勒索、妨害公务、聚众扰乱社会秩序等行为，构成犯罪的，数罪并罚。

三十六、非法经营罪

第二百二十五条【非法经营罪】违反国家规定，有下列非法经营行为之一，扰乱市场秩序，情节严重的，处五年以下有期徒刑或者拘役，并处或者单处违法所得一倍以上五倍以下罚金；情节特别严重的，处五年以上有期徒刑，并处违法所得一倍以上五倍以下罚金或者没收财产：

(一) 未经许可经营法律、行政法规规定的专营、专卖物品或者其他限制买卖的物品的；

(二) 买卖进出口许可证、进出口原产地证明以及其他法律、行政法规规定的经营许可证或者批准文件的；

(三) 未经国家有关主管部门批准非法经营证券、期货、保险业务的，或者非法从事资金支付结算业务的；

(四) 其他严重扰乱市场秩序的非法经营行为。

(一) 概念

违反国家规定，非法经营，扰乱市场秩序，情节严重的行为。

(二) 认定

1. 实行行为：违反国家规定，从事非法经营活动，扰乱市场秩序，情节严重的行为，具体包括下列方式：

（1）未经许可，经营法律、行政法规规定的专营、专卖物品或者其他限制买卖的物品；

（2）买卖进出口许可证、进出口原产地证明以及法律、行政法规规定的其他经营许可证或者批准文件；

（3）未经国家有关主管部门批准，非法经营证券、期货或者保险业务，或者非法从事资金支付结算业务；

【注意】根据 2019 年关于《关于办理非法放贷刑事案件若干问题的意见》

违反国家规定，未经监管部门批准，或者超越经营范围，以**营利**为目的，**经常性**地向社会**不特定**对象发放贷款，扰乱金融市场秩序，即属于非法放贷行为。情节严重的，以非法经营罪定罪处罚。

【解析】有别于互助式、偶然的民间资金融通行为，非法放贷作为一种经营行为，必然包含着出借目的营利性和出借行为反复性。"以营利为目的，经常性地向社会不特定对象发放贷款"，是指 2 年内向不特定多人（包括单位和个人）以借款或其他名义出借资金 10 次以上"。

（4）其他严重扰乱市场经营的非法经营行为。根据司法解释，主要包括下列行为：

①在国家规定的交易场所以外非法买卖外汇，扰乱市场秩序，情节严重的；

②违反国家规定，出版、印刷、复制、发行严重危害社会秩序和扰乱市场秩序的非法出版物，情节严重的；

非法经营罪	侵犯著作权罪
没有合法著作权的刊物（《邪教组织教义》）	有著作权的合法出版物（《废都》）

③违反国家规定，采取租用国际专线、私设转接设备或者其他方法，擅自经营国际电信业务或者涉中国港澳台地区电信业务进行营利活动，扰乱电信市场管理秩序，情节严重的；

④【生产、销售"瘦肉精"】未取得药品生产、经营许可证件和批准文号，非法生产、销售盐酸克仑特罗等禁止在饲料和动物饮用水中使用的药品，扰乱药品市场秩序，情节严重的；

【生产、销售添加"瘦肉精"的饲料】在生产、销售的饲料中添加盐酸克仑特罗等禁止在饲料和动物饮用水中使用的药品，或者销售明知是添加有该类药品的饲料，情节严重的；

⑤违反国家药品管理法律法规，未取得或者使用伪造、变造的药品经营许可证，非法经营药品，情节严重的；以提供给他人生产、销售药品为目的，违反国家规定，生产、销售不符合药用要求的非药品原料、辅料，情节严重的；

⑥【垄断货源、哄抬物价、囤积居奇】违反国家在预防、控制突发传染病疫情等灾害期间有关市场经营、价格管理等规定，哄抬物价、牟取暴利，严重扰乱市场秩序、违法所得数额较大或者有其他严重情节的；

⑦违反国家规定，擅自设立互联网上网服务营业场所，或者擅自从事互联网服务经营活动，情节严重的；

⑧未经国家批准，擅自发行、销售彩票的；

⑨【POS 机套现】违反国家规定，使用销售点终端机具（POS 机）等方法，以虚构交易、虚开价格、现金退货等方式向信用卡持卡人直接支付现金，情节严重的；

⑩以提供给他人开设赌场为目的，违反国家规定，非法生产、销售具有退币、退分、退钢珠等赌博功能的电子游戏设施设备或者其专用软件，情节严重的；

⑪个人非法生产、销售"伪基站"设备 3 套以上，或者非法经营数额 5 万元以上，或者违

法所得数额 2 万元以上；或者单位非法生产、销售"伪基站"设备 10 套以上，或者非法经营数额 15 万元以上，或者违法所得数额 5 万元以上；或者虽未达到上述数额标准，但 2 年内曾因非法生产、销售"伪基站"设备受过 2 次以上行政处罚，又非法生产、销售"伪基站"设备的；

⑫出于医疗目的，违反有关药品管理的国家规定，非法贩卖国家规定管制的能够使人形成瘾癖的麻醉药品或者精神药品，扰乱市场秩序，情节严重的；

⑬【私设生猪屠宰场】私设生猪屠宰厂（场），从事生猪屠宰、销售等经营活动，情节严重；

⑭【网络水军】违反国家规定，以营利为目的，通过信息网络有偿提供删除信息服务，或者明知是虚假信息，通过信息网络有偿提供发布信息等服务，扰乱市场秩序，情节严重；

⑮【兴奋剂】违反国家规定，未经许可经营兴奋剂目录所列物质，涉案物质属于法律、行政法规规定的限制买卖的物品，扰乱市场秩序，情节严重的，以非法经营罪定罪处罚。

⑯【防疫物资】在疫情防控期间，违反国家有关市场经营、价格管理等规定，囤积居奇，哄抬疫情防控急需的口罩、护目镜、防护服、消毒液等防护用品、药品或者其他涉及民生的物品价格，牟取暴利，违法所得数额较大或者有其他严重情节，严重扰乱市场秩序的

⑰【非国家重点保护野生动物及其制品】违反国家规定，非法经营非国家重点保护野生动物及其制品（包括开办交易场所、进行网络销售、加工食品出售等），扰乱市场秩序，情节严重的，依照刑法第二百二十五条第四项的规定，以非法经营罪定罪处罚。

2. 2011 年 4 月 8 日最高人民法院《关于准确理解和适用刑法中"国家规定"的有关问题的通知》指出："各级人民法院审理非法经营犯罪案件，要依法严格把握刑法第 225 条第（四）项的适用范围。对被告人的行为是否属于刑法第 225 条第（四）项规定的'其他严重扰乱市场秩序的非法经营行为'，有关司法解释未作明确规定的，应当作为法律适用问题，**逐级**向**最高人民法院**请示。"

三十七、强迫交易罪

第二百二十六条【强迫交易罪】以暴力、威胁手段，实施下列行为之一，情节严重的，处三年以下有期徒刑或者拘役，并处或者单处罚金；情节特别严重的，处三年以上七年以下有期徒刑，并处罚金：

（一）强买强卖商品的；

（二）强迫他人提供或者接受服务的；

（三）强迫他人参与或者退出投标、拍卖的；

（四）强迫他人转让或者收购公司、企业的股份、债券或者其他资产的；

（五）强迫他人参与或者退出特定的经营活动的。

（一）概念

强迫交易罪是指以暴力、威胁手段，迫使他人进行交易，情节严重的行为。

（二）认定

强迫交易罪与抢劫罪的界分

	强迫交易罪	抢劫罪
时空范围	只能发生在经营或者交易活动中	无此要求
	例如教师以暴力行为强迫学生以 200 元购买其价值 2 元的圆珠笔的行为，构成抢劫罪	
暴力胁迫的程度	无程度要求	达到压制反抗的程度
价格悬殊	只要略高于公平价格即可成立	以商品交易为借口侵犯财产

【2012 - 2 - （86 - 91）】赵氏调味品公司欲设加盟店，销售具有注册商标的赵氏调味品，派员工赵某物色合作者。甲知道自己不符加盟条件，仍找到赵某送其 2 万元真币和 10 万元假币，请其帮忙加盟事宜。赵某与甲签订开设加盟店的合作协议。（事实二）

甲加盟后，明知伪劣的"一滴香"调味品含有害非法添加剂，但因该产品畅销，便在"一滴香"上贴上赵氏调味品的注册商标私自出卖，前后共卖出 5 万多元"一滴香"。（事实三）

张某到加盟店欲批发 1 万元调味品，见甲态度不好表示不买了。甲对张某拳打脚踢，并说"涨价 2000 元，不付款休想走"。张某无奈付款 1.2 万元买下调味品。（事实四）

89. 关于事实四甲的定性，下列选项正确的是：（   ）①

A. 应以抢劫罪论处　　　　　　　　　B. 应以寻衅滋事罪论处

C. 应以敲诈勒索罪论处　　　　　　　D. 应以强迫交易罪论处

【考点】强迫交易罪

【解析】甲强迫张某花 1.2 万元买下本来只值 1 万元的调味品的行为，需要区分抢劫罪和强迫交易罪，这两个罪的区别在于两点，1. 行为人对对方使用的暴力是不是达到足以压制对方反抗的程度；2. 取得的产品的价值与支付的对价是不是过分悬殊。例如如果让被害人花 100 元购买一瓶矿泉水，就是过分悬殊。本题是在 1 万元的基础上加价 2000 元，没有达到过分悬殊的程度，而甲对于张某拳打脚踢，拳打脚踢的行为也不足以压制对方的反抗，因此在这里应该是强迫交易罪，而不是抢劫罪。因此，D 选项是正确的。

---

① D

第二十章　侵犯公民人身权利、民主权利罪

第一节　本章重点罪名

码上揭秘

一、故意杀人罪

第二百三十二条【故意杀人罪】故意杀人的，处死刑、无期徒刑或者十年以上有期徒刑；情节较轻的，处三年以上十年以下有期徒刑。

（一）概念

故意杀人罪是指故意非法剥夺他人生命的行为。

（二）认定

1. 实行行为：非法剥夺他人生命的行为。

（1）"非法"，即剥夺他人生命的行为必须具有非法性。依法执行命令枪决罪犯、符合法定条件的正当防卫杀人等行为，不构成故意杀人罪。

（2）"他人"，首先必须是自己以外之人，自杀行为不成立本罪；其次必须是人，尸体不能成为故意杀人罪的对象。

2. 犯罪主体

（1）已满14周岁，具有辨认控制能力的自然人；

（2）已满12周岁不满14周岁的人，犯故意杀人罪，致人死亡或者以特别残忍手段致人重伤，造成严重残疾，情节恶劣，经最高人民检察院核准追诉的，应当负刑事责任。

3. 主观要件

故意，明知自己的行为会导致他人死亡的危害结果，并且希望或者放任这种结果的发生。

4. 刑法中很多故意犯罪，尤其是暴力犯罪，往往存在侵害他人生命的行为和结果，对此，要根据不同情况区别对待。

（1）法定的以故意杀人罪处理的情形：

①非法拘禁过程中，使用暴力致人死亡的，认定为故意杀人罪；

②刑讯逼供、暴力取证过程中，致人死亡的，认定为故意杀人罪；

③虐待被监管人过程中，致人死亡的，认定为故意杀人罪；

④聚众斗殴，致人死亡的，认定为故意杀人罪；

⑤聚众"打砸抢"，致人死亡的，认定为故意杀人罪；

（2）要注意某些暴力性犯罪中的"暴力"并不包括故意杀人内容，那么行为人实施此种犯罪过程中故意将被害人杀害的，则应该按照想象竞合犯的原则处理。

例如抗税罪、妨害公务罪中都包括使用暴力的内容，如果使用的暴力导致被害人死亡的，则属于抗税罪或妨害公务罪与故意杀人罪的想象竞合，从一重罪论处。

（3）某些暴力性犯罪的构成要件或者处罚情节中已经包括故意杀人内容的，行为人实施

该犯罪并杀害被害人的，直接按照该种犯罪定罪处罚。

例如抢劫致人死亡的；绑架过程中杀害被绑架人的；强奸致人死亡的；拐卖妇女、儿童致人死亡的，等等，都不再单独处罚其杀人的行为。但是，如果行为人在实施了上述暴力犯罪之后，为了灭口、逃避侦查等原因杀害被害人的，按照故意杀人罪和有关的暴力犯罪进行并罚。

【专题】关联自杀问题

1. **相约自杀**：二人以上相互约定自愿共同自杀的行为。

（1）如果相约双方均自杀身亡，自不存在刑事责任问题；

（2）如果相约（真诚相约，不存在诱骗）双方各自实施自杀行为，其中一方死亡，另一方自杀未遂，未得逞一方也不负刑事责任；

（3）如果相约自杀，由其中一方杀死对方，继而自杀未遂的，应以故意杀人罪论处，但量刑时可以从轻处罚。

2. **引起他人自杀**

包括下列几种情形：

（1）正当行为引起他人自杀的，不存在犯罪问题。

例如单位领导对于失职员工进行批评教育，引起员工自杀，领导不存在犯罪的问题。

（2）错误行为或者轻微违法行为引起他人自杀的，也不成立犯罪。不能因为引起了他人自杀，就将其错误行为或者轻微违法行为当做犯罪行为处理。

例如老师在课堂上当众批评早恋的女同学，引起该女生自杀，老师也不成立犯罪。

（3）严重违法行为引起他人自杀身亡，将严重违法行为与引起他人自杀身亡的后果进行综合评价，达到了犯罪程度时，应当追究刑事责任。

例如诽谤他人引起他人自杀身亡的，可综合起来认定行为的情节严重，将该行为以诽谤罪论处。

（4）犯罪行为引起他人自杀身亡，但对自杀身亡结果不具有故意时，应按先前的犯罪行为定罪并从重处罚。

例如强奸妇女引起被害妇女自杀的，以强奸罪从重处罚。

3. **帮助、教唆自杀**

教唆自杀，是指行为人故意用引诱、怂恿、欺骗等方法，使他人产生自杀意图。以相约自杀为名诱骗他人自杀的，也是一种教唆自杀的行为。

帮助自杀，是指在他人已有自杀意图的情况下，帮助他人实现自杀意图。

自杀行为本身不构成犯罪，那么教唆、帮助自杀行为是否构成犯罪，则有不同观点：

（1）根据"共犯从属性说"，正犯（自杀）行为不具有可罚性，则教唆犯、帮助犯也不具有可罚性，因此教唆、帮助自杀的行为无罪；

（2）根据"共犯独立性说"，教唆、帮助行为本身就具有可罚性，因此即便正犯本身不构成犯罪，教唆犯、帮助犯也构成犯罪，成立故意杀人罪的教唆犯和帮助犯。

但是无论根据何种观点，下列行为都 应当成立 故意杀人罪：

①欺骗不能理解死亡意义的儿童或者精神病患者等人，使其自杀的，属于故意杀人罪的间接正犯；

②凭借某种权势或利用某种特殊关系，以暴力、威胁或者其他心理强制方法，使他人自杀身亡的，应以故意杀人罪论处。

例如组织和利用邪教组织制造、散布迷信邪说，指使、胁迫其成员或者其他人实施自杀行为的，邪教组织成员组织、策划、煽动、教唆、帮助邪教组织人员自杀的，应以故意杀人罪论处。

③行为人教唆自杀的行为使被害人对权益的有无、程度、情况等产生错误认识，其对死亡的同意无效时，也应认定为故意杀人罪；

二、过失致人死亡罪

第二百三十三条【过失致人死亡罪】 过失致人死亡的，处三年以上七年以下有期徒刑；情节较轻的，处三年以下有期徒刑。本法另有规定的，依照规定。

（一）概念

过失致人死亡的行为。

（二）认定

1. 过失行为和死亡结果之间应当有因果关系。

例如元宝在交通繁忙的地段对小芹菜实施诈骗并取得财物，但小芹菜立即发现被骗事实，在追赶行为人时，撞上来往汽车死亡的，死亡结果应当由元宝负责，元宝成立过失致人死亡罪。

2. "本法另有规定的，依照规定"。

行为人实施了刑法分则条文规定的其他犯罪行为，虽然也由于过失造成他人死亡，符合过失致人死亡罪的构成特征，但是因刑法分则另有规定，就不再依照过失致人死亡罪定罪处罚，而依照刑法分则有关条文的规定定罪处罚，如失火罪、交通肇事罪等。

三、故意伤害罪

第二百三十四条【故意伤害罪】 故意伤害他人身体的，处三年以下有期徒刑、拘役或者管制。

犯前款罪，致人重伤的，处三年以上十年以下有期徒刑；致人死亡或者以特别残忍手段致人重伤造成严重残疾的，处十年以上有期徒刑、无期徒刑或者死刑。本法另有规定的，依照规定。

（一）概念

故意非法伤害他人身体的行为。

（二）认定

1. 实行行为：非法损害他人身体健康的行为。

（1）"非法"，即没有合法依据地损害他人身体。因正当防卫、紧急避险而伤害他人，因治疗上的需要为病人截肢，体育运动项目中规则所允许的伤害等，都属于阻却违法的事由，都不构成犯罪。

（2）"伤害"，侵害了他人生理机能的行为。常规的伤害行为通常是使用暴力殴打、行凶等方法致人伤害，非常规的伤害如传染疾病的方式伤害。

【注意】 用"传染疾病"的方式伤害，根据疾病本身性质的不同，可能成立不同的犯罪。总结如下：

行为方式	疾病特性	定罪
故意传染**淋病、梅毒、艾滋病**	不具备高度扩散性	故意伤害罪
故意传染**鼠疫、霍乱**、SARS、NCP	具备高度扩散性	以危险方法危害公共安全罪
明知自己有性病而卖淫、嫖娼的		传播性病罪

2. 犯罪结果

根据我国刑法规定，伤害结果的程度分为轻伤、重伤与伤害致死。这三种情况直接反映伤害行为的罪行轻重，因而对量刑起重要作用。

3. 犯罪主体

（1）故意伤害致人 轻伤 的主体：已满 16 周岁，并具有辨认控制能力的自然人；

（2）故意伤害致人 重伤 或者 死亡 的主体：已满 14 周岁，具有辨认控制能力的自然人；

（3）已满 12 周岁不满 14 周岁的人，犯故意伤害罪，致人死亡或者以特别残忍手段致人重伤造成严重残疾，情节恶劣，经最高人民检察院核准追诉的，应当负刑事责任。

4. 主观要件

故意，对伤害结果具有认识和希望或放任的态度。

对于自己的伤害行为会给被害人造成何种程度的伤害，并不要求行为人具有明确认识。因此，如果实际造成轻伤结果的，就按轻伤害处理；如果实际造成重伤结果的，就按重伤害处理。因为无论是造成重伤还是轻伤，都包括在行为人的主观犯意之内。

5. 罪数问题

（1）**结果加重犯**："故意伤害致人死亡"属于故意伤害罪典型的结果加重犯，

①客观上：伤害行为与死亡结果之间具有因果关系。

②主观上：行为人对死亡没有故意，但具有预见可能性。

【注意】既然是伤害致死，当然应将死亡者限定为伤害的对象，但是不排除有例外的可能：

例1　甲对被害人乙实施伤害行为，虽然没有发生打击错误与对象认识错误，但明知自己的行为会同时伤害丙却仍然实施伤害行为，因而造成丙死亡的，应认定为故意伤害致死；

例2　甲本欲对被害人乙实施伤害行为，但由于对象认识错误或者打击错误，而事实上对丙实施伤害行为，导致丙死亡的，根据"法定符合说"应认定为故意伤害致死。

（2）**法条竞合**

①故意杀人罪与故意伤害罪

故意杀人罪与故意伤害罪之间具有法条竞合关系。前罪是特别法，后罪是一般法，杀人是最严重的伤害行为，属于结果具有特殊性的伤害行为。两罪之间的关系在许多案例当中予以考察。

甲以伤害故意砍乙两刀，随即心生杀意又砍两刀，但四刀中只有一刀砍中乙并致其死亡，且无法查明由前后四刀中的哪一刀造成死亡。故意伤害罪与故意杀人罪不是绝对的对立关系，就可以说杀害是一种伤害，是最高级别的伤害，此时前后的行为就可以变成一个故意伤害行为，死亡结果归结于这一个故意伤害行为，成立故意伤害（致死）。

②**传播性病罪与故意伤害罪**

传播性病罪与故意伤害罪之间是法条竞合关系，前罪是特别法，后罪是一般法，传播性病罪是在卖淫嫖娼领域的故意伤害行为，属于时空具有特殊性的伤害行为。

一般情况下，特别法优于一般法，以 传播性病罪 定罪处罚，但是如果明知自己感染艾滋病病毒而卖淫、嫖娼，致使他人感染艾滋病病毒的，认定为刑法第九十五条第三项"其他对于人身健康有重大伤害"所指的"重伤"，依照刑法第二百三十四条第二款的规定，以 故意伤害罪 定罪处罚：

【2015-2-16】甲以伤害故意砍乙两刀，随即心生杀意又砍两刀，但四刀中只有一刀砍中

乙并致其死亡，且无法查明由前后四刀中的哪一刀造成死亡。关于本案，下列哪一选项是正确的？（　　）①

A. 不管是哪一刀造成致命伤，都应认定为一个故意杀人罪既遂

B. 不管是哪一刀造成致命伤，只能分别认定为故意伤害罪既遂与故意杀人罪未遂

C. 根据日常生活经验，应推定是后两刀中的一刀造成致命伤，故应认定为故意伤害罪未遂与故意杀人罪既遂

D. 根据存疑时有利于被告人的原则，虽可分别认定为故意伤害罪未遂与故意杀人罪未遂，但杀人与伤害不是对立关系，故可按故意伤害（致死）罪处理本案

【考点】故意伤害罪与故意杀人罪的关系

【解析】A、B选项，如果能够证明是前两刀引起死亡结果，则成立故意伤害致人死亡和故意杀人罪未遂并罚；如果是后两刀引起死亡结果，则成立故意伤害罪与故意杀人罪既遂并罚。因此，A、B选项是错误的。

C选项，在死亡结果出现，却没有充分证据证明该归属于故意伤害罪还是故意杀人罪时，不能根据日常生活经验贸然推断，这不是刑法认定事实的方法。因此，C选项是错误的。

D选项，故意伤害罪与故意杀人罪不是绝对的对立关系，就可以说杀害是一种伤害，是最高级别的伤害，此时前后四刀，可以综合评价为一个故意伤害行为，死亡结果归结于这一个故意伤害行为，成立故意伤害（致死）。因此，D选项是正确的。

四、强奸罪

第二百三十六条【强奸罪】以暴力、胁迫或者其他手段强奸妇女的，处三年以上十年以下有期徒刑。奸淫不满十四周岁的幼女的，以强奸论，从重处罚。强奸妇女、奸淫幼女，有下列情形之一的，处十年以上有期徒刑、无期徒刑或者死刑：

（一）强奸妇女、奸淫幼女情节恶劣的；

（二）强奸妇女、奸淫幼女多人的；

（三）在公共场所当众强奸妇女、奸淫幼女的；

（四）二人以上轮奸的；

（五）奸淫不满十周岁的幼女或者造成幼女伤害的；

（六）致使被害人重伤、死亡或者造成其他严重后果的。

（一）概念

强奸罪是指违背妇女意志，以暴力、胁迫或者其他手段，强行与其发生性交或者奸淫不满14周岁的幼女的行为。

（二）认定

强奸罪分为两种类型：一类是强奸妇女型强奸，即违背妇女意志，使用暴力、胁迫或者其他手段，强行与妇女发生性交的行为；另一类是奸淫幼女型准强奸，即与不满14周岁的幼女发生性交的行为。两种类型的强奸行为，最终定罪是一致的，即强奸罪。

【类型一】强奸妇女型强奸罪

1. 客观要件

（1）实行行为：违背妇女意志，采用暴力、胁迫或者其他手段，强行与妇女发生性交。

①"违背妇女意志"，即要求事实上妇女对于与行为人发生性关系是不自愿的。

---

① D

② 手段行为：采用暴力、胁迫或者其他方法，压制妇女的反抗；

A "暴力"，对被害妇女行使有形力的手段，即直接对被害妇女采取殴打、捆绑、堵嘴、卡脖子、按倒等方式压制妇女的反抗。但是暴力不能达到杀害的程度，如果故意杀死被害人之后奸淫尸体，则成立故意杀人罪与侮辱尸体罪，数罪并罚。

【注意】暴力直接针对被强奸的妇女实施，才能评价为强奸罪的手段行为，如果行为人为了强奸妇女，不仅对被害妇女实施暴力，而且对阻止其实施强奸行为的第三者实施暴力，则对第三人的暴力应当另外评价为故意伤害罪。

B "胁迫"，以恶害相通告的方式，引起被害妇女的恐惧心理，实现对被害妇女的精神强制，使被害人不敢反抗。胁迫的内容有很多，既可以以暴力相威胁，也可以以非暴力的恶害相加相威胁，如揭发隐私、毁坏名誉，只要能够产生压制妇女反抗的效果都属于这里的"胁迫"

C "其他手段"，暴力、胁迫以外的使被害妇女不知抗拒、不敢反抗或者不能抗拒的手段，具有与暴力、胁迫相同的强制性质。常见的其他手段，包括用酒灌醉或者药物麻醉的方法；利用妇女熟睡、患病之机；冒充妇女的丈夫或男友；组织和利用会道门、邪教组织或者利用迷信奸淫妇女等等。

③ 目的行为：奸淫妇女，即强行与妇女发生性交。

2. 犯罪主体：已满14周岁，具有辨认控制能力的自然人，通常是男子，其中直接正犯只能是男子。妇女既可以成为强奸罪的教唆犯、帮助犯，也可以成为间接正犯与共同正犯。

3. 主观要件：故意，明知自己的行为违背妇女意志，仍然决意强行实施奸淫行为。

【小结】奸淫妇女型强奸罪中的"违背妇女意志"需要客观与主观两个方面都违背。即客观上，被害妇女确实不愿意；主观上，行为人也明知被害人不愿意。在主客观全都具备的状态下，强行与妇女发生性关系的，才能评价为强奸罪的既遂。

【类型二】奸淫幼女型强奸罪

1. 客观方面

（1）实行行为：与不满14周岁的幼女发生性交的行为。

由于幼女身心发育不成熟，缺乏辨别是非的能力，不理解性行为的后果与意义，也没有抗拒能力，故不论行为人采用什么手段，亦不论幼女事实上是否愿意，只要与幼女发生性交，就属于奸淫幼女，成立强奸罪。因此，支付钱款后，与卖淫的幼女性交即嫖宿幼女的，同样构成强奸罪。

（2）行为对象：不满14岁的幼女。

（3）行为主体：已满14周岁，具有辨认控制能力的自然人，通常是男子，其中直接正犯只能是男子。妇女既可以成为强奸罪的教唆犯、帮助犯，也可以成为间接正犯与共同正犯。

2. 主观方面：故意，必须明知奸淫对象是不满14周岁的幼女。

"明知"包括明知女方一定是幼女，或者明知女方可能是幼女，或者不管女方是否幼女。

根据2013年《最高人民法院、最高人民检察院、公安部、司法部关于依法惩治性侵害未成年人犯罪的意见》，对于"明知"的认定依据幼女本身年龄阶段的不同，而有所不同。

（1）对不满十二周岁的被害人实施奸淫等性侵害行为的，应当认定行为人"明知"对方是幼女。即只要客观上是不满十二周岁的幼女，无需任何证明，直接认定行为人为"明知"；

（2）对已满十二周岁不满十四周岁的被害人，从其身体发育状况、言谈举止、衣着特征、生活作息规律等观察可能是幼女，而实施奸淫等性侵害行为的，应当认定行为人"明知"对方是幼女。即当幼女已满十二周岁不满十四周岁时，需要认定行为人 能否 根据幼女的外部情状判断出对方可能是不满十四周岁的幼女，如果根据一般社会生活经验并结合被害人的发育状况、言谈举止、衣着特征、生活作息规律，能够判断出，可能是幼女，则认定行为人是"明知"；无法判断出，则认定行为人是"不明知"。

此外，根据该司法解释，"已满14周岁不满16周岁的人偶尔与幼女发生性关系，情节轻微、未造成严重后果的，不认为是犯罪。"这种情形是指已满14周岁不满16周岁的男少年，与幼女交往密切，双方自愿发生性交的，不认为是犯罪。

（三）"强奸罪"的加重情形

所谓加重情形，是在强奸罪基本法定刑三年以上十年以下有期徒刑的基础上，升级为十年以上有期徒刑、无期徒刑或者死刑的情形，根据刑法第二百三十六条的规定，包括下列情形：

1. 强奸妇女、奸淫幼女情节恶劣的；

2. 强奸妇女、奸淫幼女多人的；

3. 在公共场所当众强奸妇女、奸淫幼女的；

"当众强奸"是指明知能够为多数人或不特定人知晓或可能知晓仍实施强奸。

"众"要求必须是3人或以上，但不包括共犯人。

4. 二人以上轮奸的；

（1）轮奸是指强奸罪的共同正犯

（2）时间要求具有连续性，但空间不要求是同一地点。

（3）关于轮奸未遂。

例如张甲和张乙共谋强奸同村的杨某（女）。一日13时许，张乙到杨某家中，以请杨某帮忙做针线活儿为由，将杨某骗至张甲、张乙暂住的瓦房内。张乙对杨某实施暴力，欲强行与杨某发生性关系，遭到杨某激烈反抗，杨某挣脱并一脚将张乙踹开。而后，张甲强奸杨某，由于杨某体力不支，张甲得逞。张甲成立强奸既遂，基于"部分实行，全部责任"的原则，张乙也成立强奸既遂；两人属于"二人以上轮奸"，适用相应升格法定刑，同时由于轮奸未遂，再适用未遂犯的规定。

5. 奸淫不满10周岁的幼女或者造成幼女伤害的；

6. 致使被害人重伤、死亡或者造成其他严重后果的。（强奸罪的结果加重犯）

"致使被害人重伤、死亡"，是指压制被害人反抗的暴力行为致使被害人重伤、死亡，也可以是奸淫行为本身导致被害人性器官严重损伤，或者造成其他严重伤害，甚至当场死亡或者经抢救无效死亡。

【注意】被害人已满14周岁，属于强奸罪的基本情形；被害人已满10周岁不满14周岁，属于强奸罪从重处罚情形；被害人不满10周岁，属于强奸罪加重处罚情形。

五、负有照护职责人员性侵罪

第二百三十六条之一【负有照护职责人员性侵罪】对已满十四周岁不满十六周岁的未成年女性负有监护、收养、看护、教育、医疗等特殊职责的人员，与该未成年女性发生性关系的，处三年以下有期徒刑；情节恶劣的，处三年以上十年以下有期徒刑。

有前款行为，同时又构成本法第二百三十六条规定之罪的，依照处罚较重的规定定罪处罚。

（一）概念

对已满十四周岁不满十六周岁的未成年女性负有监护、收养、看护、教育、医疗等特殊职责的人员，与该未成年女性发生性关系的行为。

（二）认定

1. 实行行为，与自己有监护、收养、看护、教育、医疗关系的未成年女性发生性关系的行为。

【注意】行为方式并不要求采取暴力、胁迫。

2. 犯罪主体：是对未成年女性负有监护、收养、看护、教育、医疗等特殊职责的人员。

3. 罪数：实施本罪同时构成强奸罪的，依照处罚较重的规定定罪处罚。

六、强制猥亵、侮辱罪

第二百三十七条第一款、第二款【强制猥亵、侮辱罪】以暴力、胁迫或者其他方法强制猥亵他人或者侮辱妇女的，处五年以下有期徒刑或者拘役。

聚众或者在公共场所当众犯前款罪的，或者有其他恶劣情节的，处五年以上有期徒刑。

（一）概念

以暴力、胁迫或者其他方法强制猥亵他人或者侮辱妇女的行为。

（二）认定

1. 实行行为：以暴力、胁迫或者其他方法，猥亵他人或者侮辱妇女。

（1）手段行为：暴力、胁迫或者其他方法。本罪的"暴力、胁迫或者其他方法"应当与强奸罪中的"暴力、胁迫或者其他手段"作出相同的解释。

（2）猥亵他人或者侮辱妇女

①"猥亵"他人，是指针对成年男女实施的，伤害他人的性羞耻心，侵害他人的性自主权的行为。主要包括下列几种类型：

A【"我猥亵你"】直接对被害人实施猥亵行为，迫使被害人容忍行为人或第三人之实施猥亵行为；

B【"强迫你猥亵我"】迫使被害人对行为人或者第三人实施猥亵行为

C【"强迫你自己猥亵自己"】强迫被害人自行实施猥亵行为；

D【"强迫你观看别人猥亵"】强迫被害人观看他人的猥亵行为。

猥亵不以公然实施为前提，即使在非公开的场所，只有行为人与被害人在场，没有也不可能有第三人在场，行为人强制实施猥亵他人或者侮辱妇女的，也成立本罪。

②"侮辱"妇女，此处的"侮辱"与"猥亵"具有同一性，侮辱并不是独立于猥亵之外的一种行为，同样是伤害被害人的性羞耻心，侵害被害人的性自主权的行为。

同样，侮辱行为不以公然实施为前提，即使在非公开的场所，只有行为人与被害人在场，没有也不可能有第三人在场，行为人强制侮辱妇女行为的，也成立本罪。

2. 犯罪主体：已满16周岁，具有辨认控制能力的自然人（男性、女性）。

3. 主观要件

故意，明知自己的猥亵、侮辱行为违背被害人意志，侵犯了被害人的性自主权，但仍然强行实施该行为。

【注意】本罪的成立并不需要行为人主观上出于刺激或者满足性欲的内心倾向，行为人出于报复等动机强制猥亵他人或者侮辱妇女的，也成立本罪。

4. 强制猥亵、侮辱罪与强奸罪的界分

	被害人为妇女的强制猥亵、侮辱罪	强奸妇女型强奸罪
实行行为	对妇女实施性交以外的猥亵、侮辱行为	与妇女发生性交
主体	直接正犯既可以是男子，也可以是妇女	直接正犯只能是男子
故意内容	不要求有强行奸淫的目的	以强行奸淫为目的

七、非法拘禁罪

第二百三十八条【非法拘禁罪】非法拘禁他人或者以其他方法非法剥夺他人人身自由的，处三年以下有期徒刑、拘役、管制或者剥夺政治权利。具有殴打、侮辱情节的，从重处罚。

犯前款罪，致人重伤的，处三年以上十年以下有期徒刑；致人死亡的，处十年以上有期徒刑。使用暴力致人伤残、死亡的，依照本法第二百三十四条、第二百三十二条的规定定罪处罚。

为索取债务非法扣押、拘禁他人的，依照前两款的规定处罚。

国家机关工作人员利用职权犯前三款罪的，依照前三款的规定从重处罚。

（一）概念

非法拘禁他人或者以其他方法非法剥夺他人人身自由的行为。

（二）认定

1. 实行行为：非法剥夺他人身体自由的行为。

（1）非法，即没有合法依据。司法机关根据法律规定，对于有犯罪嫌疑的人，依法拘留、逮捕，不成立本罪；公民将正在实行犯罪或犯罪后及时被发觉的、通缉在案的、越狱逃跑的、正在被追捕的人，依法扭送至司法机关的，不成立本罪；依法收容精神病患者的，不成立本罪。

（2）拘禁

①直接拘禁，直接拘束他人的身体，剥夺其身体活动自由，如拘留、监禁、扣押、绑架等将被害人拘禁在封闭空间；

②间接拘禁，虽然不将被害人关押在封闭空间，但是采用一些无形方法，使其难以离开。

例如将进入浴池的妇女衣服抱走，使其基于羞耻心不敢离开；驾驶汽车高速行驶，使被害人不敢跳车；取走双腿残疾者的拐杖、轮椅，使其无法离开；电梯工人欺骗乘梯者电梯坏了，需要检修，使其无法走出电梯。

2. 行为对象：他人，具有身体活动自由的自然人。

例如将已入睡的人反锁在房间，待其醒来前又将锁打开的，不成立非法拘禁罪。因为非法拘禁罪不是危险犯，只有当行为侵犯了他人的现实自由时，才宜认定为非法拘禁罪。

3. 非法拘禁过程中发生 重伤、死亡 的结果的情形

（1）非法拘禁 所需的 基本暴力致使发生重伤、死亡，属于非法拘禁罪的 结果加重犯 。

例如在捆绑过紧导致血流不畅，脑供血不足而死亡。适用二百三十八条第二款的规定，致人重伤的，处三年以上十年以下有期徒刑；致人死亡的，处十年以上有期徒刑。

（2） 超出 非法拘禁所需的基本暴力导致重伤、死亡结果，直接拟制为 故意伤害罪 、 故意杀人罪 。

例如将被害人捆绑起来，并用棍棒教训被害人，不慎将其打死，就是使用了超出非法拘禁本身所需的基本暴力，而过失致人死亡的情形，直接拟制为故意杀人罪。

（3）在非法拘禁过程中 另起犯意 ，又实施伤害、杀害的行为的，非法拘禁罪与故意伤害罪、故意杀人罪 数罪并罚 。

例如元宝因一只价值2800元的金表遗失，怀疑是家中所请保姆小芹菜所为。某日上午元宝私自将小芹菜捆绑在家中的椅子上，殴打小芹菜并逼问手表下落。小芹菜表示真的不知道，自己也没有拿。元宝威胁说，不讲出手表的下落就别想走出他的家门，并让小芹菜细细想想，并独自出去会朋友。第二天下午，元宝喝完酒回来又逼问小芹菜，小芹菜仍表示不知道，于是元宝再次殴打，当小芹菜被解救出来时，身体伤害程度已经达到重伤。元宝在非法拘禁的过程中使用额外的暴力，导致小芹菜重伤，根据刑法第238条第2款直接认定为故意伤害罪（重伤）。

八、绑架罪

第二百三十九条【绑架罪】以勒索财物为目的绑架他人的，或者绑架他人作为人质的，处十年以上有期徒刑或者无期徒刑，并处罚金或者没收财产；情节较轻的，处五年以上十年以下有期徒刑，并处罚金。

犯前款罪，杀害被绑架人的，或者故意伤害被绑架人，致人重伤、死亡的，处无期徒刑或者死刑，并处没收财产。

以勒索财物为目的偷盗婴幼儿的，依照前两款的规定处罚。

（一）概念

以勒索财物为目的绑架他人，或者绑架他人作为人质，或者以勒索财物为目的偷盗婴幼儿的行为。在认定绑架罪时，要注意区分绑架罪与非法拘禁罪的界限。

（二）认定

1. 实行行为（两种类型的绑架）

	索财型绑架	人质型绑架
第一步	Ⅰ 使用暴力、胁迫、麻醉的方法劫持、控制他人	
第二步	Ⅱ 向利害关系人勒索财物	Ⅱ 要求利害关系人满足非法利益

无论索财型绑架还是人质型绑架，第一步都需要使用暴力、胁迫或者麻醉方法劫持或以实力控制他人；第二步再向利害关系人勒索财物或者要求利害关系人满足其他方面的非法利益。

2. 行为对象：任何他人，包括妇女、儿童和婴幼儿乃至行为人的子女或者父母。对于缺乏或者丧失行动能力的被害人，行为人采取偷盗、引诱等方法使其处于行为人或第三者实力支配下的，也可能成立绑架罪。例如以勒赎为目的偷盗婴幼儿的，成立绑架罪。

3. 行为主体：已满16周岁，具有辨认控制能力的自然人。已满14周岁不满16周岁的人实施绑架行为，故意杀害被绑架人的，应认定为故意杀人罪。

4. 既遂标准

以勒索财物或取得其他非法利益为目的 劫持、控制 他人；

5. **结合犯**

根据《刑法》第239条第2款的规定"犯前款罪，杀害被绑架人的，或者故意伤害被绑架人，致人重伤、死亡的，处无期徒刑或者死刑，并处没收财产。"即指在绑架行为持续过程中的故意杀人（既遂）、故意伤害致人重伤、死亡的情形，直接认定为绑架罪一罪，属于结合犯。公式如下：

（1）绑架罪 + 故意杀人罪（既遂）= 绑架罪

（2）绑架罪 + 故意伤害（重伤、死亡）= 绑架罪

> 【思考】在绑架过程当中故意杀害被绑架人未遂，或者故意伤害被绑架人致人轻伤，该如何定罪？
>
> 1. 绑架过程中故意杀人 未遂
>
> （1）导致被绑架人 重伤
>
> 杀害也是一种伤害，故意杀人可以被评价为故意伤害，故意杀人未遂但是导致重伤的，可以评价为故意伤害致人重伤，因此可以适用《刑法》第239条第2款的规定，"故意伤害被绑架人，致人重伤、死亡的，处无期徒刑或者死刑，并处没收财产。"公式如下：
>
> 绑架罪 + 故意伤害（重伤）= 绑架罪
>
> （2）导致被绑架人 轻伤 或者 没有受伤
>
> 刑法第239条第2款没有对此种情形作出规定，因此只能数罪并罚。公式如下：
>
> 绑架罪 + 故意杀人罪（未遂）= 数罪并罚
>
> 2. 故意伤害被绑架人致人 轻伤
>
> 刑法第239条第2款没有对此种情形做出规定，因此只能数罪并罚。公式如下：
>
> 绑架罪 + 故意伤害罪（轻伤）= 数罪并罚

6. 绑架罪与非法拘禁罪的界分

（1）绑架罪与非法拘禁罪之间是法条竞合关系，绑架罪是特别法，非法拘禁罪是一般法，绑架罪在非法拘禁罪的基础上，增加了特殊的目的，即勒索财物或者满足其他方面的非法利益。

（2）在索取债务的场合

①根据刑法及司法解释的规定，为索取债务非法扣押、拘禁他人的，构成 非法拘禁罪，其中"债务"既包括合法债务，也包括高利贷、赌债等法律不予保护的债务。

②如果行为人为了索取法律不予保护的债务或者单方面主张的债务，以实力支配、控制被害人后，以杀害、伤害被害人，向利害关系人威胁的，宜认定为 绑架罪。如下图

索取 非法债务 或者	对利害关系人说	"不给钱、就不放人"	非法拘禁罪
单方面主张的债务		"不给钱、就重伤或杀害"	绑架罪

（3）行为人为了索取债务，将债务人扣押，向与债务人没有共同财产关系、扶养、抚养关系的 第三者 索债的，也应当认定为 绑架罪。

例如甲为要回30万元赌债，将乙扣押，但2天后乙仍无还款意思。甲等5人将乙押到一处山崖上，对乙说："3天内让你家人送钱来，如今天不答应，就摔死你。"乙勉强说只有能力还5万元。甲刚说完"一分都不能少"，乙便跳崖。众人慌忙下山找乙，发现乙已坠亡。甲成立非法拘禁，但不属于非法拘禁致人死亡。

【2020 网络回忆版】刑法第 239 条第 2 款规定："犯前款罪，杀害被绑架人的，或者故意伤害被绑架人，致人重伤、死亡的，处无期徒刑或者死刑，并处没收财产"。下列情形中，属于"杀害被绑架人"的是？（　　）①

A. 绑架并控制被绑架人后，故意伤害被绑架人，致被绑架人死亡

B. 为勒索钱财而控制被绑架人，因害怕其出声，用毛巾塞住其嘴巴，被绑架人窒息而死

C. 为勒索钱财而绑架被绑架人，取得赎金后释放被绑架人，因害怕其报警，又开车追了三公里，追上后撞死被绑架人

D. 绑架被绑架人时遭到其激烈反抗，用绳子勒死被绑架人

【考点】绑架罪的加重情形

【解析】绑架罪中"杀害被绑架人的，或者故意伤害被绑架人，致人重伤、死亡的"是指在绑架行为持续过程中的故意杀人、故意伤害致人重伤、死亡的情形，直接认定为绑架罪一罪，属于结合犯。公式如下：（1）绑架罪 + 故意杀人罪 = 绑架罪；（2）绑架罪 + 故意伤害（重伤、死亡）= 绑架罪。

A 选项，属于"故意伤害被绑架人，致人死亡的"，而不是"杀害被绑架人"；A 错误。

B 选项，因害怕其出声，"用毛巾塞住其嘴巴"，仍然属于绑架罪的实行行为，属于绑架本身的暴力致人死亡的情形，行为人只有一个行为，因此是绑架罪与过失致人死亡罪的想象竞合。

C 选项，绑架行为已经结束，并且将被害人释放，又另起犯意实施的杀人行为，应当数罪并罚。

D 选项，用绳子勒死被绑架人，属于在绑架行为持续过程中的杀人行为。在绑架被绑架人时遭到其激烈反抗，也不需要用杀死的方式压制被绑架人的反抗，因此杀人的行为不是绑架的实行行为，应当适用公式（1）绑架罪 + 故意杀人罪 = 绑架罪．D 选项正确。

【2016－2－15】甲为勒索财物，打算绑架富商之子吴某（5 岁）。甲欺骗乙、丙说："富商欠我 100 万元不还，你们帮我扣押其子，成功后给你们每人 10 万元。"乙、丙将吴某扣押，但甲无法联系上富商，未能进行勒索。三天后，甲让乙、丙将吴某释放。吴某一人在回家路上溺水身亡。关于本案，下列哪一选项是正确的？（　　）②

A. 甲、乙、丙构成绑架罪的共同犯罪，但对乙、丙只能适用非法拘禁罪的法定刑

B. 甲未能实施勒索行为，属绑架未遂；甲主动让乙、丙放人，属绑架中止

C. 吴某的死亡结果应归责于甲的行为，甲成立绑架致人死亡的结果加重犯

D. 不管甲是绑架未遂、绑架中止还是绑架既遂，乙、丙均成立犯罪既遂

【考点】绑架罪，非法拘禁罪

【解析】A 选项，甲、乙、丙不是绑架罪的共犯，因为乙、丙只有非法拘禁的行为，并且只有非法拘禁的故意。因此，A 选项是错误的。

B 选项，甲已经实施了勒索行为，成立绑架罪的既遂。因此，B 选项是错误的。

C 选项，虽然吴某的死亡结果应当归责于甲的行为，但是不能因此就成立绑架致人死亡的结果加重犯，因为吴某的死亡并不是绑架行为导致的，而是甲后来的过失行为（让未成年人独自回家）导致的，所以不是绑架的结果加重犯。而且，在《刑法修正案（九）》出台之后，现在绑架罪已经取消结果加重犯的规定。因此，C 选项是错误的。

D 选项，乙、丙均成立犯罪既遂，乙、丙是非法拘禁罪的既遂。因此，D 选项是正确的。

---

① D　② D

九、拐卖妇女、儿童罪

第二百四十条【拐卖妇女、儿童罪】拐卖妇女、儿童的，处五年以上十年以下有期徒刑，并处罚金；有下列情形之一的，处十年以上有期徒刑或者无期徒刑，并处罚金或者没收财产；情节特别严重的，处死刑，并处没收财产：

（一）拐卖妇女、儿童集团的首要分子；

（二）拐卖妇女、儿童三人以上的；

（三）奸淫被拐卖的妇女的；

（四）诱骗、强迫被拐卖的妇女卖淫或者将被拐卖的妇女卖给他人迫使其卖淫的；

（五）以出卖为目的，使用暴力、胁迫或者麻醉方法绑架妇女、儿童的；

（六）以出卖为目的，偷盗婴幼儿的；

（七）造成被拐卖的妇女、儿童或者其亲属重伤、死亡或者其他严重后果的；

（八）将妇女、儿童卖往境外的。

拐卖妇女、儿童是指以出卖为目的，有拐骗、绑架、收买、贩卖、接送、中转妇女、儿童的行为之一的。

（一）概念

以出卖为目的，拐骗、绑架、收买、贩卖、接送、中转妇女、儿童的行为。

（二）认定

1. 实行行为：实施了拐骗、绑架、收买、贩卖、接送、中转妇女、儿童之一的行为。

（1）"拐骗"以欺骗、利诱等方法将妇女、儿童拐走；

（2）"绑架"使用暴力、胁迫或者麻醉方法劫持、控制妇女、儿童；

（3）"收买"以金钱或其他财物买取妇女、儿童；

（4）"贩卖"出卖妇女、儿童以获取非法利益；

（5）"接送"为拐卖妇女、儿童的罪犯接收、运送妇女、儿童；

（6）"中转"为拐卖妇女、儿童的罪犯提供中途场所或机会。

2. 行为对象：妇女，不满 14 周岁的男童、女童；

3. 行为主体：已满 16 周岁，具有辨认控制能力的自然人（包括有血缘或者婚姻关系的人，以及医疗机构、社会福利机构的工作人员）。

已满 14 周岁不满 16 周岁的人在拐卖妇女、儿童的过程中强奸妇女或者奸淫幼女的，以强奸罪论处。

4. 主观方面

故意，而且必须以出卖为目的。

5. 根据司法解释，下列行为也成立本罪：

（1）以出卖为目的强抢儿童，或者捡拾儿童后予以出卖；

（2）以出卖为目的偷盗婴儿；

（3）以非法获利为目的，出卖亲生子女或者其他女性亲属的；

（4）以贩卖牟利为目的的"收养"子女的；

（5）医疗机构、社会福利机构等单位的工作人员以非法获利为目的，将所诊疗、护理、抚养的儿童贩卖给他人的。

6. 以介绍婚姻为名，与被介绍妇女串通骗取他人钱财，数额较大的，应当以 诈骗罪 追究刑事责任。

例如甲向乙表示自己愿意出高价"买"妻，乙与其妻丙商量，让丙假扮为被拐卖妇女，并将丙"出卖"给甲，三天后，乙协助丙逃离甲家。乙丙构成诈骗罪。

（三）加重构成要件

拐卖妇女、儿童有下列情形之一的，处 10 年以上有期徒刑或者无期徒刑，并处罚金或者没收财产；情节特别严重的，处死刑，并处没收财产：

1. 拐卖妇女、儿童集团的首要分子；
2. 拐卖妇女、儿童 3 人以上的；
3. 奸淫被拐卖的妇女；

此规定属于结合犯，即拐卖妇女罪 + 强奸罪 = 拐卖妇女罪

根据司法解释，拐卖妇女的犯罪分子在拐卖过程中，与被害妇女发生性关系的行为，不论行为人是否使用了暴力或者胁迫手段，也不论被害妇女是否有反抗行为，都应当按照该项规定处罚。

4. 诱骗、强迫被拐卖的妇女卖淫或者将被拐卖的妇女卖给他人迫使其卖淫的；

此规定属于结合犯，即拐卖妇女罪 + 引诱卖淫罪、强迫卖淫罪 = 拐卖妇女罪

5. 以出卖为目的，使用暴力、胁迫或者麻醉方法绑架妇女、儿童的；
6. 以出卖为目的，偷盗婴幼儿的；

"偷盗"，不限于通常的盗窃婴幼儿，对婴幼儿采取欺骗、利诱等手段使其脱离监护人或者看护人的，视为偷盗婴幼儿。

7. 造成被拐卖的妇女、儿童或者其亲属重伤、死亡或者其他严重后果的；

由于犯罪分子拐卖妇女、儿童的行为，直接、间接造成被拐卖的妇女、儿童或者其亲属重伤、死亡或者其他严重后果的。

例如由于犯罪分子采取拘禁、捆绑、虐待等手段，致使被害人重伤、死亡或者造成其他严重后果的；如果拐卖行为以及拐卖中的侮辱、殴打等行为引起被害人或者其亲属自杀、精神失常的，可以评价为"其他严重后果"。

8. 将妇女、儿童卖往境外的。

十、收买被拐卖的妇女、儿童罪

第二百四十一条【收买被拐卖的妇女、儿童罪】收买被拐卖的妇女、儿童的，处三年以下有期徒刑、拘役或者管制。

收买被拐卖的妇女，强行与其发生性关系的，依照本法第二百三十六条的规定定罪处罚。

收买被拐卖的妇女、儿童，非法剥夺、限制其人身自由或者有伤害、侮辱等犯罪行为的，依照本法的有关规定定罪处罚。

收买被拐卖的妇女、儿童，并有第二款、第三款规定的犯罪行为的，依照数罪并罚的规定处罚。

收买被拐卖的妇女、儿童又出卖的，依照本法第二百四十条的规定定罪处罚。

收买被拐卖的妇女、儿童，对被买儿童没有虐待行为，不阻碍对其进行解救的，可以从轻处罚；按照被买妇女的意愿，不阻碍其返回原居住地的，可以从轻或者减轻处罚。

（一）概念

不以出卖为目的，收买被拐卖的妇女、儿童的行为。

（二）认定

1. 实行行为：以金钱或财物收买被拐卖的妇女、儿童的行为。

"收买"用金钱或者其他财物，作为被拐卖的妇女、儿童的对价，将妇女、儿童买归自己占有或支配。

2. 行为对象：被拐卖的妇女、儿童。

3. 主观方面

故意，明知是被拐卖的妇女、儿童。

成立本罪不能以出卖为目的，如果行为人具有出卖的目的，则成立 拐卖妇女、儿童罪 ；如果收买被拐卖的妇女、儿童后，产生出卖的意图并出卖妇女、儿童的，以拐卖妇女、儿童罪论处。

4. 罪数问题

收买被拐卖的妇女、儿童后，又有强奸、非法拘禁、故意伤害、侮辱等行为的，数罪并罚。

5. 从宽处罚的规定

对 妇女 ：按照其意愿，不阻碍其返还原地	对 儿童 ：无虐待行为，不阻碍对其进行解救
可以 从轻 或者 减轻 处罚	可以 从轻 处罚

【注意】"从宽处罚"只针对收买被拐卖的妇女、儿童罪，如果又有强奸、非法拘禁、故意伤害、侮辱等犯罪行为的，不适用从宽处罚的规定。

十一、诬告陷害罪

第二百四十三条【诬告陷害罪】捏造事实诬告陷害他人，意图使他人受刑事追究，情节严重的，处三年以下有期徒刑、拘役或者管制；造成严重后果的，处三年以上十年以下有期徒刑。

国家机关工作人员犯前款罪的，从重处罚。

不是有意诬陷，而是错告，或者检举失实的，不适用前两款的规定。

（一）概念

捏造犯罪事实诬告陷害他人，意图使他人受刑事追究，情节严重的行为。

（二）认定

1. 实行行为：捏造他人犯罪的事实，向国家机关或有关单位告发，或者采取其他足以引起司法机关追究活动的行为。

（1）捏造犯罪事实。包括：

①无中生有，捏造犯罪事实陷害他人；

②栽赃陷害，在发生了某种犯罪事实的情况下，捏造证据陷害他人；

③借题发挥，将不构成犯罪的事实夸大为犯罪事实，进而陷害他人；

④歪曲事实，将轻罪的事实、一罪的事实杜撰为重罪的事实、数罪的事实。

捏造他人一般违法事实的，不成立诬告陷害罪。因为刑法明文要求行为人主观意图必须是"使他人受刑事追究"。

（2）向国家机关或有关单位告发，或者采取其他方法足以引起司法机关的追究活动的行为。告发方式多种多样，如口头、书面、署名、匿名、直接、间接的等。

（3）必须诬告 特定的他人 。

① 向司法机关虚告自己犯罪的，不成立诬告陷害罪。

② 所诬告的对象应当是特定、实在的人，否则就不可能导致司法机关追究某人的刑事责任，因而不会侵犯他人的人身权利。

③ 诬陷没有达到法定年龄或者没有辨认或控制能力的人犯罪，仍构成诬告陷害罪。虽然司法机关查明真相后不会对这些人科处刑罚，但将他们作为侦查的对象，使他们卷入刑事诉讼，就侵犯了其人身权利。

④ 形式上诬告单位犯罪，但所捏造的事实导致可能追究自然人刑事责任的，也成立本罪。

⑤ 由于本罪的法益是公民的人身权利，故征得他人同意或者经他人请求而诬告他人犯罪的，不成立本罪（如果将本罪规定在妨害司法活动罪中，则该行为可能成立犯罪）。

2. 成立本罪要求情节严重

所谓"情节严重"，即足以引起司法机关的追究活动。

3. 既遂：公安司法机关收到诬告材料，准备启动调查程序时就既遂

4. 犯罪主体：一般主体。国家机关工作人员实施本罪，从重处罚。

5. 主观要件：故意，明知自己所告发的是虚假的犯罪事实，并具有使他人受到刑事追究的目的。

【2017－2－16】关于诬告陷害罪的认定，下列哪一选项是正确的（不考虑情节）？（ ）①

A. 意图使他人受刑事追究，向司法机关诬告他人介绍卖淫的，不仅触犯诬告陷害罪，而且触犯侮辱罪

B. 法官明知被告人系被诬告，仍判决被告人有罪的，法官不仅触犯徇私枉法罪，而且触犯诬告陷害罪

C. 诬告陷害罪虽是侵犯公民人身权利的犯罪，但诬告企业犯逃税罪的，也能追究其诬告陷害罪的刑事责任

D. 15 周岁的人不对盗窃负刑事责任，故诬告 15 周岁的人犯盗窃罪的，不能追究行为人诬告陷害罪的刑事责任

【考点】诬告陷害罪

【解析】A 选项，侮辱罪要求具有"公然性"，行为人向司法机关诬告他人介绍卖淫，不具有"公然性"的要求，不成立侮辱罪。因此，A 选项是错误的。

B 选项，法官并未实施捏造事实并向司法机关告发的行为，所以法官并不构成诬告陷害罪。因此，B 选项是错误的。

C 选项，由于我国刑法中所有的单位犯罪都会处罚自然人，故行为人诬告单位犯罪的，也可能使自然人受到刑事追究（能侵犯他人的人身权利），所以可能成立诬告陷害罪。因此，C 选项是正确的。

D 选项，只要行为人的诬告陷害行为达到可能使得被害人受到刑事责任追究的程度，即可成立本罪。不要求司法机关事实上采取了刑事追究活动，更不要求被害人被判处刑罚。因此，D 选项是错误的。

十二、侮辱罪

第二百四十六条【侮辱罪】 以暴力或者其他方法公然侮辱他人或者捏造事实诽谤他人，情节严重的，处三年以下有期徒刑、拘役、管制或者剥夺政治权利。

前款罪，告诉的才处理，但是严重危害社会秩序和国家利益的除外。

通过信息网络实施第一款规定的行为，被害人向人民法院告诉，但提供证据确有困难的，人民法院可以要求公安机关提供协助。

（一）概念

使用暴力或者其他方法，公然贬低他人人格，败坏他人名誉，情节严重的行为。

（二）认定

1. 实行行为：使用暴力或者其他方法侮辱他人，公然败坏他人名誉。

（1）"侮辱"，对他人予以轻蔑的价值判断的表示。侮辱包括下列四种方式：

① 暴力，即使用强力败坏他人的名誉。如扒光男子的上衣，当众羞辱；使用强力逼迫他人与尸体接吻；强行将粪便塞入他人口中等。

② 动作，即用动作表示出对他人轻蔑的价值判断，如和他人握手后立即取出纸巾擦拭，表示对他人的蔑视。

③言词，即使用言词对被害人进行戏弄、诋毁、谩骂，使其当众出丑。

④文字，即书写、张贴、传阅有损他人名誉的大字报、小字报、漫画、标语等。

（2）"公然"，采用不特定或者多数人可能知悉的方式对他人进行侮辱。

①公然并 不一定 要求被害人在场，如果仅仅面对着被害人进行侮辱，没有第三者在场，也不可能被第三者知悉，则不构成侮辱罪。

例如元宝由于老板杨某长期不提拔自己而打算教训一下杨某。某晚，甲在吃了晚饭后跑到杨某家中，先与杨某进行理论。其时，拥有独立庭院的杨某家中只有杨某一家四口人在家，周围也并无别人。元宝见与杨某理论不成，遂破口大骂，以污秽不堪的侮辱性词汇对杨某、杨妻及其两个小女儿进行辱骂。元宝的行为不具备公然性要件，不构成侮辱罪；

②只要不特定人或者多数人 可能 知悉，即使现实上没有知悉，也不影响本罪的成立。

例如元宝由于前女友抛弃了自己而心生怨恨，于是将自己曾经得到前女友许可拍摄的前女友裸体照片上传到某色情论坛上，并附言"有良心援交女，价格公道，服务周到。"并留下了前女友的手机号。一年后，元宝偶尔上该论坛查看，发现自己上传照片和信息的帖子浏览量只有1，就是元宝自己浏览的那一次。由于元宝的侮辱信息有可能被不特定人或者多数人知悉，因此成立侮辱罪；

2. 行为对象：必须是特定的人。特定的人既可以是一人，也可以是数人，但必须是具体的，可以确认的。如果在大庭广众之中进行无特定对象的谩骂，不构成侮辱罪。

3. 成立本罪还要求情节严重，所谓"情节严重"既可能是手段恶劣也可能是后果严重。

（1）手段恶劣，如当众将粪便塞入他人口中等；

（2）后果严重，如被害人不堪侮辱自杀的，因受侮辱导致精神失常的；

4. 犯罪主体：一般主体

5. 侮辱罪与强制猥亵、侮辱罪的界分

	侮辱罪	强制猥亵、侮辱罪
法益	名誉	性的自主权
手段	不要求必须采取强制方法	必须采取暴力、胁迫等强制方法
场合	必须公然实施	不要求公然实施

如果出于报复当众或者在公共场所强行脱掉妇女衣裤的行为，是对妇女的性自主权的侵犯，也是对妇女名誉的侵犯。对于妇女来说，性自主权这一权益性质重于其他方面的名誉，因此认定为强制猥亵、侮辱罪。

十三、诽谤罪

（一）概念

捏造并公开散布某种虚构的事实，损害他人人格与名誉，情节严重的行为。

（二）认定

1. 实行行为：捏造并散布某种事实，足以败坏他人名誉的行为。

（1）"捏造"，无中生有、凭空制造虚假事实。

（2）所捏造的"事实"，是有损对他人的社会评价、具有某种程度的具体内容的事实。

根据司法解释，明知是捏造的损害他人名誉的事实，在信息网络上散布，情节恶劣的，以"捏造事实诽谤他人"论。

（3）所捏造的"事实"，必须是足以使人信以为真的事实。

例如为报复妇女，在大街上边打妇女边骂"狐狸精"，尽管"狐狸精"是虚假事实，但是社会一般人不会相信，因此只是一种"骂人"行为，成立侮辱罪而非诽谤罪。

2. 行为对象：特定的人，既可以是一人，也可以是数人。

3. 成立本罪还要求情节严重。

4. 行为主体：一般主体

5. 侮辱罪、诽谤罪的案件性质

（1）亲告罪，即告诉的才处理，但是严重危害社会秩序和国家利益的除外。

所谓"严重危害社会秩序和国家利益"，是指侮辱、诽谤党和国家领导人、外国元首、外交代表等特定对象，既损害他人名誉，又危害国家利益的行为。

（2）通过信息网络实施第一款规定的行为，被害人向人民法院告诉，但提供证据确有困难的，人民法院可以要求公安机关提供协助。

此款规定，并不意味着通过信息网络实施侮辱、诽谤的案件转化为公诉案件，仅是意味着在法院的要求下，被害人在收集证据方面可以获得公安机关的协助。

6. 诽谤罪与诬告陷害罪的界限

	诽谤罪	诬告陷害罪
相同点	捏造事实	
不同点	捏造的是损害他人人格和名誉的事实	犯罪事实

十四、刑讯逼供罪

第二百四十七条【刑讯逼供罪】司法工作人员对犯罪嫌疑人、被告人实行刑讯逼供或者使用暴力逼取证人证言的，处三年以下有期徒刑或者拘役。致人伤残、死亡的，依照本法第二百三十四条、第二百三十二条的规定定罪，从重处罚。

（一）概念

司法工作人员对犯罪嫌疑人、被告人实行刑讯逼供的行为。

（二）认定

1. 实行行为：使用肉刑或者变相肉刑，逼取口供的行为。

（1）"肉刑"，是指对被害人的肉体施行暴力，如吊打、捆绑、殴打以及其他折磨肉体的方法。

（2）"变相肉刑"，一般是指对被害人使用非暴力的摧残和折磨，如冻、饿、烤、晒等。

2. 行为对象：犯罪嫌疑人、被告人；

3. 犯罪主体：司法工作人员，即有侦查、检察、审判、监管职责的工作人员。

【注意】企业事业单位的公安机构在机构改革过程中虽尚未列入公安机关建制，其工作人员在行使侦查职责时，可以成为本罪主体；未受公安机关正式录用，受委托履行侦查、监管职责的人员或者合同制民警，也可以成为本罪主体。

4. 主观方面：故意，并且具有逼取口供的目的。"口供"，既包括对犯罪嫌疑人、被告人有利的，也包括对其不利的。

5. 法律拟制为重罪的情形

"致人伤残、死亡的，依照本法第二百三十四条、第二百三十二条的规定定罪从重处罚。"

（1）"伤残"：重伤或残废；

（2）刑讯逼供致人"伤残、死亡"，是指由于暴力摧残或者其他虐待行为，致使被害人伤残、死亡。

①刑讯逼供导致被害人自杀的，不属于刑讯逼供致人死亡；

②在刑讯逼供过程中，另起犯意实施伤害、杀害行为的，以刑讯逼供罪与故意伤害罪、故意杀人罪数罪并罚。

十五、暴力干涉婚姻自由罪

第二百五十七条【暴力干涉婚姻自由罪】以暴力干涉他人婚姻自由的，处二年以下有期徒刑或者拘役。

犯前款罪，致使被害人死亡的，处二年以上七年以下有期徒刑。

第一款罪，告诉的才处理。

（一）概念

以暴力干涉他人婚姻自由的行为。

（二）认定

1. 实行行为：以暴力干涉他人婚姻自由的行为。

（1）"暴力"，捆绑、殴打、禁闭、抢掠等对人行使有形力的行为。

①仅有干涉行为而没有实施暴力的，不构成本罪；

②仅以暴力相威胁进行干涉的，也不构成本罪；

③暴力极为轻微的（如打一耳光），不能视为本罪的暴力行为。

④不包括故意杀害、故意伤害、强奸在内，暴力干涉婚姻自由过程中故意追求或者放任他人死、伤的，应分别构成故意杀人罪、故意伤害罪；纠集多人、使用暴力抢亲，并将被害人奸淫的，暴力干涉婚姻自由的行为和强奸罪之间存在吸收关系，原则上应以强奸罪处理。

（2）"婚姻自由"，既包括结婚自由，也包括离婚自由。

2. 犯罪主体：一般主体。行为人与被害人是否具有某种特定关系，不影响本罪的成立。

3. 主观方面：故意

4. 结果加重犯

"致使被害人死亡"是指在实施暴力干涉婚姻自由行为的过程中过失导致被害人死亡，以及因暴力干涉婚姻自由而直接引起被害人自杀身亡。

十六、重婚罪

> 第二百五十八条【重婚罪】有配偶而重婚的，或者明知他人有配偶而与之结婚的，处二年以下有期徒刑或者拘役。

（一）概念

有配偶而重婚的，或者明知他人有配偶而与之结婚的行为。

（二）认定

1. 实行行为

（1）有配偶而与他人结婚；

（2）明知他人有配偶而与之结婚

前婚	后婚	是否成立重婚罪
法定婚	法定婚	√
法定婚	事实婚	√
事实婚	法定婚或者事实婚	×
法律虽不承认、不保护事实婚，却惩罚以事实婚侵犯法定婚的行为		

2. 犯罪主体

（1）重婚者，即已有配偶并且没有解除婚姻关系，又与他人结婚的人；

（2）相婚者，即明知对方有配偶而与之结婚的人。

3. 主观方面：故意（明知自己有配偶或者明知对方有配偶）

根据司法解释，因遭受自然灾害外流谋生而重婚的，因配偶长期外出下落不明，造成家庭生活严重困难，又与他人结婚的，因强迫、包办婚姻或因婚后受虐待外逃重婚的，被拐卖后再婚的，都是由于受客观条件所迫，不能期待行为人不实施重婚行为，故不宜以重婚罪论处。

十七、遗弃罪

> 第二百六十一条【遗弃罪】对于年老、年幼、患病或者其他没有独立生活能力的人，负有扶养义务而拒绝扶养，情节恶劣的，处五年以下有期徒刑、拘役或者管制。

（一）概念

对于年老、年幼、患病或者其他没有独立生活能力的人，负有扶养义务而拒绝扶养，情节恶劣的行为。

（二）认定

1. 实行行为：对于年老、年幼、患病或者其他没有独立生活能力的人，应当扶养而拒绝扶养的行为，情节恶劣。

（1）"抚养义务"，既有来自婚姻家庭法所规定的扶养义务，也有来自职务、业务所要求的扶养义务。

（2）"拒绝扶养"，包括不提供经济供给、不给予必要照料等不履行扶养义务的行为，也包括对处于危险境地的人不予以救助。

（3）"情节恶劣"，根据司法实践，下列情形可以认定为情节恶劣：

①驱赶、逼迫被害人离家，致使被害人流离失所或者生存困难；

②遗弃患严重疾病或者生活不能自理的被害人；

③遗弃致使被害人身体严重损害或者造成其他严重后果等情形。

2. 犯罪主体：对于年老、年幼、患病或者其他没有独立生活能力的人负有抚养义务的人。

例如夫妻有相互扶养的义务；父母（及养父母、继父母）对子女（及养子女、继子女）有抚养义务；孤儿院、养老院对孤儿、老人有扶养义务。

3. 遗弃罪与（不作为）故意杀人罪的界分

考察	故意杀人罪	遗弃罪
	被害人所面临的生命危险是否紧迫？	
	紧迫	不紧迫
	被害人生命对于作为义务的依赖程度？	
	严重依赖	一般依赖
	行为人履行义务的难易程度？	
	容易	困难
【例1】将婴儿置于行人较多的街道或者国家机关门前或者医院门前		遗弃罪
【例2】将婴儿置于人迹罕至的荒山、寒冷的郊外		故意杀人罪

十八、拐骗儿童罪

第二百六十二条【拐骗儿童罪】拐骗不满十四周岁的未成年人，脱离家庭或者监护人的，处五年以下有期徒刑或者拘役。

（一）概念

拐骗不满14周岁的未成年人，脱离家庭或者监护人的行为。

（二）认定

1. 实行行为：采用蒙骗、利诱或其他方法，使不满14周岁的未成年人脱离家庭或者监护人的行为。

2. 行为对象：不满14周岁的未成年人；

3. 主观方面：故意，并具有收养为子女或者提供奴役性劳动的目的。

4. 知识点拓展：刑法中拐骗儿童的行为

主观目的	定罪
出卖	拐卖儿童罪
勒索财物	绑架罪
收养为了女或者提供奴役性劳动	拐骗儿童罪

【2016-2-5】吴某被甲、乙合法追捕。吴某的枪中只有一发子弹，认识到开枪既可能打死甲也可能打死乙。设定吴某对甲、乙均有杀人故意，下列哪一分析是正确的？（　　）①

A. 如吴某一枪没有打中甲和乙，子弹从甲与乙的中间穿过，则对甲、乙均成立故意杀人罪未遂

B. 如吴某一枪打中了甲，致甲死亡，则对甲成立故意杀人罪既遂，对乙成立故意杀人罪未遂，实行数罪并罚

C. 如吴某一枪同时打中甲和乙，致甲死亡、乙重伤，则对甲成立故意杀人罪既遂，对乙仅成立故意伤害罪

D. 如吴某一枪同时打中甲和乙，致甲、乙死亡，则对甲、乙均成立故意杀人罪既遂，实行数罪并罚

【考点】故意杀人罪，故意伤害罪

【解析】A选项，吴某对甲、乙均有杀人的故意，结果都没有打中，一个行为针对两个人成立故意杀人未遂。因此，A选项是正确的。

B选项，只有一个行为，无论如何是不可能数罪并罚的，属于故意杀人既遂与故意杀人未遂的想象竞合。因此，B选项是错误的。

C选项，对乙应当是故意杀人未遂，不是故意伤害，因为吴某对乙具有杀人的故意，导致重伤的结果，属于故意杀人未遂。因此，C选项是错误的。

D选项，只有一个行为，无论发生什么样的结果，都不可能进行数罪并罚，而应该是想象竞合。因此，D选项是错误的。

第二节　本章普通罪名

十九、组织出卖人体器官罪

第二百三十四条之一【组织出卖人体器官罪】组织他人出卖人体器官的，处五年以下有期徒刑，并处罚金；情节严重的，处五年以上有期徒刑，并处罚金或者没收财产。

未经本人同意摘取其器官，或者摘取不满十八周岁的人的器官，或者强迫、欺骗他人捐献器官的，依照本法第二百三十四条、第二百三十二条的规定定罪处罚。

违背本人生前意愿摘取其尸体器官，或者本人生前未表示同意，违反国家规定，违背其近亲属意愿摘取其尸体器官的，依照本法第三百零二条的规定定罪处罚。

（一）概念

组织他人出卖人体器官的行为。

① A

（二）认定

1. 实行行为：组织他人出卖人体器官的行为。

（1）"组织"，既包括经营人体器官买卖活动，也包括以招募、引诱等手段使他人出卖器官的行为，还包括组织买卖人体器官的中介行为。

（2）被组织者：必须是年满 18 周岁的人，且本人同意摘取其器官。

2. 行为主体：一般主体

3. 主观要件：故意

【总结】与"人体器官"相关的罪名

	组织出卖人体器官罪	故意伤害罪、故意杀人罪	盗窃、侮辱尸体罪
实行行为	组织他人出卖人体器官	① 未经本人同意摘取其器官 ② 摘取不满 18 周岁的人的器官 ③ 强迫、欺骗他人捐献器官	① 违背本人生前意愿摘取其尸体器官 ② 本人生前未表示同意，违反国家规定，违背其近亲属意愿摘取其尸体器官；
对象	活体	活体	尸体
供体意愿	自愿	不自愿	不愿

二十、过失致人重伤罪

第二百三十五条【过失致人重伤罪】过失伤害他人致人重伤的，处三年以下有期徒刑或者拘役。本法另有规定的，依照规定。

（一）概念

过失伤害他人身体，致人重伤的行为。

（二）认定

1. 客观上必须实施了伤害行为，且造成他人重伤的结果；

2. 主观上必须出于过失。

【注意1】主观上明显具有轻伤的故意，但由于过失造成他人重伤的，应定为故意伤害罪（致人重伤）；

【注意2】由于过失当场致人重伤，但因抢救无效死亡的，应定过失致人死亡罪；

【注意3】如果过失重伤结果，是由于包含该结果的其他犯罪行为所造成，刑法条文另有规定的，则依照有关条文定罪量刑。例如交通肇事罪致人重伤的，依照交通肇事罪定罪量刑；重大责任事故致人重伤的，依照重大责任事故罪定罪量刑。

【2019 网络回忆版】甲与乙在农贸市场内嬉戏打闹，乙拿着棍棒追打甲，甲手持尖刀在乙面前挥舞，以阻挡乙靠近，不慎将尖刀刺入乙腹部，致使乙受到重伤。甲的行为构成?（　　）①

A. 故意伤害罪既遂，属于间接故意

B. 过失致人重伤罪，属于疏忽大意的过失

C. 正当防卫

---

① B

D. 相互斗殴

【考点】故意伤害　过失致人重伤

【解析】甲乙二人在农贸市场内嬉戏打闹，不存在一方对于另一方的不法侵害，也不是相互斗殴行为，甲在此情形下挥舞尖刀也是斗殴的一种方式，但是作为一个理性的成年人，应当预见到此时面对他人挥舞尖刀有致人伤亡的风险，却因为疏忽大意没有预见，导致尖刀致乙重伤，成立过失致人重伤罪。

【注意】当题干中有"不慎"这样的表达，通常是过失犯罪；题干中没有提到行为人为避免结果发生做出努力或者客观上存在可以依凭的避免结果发生的条件，就不应当认定为过于自信的过失。

二十一、猥亵儿童罪

第二百三十七条第三款【猥亵儿童罪】猥亵儿童的，处五年以下有期徒刑；有下列情形之一的，处五年以上有期徒刑：
（一）猥亵儿童多人或者多次的；
（二）聚众猥亵儿童的，或者在公共场所当众猥亵儿童，情节恶劣的；
（三）造成儿童伤害或者其他严重后果的；
（四）猥亵手段恶劣或者有其他恶劣情节的。

（一）概念

对不满 14 周岁的儿童实施猥亵的行为。

（二）认定

1. 实行行为：猥亵儿童的行为，不以"强制"为必要。

【注意】行为人以满足性刺激为目的，以诱骗、强迫或者其他方法要求儿童拍摄裸体、敏感部位照片、视频等供其观看，严重侵害儿童人格尊严和心理健康的，构成猥亵儿童罪。

2. 犯罪对象：儿童（14 周岁以下的男童、女童）

3. 主观要件：故意，明知对方是或者可能是儿童。

4. 相关罪名厘清

	猥亵	**猥亵儿童罪**
女童	性交	**强奸罪**
	性交【卖淫、嫖娼场合】	（10～14，从重；不满 10 周岁，加重）
男童	猥亵	猥亵儿童罪
	性交	

5. 猥亵儿童罪的加重情形

（1）猥亵儿童多人或者多次的；

（2）聚众猥亵儿童的，或者在公共场所当众猥亵儿童，情节恶劣的；

（3）造成儿童伤害或者其他严重后果的；

（4）猥亵手段恶劣或者有其他恶劣情节的。

二十二、强迫劳动罪

第二百四十四条【强迫劳动罪】以暴力、威胁或者限制人身自由的方法强迫他人劳动的，处三年以下有期徒刑或者拘役，并处罚金；情节严重的，处三年以上十年以下有期徒刑，并处罚金。

明知他人实施前款行为，为其招募、运送人员或者有其他协助强迫他人劳动行为的，依照前款的规定处罚。

单位犯前两款罪的，对单位判处罚金，并对其直接负责的主管人员和其他直接责任人员，依照第一款的规定处罚。

(一) 概念

以暴力、威胁或者限制人身自由的方法强迫他人劳动的。

(二) 认定

1. 实行行为

（1）直接强迫劳动：以暴力、威胁或者限制人身自由的方法强迫他人劳动。

①"暴力、威胁"，不要求达到足以压制被害人反抗的程度；

②"限制人身自由"的方法，是指将他人的人身自由控制在一定范围、一定限度内的方法，如不准离开厂区、不准参加社交活动等。

【注意】如果采取剥夺人身自由的方法（如将他人长时间关闭在劳动场所），则是本罪与非法拘禁罪的想象竞合犯。

（2）间接强迫劳动：以招募、运送人员或者有其他协助的形式。

2. 主体：自然人、单位

二十三、雇用童工从事危重劳动罪

第二百四十四条之一【雇用童工从事危重劳动罪】违反劳动管理法规，雇用未满十六周岁的未成年人从事超强度体力劳动的，或者从事高空、井下作业的，或者在爆炸性、易燃性、放射性、毒害性等危险环境下从事劳动，情节严重的，对直接责任人员，处三年以下有期徒刑或者拘役，并处罚金；情节特别严重的，处三年以上七年以下有期徒刑，并处罚金。

有前款行为，造成事故，又构成其他犯罪的，依照数罪并罚的规定处罚。

(一) 概念

雇用童工从事危重劳动罪是指违反劳动管理法规，雇用未满16周岁的未成年人从事超强度体力劳动的，或者从事高空、井下作业的，或者在爆炸性、易燃性、放射性、毒害性等危险环境下从事劳动，情节严重的行为。

(二) 认定

1. 雇用，是指以支付报酬的名义聘请、要求未成年人劳动的情形。至于未成年人或者其监护人是否实际取得报酬，在所不问。

2. 雇用未成年人从事一般劳动的，并不成立本罪。

3. 罪数

（1）雇用童工从事危重劳动，又违反劳动管理法规，以限制人身自由方法强迫其劳动，情节严重的，成立本罪与强迫劳动罪，数罪并罚；

（2）雇用童工从事危重劳动，造成事故又构成其他事故类犯罪的，数罪并罚。

二十四、非法侵入住宅罪

第二百四十五条【非法搜查罪】非法搜查他人身体、住宅，或者非法侵入他人住宅的，处三年以下有期徒刑或者拘役。

司法工作人员滥用职权，犯前款罪的，从重处罚。

（一）概念

未经允许非法进入他人住宅或者经要求退出无故拒不退出的行为。

（二）认定

1. 实行行为：非法强行闯入他人住宅，或者经要求退出仍拒绝退出，影响他人正常生活和居住安宁的行为。

（1）"非法"，不经住宅主人同意，又没有法律根据，或不依法定程序强行侵入。包括下列两种方式：

【作为】未经住宅主人允许，不顾主人的反对、阻挡，强行进入他人住宅；

【不作为】进入住宅时主人并不反对，但主人要求其退出时拒不退出。

（2）"住宅"，应从本质意义上理解，凡供人起居寝食之用的场所（用于进行日常生活所占居的场所）均为住宅。

① 供人居住的山洞、地窖等属于住宅；

② 供人起居的帐篷以及供人住宿的宾馆房间属于住宅；

③ 住宅不要求是建筑物的全部，住宅的屋顶、周围相对封闭的围绕地属于住宅；

2. 主观方面：故意

3. 罪数问题：从司法实践来看，非法侵入他人住宅，常常与其他犯罪结合在一起。

例如入户盗窃、入户抢劫、入户杀人，此时非法侵入他人住宅只是为了实施其他犯罪的必经步骤。只需要按照盗窃罪、抢劫罪、故意杀人罪定罪量刑即可，不按数罪并罚处理。

通常只是对那些非法侵入他人住宅，严重妨碍了他人的居住与生活安宁，而又不构成其他犯罪的，才以非法侵入住宅罪论处。

二十五、暴力取证罪

（一）概念

司法工作人员使用暴力逼取证人证言的行为。

（二）认定

1. "暴力"，一切有形力；

2. "证人"扩大解释为包括被害人、鉴定人；

3. "证人证言"扩大解释为包括被害人陈述、鉴定结论；

【注意】本罪同刑讯逼供罪一样，"致人伤残、死亡"拟制为故意伤害罪、故意杀人罪。

二十六、虐待被监管人罪

（一）概念

对被监管人进行殴打或体罚虐待，或者指使被监管人殴打或体罚虐待其他被监管人，情节严重的行为。

（二）认定

1. "殴打"是造成被监管人肉体上的暂时痛苦的行为；

2. "体罚虐待"，是指殴打以外的对被监管人实行折磨、摧残的行为，如罚站、罚饿、罚冻；

【注意】这里的体罚虐待不同于其他的虐待型犯罪，不要求具有一贯性，一次性殴打、体罚虐待情节严重的，就成立本罪。

3. 行为对象：被监管人。包括：

（1）在监狱、拘役所等场所服刑的已决犯；

（2）在看守所羁押的犯罪嫌疑人与被告人；

（3）在拘留所等场所被行政拘留、刑事拘留、司法拘留的人员；

（4）在强制隔离戒毒所进行强制隔离戒毒的戒毒人员；

4. 行为主体：监狱、拘留所、看守所、强制隔离戒毒所等监管机构的监管人员。

【注意】本罪同刑讯逼供罪一样，"致人伤残、死亡"拟制为故意伤害罪、故意杀人罪。

【知识点拓展】刑讯逼供罪与暴力取证罪与虐待被监管人罪的界分

	刑讯逼供罪	暴力取证罪	虐待被监管人罪
实行行为	使用肉刑或者变相肉刑逼取口供【口供：不限于有罪供述】	以暴力逼取证人证言	■ 殴打、体罚虐待； ■ 指使被监管人殴打或者体罚虐待其他被监管人；
犯罪主体"身份犯"	司法工作人员（侦查、检察、审判、监管）		监管机构的监管人员
	包含：未经正式录用，受委托履行侦查、监管职责的人员；合同制民警；		
犯罪对象	犯罪嫌疑人、被告人	"证人"含被害、鉴定人	被监管人
法律拟制	"致人伤残、死亡的，依照本法第234条、第232条的规定定罪，从重处罚。"		

二十七、侵犯通信自由罪

第二百五十二条【侵犯通信自由罪】隐匿、毁弃或者非法开拆他人信件，侵犯公民通信自由权利，情节严重的，处一年以下有期徒刑或者拘役。

（一）概念

隐匿、毁弃或者非法开拆他人信件，情节严重的行为；

（二）认定

1. "隐匿"，妨害权利人发现信件的一切行为；

2. "毁弃"，妨害信件本来效用的一切行为；

3. "非法开拆"，擅自使他人信件内容处于第三者（指发件人与收件人以外的人，包括行为人）可能知悉的状态的一切行为，但不要求第三者已经知悉信件的内容；

4. "他人信件"是特定人向特定人转达意思、表达感情、记载事实的文书（包括电子邮件、微信、QQ语音）；

5. 行为主体：一般主体

（三）罪数问题

1. 非法开拆他人信件，侵犯公民通信自由权利，情节严重，并从中窃取少量财物，或者窃取汇票、汇款支票，骗取汇兑款数额不大的，认定为侵犯通信自由罪，从重处罚；

2. 非法开拆他人信件，侵犯公民通信自由权利，情节严重，并从中窃取数额较大财物的，属于侵犯通信自由罪和盗窃罪的想象竞合犯，依照刑法关于盗窃罪的规定从重处罚；

3. 非法开拆他人信件，侵犯公民通信自由权利，情节严重，并从中窃取汇票或汇款支票，冒名骗取汇兑款数额较大的，成立侵犯通信自由罪和（票据）诈骗罪，数罪并罚。

二十八、私自开拆、隐匿、毁弃邮件、电报罪

第二百五十三条【私自开拆、隐匿、毁弃邮件、电报罪；盗窃罪】邮政工作人员私自开拆或者隐匿、毁弃邮件、电报的，处二年以下有期徒刑或者拘役。

犯前款罪而窃取财物的，依照本法第二百六十四条的规定定罪从重处罚。

（一）概念

邮政工作人员私自开拆或者隐匿、毁弃邮件、电报的行为。

（二）认定

1. "私自开拆"，是指未经合法批准，使邮件、电报内容处于第三者（指发件人与收件人以外的人，包括行为人）可能知悉的状态的一切行为，但不要求第三者已经知悉信件的内容；

2. "隐匿"，是指妨害权利人发现邮件、电报的一切行为；

3. "毁弃"，是指妨害邮件、电报本来效用的一切行为；

4. "邮件"，通过邮政部门寄递的信件、印刷品、邮包、汇款通知、报刊等。

5. 行为主体：邮政工作人员（邮政部门干部、营业员、分拣员、投递员、押运员、监管国际邮件的海关人员）

【注意】实施本罪的过程中，从中窃取财物的，以盗窃罪，从重处罚。

二十九、侵犯公民个人信息罪

第二百五十三条之一【侵犯公民个人信息罪】违反国家有关规定，向他人出售或者提供公民个人信息，情节严重的，处三年以下有期徒刑或者拘役，并处或者单处罚金；情节特别严重的，处三年以上七年以下有期徒刑，并处罚金。

违反国家有关规定，将在履行职责或者提供服务过程中获得的公民个人信息，出售或者提供给他人的，依照前款的规定从重处罚。

窃取或者以其他方法非法获取公民个人信息的，依照第一款的规定处罚。

单位犯前三款罪的，对单位判处罚金，并对其直接负责的主管人员和其他直接责任人员，依照各该款的规定处罚。

（一）概念

违反国家有关规定，向他人出售或者提供公民个人信息或者以其他方法非法获取公民个人信息，情节严重的行为。

（二）认定

1. 实行行为

（1）【非法提供】违反国家有关规定，向他人出售或者提供公民个人信息。"出售"也属于"提供"，因为出售是一种常见类型，故法条将其独立规定。向特定人提供公民个人信息，以及通过信息网络或者其他途径发布公民个人信息的，应当认定为"提供公民个人信息"。

违反国家有关规定，将在履行职责或者提供服务过程中获得的公民个人信息，出售或者提供给他人的，$\boxed{从重}$处罚。

例如银行工作人员在工作中获得的储户个人信息，网络、电信服务商在提供网络、电信服务过程中获得的公民个人信息。

（2）【非法获取】窃取或者以其他方法非法获取公民个人信息。

①"以其他方法非法获取公民个人信息"是指，违反国家有关规定，通过购买、收受、交换等方式获取公民个人信息，或者在履行职责、提供服务过程中收集公民个人信息的，

②"窃取"也是"非法获取"的一种方式，只是由于窃取的方式较为常见，故法条将其独立规定。

2. 行为对象：公民个人信息。

"公民个人信息"，是指以电子或者其他方式记录的能够单独或者与其他信息结合识别特定自然人身份或者反映特定自然人活动情况的各种信息，包括姓名、身份证件号码、通信联系方式、住址、账号密码、财产状况、行踪轨迹等。

例1 甲长期用高倍望远镜偷窥邻居的日常生活。

"公民个人信息"，是指用电子设备或其他存储设备记录下来的，能够反映特定自然人身份或者活动情况的各种信息，甲仅仅是偷窥行为，达不到对于公民个人信息侵犯的程度。

例2 乙将单位数据库中病人的姓名、血型、DNA等资料，卖给某生物制药公司。

乙的行为属于对公民个人信息的非法出售行为，构成侵犯公民个人信息罪。

例3 丙将捡到的几本通讯簿在网上卖给他人，通讯簿被他人用于电信诈骗犯罪。

丙捡拾通讯簿的行为并不违法，但其后未经他人同意擅自出售的行为，侵犯了公民的个人信息，构成侵犯公民个人信息罪。

例4 丁将收藏的多封50年代的信封（上有收件人姓名、单位或住址等信息）高价转让他人。

50年代的信封，由于年代久远，其上所记载的当事人的信息不再与当事人的生活密切相关，所以丁出售的行为难以侵犯到这些特定人的生活安宁，不构成本罪。

3. 罪数

设立用于实施非法获取、出售或者提供公民个人信息违法犯罪活动的网站、通讯群组，情节严重的，应当依照刑法第二百八十七条之一的规定，以 非法利用信息网络罪 定罪处罚；同时构成侵犯公民个人信息罪的，依照 侵犯公民个人信息罪 定罪处罚。

三十、虐待罪

第二百六十条【虐待罪】虐待家庭成员，情节恶劣的，处二年以下有期徒刑、拘役或者管制。

犯前款罪，致使被害人重伤、死亡的，处二年以上七年以下有期徒刑。

第一款罪，告诉的才处理，但被害人没有能力告诉，或者因受到强制、威吓无法告诉的除外。

（一）概念

虐待罪是指虐待家庭成员，情节恶劣的行为。

（二）认定

1. 实行行为：对共同生活的家庭成员，经常以打骂、冻饿、禁闭、强迫过度劳动、有病不给治疗、限制自由、恐吓、侮辱、谩骂等手段，从肉体上和精神上进行摧残、折磨，情节恶劣的行为。虐待行为一般具有两个特性：

（1）残酷性：肉体上的摧残通常有：殴打、不提供饮食、令其忍受严寒或者酷暑、有病不给治疗、强制劳动、随意禁闭等；精神上的折磨主要有：侮辱、谩骂、讥讽。

（2）经常性：排除偶尔、一次性虐待；

2. 行为对象：同住的家庭成员（亲属关系；收养关系；雇佣关系）

3. 致使被害人重伤、死亡的，成立虐待罪的结果加重犯，主要是指：长期虐待导致被害人身心受到摧残，过失造成被害人重伤、死亡；长期虐待导致被害人不正常死亡；引起被害人自杀。

4. 虐待过程中，如果由于行为人的一次暴力行为而造成被害人的伤害或者死亡的，其行为已经超出了虐待罪的范围，应当认定为故意伤害罪、故意杀人罪。

【2015 - 2 - 62】甲与乙（女）2012 年开始同居，生有一子丙。甲、乙虽未办理结婚登记，但以夫妻名义自居，周围群众公认二人是夫妻。对甲的行为，下列哪些分析是正确的？（　　　）①

A. 甲长期虐待乙的，构成虐待罪

B. 甲伤害丙（致丙轻伤）时，乙不阻止的，乙构成不作为的故意伤害罪

C. 甲如与丁（女）领取结婚证后，不再与乙同居，也不抚养丙的，可能构成遗弃罪

D. 甲如与丁领取结婚证后，不再与乙同居，某日采用暴力强行与乙性交的，构成强奸罪

【考点】虐待罪，故意伤害罪，遗弃罪，强奸罪

【解析】A 选项，虐待罪，是指对共同生活的家庭成员实施虐待行为，至于是否有法定婚姻关系，不影响本罪的成立。因此，A 选项是正确的。

B 选项，甲伤害丙的时候，乙作为母亲是负有制止的义务，不阻止则有可能构成不作为犯罪。因此，B 选项是正确的。

C 选项，甲对于丙是负有抚养义务的，能抚养而不抚养就可能构成遗弃罪。因此，C 选项是正确的。

D 选项，强迫女子发生性关系的，成立强奸罪。对于婚姻状况结束后的女子，原来的"丈夫"当然可以成为强奸罪的主体。因此，D 选项是正确的。

三十一、虐待被监护、看护人罪

第二百六十条之一【虐待被监护、看护人罪】对未成年人、老年人、患病的人、残疾人等负有监护、看护职责的人虐待被监护、看护的人，情节恶劣的，处三年以下有期徒刑或者拘役。

单位犯前款罪的，对单位判处罚金，并对其直接负责的主管人员和其他直接责任人员，依照前款的规定处罚。

有第一款行为，同时构成其他犯罪的，依照处罚较重的规定定罪处罚。

（一）概念

对未成年人、老年人、患病的人、残疾人等负有监护、看护职责的人虐待被监护、看护的人，情节恶劣的行为。

（二）认定

1. 实行行为：对未成年人、老年人、患病的人、残疾人等负有监护、看护职责的人虐待被监护、看护的人，情节恶劣的行为；

2. 犯罪主体：对未成年人、老年人、患病的人、残疾人员负有监护、看护职责的人，包括自然人与单位。例如养老院、孤儿院、幼儿园等单位的相关工作人员；对于老年人、孤儿、儿童等负有监护、看护职责；被雇请看护未成年人、老年人、患病的人、残疾人的人员。

① ABCD

3. 虐待被监护、看护人罪与虐待罪

当行为人不仅对未成年人、老年人、患病的人、残疾人等负有监护、看护职责，而且与被虐待的被监护、看护的人属于家庭成员时，行为同时触犯了本罪与虐待罪，成立 想象竞合 。

4. 虐待行为不同程度地含有暴力成分，因而，虐待被监护、看护人构成本罪时，也可能同时构成其他暴力性犯罪（如故意伤害罪、不作为故意杀人等），此时应当从一重罪处罚。

【2012－2－17】关于侵犯人身权利罪的论述，下列哪一选项是**错误**的？（　　　）①

A. 强行与卖淫幼女发生性关系，事后给幼女500元的，构成强奸罪

B. 使用暴力强迫单位职工以外的其他人员在采石场劳动的，构成强迫劳动罪

C. 雇用16周岁未成年人从事高空、井下作业的，构成雇用童工从事危重劳动罪

D. 收留流浪儿童后，因儿童不听话将其出卖的，构成拐卖儿童罪

【考点】强奸罪，强迫劳动罪，雇用童工从事危重劳动罪，拐卖儿童罪

【解析】A选项，卖淫女的性的自主决定权仍然受法律保护，而且幼女对自己的性的自主承诺在法律上是无效的。因此，A选项是正确的。

B选项，2011年的《刑法修正案（八）》，对于强迫劳动罪已经删掉了必须强迫本单位职工的要求，所以强迫劳动罪的对象可以是任何人。因此，B选项是正确的。

C选项，雇用童工从事危重劳动罪的对象必须是不满16周岁的未成年人，因此雇用16周岁未成年人从事高空、井下作业的不成立本罪。因此，C选项是错误的。

D选项，将收留的儿童予以出卖的，成立拐卖儿童罪。因此，D选项是正确的。

---

① C

码上揭秘

第二十一章　侵犯财产罪

第一节　侵犯财产罪概述

一、侵犯财产罪的法益

1. **所有权**及**其他本权**【其他本权，指合法占有的权利，如质权、留置权、租赁权】

2. 需要**通过法定程序改变现状**的占有①（但是相对于所有权人恢复权利的行为而言，则不是法益）

例1　盗窃的被害人从盗窃犯处盗窃回自己的财物，不成立盗窃罪。盗窃犯对于财物的占有，就是需要通过法定程序改变现状的占有，但是相对于被害人恢复权利的行为，该占有就不是法益。

例2　出租人（所有权人）未经承租人同意，擅自取回租赁物，成立盗窃罪。

例3　第三人从盗窃犯处盗窃回赃物，成立盗窃罪。

二、以非法占有为目的

排除权利人，将他人财物作为自己的财物进行支配，并遵从财物的用途进行利用、处分的意思。

非法占有目的要求具有排除的意思和利用的意思，且两者同时具备。

（一）排除的意思

排除权利人，将他人财物作为自己财物进行支配的意思。因此，一时盗用、骗用随即返还的行为不具有可罚性。

【注意】几种特殊的排除意思：

1. 虽然只有一时使用的意思，但是不打算返还，使用后毁弃；

2. 具有返还的意思，但是侵害了相当程度的可用性；

例如在2022年法考前窃取他人辅导用书，考完之后予以返还。

3. 具有返还的意思，而且侵害的可用性程度相对轻微，但是具有消耗财物中价值的意思。

例如从超市悄悄拿出商品，伪装退货，取得商品对价。

（二）利用的意思

遵从财物可能具有的用法进行利用、处分的意思，不限于遵从原本的用途进行利用。

例如男性基于癖好窃取女性内衣、窃取他人木制家具后烧柴取暖，都认为具有利用的

---

① 需要通过法定程序改变现状的占有，意指如果要违背占有人的意思改变其占有现状（如没收、追缴、将财物转移给他人占有等）需要通过法定程序。如行为人盗窃淫秽物品，则他对于淫秽物品的占有就属于需要通过法定程序改变现状的占有，第三人再盗窃该淫秽物品的，就破坏了这种占有，构成盗窃罪。

意思。

【注意】利用的意思是**取得型**财产犯罪与**毁坏型**财产犯罪相区分的关键。如故意毁坏财物罪，也有排除的意思但是没有利用的意思。

三、侵犯财产罪的分类

以非法占有为目的	盗窃罪、诈骗罪、抢劫罪、抢夺罪、聚众哄抢罪、侵占罪、敲诈勒索罪
以挪用为目的	挪用资金罪、挪用特定款物罪
以破坏为目的	故意毁坏财物罪、破坏生产经营罪

第二节　本章要求掌握的具体罪名

一、抢劫罪

第二百六十三条【抢劫罪】以暴力、胁迫或者其他方法抢劫公私财物的，处三年以上十年以下有期徒刑，并处罚金；有下列情形之一的，处十年以上有期徒刑、无期徒刑或者死刑，并处罚金或者没收财产：

（一）入户抢劫的；

（二）在公共交通工具上抢劫的；

（三）抢劫银行或者其他金融机构的；

（四）多次抢劫或者抢劫数额巨大的；

（五）抢劫致人重伤、死亡的；

（六）冒充军警人员抢劫的；

（七）持枪抢劫的；

（八）抢劫军用物资或者抢险、救灾、救济物资的。

（一）概念

以非法占有为目的，当场使用暴力、胁迫或者其他方法，强行劫取公私财物的行为。

（二）认定

1. 实行行为

（1）方法行为：暴力、胁迫、其他方法

第一，"暴力"。 使用不法有形力，使被害人不能反抗的行为，如殴打、捆绑、伤害、禁闭等。

①暴力的目的：为当场劫取财物而排除、压制被害人的反抗；

②暴力的对象：财物的持有者、保管者以及其他妨碍劫取财物的人；

③暴力的程度：足以压制被害人反抗。

【注意】抢劫中的"杀人"行为如何评价？

①为劫取财物而预谋故意杀人，或者在劫取财物过程中，为制服被害人反抗而故意杀人，

成立抢劫罪一罪。①

②抢劫后，为灭口而故意杀人的，抢劫罪与故意杀人罪数罪并罚。

第二，"胁迫"。 以当场立即使用暴力相威胁，使被害人产生恐惧心理因而不敢反抗；抢劫罪中的胁迫具有下列两个特性：

①暴力性，即胁迫的内容是使用暴力的恶害相加；

②当场性，即以 当场 使用暴力相威胁要求对方 当场 交付财物。

第三，"其他方法"： 除暴力、胁迫以外的造成被害人不能反抗的强制方法。例如使用麻醉、灌醉、催眠术等方法，使被害人暂时丧失自由意志，然后劫走财物。

①直接针对人身实施；

②其他方法与被害人不能反抗的状态之间有因果关系；如果只是单纯利用被害人不能反抗的状态取走财物的，成立盗窃罪，而非抢劫罪。

（2）目的行为：当场劫取财物

①"当场"：犯罪现场时间、空间不间断的延续；如对被害人实施暴力，迫使被害人交付财物，但被害人身无分文，行为人令被害人立即从家中取来财物，或者一道前往被害人家中取得财物的，也应认定为抢劫罪。

②"劫取"违背被害人的意志将财物转移至自己或第三人占有；

③"财物"：包含财产性利益。

（3）**方法行为与目的行为之间要有因果关系，否则难以成立抢劫既遂。**

例1 行为人实施暴力、胁迫行为，导致被害人逃跑时失落财物，行为人在追赶时拾得该财物。"被害人逃跑时失落财物"中断因果关系，暴力、胁迫行为与取得财物之间没有因果关系，只能成立抢劫罪未遂。（拾得财物的行为单独评价为侵占罪）

例2 行为人实施的暴力、胁迫等行为虽然足以压制反抗，但实际上没有压制对方的反抗，对方基于怜悯而交付财物，只能成立抢劫罪未遂。

2. 犯罪主体：已满 14 周岁，具有辨认、控制能力的自然人。

3. 主观要件：故意，且具有非法占有目的。

4. 冒充正在执行公务的人民警察、联防人员，以抓卖淫嫖娼、赌博等违法行为为名非法占有财物的行为定性。行为人冒充正在执行公务的人民警察"抓赌""抓嫖"，没收赌资或者罚款的行为，构成犯罪的，以 招摇撞骗罪 从重处罚；在实施上述行为中使用暴力或者暴力威胁的，以 抢劫罪 定罪处罚。行为人冒充治安联防队员"抓赌""抓嫖"、没收赌资或者罚款的行为，构成犯罪的，以 敲诈勒索罪 定罪处罚；在实施上述行为中使用暴力或者暴力威胁的，以 抢劫罪 定罪处罚。

5. 抢劫罪与寻衅滋事罪的界限。寻衅滋事罪是严重扰乱社会秩序的犯罪，行为人实施寻衅滋事的行为时，客观上也可能表现为强拿硬要公私财物的特征。这种强拿硬要的行为与抢劫罪的区别在于：

（1）寻衅滋事罪行为人主观上还具有逞强好胜和通过强拿硬要来填补其精神空虚等目的，抢劫罪行为人一般只具有非法占有他人财物的目的；

（2）寻衅滋事罪行为人客观上一般不以严重侵犯他人人身权利的方法强拿硬要财物，抢

---

① 最高人民法院 2001 年 5 月 23 日《关于抢劫过程中故意杀人案件如何定罪问题的批复》。

劫罪行为人则以暴力、胁迫等方式作为劫取他人财物的手段；

（3）司法实践中，对于未成年人使用或威胁使用轻微暴力强抢少量财物的行为，一般不宜以抢劫罪定罪处罚。其行为符合寻衅滋事罪特征的，可以寻衅滋事罪定罪处罚。

6. 既遂标准

抢劫罪既侵犯财产权利又侵犯人身权利，具备劫取财物或者造成他人轻伤以上后果两者之一的，均属抢劫既遂；既未劫取财物，又未造成他人人身伤害后果的，属抢劫未遂。据此，《刑法》第 263 条规定的八种处罚情节中除"抢劫致人重伤、死亡的"这一结果加重情节之外，其余七种处罚情节同样存在既遂、未遂问题，其中属抢劫未遂的，应当根据刑法关于加重情节的法定刑规定，结合未遂犯的处理原则量刑。

（三）转化型抢劫

1. 事后抢劫【法律拟制】

第二百六十九条【抢劫罪】犯盗窃、诈骗、抢夺罪，为窝藏赃物、抗拒抓捕或者毁灭罪证而当场使用暴力或者以暴力相威胁的，依照本法第二百六十三条的规定定罪处罚。

（1）前提：犯盗窃罪、诈骗罪、抢夺罪

①具有盗窃、诈骗、抢夺的犯罪故意

②开始盗窃、诈骗、抢夺的实行行为（不要求既遂）

既然盗窃罪、诈骗罪、抢夺罪是转化为抢劫罪的前提，则应当达到一定的程度，这个"程度"除了具有三罪的犯罪故意以及进入实行阶段以外，根据司法解释还要求达到数额较大标准，或者具有一定的情节，才能转化为抢劫罪。相关司法解释指出：

行为人实施盗窃、诈骗、抢夺行为，未达到"数额较大"，为窝藏赃物、抗拒抓捕或者毁灭罪证当场使用暴力或者以暴力相威胁，情节较轻、危害不大的，一般不以犯罪论处。但具有下列情节之一的，可依照刑法第 269 条的规定，以抢劫罪定罪处罚：①盗窃、诈骗、抢夺接近"数额较大"标准的；②入户或在公共交通工具上盗窃、诈骗、抢夺后在户外或交通工具外实施上述行为的；③使用暴力致人轻微伤以上后果的；④使用凶器或以凶器相威胁的；⑤具有其他严重情节的。

抢劫

↑

使用暴力或者以暴力相威胁

盗窃	诈骗	抢夺

数额较大，或者具有一定情节：①盗窃、诈骗、抢夺接近"数额较大"标准的；②入户或在公共交通工具上盗窃、诈骗、抢夺后在户外或交通工具外实施上述行为的；③使用暴力致人轻微伤以上后果的；④使用凶器或以凶器相威胁的；⑤具有其他严重情节的。

（2）目的：为了窝藏赃物、抗拒抓捕或者毁灭罪证

①窝藏赃物，即保护已经取得的赃物不被恢复应有状态；

②抗拒抓捕，是指拒绝司法人员的拘留、逮捕和一般公民的扭送；

③毁灭罪证，是指毁坏、消灭本人犯罪证据。

【注意】不能是为了"取得财物"，如果行为人在实行盗窃、诈骗、抢夺过程中，尚未取得财物时被他人发现，为了非法取得财物，而使用暴力或者以暴力相威胁的，应直接认定为抢劫罪，不适用刑法第 269 条。

例如甲与余某有一面之交，知其孤身一人。某日凌晨，甲携匕首到余家盗窃，物色一段时间后，未发现可盗财物。此时，熟睡中的余某偶然大动作翻身，且口中念念有词。甲怕被余某认出，用匕首刺死余某，仓皇逃离。甲基于盗窃的故意入户，后杀死余某。但是杀死余某并不是为了窝藏赃物、抗拒抓捕或者毁灭罪证，因此只能单独评价为故意杀人罪，与盗窃罪数罪并罚。①

（3）当场使用暴力或者以暴力相威胁

①"当场"是指行为人实施盗窃、诈骗、抢夺行为的现场以及行为人刚离开现场即被他人发现并被人追捕的整个过程与现场。

②使用暴力或者以暴力相威胁，是指对抓捕者或者阻止其窝藏赃物、毁灭罪证的人使用暴力或者以暴力相威胁。这里的暴力和以暴力相威胁，也应达到足以抑制他人反抗的程度，对于以摆脱的方式逃脱抓捕，暴力强度较小，未造成轻伤以上后果的，不认定为"使用暴力"，不以抢劫罪论处。

例如甲在街头出售报纸时发现乙与一摊主因买东西发生纠纷，其携带的箱子（内有贵重物品）放在身旁的地上，便提起该箱子悄悄溜走。乙发现后紧追不舍。为摆脱乙的追赶，甲将手中剩余的几张报纸卷成一团扔向乙，击中乙脸，乙受惊吓几乎滑倒。随之又追，终于抓住甲。甲"将手中剩余的几张报纸卷成一团扔向乙，击中乙脸"的行为，不足以压制被害人的反抗，不能评价为"使用暴力"，只能认定为盗窃罪。

（4）时空条件：当场

"当场"：实施盗窃、诈骗、抢夺行为的当时当地，追击的过程视为"当场"。

根据司法解释，已满14周岁不满16周岁的人盗窃、诈骗、抢夺他人财物，为窝藏赃物、抗拒抓捕或者毁灭罪证，当场使用暴力，故意伤害致人 重伤 或者 死亡 ，或者故意 杀人 的，应当分别以 故意伤害罪 或者 故意杀人罪 定罪处罚。

【注意】入户、在公共交通工具上盗窃（诈骗、抢夺）被发现，又为窝藏赃物、抗拒抓捕、毁灭罪证而使用暴力或以暴力相威胁，属于普通抢劫还是入户抢劫、在公共交通工具上抢劫？

判断：暴力是否发生在 户内 或 公共交通工具上	是	入户抢劫 或 在公共交通工具上抢劫
	不是	普通抢劫

例1　元宝在公交车上盗窃甲的财物，被甲发现，元宝跳下车甲也追下车，在追赶途中元宝将甲打成轻伤，元宝转化为 普通抢劫 。

例2　元宝在公交车上盗窃乙的财物，被乙发现，乙要将元宝扭送到公安机关，元宝在车上将乙打成轻伤，元宝转化为 在公共交通工具上抢劫 。

---

① 此案例为2013年司法考试卷四主观题。

【专题】关于事后抢劫共犯的判断

（1）甲、乙共谋入室盗窃，甲入室行窃，乙在门外望风。

① 甲盗窃时为抗拒抓捕，对被害人当场使用暴力，乙不知情	甲：抢劫；乙：盗窃
② 甲、乙逃离时被被害人发现，乙对被害人当场使用暴力，甲不知情	甲：盗窃；乙：抢劫
③ 甲盗窃时为抗拒抓捕，对被害人当场使用暴力，乙知情但没有阻止，且继续望风	甲、乙：抢劫

在③中，甲乙虽然共谋盗窃，但当甲对被害人使用暴力时，乙知情且继续望风，此时的望风就是在为抢劫行为望风，因此乙的行为成立抢劫罪。

（2）甲、乙共谋入室盗窃，甲在外屋行窃，乙在里屋行窃，适逢主人回家，甲为抗拒抓捕对主人使用暴力，乙知情但是没有参与：

① 甲	抢劫
② 乙	盗窃

甲乙二人的共谋仅限于盗窃，当甲对被害人使用暴力时，乙虽然知情，但是没有实施任何可以评价为抢劫的实行行为或者帮助行为，因此只能成立盗窃罪。

请注意，精神上的帮助成立帮助犯，必须是在共谋的范围内的精神支持，而对于超出共谋范围的行为，仅仅知情，不能够成为精神上的帮助犯。

（3）甲单独入室盗窃，被发现后逃离，路遇乙，并告知乙真相：

① 乙为使甲逃避抓捕，与甲一起对被害人使用暴力	甲、乙：抢劫
② 乙教唆甲对被害人使用暴力，甲接受教唆对被害人使用了暴力	甲、乙：抢劫
③ 乙为使甲逃避抓捕，单独对被害人使用暴力，甲并不知情	甲：盗窃；乙：窝藏

在③中，乙单独对被害人使用暴力，但是甲不知情，甲不会转化为抢劫；而乙没有参与之前的盗窃，乙也不能转化为抢劫。乙的行为属于单纯的帮助甲逃离现场，因此成立窝藏罪。

（4）甲单独入室盗窃被发现后逃离，向被害人腹部猛踢一脚，被害人极力抓住甲，乙途径现场并被告知真相，为帮助甲也向被害人腹部猛踢一脚，被害人因脾脏破裂而死亡，不能查明谁的行为导致脾脏破裂：

① 甲	抢劫致人死亡【理由：不论是甲还是乙导致被害人死亡，甲都要承担致人死亡的责任】			
② 乙	两种可能	A 甲的行为导致被害人死亡	乙不承担责任	无法查明究竟是哪种情况
		B 乙的行为导致被害人死亡	乙承担责任	
	从有利于被告人的角度出发，乙只能认定为普通抢劫，即不对被害人的死亡结果承担责任。			

2. 携带凶器抢夺【法律拟制】

第二百六十七条第二款　携带凶器抢夺的，依照本法第二百六十三条的规定定罪处罚。

（1）"携带"，即带在身上或者置于身边，使凶器处于随时可用的状态。手持凶器、怀中藏着凶器、将凶器置于衣服口袋、将凶器置于随身的手提包等容器中的行为属于携带凶器。此外，使随从者实施这些行为的，也属于携带凶器。例如，甲使乙手持凶器与自己同行，即使由甲亲手抢夺丙的财物，也应认定甲的行为是携带凶器抢夺。

（2）"凶器"

①性质上的凶器：枪支、管制刀具等本身用于杀伤他人的物品。性质上的凶器无疑属于刑法第267条第2款规定的凶器，因此只要携带并实施抢夺行为，就属于"携带凶器抢夺"。（公式：携带＋抢夺＝携带凶器抢夺→抢劫罪）

②用法上的凶器：用法上的凶器：从使用的方法来看，可能用于杀伤他人的物品。如家庭使用的菜刀，用于切菜时不是凶器；但用于或准备用于杀伤他人时则是凶器。对于用法上的凶器，需要行为人为了实施犯罪而携带，进而又实施了抢夺行为的，则可以认定为携带凶器抢夺。如果有证据证明该器械确实不是为了实施犯罪而携带的，不以抢劫罪定罪。（公式：携带＋抢夺＋为了犯罪而携带＝携带凶器抢夺→抢劫罪）

在认定上需要注意：根据一般社会观念，该物品能够给一般人带来压力、紧张感、危险感。汽车撞人可能导致瞬间死亡，但开着汽车抢夺的，难以认定为携带凶器抢夺。这是因为一般人面对停在地面或者正常行驶的汽车时不会产生压力、紧张感。

（3）不能用

①不能针对被害人使用凶器实施暴力；

②不能针对被害人使用凶器进行胁迫；

如果使用，则直接可以依据第263条认定为抢劫罪，而不适用本条转化型抢劫的规定。即行为人在携带凶器而又没有使用凶器的情况下抢夺他人财物的，才应适用第267条第二款的规定。

【注意】"不能用"是指不能对人使用，但是可以对物使用。例如行为人携带凶器并直接针对财物使用凶器进而抢夺的，则仍应适用刑法第267条第二款的规定。

【知识点拓展】抢劫罪与绑架罪的界分

抢劫罪	绑架罪
自赎	他赎
当场劫取被害人的财物	利害关系人（第三人）基于对于被绑架人的担忧，而交付财物

1. 由"第三人"交付财物的情形下两罪的界限？

（1）看行为人主观意图是否明确，即行为人是意图勒索财物还是当场劫取财物。

① 意图勒索财物：绑架罪；

② 意图当场劫取财物：抢劫罪。

例如甲持刀将乙逼入山中，让乙通知其母送钱赎人。乙担心其母心脏病发作，遂谎称开车撞人，需付五万元治疗费，其母信以为真。甲让乙通知其母"送钱赎人"，此时甲的主观意图非常明确，就是要勒索赎金，因此成立绑架罪。①

（2）当行为人主观意图不明确时，再看第三人对于 被害人被绑架 之事是否知情？

① 知情：绑架罪；

② 不知情：抢劫罪。

---

① 2010年卷二第16题。

例如陈某见熟人赵某做生意赚了不少钱便产生歹意，勾结高某，谎称赵某欠自己10万元货款未还，请高某协助索要，并承诺要回款项后给高某1万元作为酬谢。高某同意。某日，陈某和高某以谈生意为名把赵某诱骗到稻香楼宾馆某房间，共同将赵某扣押，并由高某对赵某进行看管。次日，陈某和高某对赵某拳打脚踢，强迫赵某拿钱。赵某迫于无奈给其公司出纳李某打电话，以谈成一笔生意急需10万元现金为由，让李某将现金送到宾馆附近一公园交给陈某。陈某意图勒索财物还是当场劫取财物并不明确，因此需要判断第三人李某是否知情，显然李某并不知情，他仅仅是被害人交付财物的工具，因此，陈某成立抢劫罪。

2. 当被挟持者与被勒索者空间位置较近时，可以视为一体，则不存在向第三人勒索财物的问题，直接认定为抢劫罪。

例如乙闯入银行营业厅挟持客户王某，以杀害王某相要挟，迫使银行职员交给自己20万元。行为人控制被害人，向在场的第三人索要财物的，成立抢劫罪。但如果行为人以被害人的安危相要挟，向不在场的第三人提出不法要求的，成立绑架罪。因此，乙成立抢劫罪。①

（四）加重抢劫

1. 入户抢劫

（1）"户"，即他人生活的与外界相对隔离的住所，包括封闭的院落、牧民的帐篷、渔民作为家庭生活场所的渔船、为生活租用的房屋等场所。集体宿舍、旅店宾馆、临时搭建的工棚不宜认定为"户"。

① 部分 时间 从事经营，部分 时间 用于 生活起居 的场所在 非营业时间 强行入内抢劫或者以购物等为名骗开房门入内抢劫的，应认定为"入户抢劫"。

② 部分用于 经营，部分用于 生活 的场所

场所之间有明确隔离	进入生活场所实施抢劫	"入户抢劫"
场所之间没有明确隔离	在营业时间入内实施抢劫	不是"入户抢劫"
	在非营业时间入内实施抢劫	"入户抢劫"

（2）"入户"目的

① 以侵害户内人员的人身、财产为目的，入户后实施抢劫，包括入户实施盗窃、诈骗等犯罪而转化为抢劫的，应当认定为"入户抢劫"；

② 因访友办事等原因经户内人员允许入户后，临时起意实施抢劫，或者临时起意实施盗窃、诈骗等犯罪而转化为抢劫的，不应认定为"入户抢劫"。

（3）暴力或者暴力胁迫行为必须发生在户内

2. 在公共交通工具上抢劫

（1）"公共交通工具"

包括：①从事旅客运输的公共汽车，大、中型出租车，火车，地铁，轻轨，轮船，飞机等；②虽不具有商业营运执照，但实际从事旅客运输的大、中型交通工具；③接送职工的单位班车、接送师生的校车等大、中型交通工具。

不包括：小型出租车。

---

① 2017年卷二第15题。

（2）抢劫的方式

① 在正在运营中的机动公共交通工具上对旅客、司售、乘务人员实施的抢劫；

② 对运行途中的机动公共交通工具加以拦截后，对公共交通工具上的人员实施的抢劫。

3. 抢劫银行或者其他金融机构

（1）包含：经营资金、有价证券、客户资金、正在使用的运钞车等；

（2）不含：办公用品、个人物品。

4. 多次抢劫或者抢劫数额巨大

（1）"多次抢劫"应指三次以上抢劫；

（2）"抢劫数额巨大"：3 万至 10 万，抢劫数额以实际抢劫到的财物数额为依据。

【注意】对以数额巨大的财物（如抢劫博物馆、重要文物）为明确目标，由于意志以外的原因，未能抢到财物或实际抢得的财物数额不大的，应同时认定"抢劫数额巨大"和犯罪未遂的情节，根据刑法有关规定，结合未遂犯的处理原则量刑。

5. 抢劫致人重伤、死亡

既包括行为人的暴力等行为过失致人重伤、死亡，也包括行为人为劫取财物而预谋故意杀人，或者在劫取财物过程中，为制服被害人反抗而故意杀人。只要是抢劫罪的任何组成行为导致重伤、死亡的，就都属于抢劫致人重伤、死亡。

在事后抢劫中，暴力等行为导致抓捕者等人重伤、死亡的，也应认定为致人重伤、死亡。

6. 冒充军警人员抢劫的

（1）对行为人是否穿着军警制服、携带枪支、是否出示军警证件等情节进行综合审查，判断是否足以使他人误以为是军警人员。

（2）对于行为人仅穿着<u>类似</u>军警的服装或仅<u>以言语宣称</u>系军警人员但<u>未携带枪支</u>、也未<u>出示军警证件</u>而实施抢劫的，要结合抢劫地点、时间、暴力或威胁的具体情形，依照常人判断标准，确定是否认定为"冒充军警人员抢劫"。

（3）军警人员利用自身的真实身份实施抢劫的，不认定为"冒充军警人员抢劫"，应依法从重处罚。

7. 持枪抢劫

行为人使用枪支或者向被害人显示持有、佩带的枪支进行抢劫。

"枪支"仅限于能发射子弹的真枪，不包括仿真手枪与其他假枪；但不要求枪中装有子弹。

8. 抢劫军用物资或者抢险、救灾、救济物资

（1）"军用物资"仅限于武装部队（包括武警部队）使用的物资，不包括公安警察使用的物资。

（2）"抢险、救灾、救济物资"是指已确定用于或者正在用于抢险、救灾、救济的物资。

【注意】行为人对于抢劫对象发生错误认识该如何处理？

客观上是**军用**物资～主观上以为是**普通**物资	客观上是**军用**物资～主观上以为是**抢险**物资
客观上是**普通**物资～主观上以为是**抢险**物资	
↓	↓
成立：抢劫（普通物资）	成立：抢劫（军用物资或者抢险、救灾、救济物资）
抽象事实认识错误	**具体事实认识错误**

【2020 网络回忆版】甲乙共同去某工厂仓库盗窃。甲望风，乙进去盗窃。乙窃得财物，从

仓库出来时，被保安丙看到，丙上前抓捕乙。乙逃跑，丙追赶。此时甲为了阻止丙，将丙打成轻伤。乙事后才知道甲殴打了丙。下列说法正确的有？（　　）①

A. 甲构成转化型抢劫罪
B. 乙构成转化型抢劫罪
C. 乙仅构成盗窃罪
D. 甲构成盗窃罪和故意伤害罪，并罚

【考点】转化型抢劫　共犯

【解析】甲乙是盗窃罪的共犯，甲为了抗拒抓捕当场使用暴力，转化为抢劫罪；在甲使用暴力时，乙不知情，因此乙不发生转化，仅成立盗窃罪。甲乙二人仍然在盗窃罪的范围内成立共犯。

【2019 网络回忆版】刘某在公交车到站时，抢夺了乘客陈某的提包，立即下车，刚下车，被路过的民警王某发现，王某抓捕刘某，刘某为抗拒抓捕对王某实施暴力，将王某打倒在地。刘某趁机跑向马路对面。王某起身追赶，也跑向马路对面，不幸被过往车辆撞死。下列说法正确的有？（　　）②

A. 刘某构成抢夺罪未遂
B. 刘某构成转化抢劫
C. 刘某构成"在公共交通工具上抢劫"
D. 刘某构成抢劫罪致人死亡

【考点】转化型抢劫

【解析】A 选项，刘某抢夺陈某提包后立即下车，虽然主人已经失去了对于财物的控制，但是刘某刚下车就遭遇了民警的追捕，始终没有取得对于财物平稳的控制，因此是抢夺罪未遂。A 正确。

B 选项，刘某在抢夺过程中，为了抗拒抓捕而当场使用暴力，应当转化为抢劫罪。B 正确。

C 选项，刘某对于王某使用暴力不是在公共交通工具上，因此不属于"在公共交通工具上抢劫"。C 错误。

D 选项，王某追赶刘某过程中，被过往车辆撞死，介入了"车祸"这一异常且作用大的介入因素，刘某的抢劫行为与王某的死亡结果之间，不具有因果关系，刘某不构成抢劫罪致人死亡。D 错误。

二、抢夺罪

第二百六十七条【抢夺罪】抢夺公私财物，数额较大的，或者多次抢夺的，处三年以下有期徒刑、拘役或者管制，并处或者单处罚金；数额巨大或者有其他严重情节的，处三年以上十年以下有期徒刑，并处罚金；数额特别巨大或者有其他特别严重情节的，处十年以上有期徒刑或者无期徒刑，并处罚金或者没收财产。

携带凶器抢夺的，依照本法第二百六十三条的规定定罪处罚。

（一）概念

以非法占有为目的，公然夺取公私财物，数额较大或者多次抢夺的行为。

（二）认定

1. 实行行为公然夺取他人紧密占有的数额较大的财物，或者多次夺取他人紧密占有的公私财物。

（1）"公然"，在被害人当场可以得知财物被抢的情况下实施抢夺行为，被害人可以当场发觉但通常来不及抗拒；

---

① AC　② AB

（2）"夺取"，针对被害人紧密占有的财物，实施对物暴力，强行夺取；

（3）"数额较大"，数额较大一般为抢夺公私财物价值人民币 1000 ~ 3000 元以上的；

（4）"多次"，2 年内抢夺 3 次以上。

2. 抢劫罪与抢夺罪的界分

（1）基本区分

暴力	抢劫罪	抢夺罪
	对人	对物
	直接 的伤亡风险	间接 的伤亡风险
"间接的伤亡风险"		
■ **客观**：对物暴力具有致人伤亡的 低概率 （较之抢劫罪）风险		
■ **主观**：对于伤亡结果为 过失		

（2）飞车抢夺究竟是抢夺罪还是抢劫罪

根据《**最高人民法院关于审理抢劫、抢夺刑事案件适用法律若干问题的意见**》，对于驾驶车辆夺取他人财物的，一般以**抢夺罪从重**处罚。但具有下列情形之一，应当以 抢劫罪 定罪处罚：

①驾驶车辆，**逼挤、撞击**或**强行逼倒**他人以排除他人反抗，乘机夺取财物的；

②驾驶车辆强抢财物时，因被害人不放手而采取**强拉硬拽**方法劫取财物的；

③行为人**明知**其驾驶车辆强行夺取他人财物的手段会造成他人伤亡的后果，仍然**强行夺取**并**放任**造成财物持有人轻伤以上后果的。

以抢劫罪定罪处罚的理由：客观上"逼挤、撞击、强行逼倒，强拉硬拽"已经属于对人暴力，主观上行为人对于伤亡结果属于故意。

三、敲诈勒索罪

第二百七十四条【敲诈勒索罪】 敲诈勒索公私财物，数额较大或者多次敲诈勒索的，处三年以下有期徒刑、拘役或者管制，并处或者单处罚金；数额巨大或者有其他严重情节的，处三年以上十年以下有期徒刑，并处罚金；数额特别巨大或者有其他特别严重情节的，处十年以上有期徒刑，并处罚金。

（一）概念

以非法占有为目的，对公私财物的所有人、管理人实施威胁或者要挟的方法，多次强行索取公私财物或者索取数额较大的公私财物的行为。

（二）认定

1. 实行行为：威胁——→恐惧——→交付

（1）威胁：以恶害相通告迫使被害人处分财产，即如果不按照行为人的要求处分财产，就会当场或在将来的某个时间遭受恶害。

① 威胁的内容：侵犯人身；毁坏财物或其他财产性利益；揭发隐私；毁坏名誉；追究责任。

例如以在信息网络上发布、删除等方式处理不利于他人的网络信息为由，威胁他人，索取公私财物的，属于敲诈勒索行为。

② 恶害相加的时间：当场或者日后。

③ 恶害相加的对象：所有者、保管者本人；所有者、保管者亲属；与所有者、保管者有某种利害关系的人。

（2）恐惧：被害人产生恐惧心理，然后为了保护自己更大的利益而处分其数额较大的财产。

（3）交付

① 向本人交付或者向第三人交付。

② 财物：被害人所有的或者保管的。

③ 现实交付或者简易交付。

例如王某借用吴某的一辆夏利车，在借用一个月后，王某得知吴某正在从事文物走私的活动，王某便以向公安机关揭发相威胁，要求吴某将夏利车送给他算了，吴某无奈，只得答应王某的要求。

2. "数额较大"：2000 元至 5000 元。

3. "多次"：两年内三次以上。

4. 既遂与未遂

敲诈勒索罪是取得型财产犯罪，因此被害人基于恐惧心理处分财产，行为人取得财物时，就是敲诈勒索罪的既遂。

如果被害人不是基于恐惧心理，而是基于 怜悯 心理提供财物，或者为了 配合警察 逮捕行为人而按约定时间与地点交付财物的（显然不属于处分财产的行为），只能认定为敲诈勒索罪的 未遂 。

（三）敲诈勒索罪与相关罪名的边界

1. 敲诈勒索罪与行使权利的行为

有的时候，行为人为了行使自己的权利而使用威胁手段。例如，债权人为了实现债权，而对债务人实施胁迫行为。对这种行为，原则上不以犯罪论处。即如果没有超出权利的范围，具有行使权利的必要性，而且其手段行为本身不构成刑法规定的其他犯罪，就应认为没有造成对方财产上的损害，不宜认定为犯罪。

例 1 甲在元宝经营的饭馆吃饭，发现一盘菜中竟然有一只死蟑螂，觉得十分恶心，便以向消费者协会举报为要挟要求元宝支付"精神损失费"1 万元。甲就吃出蟑螂有权提出损害赔偿请求，其手段与目的均具有正当性，不构成敲诈勒索罪，至于甲所要求的数额过于高，双方可以进行商谈，不成立敲诈勒索罪。

例 2 乙在元宝经营的饭馆吃饭，发现一盘菜中竟然有一只死蟑螂，觉得十分恶心，便以将元宝饭馆砸烂为要挟要求元宝支付"精神损失费"1 万元。乙就吃出蟑螂有权提出损害赔偿请求，但其手段（威胁砸烂饭馆）不具有正当性，超出了社会一般观念可允许的范围，已不再是单纯行使权利的行为，构成敲诈勒索罪。

例 3 丙在元宝经营的饭馆吃饭，偷偷将自己事先准备的死蟑螂放在一盘菜中，然后以向消费者协会举报为要挟要求元宝支付"精神损失费"1 万元。丙根本不具有赔偿请求权，成立敲诈勒索罪。

例 4 丁在元宝经营的饭馆吃饭，以菜肴不合口为由要求元宝支付"精神损失费"1 万元，否则就对外宣称在其餐馆吃到了死蟑螂。丁没有遭受损失，不具有赔偿请求权，丁也构成敲诈勒索罪。

【小结】只有当目的与手段均具有正当性时，才能够认定为有行使权利的余地，如果目的不正当（不具有赔偿请求权）或手段不正当（超出社会一般观念能够容忍的范围），都将触犯敲诈勒索罪。

2. 敲诈勒索罪与抢劫罪

抢劫罪	敲诈勒索罪
暴力、胁迫、其他方法	威胁——→恐惧——→交付
劫取财物	
重合点：抢劫罪与以侵犯人身相威胁的敲诈勒索罪（"不给钱，就打人"）	

	打人的时间	给钱的时间
敲诈勒索罪	日后	日后
	当场	日后
	日后	当场
抢劫罪	当场	当场

例1 元宝在路上拦住甲，要求甲当场交付3万元，否则三天后就割下甲一只耳朵，甲被迫交付3万元，元宝构成敲诈勒索罪。

例2 元宝在路上拦住乙，对乙实施暴力，要求乙答应三天后打3万元到元宝的账户，乙被迫答应，三天后果然打3万元到元宝的账户。元宝构成敲诈勒索罪。

例3 元宝在路上拦住丙，要求丙答应三天后打3万元到元宝的账户，否则三天后就割下丙一只耳朵，丙被迫答应，三天后果然打3万元到元宝的账户。元宝构成敲诈勒索罪。

例4 元宝在路上拦住丁，要求甲当场交付3万元，否则就割下丁一只耳朵，丁被迫交付3万元后离开，元宝构成抢劫罪。

【注意】当场使用轻微暴力，传递日后加害的威胁信息，当场取得财物＝敲诈勒索罪！

因此，敲诈勒索罪也存在当场使用暴力并当场取得财物的情形，只不过当场的暴力程度较轻，没有达到压制被害人反抗的程度。

例5 元宝在路上拦住戊，给了戊一个耳光后，要求戊当场交付3万元，否则三天后就割下戊一只耳朵，戊被迫交付3万元后离开，元宝构成敲诈勒索罪。

3. 敲诈勒索罪与绑架罪

绑架罪＝非法拘禁＋敲诈勒索，如果没有非法拘禁行为，则只成立敲诈勒索罪。

例如甲、乙合谋后，由与元宝相识的甲将元宝骗往外地游玩，乙给元宝的家属打电话，声称已经"绑架"了元宝，借以要求"赎金"的，不成立绑架罪，而成立敲诈勒索罪。

4. 诈骗罪与敲诈勒索罪的边界

	诈骗罪	敲诈勒索罪
相同点	都是交付型财产型犯罪，行为人取得财物是基于被害人的交付	
不同点	基于错误认识交付财物	基于恐惧交付财物

如果发出虚假的威胁——→陷入错误的恐惧——→交付财物

虚假的威胁，也是一种虚构事实；错误的恐惧，也是一种恐惧；此时交付财物既是基于错误认识，也是基于恐惧，因此属于敲诈勒索罪与诈骗罪的想象竞合。

例如 2009 年 6 月 26 日，被告人赵某将钱某约至某大桥西侧泵房后，二人发生争执。赵某顿生杀意，突然勒钱某的颈部、捂钱某的口鼻，致钱某昏迷。赵某以为钱某已死亡，便将钱某"尸体"缚重扔入河中。6 月 28 日凌晨，赵某将恐吓信置于钱某家门口，谎称钱某被绑架，让钱某之妻孙某（某国有企业出纳）拿 20 万元到某大桥赎人，如报警将杀死钱某。赵某既是讲故事的人（发出威胁的人），又是故事里的魔鬼（恶害相加人），因此构成敲诈勒索罪与诈骗罪的想象竞合。

四、盗窃罪

第二百六十四条【盗窃罪】盗窃公私财物，数额较大的，或者多次盗窃、入户盗窃、携带凶器盗窃、扒窃的，处三年以下有期徒刑、拘役或者管制，并处或者单处罚金；数额巨大或者有其他严重情节的，处三年以上十年以下有期徒刑，并处罚金；数额特别巨大或者有其他特别严重情节的，处十年以上有期徒刑或者无期徒刑，并处罚金或者没收财产。

第二百六十五条【盗窃罪】以牟利为目的，盗接他人通信线路、复制他人电信码号或者明知是盗接、复制的电信设备、设施而使用的，依照本法第二百六十四条的规定定罪处罚。

（一）概念

以非法占有为目的，盗窃公私财物数额较大的，或者多次盗窃、入户盗窃、携带凶器盗窃、扒窃的行为。

（二）认定

1. 实行行为：以和平的方式排除他人对财物的占有，建立新的支配关系的行为。

（1）"和平手段"，即不使用暴力，既不对人暴力，也不对物暴力。

（2）本罪核心：先有一个占有，即主人的占有；后又一个占有，即行为人的占有。以和平的方式使两个占有发生更替，就是盗窃行为。

2. 行为对象：他人占有的财物，对于自己占有的他人财物不可能成立盗窃罪。

"占有"，即对于财物事实上的支配控制。

（三）刑事可罚性起点

在中国刑法中，盗窃罪的成立还需要达到较为严重的程度，要么是数额较大，要么是有其他严重情节，我们统称为"刑事可罚性起点"。

1. **数额较大**：1000 元至 3000 元以上

【注意】1000～3000，是最高人民法院给各个省、自治区、直辖市高级人民法院的一个幅度，各高级人民法院可根据本地区经济发展状况，并考虑社会治安状况，在上述数额幅度内，分别确定本地区执行的"数额较大"标准。

2. **具有其他情节**

（1）多次盗窃：2 年内盗窃 3 次以上；

（2）入户盗窃：非法进入供他人家庭生活，与外界相对隔离的住所盗窃的，应当认定为"入户盗窃"；

（3）携带凶器盗窃：携带枪支、爆炸物、管制刀具等国家禁止个人携带的器械盗窃，或者为了实施违法犯罪携带其他足以危害他人人身安全的器械盗窃的，应当认定为"携带凶器盗窃"；所携带的凶器不能对人使用，可以对物使用。

①明示、暗示带有凶器，或者行为人对被害人使用凶器强取财物的，成立抢劫罪；

②使用水果刀划开提包、使用镰刀盗割香蕉，属于"携带凶器盗窃"；

（4）扒窃

①必须发生在公共场所或者公共交通工具上；

②针对他人随身携带的财物，在火车、地铁、飞机上窃取他人置于行李架、座椅下或者床底下的财物的，属于扒窃。

【注意1】在上述四个情节中，成立犯罪不要求取得"数额较大"的财物，但必须取得值得刑法保护的财物；例如扒窃他人口袋内的信用卡、身份证等财物的，宜认定为盗窃罪，但扒窃他人口袋内的餐巾纸之类的物品的，不宜认定为盗窃罪。

【注意2】刑事可罚性起点中的"数额较大"与"其他情节"只具其一就可以成立犯罪；其他情节中四个情节只具其一即可成立犯罪。

（四）着手与既遂

1. 着手

行为具有使他人丧失财物的紧迫危险时。例如扒窃案件，行为人的手接触到被害人实际上装有钱包或者现金的口袋外侧时，就是着手。

2. 盗窃罪既遂与未遂的界限

盗窃一般财物的，以财物的所有人、管理人、保护人、持有人失去对财物的控制并为盗窃犯罪人所控制的状态为既遂，刑法理论上称为"失控加控制说"；盗窃无形财物的，以盗窃犯罪人已经实际控制该财物的状态为既遂，刑法理论上称为"控制说"。

（1）空间上：财物处于自己实际控制范围内，可以与之保持一定的空间距离。

例1 以非法占有为目的，从火车上将他人财物扔到偏僻的轨道旁，打算下车后再捡回来，属于既遂。

例2 住在雇主家的雇员，将窃取的财物藏在雇主家隐蔽的场所，属于既遂。

（2）状态上，取得控制要求达到平稳状态。

财物	既遂标准	
体积很小	夹在腋下、装进口袋、抱入怀里	
体积很大	搬出特定场所	
工厂财物	工厂大门 可以 随意出入	搬离仓库、车间
	工厂大门 不可以 随意出入	搬离工厂大门
间接正犯	被利用者 控制财物	

（五）相关问题的厘清

1. 区分偷拿自己家的财物或者近亲属的财物与在社会上盗窃作案的界限。按照最高人民法院的司法解释精神，偷拿自己家的财物或者近亲属的财物，一般可不按犯罪处理，对确有追究刑事责任必要的，也应与在社会上盗窃作案有所区别。

2. 区分盗窃罪与使用盗窃方法构成危害公共安全的其他犯罪的界限。行为人盗窃交通工具、交通设施、电力设备、易燃易爆设备、通信设备等或者上述设备的重要零部件，足以危及公共安全或者已经造成刑法所规定的危害公共安全的损害结果的，属于想象竞合犯，应当以其中的重罪定罪处罚。

3. 区分盗窃罪与盗窃枪支、弹药、爆炸物罪的界限，关键在于盗窃行为指向的对象不同。盗窃罪指向的对象就是公私财物，而盗窃枪支、弹药、爆炸物罪指向的对象是特定的。

4. 区分盗窃罪与因毒鱼、炸鱼而构成的其他犯罪的界限。使用毒鱼或者炸鱼的方法，属于使用禁用的方法捕捞水产品，情节严重的，应当以 非法捕捞水产品罪 定罪处罚；如果毒鱼、炸鱼是出于非法占有的目的，且达到了数额较大的程度，应当以 盗窃罪 定罪处罚；如果在水库、鱼塘中使用毒药、炸药，已经危及公共安全的，应当以 投放危险物质罪 、 爆炸罪 定罪处罚。

5. 区分盗窃罪与偷开机动车辆而构成的其他犯罪的界限。偷开机动车，导致车辆丢失的，以 盗窃罪 定罪处罚；为盗窃其他财物，偷开机动车作为犯罪工具使用后非法占有车辆，或者将车辆遗弃导致丢失的，被盗车辆的价值计入盗窃数额；为实施其他犯罪，偷开机动车作为犯罪工具使用后非法占有车辆，或者将车辆遗弃导致丢失的，以盗窃罪和其他犯罪数罪并罚，将车辆送回未造成丢失的，按照其所实施的其他犯罪从重处罚。

6. 区分盗窃罪和故意毁坏财物罪的界限。盗窃公私财物并造成财物损毁的，按照下列规定处理：

（1）采用破坏性手段盗窃公私财物，造成其他财物损毁的，以盗窃罪从重处罚；同时构成盗窃罪和其他犯罪的，择一重罪从重处罚；

（2）实施盗窃犯罪后，为掩盖罪行或者报复等，故意毁坏其他财物构成犯罪的，以盗窃罪和构成的其他犯罪数罪并罚；

（3）盗窃行为未构成犯罪，但损毁财物构成其他犯罪的，以其他犯罪定罪处罚。

单位组织、指使盗窃，构成盗窃罪的，以盗窃罪追究组织者、指使者、直接实施者的刑事责任。要注意立法已经废除了对盗窃罪适用死刑的规定。

7. 盗窃罪还包括：

（1）盗窃信用卡并使用的；盗窃增值税专用发票或者可以用于骗取出口退税、抵扣税款的其他发票的行为；

（2）盗接他人通信线路、复制他人电信码号或者明知是盗接、复制的电信设施、设备而使用的行为；

（3）对犯罪所得及其产生的收益实施盗窃行为的；

（4）将电信卡非法充值后使用，造成电信资费损失数额较大的；盗用他人公共信息网络上网账号、密码上网，造成他人电信资费损失数额较大的；

（5）明知是非法制作的IC电话卡而使用或者购买并使用，造成电信资费损失数额较大的；

（6）盗窃油气或者正在使用的油气设备，构成犯罪，但未危害公共安全的行为；

（7）盗窃油气，数额巨大但尚未运离现场的，以盗窃未遂定罪处罚；

（8）为他人盗窃油气而偷开油气井、油气管道等油气设备阀门排放油气或者提供其他帮助的，以盗窃罪的共犯定罪处罚。盗窃油气同时构成盗窃罪和破坏易燃易爆设备罪的，依照刑法处罚较重的规定定罪处罚。

明知是盗窃犯罪所得的油气或者油气设备，而予以窝藏、转移、收购、加工代为销售或者以其他方法掩饰、隐瞒的，依照《刑法》第312条的规定定罪处罚。

【2018 网络回忆版】甲骑摩托车载着乙，遇到一段路比较崎岖。甲下车推车，乙提出自己骑车过去，在前方等甲。甲答应，看着乙骑车前去。乙竟然骑车扬长而去。乙的行为构成何

罪？（　　　）①

　　A. 诈骗罪　　　　　B. 抢夺罪　　　　　C. 盗窃罪　　　　　D. 侵占罪

【考点】盗窃罪 抢夺罪

【解析】甲是摩托车的主人，由于甲一直在现场，摩托车就一直在甲的占有之下，乙将摩托车骑走的行为，成立盗窃罪。

【注意】盗窃罪与抢夺罪区分的关键在于，抢夺罪有对物暴力，而盗窃罪没有暴力，是以和平的方式排除旧占有、建立新的支配关系的过程。

【2017 - 2 - 17】郑某冒充银行客服发送短信，称张某手机银行即将失效，需重新验证。张某信以为真，按短信提示输入银行卡号、密码等信息后，又将收到的编号为135423的"验证码"输入手机页面。后张某发现，其实是将135423元汇入了郑某账户。关于本案的分析，下列哪一选项是正确的？②

　　A. 郑某将张某作为工具加以利用，实现转移张某财产的目的，应以盗窃罪论处

　　B. 郑某虚构事实，对张某实施欺骗并导致张某处分财产，应以诈骗罪论处

　　C. 郑某骗取张某的银行卡号、密码等个人信息，应以侵犯公民个人信息罪论处

　　D. 郑某利用电信网络，为实施诈骗而发布信息，应以非法利用信息网络罪论处

【考点】盗窃罪，诈骗罪

【解析】本案中，被害人张某误以为自己是在客服的指引之下，重新验证手机银行，并未产生处分财物的意思，也没有处分财产的行为。所以郑某利用了张某不知情的行为，转移了张某财产的占有，成立盗窃罪的间接正犯，而不成立诈骗罪。因此，A 选项是正确的。

五、侵占罪

第二百七十条【侵占罪】将代为保管的他人财物非法占为己有，数额较大，拒不退还的，处二年以下有期徒刑、拘役或者罚金；数额巨大或者有其他严重情节的，处二年以上五年以下有期徒刑，并处罚金。

将他人的遗忘物或者埋藏物非法占为己有，数额较大，拒不交出的，依照前款的规定处罚。

本条罪，告诉的才处理。

（一）概念

以非法占有为目的，将代为保管的他人财物或者将他人的遗忘物、埋藏物非法占为己有，数额较大拒不退还或者拒不交出的行为。

（二）认定

1. 实行行为：合法占有 + 非法侵吞

（1）合法占有

①合法占有"保管物"

保管关系通常是基于委托关系、租赁关系、借用关系、担保关系、"无因管理"关系以及不当得利关系而产生，即基于上述关系行为人合法占有他人财物。由此可见，侵占罪的行为没有侵犯财物的占有，只是侵犯了他人财产所有权。

②合法占有"脱离物"

A 脱离物之"遗忘物"：非基于他人本意而**脱离**他人占有，偶然由**行为人占有**或**占有人不**

---

① C　② A

明的财物。

例如邮局误投的邮件；落在出租车上的财物；河流中的漂流物。

例如元宝某日乘坐出租车去往朋友家，下车时不慎将自己手机落在车上。司机李某后来发现该手机，将其据为己有。李某属于合法占有后非法侵吞，成立侵占罪。

B 脱离物之"埋藏物"：埋藏于地下、沉没在水中或隐藏于他物之中的，**无人占有**的，偶然由行为人发现的财物。

【注意1】如果是他人基于占有的意思，埋藏于地下的财物，则属于他人占有的财物，而非埋藏物，行为人不法取得的，成立盗窃罪。

【注意2】如果行为人不知道有所有人，则属于事实认识错误，虽不成立盗窃罪，但成立侵占罪。

（2）非法侵吞

①现金：现金只要转移占有便转移所有，所以，乙将现金委托给甲管理时，甲完全可以使用该笔现金，只有乙要求甲退还而甲不退还时，才能认定为侵占。

②现金以外的财物：拒不返还或者已经处分（出卖、赠与、消费、抵偿债务等）。

2. 行为对象：自己占有的财物或者无人占有的财物。

【专题】基于不法原因而委托给付的财物能否成为侵占罪的对象？

【例】甲欲向国家工作人员丙行贿，而将10万元委托给乙转交，但乙却将该10万元占为己有，乙的行为是否成立侵占罪？

观点1：构成侵占罪。①乙将代为保管的他人财物非法占为己有，数额较大，拒不退还，完全符合侵占罪的犯罪构成。②无论甲对10万元是否具有返还请求权，10万元都不属于乙的财物，因此该财物属于"他人财物"。③虽然民法不保护非法的委托关系，但刑法的目的不是确认财产的所有权，而是打击侵犯财产的犯罪行为，如果不处罚侵占代为保管的非法财产的行为，将可能使大批侵占赃款、赃物的行为无罪化。

观点2：不构成侵占罪。①10万元为贿赂款，甲没有返还请求权，该财物已经不属于丙，因此，乙没有侵占"他人的财物"。②该财产在乙的实际控制下，不能认为其已经属于国家财产，故该财产不属于代为保管的"他人财物"。据此，不能认为乙虽未侵占甲的财物但侵占了国家财产。③如认定为侵占罪，会得出民法上乙没有返还请求权，但刑法上认为其有返还请求权的结论，刑法和民法对相同问题会得出不同结论，法秩序的统一性会受到破坏。

3. 盗窃罪与侵占罪的界限

	盗窃罪	侵占罪
犯罪对象	他人占有的财物	自己占有的财物、无人占有的财物
两罪区分的关键：行为人产生**非法所有**意图时，该财物由谁**占有**？		

【2014－2－18】乙（16周岁）进城打工，用人单位要求乙提供银行卡号以便发放工资。乙忘带身份证，借用老乡甲的身份证以甲的名义办理了银行卡。乙将银行卡号提供给用人单位后，请甲保管银行卡。数月后，甲持该卡到银行柜台办理密码挂失，取出1万余元现金，拒不退还。甲的行为构成下列哪一犯罪？（　　　）①

A. 信用卡诈骗罪　　　　　　　　　　　B. 诈骗罪

---

① D

C. 盗窃罪（间接正犯）　　　　　　　D. 侵占罪

【考点】侵占罪

【解析】银行卡是用甲的身份证，以甲的名义办理的，乙的工资存在甲的卡里，等于让甲代为保管自己的工资，甲将代为保管的他人财物，据为己有，成立侵占罪。D选项正确。

（二）刑法中的"占有"

1. 基本占有

（1）物理支配范围内的占有

①他人手提、肩背的财物；他人住宅、车内、信箱内的财物	他人占有
②他人果园的果实、地里的农作物、鱼塘里的水产品	
③宾馆的睡衣、拖鞋；商店试穿的衣服	宾馆、商店占有
④明显属于他人支配、管理的财物，他人短暂遗忘、短暂离开的	他人占有
⑤特定场所，只要所有人在场的	所有人占有

（2）社会观念上推知的占有

①主人饲养的、能够回归原处的宠物，不论身在何处	主人占有
②他人门口停放的车（即使没有上锁）	他人占有
③主人特别声明或者特意放置于某处	主人占有
④大海发生沉船事故，即使船主、货主离开原地	船主、货主占有
⑤意念占有：主人发生昏、醉、睡的状况	主人占有

2. 特殊占有

（1）转移占有：原占有者丧失了占有，该财物转移为相对封闭空间管理者占有时，该财物仍是他人占有的财物。

财物	新占有者
旅客遗留在旅馆房间的财物	旅馆管理者
他人遗忘在银行桌上的现金	银行管理者
游人向公园水池投掷的硬币	公园管理者
客人遗忘在主人家的财物	主人

（2）死者的占有

观点1：司法解释	根据死亡时间进行区分	死亡时间短	死者占有（对于生前占有的延续）
		死亡时间长	死者不再占用
观点2：学界观点	占有者已经死亡，就不存在占有的意思，因此死者不再占有		

（3）共同占有

	原则	上位者占有
存在上、下位关系	例外	上、下位者之间具有高度信赖关系，下位者被授予某种程度的处分权时，在处分权限的范围内承认 下位者 的占有
不存在上、下位关系		一方侵吞共同占有的财物，成立 盗窃罪

　　例 1 店主雇佣店员打理店铺生意，店员负责记账，店主定期查账，此时店主是上位者，店员是下位者，店铺内的财物，原则上由店主在占有。店员私自侵吞的成立盗窃罪。

　　例 2 例 1 中如果店主对店员十分信任，允许他自由决定五万元内进货、出货事宜，则在五万元以内的范围内，承认店员的占有，店员侵吞五万元以内的店内财物，成立侵占罪。

　　例 3 甲与乙、丙、丁共同经营果园，甲将果园的水果全部摘掉出卖并携款潜逃的行为构成盗窃罪，而非侵占罪。

　　（4）存款的占有

存折中的 现金	银行占有
存折中现金的 债权	存款人享有

　　（5）封缄物的占有

封缄物的 整体	受托人占有
封缄物的 内容物	委托人占有

六、诈骗罪

　　第二百六十六条【诈骗罪】诈骗公私财物，数额较大的，处三年以下有期徒刑、拘役或者管制，并处或者单处罚金；数额巨大或者有其他严重情节的，处三年以上十年以下有期徒刑，并处罚金；数额特别巨大或者有其他特别严重情节的，处十年以上有期徒刑或者无期徒刑，并处罚金或者没收财产。本法另有规定的，依照规定。

　　（一）概念

　　以非法占有为目的，用虚构事实或者隐瞒真相的方法，骗取数额较大的公私财物的行为。

　　（二）认定

　　1. 实行行为

　　（1）虚构事实、隐瞒真相

　　（2）被害人陷入错误认识

　　欺骗行为使对方 产生 或 维持 或 强化 错误认识，即对方的错误认识是行为人的欺骗行为所致。

　　例如甲将一只壶的壶底落款"民國叁年"磨去，放在自己的古玩店里出卖。某日，钱某看到这只壶，误以为是明代文物。甲见钱某询问，谎称此壶 确为 明代古董，钱某信以为真，按明代文物交款买走。又一日，顾客李某看上一幅标价很高的赝品，以为名家亲笔，但又心存怀疑。**甲遂拿出虚假证据，证明该画为名家亲笔**。李某以高价买走赝品。① 第一次"**谎称此壶确为明代古董**"属于"维持"错误认识，第二次"**拿出虚假证据，证明该画为名家亲笔**"则属于"强化"错误认识。

（3）**基于错误认识处分财物**

"处分财物" ＝ 处分的行为 ＋ 处分的意思

①**客观上有处分行为，即转移占有**

首先，**占有即事实上的控制！**——较长时间内、相对稳定的、相对独立的控制！

例如甲路过某自行车修理店，见有一辆名牌电动自行车（价值1万元）停在门口，欲据为己有。甲见店内货架上无自行车锁便谎称要购买催促店主去50米之外的库房拿货。店主临走时对甲说："我去拿锁，你帮我看一下店。"店主离店后，甲骑走电动自行车。店主对甲说"我去拿锁，你帮我看一下店"，并没有将自己对于店内财物的独立、稳定的占有转移给甲，店主去50米之外的库房拿货时，店内财物仍在店主的占有之下，甲的行为成立盗窃罪。

其次，**占有不一定是物理上的控制，物理上的控制未必是占有；转移物理上的控制，未必是转移占有。**

例如乙女听说甲男能将10元变成100元，便将家里的2000元现金 交给 甲，让甲当场将2000元变成2万元。甲用红纸包着2000元钱，随后"变"来"变"去，趁机调换了红纸包，然后将调换过的红纸包交给乙，让乙2小时后再打开看。乙2小时后打开，发现红纸包内是餐巾纸。乙女将2000元现金交给甲时，并不是转移占有，因为所有权人（乙女）在场，财物仍然是所有人在占有，2000元钱在甲男手里，甲男仅是物理上的控制者，事实上真正的占有者是乙女。甲男趁机调包的行为，破坏了乙女对于财物的占有，建立起新的占有，因此甲男成立盗窃罪。

②**主观上有处分的意思：即对于 转移占有 和 转移占有的财物性质 有认识**

对于 转移占有 有认识：即认识到自己将对于财物稳定的、较长时间的、相对独立的控制，转移给对方。

对于 转移占有的财物性质 有认识：即认识到自己转移的财物"是什么"即可，不需要认识到财物的数量和价值。

例1 甲到超市后，把一箱矿泉水打开，取出里面的矿泉水，然后从另一柜台拿了一台照相机（价值1万元），塞进矿泉水箱，再把封条一封。结账时向收银员付了一箱矿泉水的钱提着箱子离开。受骗人收银员对于财物的性质发生了根本的错误认识，他以为自己转移的是 矿泉水 ，而事实上转移的是 照相机 ，因此不存在处分的意思，也就没有发生处分财物的事实，因此甲的行为成立盗窃罪。

例2 乙到超市后，将便宜照相机的条码与贵重照相机的条码予以更换，使店员将贵重相机以便宜价格"出售"给甲。受骗人收银员对于财物的性质没有发生错误认识，他以为自己转移的是 照相机 ，而事实上转移的也是 照相机 ，仅仅是对于财物的价值发生错误认识，不影响处分的意思，因此发生了处分财物的事实，乙的行为成立诈骗罪。

（4）**行为人取得数额较大的财物**

①"取得"既包括积极财产的增加，也包括消极财产的减少。

① 2011年卷二不定项选择题（86~87）。

② "数额较大"：3000元至1万元。

③ "财物"：诈骗罪并不限于骗取有体物，还包括骗取无形物与财产性利益。

A 使用欺骗手段骗取增值税专用发票或者可以用于骗取出口退税、抵扣税款的其他发票的，成立诈骗罪（刑法第210条）；

B 以虚假、冒用的身份证件办理入网手续并使用移动电话，造成电信资费损失数额较大的，成立诈骗罪 C 以欺诈、伪造证明材料或者其他手段骗取养老、医疗、工伤、失业、生育等社会保险金或者其他社会保障待遇的，成立诈骗罪。

2. 犯罪主体：已满16周岁，具有辨认控制能力的自然人。

3. 诈骗罪与盗窃罪的边界

相同点	出现了占有的转移	
不同点	盗窃罪	诈骗罪
谁将占有转移？	犯罪人	被害人
如何转移	破坏旧占有、建立新占有	将自己对财物的占有转移给他人【处分财物】

盗窃罪与诈骗罪区分的关键在于有没有处分财物的事实发生。如果不存在被害方处分财产的事实，则不可能成立诈骗罪。

4. 特殊类型的诈骗

（1）三角诈骗

行为人（诈骗人）对受骗人虚构事实、隐瞒真相，受骗人陷入错误认识后，将被害人的财物交给行为人。因此，形成诈骗人、受骗人和被害人之间的三角关系。如何判断究竟成立盗窃罪还是诈骗罪？

第一步 看"阵营"：受骗人属于哪个阵营。

① 受骗人属于犯罪人阵营：犯罪人成立盗窃罪。

② 受骗人属于被害人阵营：犯罪人成立诈骗罪。

例1 甲女对自己的前男友怀恨在心，于是对现男友说某小区某房间是她的住宅（实为前男友的住宅），让现男友帮忙将该房间内的财物搬至某处，现男友信以为真，委托搬家公司将房间搬空。受骗人是现男友，**现男友与甲女同一阵营**，甲女构成 盗窃罪 。

【小结】现男友只是被甲女利用的盗窃的工具。

例2 甲男趁同事乙上班时间，来到乙家欺骗乙的妻子说乙因工作原因急需家里的笔记本电脑，委托他来取，乙妻信以为真将电脑交给甲带走。受骗人是乙妻，**乙妻与乙是同一阵营**，甲男构成 诈骗罪 。

【小结】欺骗乙妻与欺骗乙的法律效果是一样的。

第二步 如果受骗人于中立位置，再看受骗人对于被害人的财产有无强大的处分权。

① 受骗人对于被害人的财产有强大的处分权：犯罪人成立诈骗罪。

② 受骗人对于被害人的财产无强大的处分权：犯罪人成立盗窃罪。

【例1】甲在会议结束后将自己的手机落在会议室的桌面上，清洁工阿姨进来收拾桌面时发现了遗落的手机，这时早有图谋的乙走进会议室对清洁工说"阿姨，那是我的手机，麻烦您递给我"，清洁工信以为真将手机递给乙。受骗人清洁工，处于中立地位，清洁工对于甲的财物没有强大的处分权，乙构成 盗窃罪 。

【小结】 清洁工阿姨的存在没有法律意义，可以被看做"透明"的。

【例2】 甲伪造乙对自己有10万元借款的证据，并向法院提起诉讼，法院信以为真，判决乙偿还甲10万元借款。受骗人法院，处于中立地位，法院对于乙的财物具有强大的处分权，甲构成 诈骗罪 。

【小结】 法院拥有强大的处分权，法院处分相当于乙自己处分。

（2）无钱饮食、住宿

①原本没有支付饮食、住宿费的意思，伪装具有支付意思，欺骗对方提供饮食、住宿，数额较大。此时，欺骗在先，取得财物在后，成立诈骗罪。

②原本具有支付饮食、住宿费的意思，在饮食、住宿后，采用欺骗手段不支付费用。

例如行为人在高档酒店吃完后，声称送走朋友后回来付款。但在将朋友送出酒店后产生了不支付费用的意思，于是乘机逃走。由于被害人并没有因此而免除行为人的债务，即没有处分行为，故对该行为难以认定为诈骗罪。

观点一：行为人构成盗窃罪，盗窃财产性利益（餐费这种债权）。

观点二：行为人不构成盗窃罪，属于民事纠纷，无罪。

（3）二重买卖

例1 **甲将自己的不动产卖给乙**，在乙办理过户登记手续之后，甲又伪造证件，将该不动产卖给**丙，丙支付对价**。本案被害人是丙，丙陷入错误认识后处分财物，因此成立诈骗罪。

例2 **甲将自己的电脑卖给乙**，同时约定暂由甲保管电脑一个月，甲又将电脑卖予丙。本案被害人是乙，甲不法处分了自己占有但归乙所有的财产，使乙遭受财产损失，因此成立侵占罪。多数观点认为，甲对丙构成诈骗罪，丙用正常价买到赃物，有财产损失。甲的一个处分行为（出售行为）同时触犯两罪，想象竞合，择一重罪论处。

（4）"偷电"

例1 甲在正常、大量用电之后，在电力部门工作人员即将上门收取电费时，产生不缴费用的意思，使用不法手段将电表调至极小刻度，从而免除大部分电费。甲"将电表调至极小刻度"，属于"隐瞒真相"，使电力部门工作人员陷入错误认识"免除大部分电费"，属于处分财物，因此甲成立诈骗罪。

例2 甲为了不缴、少缴电费，事先采用不法手段使电表停止运行，从而免除大部分电费；电表的作用既是对于用电数量的记录，又是电力公司关于用电的许可。当电表停止运行时，等于电力公司撤回了许可，在未经许可的状态下用电，显然属于偷，因此成立盗窃罪。

5. 相关问题的厘清

（1）区分诈骗罪与以诈骗手段破坏社会主义市场经济秩序的犯罪的界限。 刑法分则第三章第五节专门规定了金融诈骗罪，包括集资诈骗罪、贷款诈骗罪、票据诈骗罪、金融凭证诈骗罪、信用证诈骗罪、信用卡诈骗罪、有价证券诈骗罪、保险诈骗罪以及在其他节中规定的骗取出口退税罪、合同诈骗罪等。这些特殊对象的诈骗罪与普通诈骗罪是特殊和一般的关系，是刑法中的法条竞合，应当按照特别法优于普通法的原则处理。

（2）区分诈骗罪和虚假诉讼罪的界限。 虚假诉讼罪是指以捏造的事实提起民事诉讼，妨害司法秩序或者严重侵害他人合法权益的行为。通过伪造证据等方法提起民事诉讼欺骗法官，导致法官做出错误判决，使得他人交付财物或者处分财产，行为人非法占有他人财产或者逃避合法债务的，是典型的三角诈骗，成立诈骗罪，与虚假诉讼罪想象竞合。

（3）其他应当认定为诈骗罪的情形

① 以欺诈、伪造证明材料或者其他手段骗取养老、医疗、工伤、失业、生育等社会保险金或者其他社会保障待遇的行为；

② 以虚假、冒用的身份证件办理入网手续并使用移动电话，造成电信资费损失数额较大的行为；

③ 以使用为目的，伪造停止流通的货币，或者使用伪造的停止流通的货币的行为。

【2020 网络回忆版】甲、乙、丙等人经预谋后，从淘宝店购买了某品牌的最新款手机 30 部，收到手机后拆下手机主板，换上废旧主板，然后利用 7 天无条件退货规则，将手机退货，从店主处获得全额退款。关于甲等 3 人的刑事责任，哪一项说法正确（不考虑数额）？（　　）①

A. 就手机主板构成诈骗罪　　　　　　　B. 就手机主板构成盗窃罪

C. 就手机整体构成诈骗罪　　　　　　　D. 就退货款构成诈骗罪

【考点】 盗窃罪 诈骗罪

【解析】首先，甲、乙、丙等人收到手机后，该手机已经在他们的占有之下，拆下手机主板的行为不构成盗窃罪，因为盗窃罪的犯罪对象不能是自己占有的财物；其次，甲、乙、丙等人是在付款之后收到手机的，因此对于手机和手机主板都不成立诈骗罪；最后，甲、乙、丙等人拆下手机主板，换上废旧主板，此时的手机是具有严重瑕疵的手机，三人将这样的手机冒充全新的原装手机主张退货，商家误以为收到全新原装手机，陷入错误认识，退还全部货款，属于基于错误认识处分财物。行为人就退货款构成诈骗罪。

【2019 网络回忆版】甲冒充家电维修人员，想把王某家的冰箱骗到手。某日，甲来到王某家，开门的却是王某家保姆，甲误把保姆当成王某，谎称商家搞活动，正在以旧换新。保姆以为甲事前跟王某商量好了，就把冰箱给了甲。下列说法正确的有？（　　）②

A. 甲构成狭义的因果关系错误

B. 甲构成打击错误

C. 甲构成诈骗罪既遂

D. 由于甲未认识到被骗对象是保姆，构成诈骗罪未遂

【考点】三角诈骗

【解析】本案属于三角诈骗，行为人（诈骗人）对受骗人虚构事实、隐瞒真相，受骗人陷入错误认识后，将被害人的财物交给行为人。因此，形成诈骗人、受骗人和被害人之间的三角关系。判断究竟成立盗窃罪还是诈骗罪，**第一步，看"阵营"**，即受骗人属于哪个阵营：①受骗人属于犯罪人阵营，犯罪人成立盗窃罪；②受骗人属于被害人阵营，犯罪人成立诈骗罪。**第二步，如果受骗人于中立位置**，再看受骗人对于被害人的财产有无强大的处分权：① 受骗人对于被害人的财产有强大的处分权，犯罪人成立诈骗罪，②受骗人对于被害人的财产无强大的处分权，犯罪人成立盗窃罪。本案中，受骗人是王某家的住家保姆，保姆显然跟王某属于同一阵营，在处分地位上与王某相当，保姆的处分相当于王某自己的处分。

【2018 网络回忆版】甲用乙的淘宝账号从网上买了一个手机，用甲自己的银行卡付了款，留的是自己的号码。手机卖家核实信息时，按照淘宝账号信息打电话给了乙，乙骗商家说手机是他买的，并告知商家更改收货地址，商家把手机发货给乙。下列说法正确的是？（　　）③

A. 若承认商家对该货物有处分权，乙欺骗商家的行为成立诈骗罪

---

① D　　② C　　③ ABCD

B. 如果否认商家对该货物有处分权，商家只是被乙利用的工具，乙的行为成立盗窃罪的间接正犯

C. 如果持 B 选项的观点，乙成立盗窃罪的间接正犯，盗窃的对象是甲对商家的债权（发货权）

D. 该案是一种较为特殊的"三角诈骗"，即便认为乙的行为成立诈骗罪，商家受骗了，但商家的做法并没有违反法律规定，实际财产遭受损失的人仍然是甲

【考点】盗窃罪与诈骗罪的区别

【解析】关于本案，理论界形成了盗窃与诈骗，两种观点，这两种观点最大的分歧，在于商家是否有处分权。

观点 1：商家具有对于手机的处分权，乙骗商家说手机是他买的，商家陷入错误认识，并基于错误认识处分财物，即将手机发货给乙，最终遭受财产损失的是甲，属于三角诈骗。

观点 2：商家不具有对于手机的处分权，乙骗商家说手机是他买的，并告知商家更改收货地址，等于是在甲不知情的状态下，窃取了甲的债权利益，即甲对于商家的发货权，商家只是被乙利用的工具，乙的行为成立盗窃罪的间接正犯。

本题 AD 是一组观点，BC 是一组观点，考生都应当掌握。

七、职务侵占罪

> 第二百七十一条第一款【职务侵占罪】公司、企业或者其他单位的工作人员，利用职务上的便利，将本单位财物非法占为己有，数额较大的，处三年以下有期徒刑或者拘役，并处罚金；数额巨大的，处三年以上十年以下有期徒刑，并处罚金；数额特别巨大的，处十年以上有期徒刑或者无期徒刑，并处罚金。

（一）概念

公司、企业或者其他单位的人员，利用职务上的便利，将本单位财物非法占有，数额较大的行为。

（二）认定

1. 实行行为：公司、企业或者其他单位的人员，利用职务上的便利，将本单位财物非法占为己有，数额较大的行为。

（1）"利用职务上的便利"，即利用自己主管、管理、经营、经手单位财物的便利条件。如果是利用自己作为本单位职工，熟悉作案环境、方便进出单位、易于接触财物的便利条件，不属于利用职务之便，不成立职务侵占罪。

（2）"非法占有本单位财物"的方式

① "侵吞"，将基于职务原因而 独自 管理的本单位财物非法占为己有的 侵占 方式；

② "窃取"，将基于职务原因而与他人 共同 管理的本单位财物非法占为己有的 盗窃 方式；

③ "骗取"，基于职务原因而从本单位其他工作人员处 骗取 本单位财物的 诈骗 方式。

例如根据刑法第 183 条的规定，保险公司的工作人员（国有保险公司的工作人员和国有保险公司委派到非国有保险公司从事公务的人员除外），利用职务上的便利，故意编造未曾发生的保险事故进行虚假理赔，骗取保险金归自己所有的，以职务侵占罪论处。

【小结】职务侵占罪的实质是公司、企业或者其他单位的人员，利用职务上的便利，对本单位财物实施的 侵占 、 盗窃 、 诈骗 行为。

2. 行为对象：本单位财物。

3. 犯罪主体：公司、企业或者其他单位的人员，即（非国家工作人员）。

【注意】村民委员会等村基层组织人员：

（1）在日常工作中，利用职务便利侵吞集体财产的，成立职务侵占罪；

（2）在协助人民政府从事行政管理工作时，利用职务上的便利侵占公共财物，成立贪污罪。

【2019 网络回忆版】某村有一片荒山，山上有 30 亩树木，属于村集体财产。在其他村委会成员不知情的情况下，村委会主任王某私下将这些树木卖给木材商李某。王某对李某谎称这些树木是自家的，以市场行情价予以出售，收到李某的货款，让李某带人砍伐了树木，自行运走。关于本案，下列说法错误的有？（   ）①

A. 王某触犯职务侵占罪　　　　　　　B. 王某触犯盗窃罪

C. 王某触犯诈骗罪　　　　　　　　　D. 王某触犯盗伐林木罪

【考点】侵占罪 职务侵占罪

【解析】30 亩树木属于村集体财产，村集体财产是由村委会管理的，村委会主任王某因为职务上的原因而管理本单位财物，其利用该职务之便，将该财物予以出卖，等于非法占有本单位财物，成立职务侵占罪。

【注意】职务侵占罪的实质是公司、企业或者其他单位的人员，利用职务上的便利，对本单位财物实施的侵占、盗窃、诈骗行为。

八、故意毁坏财物罪

第二百七十五条【故意毁坏财物罪】故意毁坏公私财物，数额较大或者有其他严重情节的，处三年以下有期徒刑、拘役或者罚金；数额巨大或者有其他特别严重情节的，处三年以上七年以下有期徒刑。

（一）概念

故意毁灭或者损坏公私财物，数额较大或者情节严重的行为。

（二）认定

1. 实行行为：毁坏公私财物，数额较大或者有其他严重情节的行为。

"毁坏"，有损财物的效用的一切行为。

①物理的毁坏，例如将财物砸烂、打坏；

②效用的毁坏。

例1 在计算机系统内植入病毒，是系统功能受损。

例2 元宝因补偿过低拒绝拆迁，成为远近闻名的"钉子户"。县长为"杀鸡给猴看"，指定专业建筑公司将元宝的房屋和地基整体抬高 3 米后，平移到 40 米以外，使元宝的房屋面对一堵墙，无法出入。经鉴定，房屋虽被平移，但只有轻微裂痕，不影响房屋质量。有害财物的效用的行为，都是导致财物不能使用，属于毁弃、损坏，县长的行为构成故意毁坏财物罪。

③情感价值的毁坏。

例如元宝系甲家的保姆，但十分仇富。某日，趁甲家没人，在甲家厨房中的餐具上装盛粪便，然后用清水冲干净，但被录像监控发现。经鉴定，甲家所用餐具均为名贵瓷器，价值 2 万余元。元宝构成故意毁坏财物罪。

---

① A

④占有的破坏，例如放飞他人关在笼子里的金丝雀。

2. 行为对象：公私财物，既可以是动产，也可以是不动产。

3. 主观方面：故意，不具有非法占有目的。

4. 故意毁坏财物罪与盗窃罪及毁坏财物而构成的其他犯罪的界限。

（1）在盗窃过程中造成公私财物严重毁损的，以盗窃罪从重处罚；

（2）盗窃数额较小但是造成公私财物严重损坏的，以故意毁坏财物罪定罪处罚；

（3）盗窃行为完成以后为了掩盖盗窃行为而故意毁坏其他财物的，以盗窃罪和故意毁坏财物罪并罚；

（4）盗窃行为完成以后，仅将所盗得的财物毁坏的，属于不可罚的事后行为，不再定故意毁坏财物罪，仅以盗窃罪论处。

九、挪用资金罪

第二百七十二条【挪用资金罪】公司、企业或者其他单位的工作人员，利用职务上的便利，挪用本单位资金归个人使用或者借贷给他人，数额较大、超过三个月未还的，或者虽未超过三个月，但数额较大、进行营利活动的，或者进行非法活动的，处三年以下有期徒刑或者拘役；挪用本单位资金数额巨大的，处三年以上七年以下有期徒刑；数额特别巨大的，处七年以上有期徒刑。

国有公司、企业或者其他国有单位中从事公务的人员和国有公司、企业或者其他国有单位委派到非国有公司、企业以及其他单位从事公务的人员有前款行为的，依照本法第三百八十四条的规定定罪处罚。

有第一款行为，在提起公诉前将挪用的资金退还的，可以从轻或者减轻处罚。其中，犯罪较轻的，可以减轻或者免除处罚。

（一）概念

公司、企业或者其他单位的工作人员，利用职务上的便利，挪用本单位资金归个人使用或者借贷给他人，数额较大，超过3个月未还的，或者虽然没有超过3个月，但是数额较大，进行营利活动，或者进行非法活动的行为。

（二）认定

1. 实行行为：利用职务上的便利挪用本单位资金归个人使用或者借贷给他人。包括下列三种情形：

（1）【终点是"个人"】将资金供本人、亲友或者其他自然人使用；

（2）【起点是"个人"】以个人名义将资金供其他单位使用；

（3）【个人决定、个人利益】个人决定以单位名义将资金供其他单位使用，谋取个人利益。

2. 犯罪主体：公司、企业或者其他单位的工作人员。

3. 刑事可罚性起点

刑法和司法解释根据所挪用资金用途得不同，设置了成立犯罪的不同标准：

（1）非法活动型：挪用资金进行非法活动，数额在6万元以上。

【注意】挪用单位资金进行非法活动构成其他犯罪的，应当实行数罪并罚。

（2）营利活动型（含存银生息）：挪用资金进行营利活动，数额在10万元以上。

（3）超期未还型：挪用资金进行非法、营利以外的活动，数额在10万元以上，且超过3个月未还。

4. 挪用资金罪与职务侵占罪的界限

	挪用资金罪	职务侵占罪
法益	资金的使用权和收益权	财产所有权的全部权能
犯罪的对象	本单位资金	本单位财物
故意的内容	暂时挪用	非法永久占有

5. 挪用资金罪与挪用特定款物罪的界限

	挪用资金罪	挪用特定款物罪
法益	资金的使用权和收益权	特定款物的专款专用制度
犯罪的对象	本单位资金	用于救灾、抢险、防汛、优抚、扶贫、移民、救济款物
用途	挪作自用	挪作其他公用
结果	使资金脱离本单位	致使国家和人民群众利益遭受重大损害

十、挪用特定款物罪

第二百七十三条【挪用特定款物罪】挪用用于救灾、抢险、防汛、优抚、扶贫、移民、救济款物，情节严重，致使国家和人民群众利益遭受重大损害的，对直接责任人员，处三年以下有期徒刑或者拘役；情节特别严重的，处三年以上七年以下有期徒刑。

（一）概念

未经合法批准，利用特定职权，非法调拨使用于 其他公务 方面的行为。

（二）认定

1. 行为对象：救灾、抢险、防汛、优抚、扶贫、移民、救济款物，以及失业保险金、下岗职工基本生活保障金。

2. 结果内容：情节严重，致使国家和人民群众利益遭受重大损害。

3. 主观要件：故意，但不具有非法占有目的。

十一、拒不支付劳动报酬罪

第二百七十六条之一【拒不支付劳动报酬罪】以转移财产、逃匿等方法逃避支付劳动者的劳动报酬或者有能力支付而不支付劳动者的劳动报酬，数额较大，经政府有关部门责令支付仍不支付的，处三年以下有期徒刑或者拘役，并处或者单处罚金；造成严重后果的，处三年以上七年以下有期徒刑，并处罚金。

单位犯前款罪的，对单位判处罚金，并对其直接负责的主管人员和其他直接责任人员，依照前款的规定处罚。

有前两款行为，尚未造成严重后果，在提起公诉前支付劳动者的劳动报酬，并依法承担相应赔偿责任的，可以减轻或者免除处罚。

（一）概念

以转移财产、逃匿等方法逃避支付劳动者的劳动报酬，或者有能力支付而不支付劳动者的劳动报酬，数额较大，经政府有关部门责令支付仍不支付的行为。

（二）认定

1. 实行行为（两种）

（1）【积极不支付】转移财产、逃匿等方法逃避支付劳动者的劳动报酬。包括如下情形：

①隐匿财产、恶意清偿、虚构债务、虚假破产、虚假倒闭或者以其他方法转移、处分财产的；

②逃跑、藏匿的；

③隐匿、销毁或者篡改账目、职工名册、工资支付记录、考勤记录等与劳动报酬相关的材料的；

④以其他方法逃避支付劳动报酬的。

（2）【消极不支付】有力支付而不支付劳动者的劳动报酬。有能力支付，是指根据行为人现实的企业实力、债权总额、财产状况等综合判断，可以支付劳动者应得的报酬。

2. 前置程序：经政府有关部门责令支付仍不支付。

3. 犯罪主体：负有支付劳动报酬义务的自然人和单位。

不具备用工主体资格的单位或者个人，违法用工，拒不支付劳动者的劳动报酬的，构成本罪。

4. 劳动报酬：包括工资、奖金、津贴、补贴、延长工作时间的工资报酬及特殊情况下支付的工资等。

5. 减免处罚的事由

（1）尚未造成严重后果，在 提起公诉前 支付劳动者的劳动报酬，并依法承担相应赔偿责任的， 可以减轻或者免除 处罚；

（2）尚未造成严重后果，在 刑事立案前 支付劳动者的劳动报酬，并依法承担相应赔偿责任的，可以认定为情节显著轻微危害不大， 不认为是犯罪 。

第二十二章　妨害社会管理秩序罪

第一节　扰乱公共秩序罪

码上揭秘

一、妨害公务罪

第二百七十七条前四款【妨害公务罪】以暴力、威胁方法阻碍国家机关工作人员依法执行职务的，处三年以下有期徒刑、拘役、管制或者罚金。

以暴力、威胁方法阻碍全国人民代表大会和地方各级人民代表大会代表依法执行代表职务的，依照前款的规定处罚。

在自然灾害和突发事件中，以暴力、威胁方法阻碍红十字会工作人员依法履行职责的，依照第一款的规定处罚。

故意阻碍国家安全机关、公安机关依法执行国家安全工作任务，未使用暴力、威胁方法，造成严重后果的，依照第一款的规定处罚。

（一）概念

以暴力、威胁方法阻碍国家机关工作人员依法执行职务，阻碍人民代表大会代表依法执行代表职务，阻碍红十字会工作人员依法履行职责的行为，或者故意阻碍国家安全机关、公安机关依法执行国家安全工作任务，未使用暴力、威胁方法，造成严重后果的行为。

（二）认定

1. 客观方面

方式	对象	职务	时空	后果
暴力、威胁	国家机关工作人员	相应职务		
	全国/地方人民代表大会代表相应职务			
	红十字会工作人员		自然灾害、突发事件	
未使用暴力、威胁	国家安全机关公安机关	国家安全工作任务		严重后果

【类型一】使用暴力、威胁方法

（1）以暴力、胁迫方法阻碍 国家机关工作人员 依法执行职务；

①"国家机关工作人员"：在各级立法机关、行政机关、司法机关、军事机关、监察机关中从事公务的人员，以及中国共产党的各级机关、中国人民政治协商会议的各级机关中从事公务的人员。

根据立法解释，还应当包括：在依照法律、法规规定行使国家行政管理职权的组织中从事公务的人员，或者在受国家机关委托代表国家机关行使职权的组织中从事公务的人员，或者虽未列入国家机关人员编制但在国家机关中从事公务的人员。

② "职务"是指国家机关工作人员作为公务所处理的一切事务；

（2）以暴力、胁迫方法阻碍 全国人民代表大会 和 地方各级人民代表大会代表 依法执行代表职务；

（3）在自然灾害、突发事件中以暴力、胁迫方法阻碍 红十字会工作人员 依法履行职责。

【注意1】关于暴力：不可太重也不可太轻。

"不可太重"， 如果暴力造成重伤、死亡，则不再定妨害公务罪，直接认定故意伤害罪、故意杀人罪；

"不可太轻"， 通常情况下被执行人在面对国家机关执行公务时会有本能的抵触、情绪上的对抗以及身体的推搡，这属于人较为正常的反应，法律不应当苛责这类行为，因此轻微暴力不具有期待可能性，不应当构成犯罪。

【注意2】关于胁迫，即以恶害相通告，迫使国家机关工作人员放弃职务行为或者不正确执行职务行为。

【类型二】未使用暴力、胁迫方法

仅限于阻碍国家安全机关、公安机关依法执行国家安全工作任务，造成严重后果。

【注意】如果以暴力、胁迫方法阻碍国家安全机关、公安机关依法执行国家安全任务，没有造成严重后果的，应认定为阻碍国家机关工作人员依法执行职务，适用刑法第277条第1款。

2. 罪数问题

行为人在实施某项犯罪行为时，面对国家机关的检查、抓捕，以暴力、胁迫的方法抗拒，构成妨害公务罪的，如何定罪。

（1）**原则：** 与前面的犯罪数罪并罚。例如在走私普通货物、物品的过程中，以暴力、威胁方法抗拒缉私的，走私普通货物、物品罪与妨害公务罪，数罪并罚。

（2）**例外**

① 在实施组织他人偷越国（边）境罪、运送他人偷越国（边）境罪、走私、贩卖、运输、制造毒品罪的过程中以暴力、威胁抗拒检查、缉私的，就定前三罪，适用高一档法定刑。因为这三个罪的加重构成要件中就包括了以暴力、威胁抗拒检查、执行的内容。

② 抗税罪：以暴力、威胁方法抗拒缴纳税款的行为，就是抗税罪的基本实行行为，只成立抗税罪一罪即可。

二、袭警罪

第二百七十七条第五款【袭警罪】暴力袭击正在依法执行职务的人民警察的，处三年以下有期徒刑、拘役或者管制；使用枪支、管制刀具，或者以驾驶机动车撞击等手段，严重危及其人身安全的，处三年以上七年以下有期徒刑。

（一）概念

暴力或者使用枪支、管制刀具，或者以驾驶机动车撞击等手段袭击正在依法执行职务的人民警察，严重危及其人身安全的行为。

（二）认定

1. 实行行为

暴力袭击正在依法执行职务的人民警察。

2. 加重情形

在暴力袭击正在依法执行职务的人民警察的过程中，使用枪支、管制刀具，或者以驾驶机动车撞击等手段，严重危及其人身安全。

3. 如果暴力造成重伤、死亡，则不再定本罪，直接认定故意伤害罪、故意杀人罪。

【2016－2－19（2021年改编）】下列哪一行为应以**袭警罪**论处？（　　　）①

A. 甲与傅某相互斗殴，警察处理完毕后让各自回家。傅某当即离开，甲认为警察的处理不公平，朝警察小腿踢一脚后逃走

B. 乙夜间入户盗窃时，发现户主戴某是警察，窃得财物后正要离开时被戴某发现。为摆脱抓捕，乙对戴某使用暴力致其轻微伤

C. 丙为使其弟逃跑，将前来实施行政拘留的警察打倒在地，其弟顺利逃走

D. 丁在组织他人偷越国（边）境的过程中，以暴力方法抗拒警察检查

【考点】袭警罪

【解析】袭警罪是暴力袭击正在依法执行职务的人民警察的。

A选项，甲对警察使用暴力时，警察的执法活动已经结束，甲不是对警察公务活动的阻碍，不成立袭警罪。因此，A选项是错误的。

B选项，戴某并不是作为警察在执行职务，仅仅是作为被害人在保护自己的财物。因此，B选项是错误的。

C选项，丙对正在执行职务的警察使用暴力，阻碍其履行拘留职责的，成立袭警罪。因此，C选项是正确的。

D选项，组织他人偷越国（边）境、运送他人偷越国（边）境，以暴力、威胁的方法抗拒检查的，以组织他人偷越国（边）境罪、运送他人偷越国（边）境罪论处，法定刑升级即可。因此，D选项是错误的。

三、伪造、变造、买卖国家机关公文、证件、印章罪

第二百八十条第一款【伪造、变造、买卖国家机关公文、证件、印章罪】伪造、变造、买卖或者盗窃、抢夺、毁灭国家机关的公文、证件、印章的，处三年以下有期徒刑、拘役、管制或者剥夺政治权利，并处罚金；情节严重的，处三年以上十年以下有期徒刑，并处罚金。

（一）概念

伪造、变造、买卖国家机关的公文、证件、印章的行为。

（二）认定

1. "伪造"包括有形伪造与无形伪造。

（1）"有形伪造"，没有制作权限的人，冒用国家机关名义制作公文、证件、印章；

（2）"无形伪造"，有制作权限的人，擅自以国家机关的名义制作与事实不相符合的公文、证件、印章。

2. "变造"，指对真实的国家机关公文、证件、印章进行加工，改变其非本质内容的行为。

3. "买卖"，既包括买卖真实有效的，也包括买卖伪造、变造的。

---

① C

4. "公文、证件、印章"包括但不限于下列内容：

（1）各级人民政府设立的行使行政管理权的临时性机构的公文、证件、印章；

（2）林木采伐许可证、木材运输证件，森林、林木、林地权属证书，占用或者征用林地审核同意书、育林基金等缴费收据以及其他国家机关批准的林业证件；

（3）国家机关颁发的野生动物允许进出口证明书、特许猎捕证、狩猎证、驯养繁殖许可证；

（4）海关签发的报关单、进口证明、外汇管理部门核准件等凭证和单据。

5. 罪数问题

（1）【想象竞合】买卖国家机关公文、证件、印章，同时构成非法经营罪的，从一重罪处罚；

（2）【牵连犯】伪造、变造、买卖国家机关的公文、证件、印章后，又利用该公文、证件、印章实施其他犯罪的，从一重罪论处，不实行数罪并罚。

四、伪造、变造、买卖身份证件罪

第二百八十条第三款【伪造、变造、买卖身份证件罪】伪造、变造、买卖居民身份证、护照、社会保障卡、驾驶证等依法可以用于证明身份的证件的，处三年以下有期徒刑、拘役、管制或者剥夺政治权利，并处罚金；情节严重的，处三年以上七年以下有期徒刑，并处罚金。

（一）概念

伪造、变造、买卖居民身份证、护照、社会保障卡、驾驶证等依法可以用于证明身份的证件的行为。

（二）认定

1. 行为方式：伪造、变造、买卖

（1）伪造：包括无权制作身份证件的人擅自制作用于证明身份的证件（有形伪造），也包括有权制作人制作虚假的不真实的身份证件（无形伪造）。

（2）变造：对真实有效的身份证件进行涂改、挖补、涂抹、拼接等。

（3）买卖：出售、购买以及为出售而购买身份证件的行为，可以买卖真实的证件、也可买卖伪造、变造的证件。

2. 罪数

（1）由于居民身份证是公安机关颁发的证明公民个人身份的特殊证件，所以，伪造、变造居民身份证行为和伪造、变造国家机关证件罪之间有法条竞合关系。按照特别法条优于普通法条的原则，伪造、变造居民身份证定罪处罚。

（2）本罪与使用虚假身份证件罪、盗用身份证件罪的区别。使用虚假身份证件罪、盗用身份证件罪是指在依照国家规定应当提供身份证明的活动中，使用伪造、变造的或者盗用他人的居民身份证、护照、社会保障卡、驾驶证等依法可以用于证明身份的证件，情节严重的行为。

①伪造、变造居民身份证后又使用该伪造、变造的居民身份证，以 伪造、变造居民身份证罪 从重处罚；

②单纯购买伪造、变造的身份证件后，实际使用的行为，按照 使用虚假身份证件罪 定罪处罚。

五、冒名顶替罪

第二百八十条之二【冒名顶替罪】盗用、冒用他人身份，顶替他人取得的高等学历教育入学资格、公务员录用资格、就业安置待遇的，处三年以下有期徒刑、拘役或者管制，并处罚金。

组织、指使他人实施前款行为的，依照前款的规定从重处罚。

国家工作人员有前两款行为，又构成其他犯罪的，依照数罪并罚的规定处罚。

（一）概念

盗用、冒用他人身份，顶替他人取得的高等学历教育入学资格、公务员录用资格、就业安置待遇的行为。

（二）认定

1. 实行行为：盗用、冒用他人身份，实施下列三种行为之一：

（1）顶替他人取得的高等学历教育入学资格；

（2）顶替他人公务员录用资格；

（3）顶替他人就业安置待遇。

2. 国家工作人员实施本罪行为，又有其他犯罪行为（如受贿、滥用职权等），则数罪并罚。

六、招摇撞骗罪

第二百七十九条【招摇撞骗罪】冒充国家机关工作人员招摇撞骗的，处三年以下有期徒刑、拘役、管制或者剥夺政治权利；情节严重的，处三年以上十年以下有期徒刑。

冒充人民警察招摇撞骗的，依照前款的规定从重处罚。

（一）概念

以谋取非法利益为目的，冒充国家机关工作人员进行招摇撞骗的行为。

（二）认定

1. 实行行为：冒充国家机关工作人员招摇撞骗。

（1）"冒充国家机关工作人员"，包括非国家机关工作人员冒充国家机关工作人员，也包括此种国家机关工作人员冒充他种国家机关工作人员。

【注意】如果冒充高干子弟、知名学者、权威专家、战斗英雄、劳动模范的，不成立本罪。

（2）"招摇撞骗"，以假冒的身份骗取各种利益，不限于财产性利益。

2. 招摇撞骗罪与诈骗罪的界分

招摇撞骗罪	冒充	国家机关工作人员	骗取任何利益
		警察（从重）	
诈骗罪		虚构事实、隐瞒真相	骗取财物（数额较大）
如果两罪发生竞合：择一重罪处罚			

七、非法获取国家秘密罪

第二百八十二条第一款【非法获取国家秘密罪】以窃取、刺探、收买方法，非法获取国家秘密的，处三年以下有期徒刑、拘役、管制或者剥夺政治权利；情节严重的，处三年以上七年以下有期徒刑。

（一）概念

以窃取、刺探、收买的方法，非法取得国家秘密的行为。

（二）认定

1. "国家秘密"包括国家绝密、国家机密与国家秘密。

2. 非法获取国家秘密罪与为境外窃取、刺探、收买、非法提供国家秘密、情报罪的区分

	非法获取国家秘密罪	为境外窃取、刺探、收买、非法提供国家秘密、情报罪
法益	国家保密制度	国家安全
行为对象	仅限国家秘密	包含国家秘密以及不属于国家秘密的情报
犯罪目的	单纯获取国家秘密	为境外的组织、机构、个人获取

（1）行为人为境外机构、组织、人员非法获取国家秘密的，成立为境外窃取、刺探、收买、非法提供国家秘密、情报罪；

（2）行为人实施窃取、刺探、收买国家秘密的行为时，没有非法提供给境外机构、组织、人员的故意，但非法获取国家秘密之后，非法提供给境外机构、组织或人员的，成立为境外窃取、刺探、收买、非法提供国家秘密、情报罪，不必数罪并罚。

3. 本罪与间谍罪的界限

如果行为人是因为参加间谍组织或者接受间谍组织及其代理人的任务，而为间谍组织窃取、刺探、收买国家秘密的，应以 间谍罪 定罪处罚。

八、投放虚假危险物质罪

第二百九十一条之一第一款【投放虚假危险物质罪】投放虚假的爆炸性、毒害性、放射性、传染病病原体等物质……严重扰乱社会秩序的，处五年以下有期徒刑、拘役或者管制；造成严重后果的，处五年以上有期徒刑。

（一）概念

行为人故意投放虚假的爆炸性、毒害性、放射性、传染病病原体等物质，严重扰乱社会秩序的行为。

（二）投放虚假危险物质罪与投放危险物质罪的界分

	投放虚假危险物质罪	投放危险物质罪
法益	社会公共秩序	公共安全
投放的物质	虚假的爆炸性、毒害性、放射性、传染病病原体等物质	毒害性、放射性、传染病病原体等物质
故意的内容	扰乱社会公共秩序	危害公共安全

（三）总结：涉及虚假信息的犯罪

投放 虚假 危险物质罪	投放虚假的爆炸性、毒害性、放射性、传染病病原体等物质
编造、故意传播 虚假恐怖 信息 罪	编造爆炸威胁、生化威胁、放射威胁等恐怖信息，或者明知是编造的恐怖信息而故意 传播
编造、故意传播 虚假信息 罪	编造虚假的险情、疫情、灾情、警情，在信息网络或者其他媒体上传播，或者明知是上述虚假信息，故意在信息网络或者其他媒体上 传播

【注意】这三个罪名都是结果犯，要求严重扰乱社会秩序或者造成严重后果的才成立犯罪。

九、编造、故意传播虚假恐怖信息罪

第二百九十一条之一第二款【编造、故意传播虚假恐怖信息罪】……编造爆炸威胁、生化威胁、放射威胁等恐怖信息，或者明知是编造的恐怖信息而故意传播，严重扰乱社会秩序的，处五年以下有期徒刑、拘役或者管制；造成严重后果的，处五年以上有期徒刑。

（一）概念

编造爆炸威胁、生化威胁、放射威胁等恐怖信息，或者明知是他人编造的恐怖信息而故意传播，严重扰乱社会秩序的行为。

（二）认定

1. "虚假恐怖信息"，是指以发生爆炸威胁、生化威胁、放射威胁、劫持航空器威胁、重大灾情、重大疫情等严重威胁公共安全的事件为内容，可能引起社会恐慌或者公共安全危机的不真实信息。

2. 本罪的"严重扰乱社会秩序"包括如下情形：

（1）致使机场、车站、码头、商场、影剧院，运动场馆等人员密集场所秩序混乱，或者采取紧急疏散措施的；

（2）影响航空器、列车、船舶等大型客运交通工具正常运行的；

（3）致使国家机关、学校、医院、厂矿企业等单位的工作、生产、经营、教学、科研等活动中断的；

（4）造成行政村或者社区居民生活秩序严重混乱的；

（5）致使公安、武警、消防、卫生检疫等职能部门采取紧急应对措施的；

（6）其他严重扰乱社会秩序的。

十、高空抛物罪

第二百九十一条之二【高空抛物罪】从建筑物或者其他高空抛掷物品，情节严重的，处一年以下有期徒刑、拘役或者管制，并处或者单处罚金。

有前款行为，同时构成其他犯罪的，依照处罚较重的规定定罪处罚。

（一）概念

从建筑物或者其他高空抛掷物品，情节严重的行为。

（二）认定

1. 本罪是抽象危险犯，从建筑物或者其他高空抛掷物品，情节严重，就可认为给公共安全造成抽象危险，犯罪就成立。

2. 如果实施本罪行为，给公共安全带来现实、紧迫、具体的危险（如楼下人群密集）或者造成不特定多数人伤亡，则同时成立以危险方法危害公共安全罪，依照处罚较重的规定定罪处罚。

十一、组织考试作弊罪

第二百八十四之一第一款【组织考试作弊罪】在法律规定的国家考试中，组织作弊的，处三年以下有期徒刑或者拘役，并处或者单处罚金；情节严重的，处三年以上七年以下有期徒刑，并处罚金。

（一）概念

在法律规定的国家考试中，组织作弊或者为他人实施前款犯罪提供作弊器材或者其他帮助的行为。

（二）认定

1. "法律规定的国家考试"：

（1）普通高等学校招生考试、研究生招生考试、高等教育自学考试、成人高等学校招生考试等国家教育考试；

（2）中央和地方公务员录用考试；

（3）国家统一法律职业资格考试、国家教师资格考试、注册会计师全国统一考试、会计专业技术资格考试、资产评估师资格考试、医师资格考试、执业药师职业资格考试、注册建筑师考试、建造师执业资格考试等专业技术资格考试；

（4）其他依照法律由中央或者地方主管部门以及行业组织的国家考试。

前款规定的考试涉及的特殊类型招生、特殊技能测试、面试等考试，属于"法律规定的国家考试"。

2. 组织作弊，不是仅仅指组织考生作弊。组织家长、监考人员或者相关辅导教师参与作弊的，也是组织作弊。

3. "其他帮助"包括非法获取、贩卖考生信息，制作、贩卖伪造的证件，为组织者运送作弊学生，安排替考者住宿，为被组织的考生、家长或监考人员传递与作弊有关的纸条或其他信息等情形。

4. 既遂的认定，在考试开始之前被查获，但已经非法获取考试试题、答案或者具有其他严重扰乱考试秩序情形的，应当认定为组织考试作弊罪既遂。

5. 本罪与非法出售、提供试题、答案罪的关系

（1）非法出售、提供试题、答案罪，是指为实施考试作弊行为，向他人非法出售或者提供法律规定的国家考试的试题、答案的行为。

（2）在组织考试作弊过程中，向他人非法出售或者提供法律规定的国家考试的试题、答案的，该行为是组织作弊罪的构成要件行为的组成部分，以 组织考试作弊罪 一罪论处。

6. 罪数：以窃取、刺探、收买方法非法获取法律规定的国家考试的试题、答案，又组织考试作弊或者非法出售、提供试题、答案，以 非法获取国家秘密罪 和 组织考试作弊罪 或者 非法出售、提供试题、答案罪 数罪并罚。

十二、代替考试罪

第二百八十四之一第四款【代替考试罪】代替他人或者让他人代替自己参加第一款规定的考试的，处拘役或者管制，并处或者单处罚金。

（一）概念

代替他人或者让他人代替自己参加法律规定的国家考试的行为。

（二）认定

1. 犯罪主体

（1）替考人：代替他人参加法律规定的国家考试的人。

（2）应考人：让他人代替自己参加法律规定的国家考试的人。

2. 罪数：代替他人考试，是指假冒他人名义参加法律规定的国家考试。此时，行为人一定要同时实施非法使用身份证件的行为。因此，本罪和使用虚假身份证件罪之间有想象竞合关系，应当从一重罪处断。

3. 共犯问题

（1）原则：代替他人考试的人（替考人）与让他人代替自己参加考试的人（应考人）会形成共犯关系，即对向性的共同正犯。

（2）例外：如应考人元宝因生病住院不能参加考试，元宝的父亲甲让乙代替元宝参加考试，但元宝并不知情。此时，乙构成代替考试罪，甲构成代替考试罪的教唆犯，元宝不知情不构成犯罪。

十三、非法侵入计算机信息系统罪

第二百八十五条第一款【非法侵入计算机信息系统罪】违反国家规定，侵入国家事务、国防建设、尖端科学技术领域的计算机信息系统的，处三年以下有期徒刑或者拘役。

（一）概念

违反国家规定，侵入国家事务、国防建设、尖端科学技术领域的计算机信息系统的行为。

（二）认定

1. "侵入"分为两类：

（1）非法用户侵入信息系统，也即无权访问特定信息系统的人非法侵入该信息系统。

（2）合法用户的越权访问，也即有权访问特定信息系统的用户，未经批准、授权或者未办理手续而擅自访问该信息系统或者调取系统内部资源。

2. "计算机信息系统"是指具备自动处理数据功能的系统，包括计算机、网络设备、通信设备、自动化控制设备等。

3. 既遂标准：本罪属于抽象危险犯，只要侵入就给重要领域的信息系统安全带来抽象危险，犯罪就既遂。

十四、破坏计算机信息系统罪

第二百八十六条【破坏计算机信息系统罪】违反国家规定，对计算机信息系统功能进行删除、修改、增加、干扰，造成计算机信息系统不能正常运行，后果严重的，处五年以下有期徒刑或者拘役；后果特别严重的，处五年以上有期徒刑。

违反国家规定，对计算机信息系统中存储、处理或者传输的数据和应用程序进行删除、修改、增加的操作，后果严重的，依照前款的规定处罚。

故意制作、传播计算机病毒等破坏性程序，影响计算机系统正常运行，后果严重的，依照第一款的规定处罚。

单位犯前三款罪的，对单位判处罚金，并对其直接负责的主管人员和其他直接责任人员，依照第一款的规定处罚。

（一）概念

违反国家规定，对计算机信息系统功能进行删除、修改、增加、干扰，造成计算机信息系统不能正常运行，后果严重的行为。

（二）认定

1. 行为方式

（1）破坏功能；

（2）破坏数据和程序；

（3）制作、传播病毒。

2. 本罪属于结果犯，造成严重后果的成立犯罪既遂。

3. 非法侵入国家事务、国防建设、尖端科学技术领域的计算机信息系统，并破坏该信息系统功能或信息系统数据和应用程序，或者故意制作、传播计算机病毒等破坏性程序的，同时构成非法侵入计算机信息系统罪和破坏计算机信息系统罪，两罪之间有竞合关系，应从一重罪处断。

十五、拒不履行信息网络安全管理义务罪

第二百八十六条之一　【拒不履行信息网络安全管理义务罪】网络服务提供者不履行法律、行政法规规定的信息网络安全管理义务，经监管部门责令采取改正措施而拒不改正，有下列情形之一的，处三年以下有期徒刑、拘役或者管制，并处或者单处罚金：

（一）致使违法信息大量传播的；

（二）致使用户信息泄露，造成严重后果的；

（三）致使刑事案件证据灭失，情节严重的；

（四）有其他严重情节的。

单位犯前款罪的，对单位判处罚金，并对其直接负责的主管人员和其他直接责任人员，依照前款的规定处罚。

有前两款行为，同时构成其他犯罪的，依照处罚较重的规定定罪处罚。

（一）概念

网络服务提供者不履行法律、行政法规规定的信息网络安全管理义务，经监管部门责令采取改正措施而拒不改正，有法定情形的行为。

（二）认定

1. 本罪是纯正的不作为犯。

2. 信息网络，包括以计算机、电视机、固定电话机、移动电话机等电子设备为终端的计算机互联网、广播电视网、固定通信网、移动通信网等信息网络，以及向公众开放的局域网络。

3. "经行政部门处理"是构成本罪的前置条件，即必须是经监管部门责令采取改正措施而拒不改正的，才有成立本罪的余地。

4. 法定情形：

（1）致使违法信息大量传播。如果接到改正通知后立即采取措施，侵权、淫秽、危害国家安全的信息及虚假信息等违法信息虽仍有所传播，但数量明显减少的，不构成本罪。

（2）致使用户信息泄露，造成严重后果，主要是指涉及公民个人隐私的信息泄露，数量大，引发社会恐慌等情形。

（3）致使刑事案件证据灭失，情节严重，主要是指在接到不得删除、销毁有关信息的指

令后，仍然违反指令，违法删除有关数据、信息，使司法机关查处特定案件变得很困难，从而妨害司法秩序的情形。

（4）有其他严重情节的。

十六、非法利用信息网络罪

第二百八十七条之一【非法利用信息网络罪】利用信息网络实施下列行为之一，情节严重的，处三年以下有期徒刑或者拘役，并处或者单处罚金：

（一）设立用于实施诈骗、传授犯罪方法、制作或者销售违禁物品、管制物品等违法犯罪活动的网站、通讯群组的；

（二）发布有关制作或者销售毒品、枪支、淫秽物品等违禁物品、管制物品或者其他违法犯罪信息的；

（三）为实施诈骗等违法犯罪活动发布信息的。

单位犯前款罪的，对单位判处罚金，并对其直接负责的主管人员和其他直接责任人员，依照第一款的规定处罚。

有前两款行为，同时构成其他犯罪的，依照处罚较重的规定定罪处罚。

（一）概念

利用信息网络设立用于实施诈骗、传授犯罪方法、制作或者销售违禁物品、管制物品等违法犯罪活动的网站、通讯群组，或发布有关制作或者销售毒品、枪支、淫秽物品等违禁物品、管制物品或者其他违法犯罪信息，或为实施诈骗等违法犯罪活动发布信息，情节严重的行为。

（二）认定

1. 实行行为

（1）设立用于实施诈骗、传授犯罪方法、制作或者销售违禁物品、管制物品等违法犯罪活动的网站、通讯群组的。

① "传授犯罪方法"，是指利用网络故意向他人传授实施犯罪的具体经验和技能的行为；

② "违禁物品"，是指国家规定限制生产、购买、运输和持有的枪支弹药、刀具、爆炸物品、剧毒化学品、窃听窃照专用器材、迷药、毒品、固体等；

③ "管制物品"，是指国家禁止携带或出售的一切危害公共安全的非法物品。

（2）发布有关制作或者销售毒品、枪支、淫秽物品等违禁物品、管制物品或者其他违法犯罪信息的。

2016年《最高人民法院关于审理毒品犯罪案件适用法律若干问题的解释》：利用信息网络，设立用于实施传授制造毒品、非法生产制毒物品的方法，贩卖毒品，非法买卖制毒物品或者组织他人吸食、注射毒品等违法犯罪活动的网站、通讯群组，或者发布实施前述违法犯罪活动的信息，情节严重的，应当依照刑法第二百八十七条之一的规定，以 非法利用信息网络罪 定罪处罚。

例如甲在互联网上有偿提供制毒工艺视频，乙从甲处购买了该视频，并根据视频中的工艺试制少量毒品，后被抓获。甲的行为应认定为非法利用信息网络罪。

（3）为实施诈骗等违法犯罪活动发布信息的。

① "违法犯罪"，包括犯罪行为和属于刑法分则规定的行为类型但尚未构成犯罪的违法行为。

② "发布信息"，包括利用信息网络提供信息的链接、截屏、二维码、访问账号密码及其他指引访问服务。

2. 成立本罪要求"情节严重"。

根据司法解释，具有下列情形之一的，应当认定为刑法第二百八十七条之一第一款规定的"情节严重"：

（1）假冒国家机关、金融机构名义，设立用于实施违法犯罪活动的网站的；

（2）设立用于实施违法犯罪活动的网站，数量达到三个以上或者注册账号数累计达到二千以上的；

（3）设立用于实施违法犯罪活动的通讯群组，数量达到五个以上或者群组成员账号数累计达到一千以上的；

（4）发布有关违法犯罪的信息或者为实施违法犯罪活动发布信息，具有下列情形之一的：

①在网站上发布有关信息一百条以上的；

②向二千个以上用户账号发送有关信息的；

③向群组成员数累计达到三千以上的通讯群组发送有关信息的；

④利用关注人员账号数累计达到三万以上的社交网络传播有关信息的；

（5）违法所得一万元以上的；

（6）二年内曾因非法利用信息网络、帮助信息网络犯罪活动、危害计算机信息系统安全受过行政处罚，又非法利用信息网络的；

（7）其他情节严重的情形。

十七、帮助信息网络犯罪活动罪

第二百八十七条之二【帮助信息网络犯罪活动罪】明知他人利用信息网络实施犯罪，为其犯罪提供互联网接入、服务器托管、网络存储、通讯传输等技术支持，或者提供广告推广、支付结算等帮助，情节严重的，处三年以下有期徒刑或者拘役，并处或者单处罚金。

单位犯前款罪的，对单位判处罚金，并对其直接负责的主管人员和其他直接责任人员，依照第一款的规定处罚。

有前两款行为，同时构成其他犯罪的，依照处罚较重的规定定罪处罚。

（一）概念

明知他人利用信息网络实施犯罪，为其犯罪提供互联网接入、服务器托管、网络存储、通信传输等技术支持，或者提供广告推广、支付结算等帮助，情节严重的行为。

（二）认定

1. 本罪的立法主旨是，对特定的帮助犯规定了独立的法定刑，而不再适用刑法总则关于帮助犯（从犯）的处罚规定。

2. 帮助信息网络犯罪活动，可能同时构成本罪与其他犯罪，应当从一重罪处断。

例如甲试图颠覆国家政权，委托乙利用其设立的网络接入服务机构从事互联网接入、通讯传输活动发布相关反动信息的，同时构成本罪和颠覆国家政权罪的帮助犯，应当从一重罪处断。

3. 帮助对象实施的犯罪行为可以确认，但尚未到案、尚未依法裁判或者因未达到刑事责任年龄等原因依法未予追究刑事责任的，不影响帮助信息网络犯罪活动罪的认定。

十八、聚众斗殴罪

第二百九十二条【聚众斗殴罪】聚众斗殴的，对首要分子和其他积极参加的，处三年以下有期徒刑、拘役或者管制；有下列情形之一的，对首要分子和其他积极参加的，处三年以上十年以下有期徒刑：

（一）多次聚众斗殴的；

（二）聚众斗殴人数多，规模大，社会影响恶劣的；

（三）在公共场所或者交通要道聚众斗殴，造成社会秩序严重混乱的；

（四）持械聚众斗殴的。

聚众斗殴，致人重伤、死亡的，依照本法第二百三十四条、第二百三十二条的规定定罪处罚。

（一）概念

出于报私仇、争霸或者其他不正当目的，成帮结伙打架斗殴，破坏公共秩序的行为。

（二）认定

1. 实行行为：纠集他人成帮结伙地互相进行殴斗，从而破坏公共秩序的行为。

2. 犯罪主体：一般主体；刑法只处罚聚众斗殴的首要分子和其他积极参加者，对于一般参加者，不以犯罪论处。成立聚众斗殴罪虽然需要多人参与，但不要求斗殴的双方都必须三人以上。

3. 转化犯（法律拟制）

聚众斗殴致人重伤、死亡的，以故意伤害罪、故意杀人罪定罪处罚。究竟谁承担故意伤害罪、故意杀人罪的刑事责任：

（1）查不出直接责任人员：首要分子承担；

（2）查得出直接责任人员：首要分子与直接责任人一起承担。

4. 加重构成要件

（1）多次聚众斗殴；

（2）聚众斗殴人数多，规模大，社会影响恶劣；

（3）在公共场所或者交通要道聚众斗殴，造成社会秩序严重混乱；

此时构成本罪和聚众扰乱公共场所秩序、交通秩序罪的想象竞合犯。

（4）持械聚众斗殴的。

十九、寻衅滋事罪

第二百九十三条【寻衅滋事罪】有下列寻衅滋事行为之一，破坏社会秩序的，处五年以下有期徒刑、拘役或者管制：

（一）随意殴打他人，情节恶劣的；

（二）追逐、拦截、辱骂、恐吓他人，情节恶劣的；

（三）强拿硬要或者任意损毁、占用公私财物，情节严重的；

（四）在公共场所起哄闹事，造成公共场所秩序严重混乱的。

纠集他人多次实施前款行为，严重破坏社会秩序的，处五年以上十年以下有期徒刑，可以并处罚金。

（一）概念

行为人为寻求刺激、发泄情绪、逞强耍横等，无事生非，进行扰乱破坏，情节恶劣的行为。

(二) 认定

1. 行为方式

(1) 随意殴打他人，情节恶劣的。

"随意殴打"，主要是为了说明殴打不具有"大致说得通"的理由，可能是无端滋事也可能是小题大做，一般情况下寻衅滋事的行为人没有明确的攻击目标，也没有具体的报复对象。

(2) 追逐、拦截、辱骂、恐吓他人，情节恶劣的。

① "追逐"，一般是指妨碍他人停留在一定场所的行为；

② "拦截"，一般是指阻止他人转移场所的行为。显然，这两种行为，都是妨碍他人行动自由的行为。追逐与拦截可能以暴力方式实施，也可能以威胁等方式实施。

(3) 强拿硬要或者任意损毁、占用公私财物，情节严重的。

① "强拿硬要"，是违背他人意志强行取得他人财物的行为，既可以表现为夺取财物，也可以表现为迫使他人交付财物；

②占用公私财物，是指不当、非法使用公私财物的一切行为，必须具有不正当性，但并不要求行为人具有非法占有目的。

(4) 在公共场所起哄闹事，造成公共场所秩序严重混乱的。

① "公共场所"，是指不特定人或者多数人可以自由出入的场所；

②起哄闹事，是指用语言、举动等方式，扰乱公共场所秩序，使公共场所的活动不能顺利进行。

2. 区分罪与非罪的关键在于寻衅滋事的情节是否达到了恶劣的程度，情节恶劣的，构成寻衅滋事罪。

行为人因日常生活中的偶发矛盾纠纷，借故生非，实施《刑法》第293条规定的行为的，应当认定为"寻衅滋事"，但矛盾系由被害人故意引发或者被害人对矛盾激化负有主要责任的除外。行为人因婚恋、家庭、邻里、债务等纠纷，实施殴打、辱骂，恐吓他人或者损毁、占用他人财物等行为的，一般不认定为"寻衅滋事"，但经有关部门批评制止或者处理处罚后，继续实施前列行为，破坏社会秩序的除外。

3. 区分寻衅滋事罪与故意伤害罪的界限。

	寻衅滋事罪	故意伤害罪
犯罪动机	发泄取乐、耀武扬威、称王称霸	具体原因
针对对象	不特定对象	具体对象

4. 区分寻衅滋事罪与抢劫罪的界限。

(1) 寻衅滋事罪是为了达到自己称王称霸的逞强目的；

(2) 抢劫罪是出于非法占有公私财物的目的。

5. 实施本罪行为，同时触犯故意伤害罪、抢劫罪、敲诈勒索罪、故意毁坏财物罪的，应从一重罪论处。

例如随意殴打他人造成他人重伤的，应认定为故意伤害罪；强拿硬要行为符合抢劫罪构成要件的，应认定为抢劫罪。

6. 司法解释：《最高人民法院、最高人民检察院关于办理利用信息网络实施诽谤等刑事案件适用法律若干问题的解释》第五条 利用 信息网络 辱骂、恐吓他人，情节恶劣，破坏社会秩序的，依照刑法第二百九十三条第一款第（二）项的规定，以寻衅滋事罪定罪处罚。

编造虚假信息，或者明知是编造的虚假信息，在信息网络上散布，或者组织、指使人员在信息网络上散布，**起哄闹事，造成公共秩序严重混乱的，**依照刑法第二百九十三条第一款第（四）项的规定，以寻衅滋事罪定罪处罚。

二十、催收非法债务罪

第二百九十三条之一【催收非法债务罪】有下列情形之一，催收高利放贷等产生的非法债务，情节严重的，处三年以下有期徒刑、拘役或者管制，并处或者单处罚金：

（一）使用暴力、胁迫方法的；

（二）限制他人人身自由或者侵入他人住宅的；

（三）恐吓、跟踪、骚扰他人的。

（一）概念

以法定方式催收高利放贷等产生的非法债务，情节严重的行为。

（二）认定

1. 实行行为：以下列方式，催收高利放贷等产生的非法债务，情节严重：

（1）使用暴力、胁迫方法的；

如果同时构成故意伤害罪，依照处罚较重的定罪处罚。

（2）限制他人人身自由或者侵入他人住宅的；

成立本罪只需要"限制"他人人身自由，不需要达到"剥夺"的程度，如果以"剥夺"人身自由的方式催收非法债务，则同时构成非法拘禁罪，依照处罚较重的规定定罪处罚。

（3）恐吓、跟踪、骚扰他人的。

2. 主观方面：故意，具有催收高利放贷等产生的非法债务的目的，不具有非法占有他人财物的目的。

二十一、组织、领导、参加黑社会性质组织罪

第二百九十四条第一款【组织、领导、参加黑社会性质组织罪】组织、领导黑社会性质的组织的，处七年以上有期徒刑，并处没收财产；积极参加的，处三年以上七年以下有期徒刑，可以并处罚金或者没收财产；其他参加的，处三年以下有期徒刑、拘役、管制或者剥夺政治权利，可以并处罚金。

（一）概念

组织、领导或者参加黑社会性质组织的行为。

（二）认定

1. 注意黑社会性质的组织应当同时具备以下特征：

（1）形成 较稳定的犯罪组织，人数较多，有明确的组织者、领导者，骨干成员基本固定；

（2）有组织地通过违法犯罪活动或者其他手段获取经济利益，具有一定的经济实力，以支持该组织的活动；

（3）以暴力、威胁或者其他手段，有组织地多次进行违法犯罪活动，为非作恶，欺压、残害群众；

（4）通过实施违法犯罪活动，或者利用国家工作人员的包庇或者纵容，称霸一方，在一定区域或者行业内，形成非法控制或者重大影响，严重破坏经济、社会生活秩序。

2. 本罪包括组织、领导行为，积极参加行为与其他参加行为。

（1）组织者、领导者，是指黑社会性质组织的发起者、创建者，以及在组织中实际处于领导地位，对整个组织及其运行、活动起着决策、指挥、协调、管理作用的犯罪分子；

（2）积极参加者，是指接受黑社会性质组织的领导和管理，积极参与黑社会性质组织的违法犯罪活动的犯罪分子；

（3）其他参加者，是指除上述组织成员之外，其他接受黑社会性质组织的领导和管理的犯罪分子。

3. 组织、领导、参加黑社会性质的组织本身便是犯罪行为，如果行为人组织、领导、参加黑社会性质的组织，又实施了其他犯罪的，数罪并罚。

【2019 网络回忆版】黑社会性质的组织应当同时具备下列哪些特征？（　　　　）①

A. 形成稳定的犯罪组织，人数较多，有明确的组织者

B. 有组织地多次进行违法犯罪

C. 通过违法犯罪获取经济利益，具有经济实力

D. 有官员提供保护，为其称霸一方提供支持

【考点】黑社会性质组织的特征

【解析】根据《刑法》第二百九十四条规定，黑社会性质的组织应当同时具备以下特征：

（一）形成较稳定的犯罪组织，人数较多，有明确的组织者、领导者，骨干成员基本固定；

（二）有组织地通过违法犯罪活动或者其他手段获取经济利益，具有一定的经济实力，以支持该组织的活动；

（三）以暴力、威胁或者其他手段，有组织地多次进行违法犯罪活动，为非作恶，欺压、残害群众；

（四）通过实施违法犯罪活动，或者利用国家工作人员的包庇或者纵容，称霸一方，在一定区域或者行业内，形成非法控制或者重大影响，严重破坏经济、社会生活秩序。

由此可见"保护伞"并不是黑社会性质组织的必须具备的条件。

二十二、侵害英雄烈士名誉、荣誉罪

第二百九十九条之一【侵害英雄烈士名誉、荣誉罪】侮辱、诽谤或者以其他方式侵害英雄烈士的名誉、荣誉，损害社会公共利益，情节严重的，处三年以下有期徒刑、拘役、管制或者剥夺政治权利。

二十三、赌博罪

第三百零三条第一款【赌博罪】以营利为目的，聚众赌博或者以赌博为业的，处三年以下有期徒刑、拘役或者管制，并处罚金。

（一）概念

以营利为目的，聚众赌博或者以赌博为业的。

（二）认定

1. 并非任何赌博行为都成立犯罪。根据刑法规定，成立赌博罪，仅限于两种类型：

（1）聚众赌博，即纠集多人从事赌博；根据司法解释，有下列情形之一的，属于"聚众赌博"：

---

① ABC

①组织3人以上赌博，抽头渔利数额累计达到5000元以上的；

②组织3人以上赌博，赌资数额累计达到5万元以上的；

③组织3人以上赌博，参赌人数累计达到20人以上的；

④组织中国公民10人以上赴境外赌博，从中收取回扣、介绍费等情形。

（2）以赌博为业，即将赌博作为职业或者兼业。

2. 主观要件：故意，具有营利目的。

营利目的主要有两种情况：（1）是通过在赌博活动中取胜进而获取财物的目的；（2）是通过抽头渔利或者收取各种名义的手续费、入场费等获取财物的目的。

3. 区分罪与非罪的界限。

（1）目的不在于营利而在于一时娱乐而参加赌博、聚众赌博的，不成立赌博罪。

（2）不以营利为目的，进行带有少量财物输赢的娱乐活动，以及提供棋牌室等娱乐场所并只收取固定的场所和服务费用的经营行为等，不以赌博罪论处。

4. 本罪与相关"涉赌"类犯罪的界限。

（1）未经国家批准擅自发行、销售彩票，构成犯罪的，以非法经营罪定罪处罚；

（2）通过赌博或者为国家工作人员赌博提供资金的形式实施行贿、受贿行为，应按照贿赂犯罪定罪处罚；

（3）设置圈套引诱他人"赌博"，使用欺骗方法获取钱财，胜负并不取决于偶然的，构成诈骗罪。

二十四、开设赌场罪

第三百零三条第二款【开设赌场罪】以开设赌场的，处五年以下有期徒刑、拘役或者管制，并处罚金；情节严重的，处五年以上十年以下有期徒刑，并处罚金。

（一）概念

为赌博提供场所，设定赌博方式，提供赌具、筹码、资金等组织赌博的行为。

（二）认定

1. 开设的是不论临时性的赌场、还是长期性的赌场，不影响本罪成立。

2. 根据司法解释，用互联网、移动通讯终端等传输赌博视频、数据，组织赌博活动，具有下列情形之一的，属于"开设赌场"行为：（1）建立赌博网站并接受投注的；（2）建立赌博网站并提供给他人组织赌博的；（3）为赌博网站担任代理并接受投注的；（4）参与赌博网站利润分成的。

例如甲为境外赌球网站担任代理，开设个人微信公众号接受投注，情节严重的行为，构成开设赌场罪。

3. 主观要件：故意。开设赌场的行为，虽然事实上一般以营利为目的，但刑法没有将营利目的规定为主观方面的要件。

二十五、组织参与国（境）外赌博罪

第三百零三条第三款【组织参与国（境）外赌博罪】组织中华人民共和国公民参与国（境）外赌博，数额巨大或者有其他严重情节的，依照前款的规定处罚。

第二节　妨害司法罪

二十六、伪证罪

第三百零五条【伪证罪】在刑事诉讼中，证人、鉴定人、记录人、翻译人对与案件有重要关系的情节，故意作虚假证明、鉴定、记录、翻译，意图陷害他人或者隐匿罪证的，处三年以下有期徒刑或者拘役；情节严重的，处三年以上七年以下有期徒刑。

（一）概念

在刑事诉讼中，证人、鉴定人、记录人、翻译人对与案件有重要关系的情节，故意作虚假证明、鉴定、记录、翻译，意图陷害他人或者隐匿罪证的行为。

（二）认定

1. 实行行为：对与案件有重要关系的情节，作虚假的证明、鉴定、记录、翻译；

（1）"虚假"：既包括无中生有，即捏造或者夸大事实以陷人入罪，也包括将有说无，即掩盖或者缩小事实以开脱罪责；

（2）对与案件有重要关系的情节。

例1　甲为一起强奸案的被害人，其在向司法机关提供被害人陈述时，为了报复被告人，而故意虚构事实，将被告人的强奸行为说成是在公共场所当众进行，使得被告人被判处有期徒刑12年。甲构成伪证罪。

例2　乙为鉴定人，其在为一起伤害案进行伤情鉴定时，故意将被害人的轻伤鉴定为轻微伤，使得原本应当构成故意伤害罪的被告人无法被立案侦查。乙构成伪证罪。

2. 行为对象：与案件有重要关系的情节，即影响定罪或者量刑的情节；

3. 时空条件：在刑事诉讼中，即在立案侦查后、审判终结前的全部过程；

（1）在诉讼前 作假证明 包庇犯罪人的，成立包庇罪；

（2）在诉讼前 作虚假告发 ，意图使他人受刑事追究的，成立诬告陷害罪。

4. 犯罪主体：证人、鉴定人、记录人、翻译人，但他们都必须是已满16周岁，具有辨认控制能力的人。

5. 伪证罪与诬告陷害罪的界限

	伪证罪	诬告陷害罪
时间	刑事诉讼过程中	刑事诉讼程序启动之前
针对的事实	与定罪量刑有重要关系的情节	整个案件事实
犯罪主体	证人、鉴定人、记录人、翻译人	一般主体
犯罪目的	陷害他人或者隐匿罪证	陷害他人，使他人受到刑事追究

二十七、妨害作证罪

第三百零七条【妨害作证罪】以暴力、威胁、贿买等方法阻止证人作证或者指使他人作伪证的，处三年以下有期徒刑或者拘役；情节严重的，处三年以上七年以下有期徒刑。

【帮助毁灭、伪造证据罪】帮助当事人毁灭、伪造证据，情节严重的，处三年以下有期徒刑或者拘役。

司法工作人员犯前两款罪的，从重处罚。

（一）概念

以暴力、威胁、贿买等方法阻止证人作证或者指使他人作伪证的行为。

（二）认定

1. "证人"，不应限于狭义的证人，而应包括被害人、鉴定人、翻译人（限于对证人证言、被害人陈述的翻译）。

2. "以暴力、威胁、贿买等方法"的规定，既是对阻止证人作证的行为方式的限定，也是对指使他人作伪证的行为方式的限定。

3. 本罪既可以发生在刑事诉讼中，也可以发生在民事诉讼、行政诉讼中。

二十八、帮助毁灭、伪造证据罪

（一）概念

帮助当事人毁灭、伪造实物证据的行为。

（二）认定

1. "帮助"不同于帮助犯中的"帮助"，而是本罪的一种实行行为，使用"帮助"一词，主要是为了表明诉讼活动的当事人自己毁灭、伪造自己证据的，不成立本罪。

2. "毁灭"，并不限于从物理上使证据消失，而是包括妨碍证据显现、使证据的价值减少、消失的一切行为。例如将尸体、凶器藏于地下室的行为。

3. "伪造"，制作出不真实的证据。将与犯罪无关的物改变成为证据的行为，也属于伪造。

4. 根据期待可能性理论，当事人自己毁灭、伪造自己的证据不成立本罪，即本罪的行为人必须是为当事人毁灭、伪造证据。因此，下列行为均属于帮助毁灭、伪造证据：

（1）单独为当事人毁灭、伪造证据的；

（2）与当事人共同毁灭、伪造证据；

（3）为当事人毁灭、伪造证据提供各种便利条件；

（4）唆使当事人毁灭、伪造证据。

【2014－2－61】甲的下列哪些行为成立帮助毁灭证据罪（不考虑情节）？（　　）①

A. 甲、乙共同盗窃了丙的财物。为防止公安人员提取指纹，甲在丙报案前擦掉了两人留在现场的指纹

B. 甲、乙是好友。乙的重大贪污罪行被丙发现。甲是丙的上司，为防止丙作证，将丙派往境外工作

C. 甲得知乙放火致人死亡后未清理现场痕迹，便劝说乙回到现场毁灭证据

D. 甲经过犯罪嫌疑人乙的同意，毁灭了对乙有利的无罪证据

【考点】帮助毁灭证据罪

---

① CD

【解析】 A选项，甲不但擦了自己的指纹，也擦了乙的指纹，但是甲擦乙的指纹也不具有期待可能性，因为甲擦乙的指纹也是为了保护自己，乙的指纹是共同犯罪的证据，所以甲毁灭共同犯罪的证据不具有期待可能性。因此，A选项是错误的。

B选项，帮助毁灭证据必须是针对实物证据，而不能针对人证，甲将人证"调虎离山"不能够认为是毁灭证据。因此，B选项是错误的。

C选项，乙不构成本罪，但是甲要构成本罪。客观上甲、乙二人构成帮助毁灭证据罪的共犯，但在主观层面上，乙不构成本罪，因为乙不具有期待可能性，具备责任阻却事由。而甲单独成立本罪。因此，C选项是正确的。

D选项，对乙有利的无罪证据进行毁坏，同样会给司法秩序带来破坏，帮助毁灭证据罪保护的法益并不是某个人，而是司法秩序，所以无论毁坏的是有罪证据还是无罪证据，都是对于司法秩序的干扰和破坏，所以甲也要构成帮助毁灭证据罪。因此，D选项是正确的。

二十九、虚假诉讼罪

第三百零七条之一【虚假诉讼罪】以捏造的事实提起民事诉讼，妨害司法秩序或者严重侵害他人合法权益的，处三年以下有期徒刑、拘役或者管制，并处或者单处罚金；情节严重的，处三年以上七年以下有期徒刑，并处罚金。

单位犯前款罪的，对单位判处罚金，并对其直接负责的主管人员和其他直接责任人员，依照前款的规定处罚。

有第一款行为，非法占有他人财产或者逃避合法债务，又构成其他犯罪的，依照处罚较重的规定定罪从重处罚。

司法工作人员利用职权，与他人共同实施前三款行为的，从重处罚；同时构成其他犯罪的，依照处罚较重的规定定罪从重处罚。

（一）概念

是指以捏造的事实提起民事诉讼，妨害司法秩序或者严重侵害他人合法权益的行为。

（二）认定

1. 客观方面

（1）行为：以捏造的事实提起民事诉讼，即以虚假事实为根据，依照民事诉讼法向法院提起诉讼（含刑事附带民事诉讼）。例如通过伪造书证、物证，或者双方恶意串通提起民事诉讼。

（2）结果：妨害司法秩序或者严重侵害他人合法权益；

① 妨害司法秩序（抽象危险犯）：只要行为人向人民法院提起虚假的民事诉讼，法院已经受理，即使还没有开庭审理，也应当认定为本罪的既遂。

② 严重侵害他人合法权益（结果犯）：严重侵害他人财产或者使他人成为民事诉讼被告而卷入诉讼过程的，都属于造成严重侵害他人合法利益的结果。

2. 虚假诉讼罪与其他犯罪的关系

（1）通过伪造证据等方法提起民事诉讼欺骗法官，导致法官做出错误判决，使得他人交付财物或者处分财产，行为人非法占有他人财产或者逃避合法债务的，成立诈骗罪（典型的三角诈骗），属于诈骗罪与虚假诉讼罪想象竞合。

（2）司法工作人员利用职权，与他人共同实施虚假诉讼行为的，以虚假诉讼罪从重处罚；同时构成其他犯罪的（如民事枉法裁判罪，执行判决、裁定滥用职权罪），依照处罚较重的规定定罪从重处罚。

【2019 网络回忆版】甲于 2011 年借给乙 50 万元。一年后乙通过银行转账将 50 万元转给甲。因为有银行转账记录，乙未向甲索要回欠条。甲将欠条涂改为 2017 年借给乙 50 万元，并向法院起诉，要求乙还款（本息 52 万元）。乙以银行转账记录为证据，主张自己已经还款。法官经过调查，最终作出乙败诉的判决，判决乙应向甲还款 52 万元。关于本案，下列说法正确的有？（　　）①

A. 甲的行为构成虚假诉讼罪与诈骗罪，两罪在一审判决作出时便既遂

B. 甲的行为构成诉讼诈骗，法官是受骗人，乙是受害人

C. 甲的行为构成虚假诉讼罪和诈骗罪的想象竞合

D. 法官虽然受骗，但是不构成民事枉法裁判罪

【考点】 虚假诉讼罪　诈骗罪

【解析】 虚假诉讼罪是指以捏造的事实提起民事诉讼，妨害司法秩序或者严重侵害他人合法权益的行为。

A 选项，诈骗罪是取得型财产犯罪，需要取得财物犯罪才达到既遂状态，在一审判决作出，但是还未执行时，犯罪并没有既遂；虚假诉讼罪只要行为人向人民法院提起虚假的民事诉讼，法院已经受理，即使还没有开庭审理，也妨害了司法秩序应当认定为本罪的既遂，而不是在一审判决作出时既遂。A 错误。

BC 选项，通过伪造证据等方法提起民事诉讼欺骗法官，导致法官做出错误判决，使得他人交付财物或者处分财产，行为人非法占有他人财产或者逃避合法债务的，法官是受骗人，乙是受害人，是一种诉讼诈骗，成立诈骗罪，并且是诈骗罪与虚假诉讼罪的想象竞合。BC 正确。

D 选项，民事、行政枉法裁判罪，是指在民事、行政审判活动中故意违背事实和法律作枉法裁判，情节严重的行为。本案中，法官本身也是被骗，并不是故意作出违背事实和法律的错误判决，不构成民事枉法裁判罪。D 正确。

三十、扰乱法庭秩序罪

第三百零九条【扰乱法庭秩序罪】有下列扰乱法庭秩序情形之一的，处三年以下有期徒刑、拘役、管制或者罚金：

（一）聚众哄闹、冲击法庭的；

（二）殴打司法工作人员或者诉讼参与人的；

（三）侮辱、诽谤、威胁司法工作人员或者诉讼参与人，不听法庭制止，严重扰乱法庭秩序的；

（四）有毁坏法庭设施，抢夺、损毁诉讼文书、证据等扰乱法庭秩序行为，情节严重的。

（一）概念

以法定方式实施扰乱法庭秩序的行为。

（二）认定

行为同时触犯聚众冲击国家机关、妨害公务、故意伤害、侮辱、诽谤、寻衅滋事、抢夺、故意毁坏财物等罪的，属于想象竞合，从一重罪处罚。

---

① 　BCD

三十一、窝藏、包庇罪

第三百一十条【窝藏、包庇罪】明知是犯罪的人而为其提供隐藏处所、财物，帮助其逃匿或者作假证明包庇的，处三年以下有期徒刑、拘役或者管制；情节严重的，处三年以上十年以下有期徒刑。

犯前款罪，事前通谋的，以共同犯罪论处。

（一）概念

明知是犯罪的人而为其提供隐蔽处所、财物，帮助其逃匿或者作假证明包庇的行为。

（二）认定

1. 实行行为

（1）"窝藏"，既包括为犯罪的人提供隐藏处所、财物，帮助其逃匿，也包括向犯罪的人通报侦查或追捕的动静、向犯罪的人提供化装的用具。总之一切帮助犯罪分子隐匿，妨害司法机关发现的行为都可以评价为窝藏。

例1　甲杀人后打电话告诉好友元宝真相，并逃往外地。数月后，甲生活无着落准备投案自首时，元宝向甲汇款2万元，元宝构成窝藏罪。

例2　元宝路过偏僻路段，看到其友甲男强奸乙女的犯罪事实，后用手机向甲通报公安机关抓捕甲的消息，属于帮助他人逃匿的行为，构成窝藏罪。

（2）"包庇"，向司法机关提供虚假证明掩盖犯罪人的行为。

例3　元宝路过偏僻路段，看到其友甲男强奸乙女的犯罪事实，对侦查人员声称甲、乙系恋人，因甲另有新欢遭乙报案诬陷。元宝作假证明，构成包庇罪。

例4　甲杀人后打电话给好友元宝，让元宝假扮目击证人报案，元宝答应后报案称，自己看到"凶手"，并描述了与甲相貌特征完全不同的"凶手"情况，导致公安机关长期未将甲列为嫌疑人。元宝作假证明，构成包庇罪。

例5　甲驾车闯红灯，当场撞死乙。甲的朋友元宝闻讯后让甲离开，并在交警调查时谎称是自己开车肇事。元宝的行为应认定为包庇罪。

【注意】在司法机关追捕的过程中，行为人出于某种特殊原因为了使犯罪人逃匿，而自己冒充犯罪的人向司法机关投案，也成立本罪。

2. 行为对象：犯罪的人，不能从"无罪推定"的角度作出解释。包括

（1）已经受到有罪宣告的犯罪人；

（2）在诉讼中被列为犯罪嫌疑人、被告人，事后经法院判决 有罪 的人；

（3）在诉讼中被列为犯罪嫌疑人、被告人，事后经法院判决 无罪 的人；

（4）即使暂时没有被司法机关作为犯罪嫌疑人，但确实实施了犯罪行为的人。

3. 主观方面

故意，明知是犯罪的人而对其进行窝藏、包庇。

4. 罪与非罪

明知发生犯罪事实或犯罪人的去向	不主动向司法机关举报	不成立本罪
明知发生犯罪事实或犯罪人的去向，在司法机关调查取证时	单纯不提供证言	

5. 包庇罪与伪证罪的界限

	包庇罪	伪证罪
主体	一般主体	证人、鉴定人、记录人、翻译人
时间	没有限制	刑事诉讼中
目的	使犯罪人逃避刑事制裁	陷害他人或者隐匿罪证

【注意】如果在刑事诉讼中证人、鉴定人、记录人、翻译人，为了隐匿罪证而做虚假的证明、鉴定、记录、翻译，满足包庇罪的构成要件的，择一重罪论处。

6. 正确区分窝藏、包庇罪与事前有通谋的共同犯罪。窝藏、包庇行为是在被窝藏、包庇的人犯罪后实施的，其犯罪故意也是在他人犯罪后产生的，即只有在与犯罪人没有事前通谋的情况下，实施窝藏、包庇行为的，才成立本罪。如果行为人事前与犯罪人通谋，商定待犯罪人实行犯罪后予以窝藏、包庇的，则成立共同犯罪。

例如甲欲杀人，乙答应"在甲杀人之后帮助甲逃往外地"，甲杀人后，乙帮助甲办理假身份证件使甲逃往外地的，对乙应以故意杀人罪的共犯论处。

【2017－2－19】《刑法》第310条第1款规定了窝藏、包庇罪，第2款规定："犯前款罪，事前通谋的，以共同犯罪论处。"《刑法》第312条规定了掩饰、隐瞒犯罪所得罪，但没有规定"事前通谋的，以共同犯罪论处。"关于上述规定，下列哪一说法是正确的？①

A. 若事前通谋之罪的法定刑低于窝藏、包庇罪的法定刑，即使事前通谋的，也应以窝藏、包庇罪论处

B. 即使《刑法》第310条没有第2款的规定，对于事前通谋事后窝藏、包庇的，也应以共同犯罪论处

C. 因缺乏明文规定，事前通谋事后掩饰、隐瞒犯罪所得的，不能以共同犯罪论处

D. 事前通谋事后掩饰、隐瞒犯罪所得的，属于想象竞合，应从一重罪处罚

【考点】窝藏、包庇罪，掩饰、隐瞒犯罪所得罪

【解析】A选项，由于《刑法》第310条已经作了明确的规定，"犯前款罪，事前通谋的，以共同犯罪论处。"A选项的表述明显违反了罪刑法定原则。因此，A选项是错误的。

B选项，事先有通谋的事后窝藏行为，属于帮助行为，《刑法》第310条第2款的规定属于注意规定，即便没有该规定，也应当认定为共犯。因此，B选项是正确的。

C选项，不论《刑法》第312条有无"事前通谋的，以共同犯罪论处。"的规定，事前通谋的事后掩饰、隐瞒犯罪所得的行为，本身就符合共同犯罪的规定，属于帮助行为，所以应当以共同犯罪论处。因此，C选项是错误的。

D选项，只要事前有通谋，事后实施掩饰、隐瞒犯罪所得的行为，无需再评价掩饰、隐瞒犯罪所得的行为，直接认定为共同犯罪即可。因此，D选项是错误的。

【2016－2－20】甲杀丙后潜逃。为干扰侦查，甲打电话让乙将一把未留有指纹的斧头粘上丙的鲜血放到现场。乙照办后报案称，自己看到"凶手"杀害了丙，并描述了与甲相貌特征完全不同的"凶手"情况，导致公安机关长期未将甲列为嫌疑人。关于本案，下列哪一选项是**错误**的？（　　）②

A. 乙将未留有指纹的斧头放到现场，成立帮助伪造证据罪

---

① B　② ABD

B. 对乙伪造证据的行为，甲不负刑事责任

C. 乙捏造事实诬告陷害他人，成立诬告陷害罪

D. 乙向公安机关虚假描述"凶手"的相貌特征，成立包庇罪

【考点】帮助毁灭、伪造证据罪，包庇罪，期待可能性

【解析】A选项，乙伪造的是有利于被告人的证据，所以是成立帮助伪造证据罪。因此，A选项是正确的。

B选项，对乙伪造证据的行为，甲不负刑事责任。本犯自己毁灭、伪造自己的证据，或者说指使别人伪造对自己有利的证据，本犯都不会构成犯罪，因为没有期待可能性，所以甲不负刑事责任。因此，B选项是正确的。

C选项，诬告陷害罪针对的是一个具体的实在的人，而乙针对的是一个抽象的人，乙只想转移司法机关的视野，不要把侦查的视野落在甲身上，所以乙并没有诬告一个具体的人，不成立诬告陷害罪。因此，C选项是错误的。

D选项，包庇罪是指，行为人为了保护"犯了罪的他人"，面对司法机关在作假证明。所以乙的行为满足包庇罪的构成要件，成立包庇罪。因此，D选项是正确的。

三十二、掩饰、隐瞒犯罪所得、犯罪所得收益罪

第三百一十二条【掩饰、隐瞒犯罪所得、犯罪所得收益罪】明知是犯罪所得及其产生的收益而予以窝藏、转移、收购、代为销售或者以其他方法掩饰、隐瞒的，处三年以下有期徒刑、拘役或者管制，并处或者单处罚金；情节严重的，处三年以上七年以下有期徒刑，并处罚金。

单位犯前款罪的，对单位判处罚金，并对其直接负责的主管人员和其他直接责任人员，依照前款的规定处罚。

（一）概念

明知是犯罪所得及其产生的收益而予以窝藏、转移、收购、代为销售或者以其他方法掩饰、隐瞒的行为。

（二）认定

1. 实行行为：实施窝藏、转移、收购、代为销售等掩饰、隐瞒赃物的行为。

（1）"窝藏"，隐藏、保管等使司法机关不能或难以发现赃物的行为；

（2）"转移"，改变赃物的存放地的行为，足以妨害司法机关追缴赃物的行为；

（3）"收购"，收买不特定的犯罪人的赃物，或者一次性购买大量赃物，或者一次性购买重大赃物的行为；

（4）"代为销售"，替本犯有偿转让赃物的行为。

根据司法解释，明知是盗窃、抢劫、诈骗、抢夺的 机动车 ，实施下列行为之一的，以掩饰、隐瞒犯罪所得、犯罪所得收益罪论处：

①买卖、介绍买卖、典当、拍卖、抵押或者用其抵债的；

②拆解、拼装或者组装的；

③修改发动机号、车辆识别代号的；

④更改车身颜色或者车辆外形的；

⑤提供或者出售机动车来历凭证、整车合格证、号牌以及有关机动车的其他证明和凭证的；

⑥提供或者出售伪造、变造的机动车来历凭证、整车合格证、号牌以及有关机动车的其他

证明和凭证的。

2. 行为对象：犯罪所得及其产生的收益。

（1）"犯罪所得"，通过犯罪行为直接得到的赃款、赃物。（不含犯罪工具）

（2）"产生的收益"，利用犯罪所得的赃物获得的孳息、租金等利益。如贿赂存入银行后所获得的利息，利用走私犯罪所得投资房地产所获取的利润。

3. 犯罪主体：本犯以外的自然人和单位，原犯罪的实行犯、教唆犯、帮助犯事后对其犯罪所得和收益进行掩饰、隐瞒，不成立本罪。

4. 主观方面：故意，即明知是犯罪所得及其产生的收益。"明知"包括明知必然是也包括明知可能是。

【注意】行为人事前与本犯没有通谋，仅是事后窝藏、转移、收购、代为销售的，成立本罪；如果行为人事前与本犯通谋，就事后窝藏、转移、收购、代为销售等掩饰、隐瞒犯罪赃物达成合意的，则以共犯论处。

5. 掩饰、隐瞒犯罪所得、犯罪所得收益罪与洗钱罪的边界

	掩饰、隐瞒犯罪所得、犯罪所得收益罪	洗钱罪
上游犯罪	一切犯罪	毒品犯罪、黑社会性质的组织犯罪、恐怖活动犯罪、走私犯罪、贪污贿赂犯罪、破坏金融管理秩序犯罪、金融诈骗犯罪
行为	对犯罪所得及其产生的收益本身实行窝藏、转移、收购、代为销售等掩饰与隐瞒行为	掩饰、隐瞒犯罪所得及其收益的来源和性质

洗钱罪与掩饰、隐瞒犯罪所得、犯罪所得收益罪属于特殊法条与一般法条的关系。当一个行为同时触犯两罪时，优先适用洗钱罪。

6. 掩饰、隐瞒犯罪所得、犯罪所得收益罪与窝藏罪的边界

	掩饰、隐瞒犯罪所得、犯罪所得收益罪	窝藏罪
行为对象	犯罪所得的赃物及其产生的收益	犯罪的人
故意内容	使赃物及其产生的收益不被司法机关发觉	帮助犯罪分子逃匿

三十三、拒不执行判决、裁定罪

第三百一十三条【拒不执行判决、裁定罪】对人民法院的判决、裁定有能力执行而拒不执行，情节严重的，处三年以下有期徒刑、拘役或者罚金；情节特别严重的，处三年以上七年以下有期徒刑，并处罚金。

单位犯前款罪的，对单位判处罚金，并对其直接负责的主管人员和其他直接责任人员，依照前款的规定处罚。

（一）概念

对人民法院的判决、裁定有能力执行而拒不执行，情节严重的行为。

（二）认定

1. "人民法院的判决、裁定"，是指人民法院依法作出的具有执行内容并已发生法律效力的判决、裁定。人民法院为依法执行支付令、生效的调解书、仲裁裁决、公证债权文书等所作

的裁定属于该条规定的裁定。

2. "有能力执行而拒不执行，情节严重"，是指下列情形：

（1）被执行人隐藏、转移、故意毁损财产或者无偿转让财产、以明显不合理的低价转让财产，致使判决、裁定无法执行的；

（2）担保人或者被执行人隐藏、转移、故意毁损或者转让已向人民法院提供担保的财产，致使判决、裁定无法执行的；

（3）协助执行义务人接到人民法院协助执行通知书后，拒不协助执行，致使判决、裁定无法执行的；

（4）被执行人、担保人、协助执行义务人与国家机关工作人员通谋，利用国家机关工作人员的职权妨害执行，致使判决、裁定无法执行的；

（5）其他有能力执行而拒不执行，情节严重的情形。

【注意】本罪属于纯正的不作为犯。

3. 暴力抗拒人民法院执行判决、裁定，杀害、重伤执行人员的，属于想象竞合，从一重罪处罚。

4. 国家机关工作人员收受贿赂或者滥用职权，实施本罪行为，同时又构成受贿罪、执行判决裁定滥用职权罪的，从一重罪处罚。

三十四、脱逃罪

第三百一十六条【脱逃罪】依法被关押的罪犯、被告人、犯罪嫌疑人脱逃的，处五年以下有期徒刑或者拘役。

【劫夺被押解人员罪】劫夺押解途中的罪犯、被告人、犯罪嫌疑人的，处三年以上七年以下有期徒刑；情节严重的，处七年以上有期徒刑。

（一）概念

依法被关押的罪犯、被告人、犯罪嫌疑人逃脱司法机关的羁押和监管的行为

（二）认定

1. 实行行为：脱逃

"脱逃"：脱离监管机关的实力支配的行为，即逃离关押场所。

（1）积极脱逃，如乘监管人员疏忽而逃离关押场所，对监管人员使用暴力、威胁手段而逃离关押场所；

（2）消极脱逃，受到奖励，节假日受准回家的罪犯，故意不在规定时间返回监狱，采取逃往外地等方式逃避入狱。

2. 既遂标准：脱逃者摆脱了监管机关与监管人员的实力支配（控制）。

【注意】 离开关押场所 与 摆脱监管机关监管人员的实力支配 并不一定完全同步：

（1）行为人仍处于关押场所内，当然不可能摆脱监管机关与监管人员的实力支配；

（2）行为人逃出关押场所后，如果明显处于被监管人员追捕的过程中，也不能认为已经摆脱监管机关与监管人员的实力支配。

3. 对确属错拘、错捕、错判而逃离羁押场所的，不能认定为脱逃罪。

4. 行为人在脱逃过程中使用暴力致人重伤、死亡的，是牵连犯，应当以故意伤害罪、故意杀人罪定罪处罚。

第三节　妨害国（边）境管理罪

三十五、组织他人偷越国（边）境罪

第三百一十八条【组织他人偷越国（边）境罪】组织他人偷越国（边）境的，处二年以上七年以下有期徒刑，并处罚金；有下列情形之一的，处七年以上有期徒刑或者无期徒刑，并处罚金或者没收财产：

（一）组织他人偷越国（边）境集团的首要分子；

（二）多次组织他人偷越国（边）境或者组织他人偷越国（边）境人数众多的；

（三）造成被组织人重伤、死亡的；

（四）剥夺或者限制被组织人人身自由的；

（五）以暴力、威胁方法抗拒检查的；

（六）违法所得数额巨大的；

（七）有其他特别严重情节的。

犯前款罪，对被组织人有杀害、伤害、强奸、拐卖等犯罪行为，或者对检查人员有杀害、伤害等犯罪行为的，依照数罪并罚的规定处罚。

（一）概念

违反国家出入境管理法规，非法组织他人偷越国（边）境的行为。

（二）认定

1. "组织他人偷越国（边）境"，是指领导、策划、指挥他人偷越国（边）境或者在首要分子指挥下，实施拉拢、引诱、介绍他人偷越国（边）境等行为。

2. 组织者既可以只是组织他人偷越而自己不偷越，也可以既组织他人偷越，自己也偷越。

3. 既遂标准：将被组织者实际偷越出（入）国边境，才是本罪的既遂，如果组织他人偷越国（边）境之前或者偷越国（边）境过程中被查获的，尚未偷越出（入）国边境，应当以未遂论处。

4. 罪数：在犯本罪过程中，造成被组织人重伤、死亡的；剥夺或者限制被组织人人身自由的；以暴力、威胁方法抗拒检查的，都只成立本罪一罪。但是，行为人在犯本罪过程中，对被组织人有杀害、伤害、强奸、拐卖等犯罪行为，或者对检查人员有杀害、伤害等犯罪行为的，依照数罪并罚的规定处罚。

	组织他人偷越国（边）境罪	
对 被组织者	伤害、杀害 **强奸、拐卖**	剥夺限制人身自由； 造成重伤、死亡；
对 检查人员	伤害、杀害	以暴力、威胁方法抗拒检查
处理	**数罪并罚**	**法定刑升级**

第四节　妨害文物管理罪

三十六、倒卖文物罪

第三百二十六条【倒卖文物罪】 以牟利为目的，倒卖国家禁止经营的文物，情节严重的，处五年以下有期徒刑或者拘役，并处罚金；情节特别严重的，处五年以上十年以下有期徒刑，并处罚金。

单位犯前款罪的，对单位判处罚金，并对其直接负责的主管人员和其他直接责任人员，依照前款的规定处罚。

自然人或者单位以牟利为目的，倒卖国家禁止经营的文物，情节严重的行为。

1. "倒卖"，是指出售或者为出售而收购、运输、储存文物；

2. "文物"，必须是文物保护法规定的国家禁止买卖的文物（扩大解释为包括具有科学价值的古脊椎动物化石、古人类化石）。

三十七、盗掘古文化遗址、古墓葬罪

第三百二十八条第一款【盗掘古文化遗址、古墓葬罪】 盗掘具有历史、艺术、科学价值的古文化遗址、古墓葬的，处三年以上十年以下有期徒刑，并处罚金；情节较轻的，处三年以下有期徒刑、拘役或者管制，并处罚金；有下列情形之一的，处十年以上有期徒刑或者无期徒刑，并处罚金或者没收财产：

（一）盗掘确定为全国重点文物保护单位和省级文物保护单位的古文化遗址、古墓葬的；

（二）盗掘古文化遗址、古墓葬集团的首要分子；

（三）多次盗掘古文化遗址、古墓葬的；

（四）盗掘古文化遗址、古墓葬，并盗窃珍贵文物或者造成珍贵文物严重破坏的。

（一）客观要件

1. 实行行为

"盗掘"，既不是单纯的盗窃，也不是单纯的损毁，而是集盗窃与损毁于一体。因此，在盗掘过程中导致文物损毁的，不需要另外评价，成立本罪即可。

2. 行为对象：具有历史、艺术、科学价值的古文化遗址、古墓葬，主要指清代和清代以前的具有历史、艺术、科学价值的古文化遗址、古墓葬以及辛亥革命后与著名历史事件有关的名人墓葬、遗址和纪念地。

【注意1】 包括水下古文化遗址、古墓葬；

【注意2】 不以公布为不可移动文物的古文化遗址、古墓葬为限；

【注意3】 采用破坏性手段盗窃古文化遗址、古墓葬 以外的 古建筑、石窟寺、石刻、壁画、近代现代重要史迹和代表性建筑等其他不可移动文物的，成立盗窃罪。

（二）主观要件

故意，即明知是古文化遗址、古墓葬而私自挖掘。

三十八、故意损毁文物罪

第三百二十四条第一款【故意损毁文物罪】故意损毁国家保护的珍贵文物或者被确定为全国重点文物保护单位、省级文物保护单位的文物的，处三年以下有期徒刑或者拘役，并处或者单处罚金；情节严重的，处三年以上十年以下有期徒刑，并处罚金。

三十九、抢夺、窃取国有档案罪

第三百二十九条第一款【抢夺、窃取国有档案罪】抢夺、窃取国家所有的档案的，处五年以下有期徒刑或者拘役。

盗窃属于国家秘密的国有档案，同时触犯了窃取国有档案罪与非法获取国家秘密罪，应从一重罪论处。

第五节　危害公共卫生罪

四十、妨害传染病防治罪

第三百三十条第一款【妨害传染病防治罪】违反传染病防治法的规定，有下列情形之一，引起甲类传染病以及依法确定采取甲类传染病预防、控制措施的传染病传播或者有传播严重危险的，处三年以下有期徒刑或者拘役；后果特别严重的，处三年以上七年以下有期徒刑：

（一）供水单位供应的饮用水不符合国家规定的卫生标准的；

（二）拒绝按照疾病预防控制机构提出的卫生要求，对传染病病原体污染的污水、污物、场所和物品进行消毒处理的；

（三）准许或者纵容传染病病人、病原携带者和疑似传染病病人从事国务院卫生行政部门规定禁止从事的易使该传染病扩散的工作的；

（四）出售、运输疫区中被传染病病原体污染或者可能被传染病病原体污染的物品，未进行消毒处理的；

（五）拒绝执行县级以上人民政府、疾病预防控制机构依照传染病防治法提出的预防、控制措施的。

（一）概念

违反传染病防治法的规定，实施法定行为，引起甲类传染病以及依法确定采取甲类传染病预防、控制措施的传染病传播或者有传播严重危险。

（二）认定

1. 本罪中的传染病，包括甲类传染病以及依法确定采取甲类传染病预防、控制措施的传染病。

2. 本罪属于危险犯，不需要实际造成传染病传播的后果，只要有引起传染病传播的严重危险（即重大可能性）时，犯罪就成立。

3. 主观方面是过失，即行为人对于自己的行为会引起甲类传染病以及依法确定采取甲类传染病预防、控制措施的传染病传播或者有传播严重危险，可能是应当预见而没有预见，也可能是已经预见但是轻信可以避免。

【案例】2020年2月29日，郭某鹏从郑州乘火车至北京；3月1日，从北京首都机场乘飞机经阿联酋阿布扎比中转，于3月2日到达意大利米兰彭萨机场；3月3日，乘飞机从意大利米兰到达法国巴黎；3月4日，乘飞机从法国巴黎回到意大利米兰；3月6日，乘飞机从意大利米兰中转阿布扎比，于3月7日到达北京首都机场；当日下午，乘坐火车返回郑州，回到家中。3月8日、3月9日两天乘坐地铁到位于郑州市郑东新区的单位上班并在单位就餐，下班乘坐地铁回家。3月9日下班后，郭某鹏出现发热、咽痛等症状，自行至中原路与大学路交叉口附近的仟禧堂大药房买药，步行回家后服用。当晚，其母亲郭某玲得知郭某鹏发烧后，熬制了罗汉果和甘草给郭某鹏喝。3月6日，河南省郑州市发布《郑州市新冠肺炎疫情防控领导小组办公室通告第21号》，规定境外入郑人员严格落实"隔离观察"和"如实申报"措施。3月10日8时许，郑州市公安局大学路分局民警在工作中发现郭某鹏近期存在出入境情况，打电话给郭某鹏核实，郭未接电话。后拨打其母亲郭某玲电话，郭某玲否认郭某鹏去过国外。而后又拨打郭某玲电话要求郭某鹏下楼。在公安民警明确告知大数据显示其去过国外后，郭某鹏承认有过出境史。在调查、核实其入出境轨迹后，郭某鹏被送至二七区集中隔离点进行观察，随后被确诊为新冠肺炎。后经排查，与郭某鹏密切接触的40余名人员均已被隔离观察。

【分析】客观上，郭某鹏的行为确实引起了传染病传播的危险；主观上，他对于危险的引起是过失，即应当预见自己一系列违反规定的行为，可能会引起传染病传播的危险，却没有预见。因此2020年4月3日，法院经审理，判处郭某鹏有期徒刑一年零六个月，郭某鹏表示认罪认罚。

4. 本罪与以危险方法危害公共安全罪的界限

（1）已经确诊的新型冠状病毒感染肺炎病人、病原携带者，拒绝隔离治疗或者隔离期未满擅自脱离隔离治疗，并进入公共场所或者公共交通工具的，以 以危险方法危害公共安全罪 定罪处罚；

（2）新型冠状病毒感染肺炎疑似病人拒绝隔离治疗或者隔离期未满擅自脱离隔离治疗，并进入公共场所或者公共交通工具，造成新型冠状病毒传播的，以 以危险方法危害公共安全罪 定罪处罚；

（3）其他拒绝执行卫生防疫机构依照传染病防治法提出的防控措施，引起新型冠状病毒传播或者有传播严重危险的，依照刑法第三百三十条的规定，以 妨害传染病防治罪 定罪处罚。

四十一、非法采集人类遗传资源、走私人类遗传资源材料罪

第三百三十四条之一【非法采集人类遗传资源、走私人类遗传资源材料罪】违反国家有关规定，非法采集我国人类遗传资源或者非法运送、邮寄、携带我国人类遗传资源材料出境，危害公众健康或者社会公共利益，情节严重的，处三年以下有期徒刑、拘役或者管制，并处或者单处罚金；情节特别严重的，处三年以上七年以下有期徒刑，并处罚金。

（一）概念

违反国家有关规定，非法采集我国人类遗传资源或者非法运送、邮寄、携带我国人类遗传资源材料出境，危害公众健康或者社会公共利益，情节严重的行为。

（二）认定

1. "人类遗传资源"，是可单独或联合用于识别人体特征的遗传材料或信息，是开展生命科学研究的重要物质和信息基础，是认知和掌握疾病的发生、发展和分布规律的基础资料，是推动疾病预防、干预和控制策略开发的重要保障，已成为公众健康和生命安全的战略性、公益性、基础性资源。包括人类遗传资源材料和人类遗传资源信息。

2. "人类遗传资源材料"，是指含有人体基因组、基因等遗传物质的器官、组织、细胞等遗传材料。

四十二、医疗事故罪

第三百三十五条【医疗事故罪】医务人员由于严重不负责任，造成就诊人死亡或者严重损害就诊人身体健康的，处三年以下有期徒刑或者拘役。

（一）概念

医务人员由于严重不负责任，造成就诊人死亡或者严重损害就诊人身体健康的行为。

（二）认定

1. 实行行为：指违反诊疗护理规范或者常规，不履行或者不正确履行诊疗护理职责，粗心大意，马虎草率的行为；

2. 损害结果：造成就诊人死亡或者严重损害就诊人身体健康；

3. 犯罪主体：医务人员，即直接从事诊疗护理事务的人员，包括医生、护士、药剂人员以及经主管部门批准开业的个体行医人员。此外，根据司法解释，由于诊疗护理工作是群体性的活动，构成医疗事故的行为人，还应包括从事医疗管理、后勤服务人员，如电工、救护车司机等。

四十三、非法行医罪

第三百三十六条第一款【非法行医罪】未取得医生执业资格的人非法行医，情节严重的，处三年以下有期徒刑、拘役或者管制，并处或者单处罚金；严重损害就诊人身体健康的，处三年以上十年以下有期徒刑，并处罚金；造成就诊人死亡的，处十年以上有期徒刑，并处罚金。

（一）概念

未取得行医资格的人非法行医，情节严重的行为。

（二）认定

1. 实行行为：非法行医，即非法从事诊断、治疗、医务护理工作；

（1）"行医"，是指在医疗、预防、保健业务中，只能由医师根据医学知识与技能实施的行为；

（2）本罪属于典型的职业犯，具有下列特点：

①行为通常要反复、多次实施，或者行为人以反复、多次实施的意思从事医疗、预防、保健活动，即便在首次诊疗活动中被查获，也属于非法行医；

②不要求行为人将行医作为唯一职业，行为人在具有其他职业的同时，将行医作为副业，也属于非法行医；

③不要求具有不间断性，只要行为是反复实施的，即使有间断，也不影响对非法行医的认定。

例如某乡村教师甲，颇通医术，经常为自己治病。某日村民乙请求甲为其母治病，甲应允。由于治疗手段不当导致病人死亡。甲没有医生执业资格，但他并没有反复、继续私自为他人治病的意思，客观上也没有反复实施这种行为，故不能认定甲在非法从事医疗业务，因而不构成非法行医罪。对于甲的行为应认定为过失致人死亡罪。

2. 结果内容：情节严重。根据司法解释，下列情形属于非法行医，情节严重：

（1）造成就诊人轻度残疾、器官组织损伤导致一般功能障碍；

（2）造成甲类传染病传播、流行或者有传播、流行危险；

（3）使用假药、劣药或不符合国家规定标准的卫生材料、医疗器械，足以严重危害人体健康；

（4）非法行医被卫生行政部门行政处罚两次以后，再次非法行医的；

（5）其他情节严重的情形。

由以上情形可以看出，非法行医中的"情节严重"，包括但不限于造成一定的结果，但是如果造成严重结果的，**"严重损害就诊人身体健康"、"造成就诊人死亡"** 则是非法行医罪的结果加重犯。

3. 犯罪主体：未取得医生执业资格的人；根据司法解释，有下列情形之一的，属于"未取得医生执业资格的人非法行医"：

（1）未取得或者以非法手段取得医师资格从事医疗活动的；

（2）被依法吊销医师执业证书期间从事医疗活动的；

（3）未取得乡村医生执业证书，从事乡村医疗活动的；

（4）家庭接生员实施家庭接生以外的医疗行为的。

4. 本罪与医疗事故罪的界限

	非法行医罪	医疗事故罪
犯罪主体	未取得医生执业资格的人	具有医生执业资格的人
主观方面	故意	过失
时空场合	非法诊疗护理过程	合法诊疗护理过程

【2013－2－18】医生甲退休后，擅自为人看病2年多。某日，甲为乙治疗，需注射青霉素。乙自述以前曾注射过青霉素，甲便未做皮试就给乙注射青霉素，乙因青霉素过敏而死亡。关于本案，下列哪一选项是正确的？（　　）①

A. 以非法行医罪的结果加重犯论处　　B. 以非法行医罪的基本犯论处

C. 以过失致人死亡罪论处　　D. 以医疗事故罪论处

【考点】非法行医罪

【解析】甲退休后擅自为病人看病，属于"未取得医生执业资格的人"非法行医的情形，成立非法行医。在非法行医的过程中造成乙死亡，属于非法行医罪的结果加重犯，因此，A选项是正确的。

第六节 破坏环境资源保护罪

四十四、污染环境罪

第三百三十八条【污染环境罪】违反国家规定，排放、倾倒或者处置有放射性的废物、含传染病病原体的废物、有毒物质或者其他有害物质，严重污染环境的，处三年以下有期徒刑或者拘役，并处或者单处罚金；情节严重的，处三年以上七年以下有期徒刑，并处罚金；有下列情形之一的，处七年以上有期徒刑，并处罚金：

① A

（一）在饮用水水源保护区、自然保护地核心保护区等依法确定的重点保护区域排放、倾倒、处置有放射性的废物、含传染病病原体的废物、有毒物质，情节特别严重的；

（二）向国家确定的重要江河、湖泊水域排放、倾倒、处置有放射性的废物、含传染病病原体的废物、有毒物质，情节特别严重的；

（三）致使大量永久基本农田基本功能丧失或者遭受永久性破坏的；

（四）致使多人重伤、严重疾病，或者致人严重残疾、死亡的。

有前款行为，同时构成其他犯罪的，依照处罚较重的规定定罪处罚。

（一）概念

违反国家规定，排放、倾倒或者处置有放射性的废物、含传染病病原体的废物、有毒物质或者其他有害物质，严重污染环境的行为。

（二）认定

1. 本罪是结果犯，只有发生严重污染环境的结果，才构成本罪。

2. 本罪的加重情形

（1）在饮用水水源保护区、自然保护地核心保护区等依法确定的重点保护区域排放、倾倒、处置有放射性的废物、含传染病病原体的废物、有毒物质，情节特别严重的；

（2）向国家确定的重要江河、湖泊水域排放、倾倒、处置有放射性的废物、含传染病病原体的废物、有毒物质，情节特别严重的；

（3）致使大量永久基本农田基本功能丧失或者遭受永久性破坏的；

（4）致使多人重伤、严重疾病，或者致人严重残疾、死亡的。

3. 罪数

（1）倾倒、堆放、处置行为构成污染环境罪的同时，触犯投放危险物质罪等犯罪的，依照 处罚较重 的定罪处罚。

（2）无危险废物经营许可证从事收集、贮存、利用、处置危险废物经营活动，严重污染环境的，按照污染环境罪定罪处罚；同时构成非法经营罪的，是想象竞合犯，依照 处罚较重 的规定定罪处罚。

4. 共犯问题。行为人明知他人无经营许可证或者超出经营许可范围，向其提供或者委托其收集、贮存、利用、处置危险废物，严重污染环境的，以污染环境罪的共同犯罪论处。

四十五、危害珍贵、濒危野生动物罪

第三百四十一条第一款【危害珍贵、濒危野生动物罪】非法猎捕、杀害国家重点保护的珍贵、濒危野生动物的，或者非法收购、运输、出售国家重点保护的珍贵、濒危野生动物及其制品的，处五年以下有期徒刑或者拘役，并处罚金；情节严重的，处五年以上十年以下有期徒刑，并处罚金；情节特别严重的，处十年以上有期徒刑，并处罚金或者没收财产。

（一）概念

违反国家野生动物保护法规，未经有关部门批准，猎捕、杀害国家重点保护的珍贵、濒危野生动物的行为。

（二）认定

1. "猎捕"包括狩猎、捕捉、捕捞三种方式。

2. 行为对象：国家重点保护的珍贵、濒危陆生、水生野生动物。（如大熊猫、扬子鳄、犀牛等）

3. 既遂标准：行为人猎捕或者杀死国家重点保护的珍贵、濒危野生动物。实施猎捕时动物逃脱，或者被人制止，成立犯罪未遂。

4. 使用爆炸、投毒、设置电网等危险方法破坏野生动物资源，构成本罪和危害公共安全罪的想象竞合，从一重罪处断。

四十六、非法猎捕、收购、运输、出售陆生野生动物罪

第三百四十一条第三款【非法猎捕、收购、运输、出售陆生野生动物罪】违反野生动物保护管理法规，以食用为目的非法猎捕、收购、运输、出售第一款规定以外的在野外环境自然生长繁殖的陆生野生动物，情节严重的，依照前款的规定处罚。"

（一）概念

违反野生动物保护管理法规，以食用为目的非法猎捕、收购、运输、出售非珍贵、濒危的野外环境自然生长繁殖的陆生野生动物，情节严重的行为。

（二）认定

1. 行为对象：非珍贵、濒危的在野外环境自然生长繁殖的陆生野生动物（例如果子狸、仓鼠、鸵鸟）。

2. 主观方面：故意（以食用为目的）。

四十七、破坏自然保护地罪

第三百四十二条之一【破坏自然保护地罪】违反自然保护地管理法规，在国家公园、国家级自然保护区进行开垦、开发活动或者修建建筑物，造成严重后果或者有其他恶劣情节的，处五年以下有期徒刑或者拘役，并处或者单处罚金。

有前款行为，同时构成其他犯罪的，依照处罚较重的规定定罪处罚。

四十八、非法引进、释放或者丢弃外来入侵物种罪

第三百四十四条之一【非法引进、释放或者丢弃外来入侵物种罪】违反国家规定，非法引进、释放或者丢弃外来入侵物种，情节严重的，处三年以下有期徒刑或者拘役，并处或者单处罚金。

（一）概念

违反国家规定，非法引进、释放或者丢弃外来入侵物种，情节严重的行为。

（二）认定

1. 外来入侵物种：由原产地通过自然或人为的途径迁移到新的生态环境的生物物种。

2. 本罪的立法目的是打击生物入侵，所谓"生物入侵"是指非本地生物物种由于人为因素有意或无意进入新的区域建立其种群并可持续生存，且进一步扩散到其他区域的过程。入侵生物一般具有较强的繁殖能力、适应环境能力和扩散能力，而且在新入侵区域缺乏天敌，因而生长扩展迅速，从而影响本地物种的生存。①

---

① 近年来，我国已成为世界上遭受生物入侵危害最为严重的国家之一，生物入侵对我国生态环境和农业生产造成了极大危害，而且还在随着气候变化、国际贸易等的发展不断加剧，加拿大一枝黄花，空心莲子草，豚草，烟粉虱，福寿螺，松材线虫 等重大入侵杂草、病虫害已成为公众熟知的入侵物种，给我国造成严重的经济、社会和生态危害。

四十九、盗伐林木罪

第三百四十五条第一款【盗伐林木罪】盗伐森林或者其他林木，数量较大的，处三年以下有期徒刑、拘役或者管制，并处或者单处罚金；数量巨大的，处三年以上七年以下有期徒刑，并处罚金；数量特别巨大的，处七年以上有期徒刑，并处罚金。

（一）概念

以非法占有为目的，盗伐森林或者其他林木，数量较大的行为。

（二）认定

1. 根据司法解释盗伐行为包括：

（1）擅自砍伐 国家、集体、他人所有 或者 他人承包经营管理 的森林或者其他林木；

（2）擅自砍伐 本单位或者本人承包经营管理 的森林或者其他林木；

（3）在林木采伐许可证规定的 **地点以外** 采伐 国家、集体、他人所有 或者 他人承包经营管理 的森林或者其他林木。

【小结】盗伐行为包括两种类型：

（1）无证砍伐他人所有的（可以是本人、本单位承包经营）；

（2）有证但在规定地点外砍伐他人所有的。

2. 犯罪对象：非自己所有的森林、林木。

3. 既遂标准。本罪是结果犯，林木被砍伐，数量较大，就破坏了森林资源，成立本罪的既遂。

4. 本罪与滥伐林木罪的界限

	盗伐林木罪	滥伐林木罪
法益	国家、单位、他人林木所有权	国家的林业管理制度、森林资源
司法解释的列举	① 擅自砍伐 国家、集体、他人所有 或者 他人承包经营管理 的森林或者其他林木；② 擅自砍伐 本单位或者本人承包经营管理 的森林或者其他林木；③ 在林木采伐许可证规定的 **地点以外** 采伐 国家、集体、他人所有 或者 他人承包经营管理 的森林或者其他林木。	① 未经林业行政主管部门批准并核发林木采伐许可证，或者虽持有林木采伐许可证，但违反林木采伐许可证规定的 **时间、数量、树种** 或者 **方式**，任意采伐 本单位所有 或者 本人所有 的森林或者其他林木的；② 在林木采伐许可证规定的 **地点以外** 采伐 本单位所有 或者 本人所有 的森林或者其他林木；③ 超过林木采伐许可证规定的 **数量** 采伐 他人所有 的森林或者其他林木的。
犯罪对象	非自己所有 的森林、林木	自己所有、他人所有 的森林、林木
实行行为	1. **无证**砍伐 他人所有的 （可以是本人、本单位承包经营）2. **有证**但在规定 **地点外**砍伐 他人所有的	1. **无证**或有证但 违规采伐 本单位、本人所有的 2. **有证**但超过 **数量**采伐 他人所有的

【注意1】 林木权属争议一方在林木权属确权之前，擅自砍伐森林或者其他林木，数量较大的，定滥伐林木罪。

【注意2】 下列情形成立盗窃罪：

①将国家、集体、他人所有并已经伐倒的树木窃为己有；

②偷砍他人房前屋后、自留地种植的零星树木，数额较大；

③盗伐枯死的林木。

【2017－2－20】 关于盗伐林木罪，下列哪一选项是正确的？（　　　）①

A. 甲盗伐本村村民张某院落外面的零星树木，如果盗伐数量较大，构成盗伐林木罪

B. 乙在林区盗伐珍贵林木，数量较大，如同时触犯其他法条构成其他犯罪，应数罪并罚

C. 丙将邻县国有林区的珍贵树木移植到自己承包的林地精心养护使之成活的，不属于盗伐林木

D. 丁在林区偷扒数量不多的具有药用价值的树皮，致使数量较大的林木枯死的，构成盗伐林木罪

【考点】 盗伐林木罪

【解析】 A选项，司法解释规定，盗窃他人房前屋后的零星数目，由于并未达到破坏森林资源的程度，只是侵犯了公民个人所有的财产，所以甲应成立盗窃罪。因此，A选项是错误的。

B选项，乙只实施了一个行为，触犯了盗伐林木罪与非法采伐国家重点保护植物罪，属于想象竞合，从一重处罚，而不是数罪并罚。因此，B选项是错误的。

C选项，丙以非法占有为目的，将临县所有的珍贵树木据为己有，数额较大，当然成立盗伐林木罪，"精心养护使之成活"不影响对于行为性质的判断。因此，C选项是错误的。

D选项，丁未取得许可证，偷扒树皮的行为满足"盗"的特征，同时其"盗"的行为导致数量较大的林木枯死，所以丁的行为成立盗伐林木罪。因此，D选项是正确的。

第七节　走私、贩卖、运输、制造毒品罪

五十、走私、贩卖、运输、制造毒品罪

第三百四十七条【走私、贩卖、运输、制造毒品罪】走私、贩卖、运输、制造毒品，无论数量多少，都应当追究刑事责任，予以刑事处罚。

走私、贩卖、运输、制造毒品，有下列情形之一的，处十五年有期徒刑、无期徒刑或者死刑，并处没收财产：

（一）走私、贩卖、运输、制造鸦片一千克以上、海洛因或者甲基苯丙胺五十克以上或者其他毒品数量大的；

（二）走私、贩卖、运输、制造毒品集团的首要分子；

（三）武装掩护走私、贩卖、运输、制造毒品的；

（四）以暴力抗拒检查、拘留、逮捕，情节严重的；

（五）参与有组织的国际贩毒活动的。

---

① D

走私、贩卖、运输、制造鸦片二百克以上不满一千克、海洛因或者甲基苯丙胺十克以上不满五十克或者其他毒品数量较大的，处七年以上有期徒刑，并处罚金。

走私、贩卖、运输、制造鸦片不满二百克、海洛因或者甲基苯丙胺不满十克或者其他少量毒品的，处三年以下有期徒刑、拘役或者管制，并处罚金；情节严重的，处三年以上七年以下有期徒刑，并处罚金。

单位犯第二款、第三款、第四款罪的，对单位判处罚金，并对其直接负责的主管人员和其他直接责任人员，依照各该款的规定处罚。

利用、教唆未成年人走私、贩卖、运输、制造毒品，或者向未成年人出售毒品的，从重处罚。

对多次走私、贩卖、运输、制造毒品，未经处理的，毒品数量累计计算。

（一）概念

明知是毒品而故意实施走私、贩卖、运输、制造的行为。

（二）认定

1. 实行行为：走私、贩卖、运输、制造毒品；

（1）"走私毒品"，非法运输、携带、邮寄毒品进出国（边）境的行为。

【间接走私】在领海、内海运输、收购、贩卖国家禁止进出口的毒品，以及直接向走私毒品的犯罪人购买毒品的，属于走私毒品。

（2）"贩卖毒品"，有偿转让毒品。

所谓有偿转让，意味着行为人交付毒品既可能是获取金钱，也可能是获取其他物质利益。具体方式主要有：

①将毒品买入，又出售；

【注意】如何理解出售之前的"买入"行为？

首先，刑法仅规定了贩卖毒品罪，而没有规定购买毒品罪，这意味着单纯购买毒品的行为不属于刑法的规制对象。其次，"贩卖"毒品并不以购买毒品为前提，如行为人拾到毒品后出卖给他人的，同样成立贩卖毒品罪。既然如此，出于贩卖目的而非法购买毒品的行为就不是贩卖毒品罪的实行行为，而是贩卖毒品罪的预备行为（当然，可能同时触犯非法持有毒品罪）。

②将家中祖传下来的鸦片等毒品出售牟利；

③制造毒品后，又出售；

④居中介绍，代买代卖；

【注意】根据有关司法解释，有证据证明行为人不以牟利为目的，为他人代购仅用于吸食的毒品，毒品数量超过非法持有毒品罪的最低数量标准的，对托购者、代购者应以 非法持有毒品罪 定罪。代购者从中牟利，变相加价贩卖毒品的，对代购者应以 贩卖毒品罪 定罪。

⑤依法从事生产、运输、管理、使用国家管制的麻醉药品、精神药品的单位和人员，以牟利为目的，向吸食、注射毒品的人提供麻醉药品、精神药品；或者明知对方是走私、贩卖毒品的犯罪分子，而向其提供麻醉药品、精神药品。

（3）"运输毒品"，采用携带、邮寄、利用他人或者使用交通工具等方法在我国领域内转移毒品。运输毒品必须限制在国内，而且不是在领海、内海运输国家禁止进出口的毒品，否则便是走私毒品。

运输毒品具体表现为转移毒品的所在地，如将毒品从甲地运往乙地。但是，如果从结局上看没有变更毒品所在地，行为人先将毒品从甲地运往乙地，由于某种原因，又将毒品运回甲地，也属于运输毒品。

【注意】两人以上同行运输毒品的是否成立共犯？

A 受雇于同一雇主同行运输毒品，但受雇者之间没有共同犯罪故意；

B 明知他人受雇运输毒品，但各自的运输行为相对独立，既没有实施配合、掩护他人运输毒品的行为，又分别按照各自运输的毒品数量领取报酬；

C 受雇于同一雇主分段运输同一宗毒品，但受雇者之间没有犯罪共谋；

以上 ABC 三种情形，都不成立共犯，各自对自己运输毒品的数量承担责任。

（4）"制造毒品"，使用毒品原植物而制作成毒品。包括以下几种情形：

① **原料到成品**：将毒品以外的物作为原料，提取或制作成毒品。如将罂粟制成为鸦片；

② **化学提纯**：毒品的精制，即去掉毒品中的不纯物，使之成为纯毒品或纯度更高的毒品；

③ **初级到高级**：是使用化学方法使一种毒品变为另一种毒品。如使用化学方法将吗啡制作成海洛因；

④ **私人订制**：非法按照一定的处方针对特定人的特定情况调制毒品。

制造毒品的通常是使毒品发生化学变化，而不是物理变化，因此上述五种行为都属于制造毒品。但是，如果是为便于隐蔽运输、销售、使用、欺骗购买者，或者为了增重，对毒品掺杂使假，添加或者去除其他非毒品物质，不属于制造毒品的行为。

【注意1】对多次走私、贩卖、运输、制造毒品，未经处理的，毒品数量累计计算。

【注意2】对同一宗毒品实施了两种以上犯罪行为，应当按照所实施的犯罪行为的性质并列确定罪名，毒品数量不重复计算，不实行数罪并罚。

例如甲走私 100 克海洛因进境后，又予以出售的，成立 走私、贩卖毒品罪 一罪，毒品的数量是 100 克。

【注意3】对不同宗毒品分别实施了不同种犯罪行为的，应对不同行为并列确定罪名，累计毒品数量，不实行数罪并罚。

例如乙非法制造 100 克可卡因，又运输了甲走私进口的 100 克海洛因，成立 运输、制造 毒品罪 一罪，毒品数量是 200 克。

2. 犯罪主体：自然人、单位；

①贩卖毒品罪：自然人主体年满 14 周岁

②走私、运输、制造毒品罪：自然人主体年满 16 周岁

3. 主观方面

故意，要求行为人认识到自己走私、贩卖、运输、制造的是毒品。根据司法解释，具有下列情形之一，并且犯罪嫌疑人、被告人不能作出合理解释的，可以认定其"应当知道"，但有证据证明确属被蒙骗的除外：

（1）执法人员在口岸、机场、车站、港口和其他检查站点检查时，要求行为人申报为他人携带的物品和其他类似毒品物，并告知其法律责任，而行为人未如实申报，在其携带的物品中查获毒品的；

（2）以伪报、藏匿、伪装等蒙蔽手段，逃避海关、边防等检查，在其携带、运输、邮寄的物品中查获毒品的；

（3）执法人员检查时，有逃跑、丢弃携带物品或者逃避、抗拒检查等行为，在其携带或者丢弃的物品中查获毒品的；

（4）体内或者贴身隐秘处藏匿毒品的；

（5）为获取不同寻常的高额、不等值报酬为他人携带、运输物品，从中查获毒品的；

（6）采用高度隐蔽的方式携带、运输物品，从中查获毒品的；

（7）采用高度隐蔽的方式交接物品，明显违背合法物品惯常交接方式，从中查获毒品的；

（8）行程路线故意绕开检查站点，在其携带、运输的物品中查获毒品的；

（9）以虚假身份或者地址办理托运手续，在其托运的物品中查获毒品的；

（10）有其他证据足以认定行为人应当知道的。

4. 既遂标准

行为类型	既遂标准
走私毒品	装载毒品的船舶到达港口或航空器到达领土内时
贩卖毒品	毒品实际上转移给买方
运输毒品	毒品进入运输状态
制造毒品	实际制造出毒品

5. 从重处罚

根据刑法的规定，具有下列情节的应当 从重 处罚：

（1）利用、教唆未成年人走私、贩卖、运输、制造毒品或者向未成年人出售毒品的，从重处罚。这里的未成年人是指未满18周岁的人；

（2）因走私、贩卖、运输、制造、非法持有毒品被判过刑，又犯走私、贩卖、运输、制造毒品罪的，从重处罚。

五十一、非法持有毒品罪

第三百四十八条【非法持有毒品罪】非法持有鸦片一千克以上、海洛因或者甲基苯丙胺五十克以上或者其他毒品数量大的，处七年以上有期徒刑或者无期徒刑，并处罚金；非法持有鸦片二百克以上不满一千克、海洛因或者甲基苯丙胺十克以上不满五十克或者其他毒品数量较大的，处三年以下有期徒刑、拘役或者管制，并处罚金；情节严重的，处三年以上七年以下有期徒刑，并处罚金。

（一）概念

违反国家毒品管理法规，非法持有毒品且数量较大的行为。

（二）认定

1. 实行行为：非法持有数量较大的毒品。

（1）"持有"是一种事实上的支配。

①具体表现为直接占有、携有、藏有或者以其他方法支配毒品；

②不要求物理上的握有，不要求行为人时时刻刻把控，只要行为人认识到它的存在，能够对之进行管理或者支配；

③持有并不要求直接持有，可以由第三人持有。如行为人认为自己管理毒品不安全，将毒品委托给第三者保管时，行为人与第三者均持有该毒品，第三者为直接持有，行为人为间接持有；

④持有不要求单独持有，二人以上共同持有毒品的，也成立本罪；

⑤持有是一种持续行为，只有当毒品在一定时间内由行为人支配时，才构成持有；至于时间的长短，则并不影响持有的成立。

（2）"数量较大"

鸦片 200 克以上，或者海洛因或者甲基苯丙胺 10 克以上，或者其他毒品数量较大的；

2. 主观方面

故意，行为人必须明知自己持有的是毒品或者可能是毒品。

3. 区分非法持有毒品罪与走私、贩卖、运输、制造毒品罪的界限。行为人的持有毒品行为是为了走私、贩卖、运输、制造的，应当以走私、贩卖、运输、制造毒品罪定罪处罚。如果只有持有毒品的行为而没有走私、贩卖、运输、制造毒品行为的，应当以非法持有毒品罪定罪处罚。

五十二、妨害兴奋剂管理罪

第三百五十五条之一【妨害兴奋剂管理罪】引诱、教唆、欺骗运动员使用兴奋剂参加国内、国际重大体育竞赛，或者明知运动员参加上述竞赛而向其提供兴奋剂，情节严重的，处三年以下有期徒刑或者拘役，并处罚金。

组织、强迫运动员使用兴奋剂参加国内、国际重大体育竞赛的，依照前款的规定从重处罚。

【2015－2－9】甲窃得一包冰毒后交乙代为销售，乙销售后得款 3 万元与甲平分。关于本案，下列哪一选项是**错误**的？（　　　）[1]

A. 甲的行为触犯盗窃罪与贩卖毒品罪

B. 甲贩卖毒品的行为侵害了新的法益，应与盗窃罪实行并罚

C. 乙的行为触犯贩卖毒品罪、非法持有毒品罪、转移毒品罪与掩饰、隐瞒犯罪所得罪

D. 对乙应以贩卖毒品罪一罪论处

【考点】贩卖毒品罪、盗窃罪

【解析】A 选项，甲盗窃毒品的行为构成盗窃罪，违禁品虽然被国家禁止流通或者限制流通，但是仍属于财物，对违禁品可以成立侵犯财产的犯罪。甲要求乙销售的行为成立贩卖毒品罪的教唆犯。因此，A 选项是正确的。

B 选项，盗窃罪侵犯了一个法益，贩卖毒品的行为侵犯了国家对于麻醉药品、精神药品的管理秩序，侵犯的是另一个法益。两个行为侵犯两个不同的法益，应当数罪并罚。因为，B 选项是正确的。

C、D 选项，乙接受甲的要求，销售毒品的，成立贩卖毒品罪的实行犯，非法持有毒品的行为无需再评价，已经被吸收。至于转移毒品罪其实是处罚妨害司法机关追缴的行为，是一个妨害司法的犯罪，因为甲乙事先已有通谋，在贩卖毒品罪时，也是有共同的故意，所以不构成这种事后的连累犯。乙不成立转移毒品罪，也不成立掩饰、隐瞒犯罪所得罪。C 选项是错误的，D 选项是正确的。

---

[1] C

第八节　组织、强迫、引诱、容留、介绍卖淫罪

五十三、组织卖淫罪

第三百五十八条【组织卖淫罪】组织、强迫他人卖淫的，处五年以上十年以下有期徒刑，并处罚金；情节严重的，处十年以上有期徒刑或者无期徒刑，并处罚金或者没收财产。

组织、强迫未成年人卖淫的，依照前款的规定从重处罚。

犯前两款罪，并有杀害、伤害、强奸、绑架等犯罪行为的，依照数罪并罚的规定处罚。

【协助组织卖淫罪】为组织卖淫的人招募、运送人员或者有其他协助组织他人卖淫行为的，处五年以下有期徒刑，并处罚金；情节严重的，处五年以上十年以下有期徒刑，并处罚金。

（一）概念

以招募、雇佣、纠集等手段，管理或者控制他人卖淫，卖淫人员在三人以上的行为。

（二）认定

1. "组织"，是指以招募、雇佣、强迫、引诱、容留等手段，控制他人从事卖淫活动的行为。一般表现为两种情况：

（1）设置卖淫场所或者变相卖淫场所，控制卖淫者，招揽嫖娼者。如以办旅馆为名，行开妓院之实。

（2）没有固定的卖淫场所，通过控制卖淫人员，有组织地进行卖淫活动。如服务业的负责人员，组织本单位的服务人员向顾客卖淫。

2. 被组织者既包括女性，也包括男性。

3. 卖淫，是指以营利为目的，满足不特定对方（不限于异性）的性欲的行为。

五十四、强迫卖淫罪

（一）概念

以暴力、胁迫或者其他方法，强行逼迫他人进行性交易的行为。

（二）认定

1. 行为的方法必须具有强迫性，强迫的内容必须是使他人卖淫，主要表现为以下情形：（1）在他人不愿意从事卖淫活动的情况下，行为人使用强制手段迫使其从事卖淫活动。（2）他人虽然原本从事卖淫活动，但在他人不愿意继续从事卖淫活动的情况下，行为人使用强制手段迫使其继续从事卖淫活动。（3）在他人不愿意在此场所从事卖淫活动的情况下，行为人使用强制手段迫使其在此场所从事卖淫活动。（4）他人虽然原本从事卖淫活动，但在他人不愿意向某类人卖淫的情况下，行为人使用强制手段迫使其向某类人卖淫。（5）他人虽然原本从事卖淫活动，但在他人不愿意以某种方式卖淫的情况下，行为人使用强制手段迫使其以某种方式卖淫。

2. 既遂标准：被强迫者实施了卖淫行为的，强迫卖淫行为即为既遂。

3. 组织卖淫罪、强迫卖淫罪、协助组织卖淫罪的界限

	组织卖淫罪	强迫卖淫罪	协助组织卖淫罪
实行行为	组织：控制多人从事卖淫	强迫他人卖淫	为组织者提供帮助
对象	自愿、非自愿卖淫者（多人）	非自愿卖淫者（人数不限）	
从重处罚	组织、强迫未成年人卖淫		
数罪并罚	对被组织者、强迫者有杀害、伤害、强奸、绑架的行为		

组织 卖淫的过程中，又 强迫、引诱、容留、介绍 卖淫

1. 针对同一批人：从一重；
2. 针对不同：数罪并罚。

五十五、传播性病罪

第三百六十条【传播性病罪】 明知自己患有梅毒、淋病等严重性病卖淫、嫖娼的，处五年以下有期徒刑、拘役或者管制，并处罚金。

（一）概念

明知自己身患梅毒、淋病等严重性病，而进行卖淫或者嫖娼活动的行为。

（二）认定

1. 本罪是抽象危险犯，只要严重性病患者卖淫、嫖娼，就构成本罪。至于是否实际造成他人感染，不影响本罪的成立。

2. 本罪中的性病包括艾滋病。

（1）明知自己患有艾滋病或者感染艾滋病病毒而卖淫、嫖娼的，以传播性病罪定罪，从重处罚；

（2）明知自己感染艾滋病病毒而卖淫、嫖娼的，或者明知自己感染艾滋病病毒，故意不采取防范措施而与他人发生性关系，致使他人感染艾滋病病毒的，认定为"重伤"，以故意伤害罪（致人重伤）定罪处罚。

3. 主观方面：故意，要求明知自己患有严重性病。

具有下列情形的，应认定为"明知"：①有证据证明曾到医院或者其他医疗机构就医或者检查，被诊断为患有严重性病的；②根据本人的知识和经验，能够知道自己患有严重性病的。

五十六、制作、复制、出版、贩卖、传播淫秽物品牟利罪

第三百六十三条【制作、复制、出版、贩卖、传播淫秽物品牟利罪】 以牟利为目的，制作、复制、出版、贩卖、传播淫秽物品的，处三年以下有期徒刑、拘役或者管制，并处罚金；情节严重的，处三年以上十年以下有期徒刑，并处罚金；情节特别严重的，处十年以上有期徒刑或者无期徒刑，并处罚金或者没收财产。

【为他人提供书号出版淫秽书刊罪】 为他人提供书号，出版淫秽书刊的，处三年以下有期徒刑、拘役或者管制，并处或者单处罚金；明知他人用于出版淫秽书刊而提供书号的，依照前款的规定处罚。

（一）概念

以牟利为目的，制作、复制、出版、贩卖、传播淫秽物品的行为。

（二）认定

1. "淫秽物品"，根据刑法和有关司法解释的规定，是指具体描绘性行为或者露骨宣扬色

情的淫秽性的书刊、影片、录像带、录音带、图片及其他淫秽物品，包括具体描绘性行为或者宣扬色情的淫秽性的视频文件、音频文件、电子刊物、短信息等互联网、移动通讯终端电子信息和声讯台语音信息。

2. "制作"，是指生产、录制、编写、绘画、印刷等创造、产生、形成淫秽物品的行为。"复制"，是指通过翻印、翻拍、复印、转录等方式将原已存在的淫秽物品制作成一份或多份的行为。"出版"，是指将淫秽作品编辑加工后，经过复制向公众发行的行为。"贩卖"，是指有偿转让淫秽物品的行为。"传播"，是指通过播放、陈列、在互联网上建立淫秽网站、网页等方式使淫秽物品让不特定或者多数人感知以及通过出借、赠送等方式散布、流传淫秽物品的行为。

3. 主观方面：故意，且具有牟利的目的。

牟利目的不限于通过淫秽物品的对价得以实现。例如利用网络传播淫秽物品时，意图通过广告、流量等获利的，也属于以牟利为目的。

4. 本罪与走私淫秽物品罪的界限

（1）走私淫秽物品罪，是指违反海关法规，以牟利或者传播为目的，走私淫秽的影片、录像带、录音带、图片、书刊或者其他淫秽物品的行为。

（2）走私淫秽物品罪的成立以牟利或者传播为目的，行为人先走私淫秽物品进境，再向他人贩卖或传播的，以走私淫秽物品罪论处，不再数罪并罚。

（3）行为人直接从走私分子手上购买淫秽物品加以贩卖，或者在我国的内海、领海、界河、界湖贩卖淫秽物品的，应以走私淫秽物品罪定罪处罚。

五十七、传播淫秽物品罪

第三百六十四条第一、二款【传播淫秽物品罪】传播淫秽的书刊、影片、音像、图片或者其他淫秽物品，情节严重的，处二年以下有期徒刑、拘役或者管制。

组织播放淫秽的电影、录像等音像制品的，处三年以下有期徒刑、拘役或者管制，并处罚金；情节严重的，处三年以上十年以下有期徒刑，并处罚金。

（一）概念

不以牟利为目的，传播淫秽的书刊、影片、音像、图片或者其他淫秽物品，情节严重的行为。

（二）认定

1. 淫秽物品的范围与制作、复制、出版、贩卖、传播淫秽物品牟利罪中的淫秽物品范围相同。

2. 成立本罪，还要求情节严重。情节是否严重，应从传播的数量、次数、后果、社会影响等方面进行判断，但不能将牟利目的认定为严重情节。

3. 本罪与传播淫秽物品牟利罪的界限，区分的关键在于是否以牟利为目的，只有在不以牟利为目的而传播淫秽物品时，才以传播淫秽物品罪定罪处罚，以牟利为目的而传播淫秽物品的，应以传播淫秽物品牟利罪定罪处罚。

4. 制作、复制、出版、贩卖、传播淫秽物品牟利罪与传播淫秽物品罪与组织播放淫秽音像制品罪的界限。

	制作、复制、出版、贩卖、传播淫秽物品牟利罪	传播淫秽物品罪	组织播放淫秽音像制品罪
对象	淫秽物品		淫秽电影、录像等淫秽录音制品
实行行为	制作、复制、出版、贩卖、传播	传播	组织播放
犯罪目的	牟利	传播	
定罪要求	数额	情节严重	（15—30）场或造成恶劣影响

（1）**制作、复制淫秽电影、录像又组织播放**：成立 组织播放淫秽音像制品罪

（2）以 牟利 为目的**制作、复制淫秽电影、录像又组织播放的**："组织播放"可以评价为"传播"，因此直接认定 制作、复制、传播淫秽物品牟利罪

（3）**制作、复制**时没有牟利目的，后以 牟利 目的**组织播放**："组织播放"可以评价为"传播"，因此直接认定 传播淫秽物品牟利罪

码上揭秘

第二十三章　贪污贿赂罪

第一节　公饱私囊型

	贪污罪	挪用公款罪	私分国有资产罪、私分罚没财物罪
主观目的	非法占有	挪用	集体私分
共同点		公饱私囊	

一、贪污罪

第三百八十二条【贪污罪】国家工作人员利用职务上的便利，侵吞、窃取、骗取或者以其他手段非法占有公共财物的，是贪污罪。

受国家机关、国有公司、企业、事业单位、人民团体委托管理、经营国有财产的人员，利用职务上的便利，侵吞、窃取、骗取或者以其他手段非法占有国有财物的，以贪污论。

与前两款所列人员勾结，伙同贪污的，以共犯论处。

（一）概念

国家工作人员利用职务上的便利，侵吞、窃取、骗取或者以其他手段非法占有公共财物的行为。

（二）认定

1. 实行行为：利用职务上的便利，侵吞、窃取、骗取或者以其他手段非法占有公共财物。

（1）"利用职务上的便利"，利用职务权力与地位所形成的主管、管理、经营、经手本单位公共财物的便利条件。

①"主管"，负责调拨、处置及其他支配公共财物的职务活动；

②"管理"，负责保管、处理及其他使公共财物不被流失的职务活动；

③"经营"，将公共财物作为生产、流通手段等使其增值的职务活动；

④"经手"，领取、支出等经办公共财物的职务活动。

【注意】利用与职务无关仅因工作关系熟悉作案环境、易于接近财物、容易进出单位等方便条件非法占有公共财物的，不成立贪污罪。

（2）以侵吞、窃取、骗取或者以其他手段非法占有公共财物。

①"侵吞"，与侵占是同义语，即将自己因为职务而独自占有、管理的公共财物据为己有；如财会人员收款不入账而据为己有，执法人员将罚没款据为己有；

②"窃取"，职务上与他人共同保管公共财物的人员，将共同保管的财物秘密据为己有；

③"骗取"，是指假借职务上的合法形式，采用虚构事实、隐瞒真相的办法取得公共财物。如国有保险公司工作人员利用职务上的便利，故意编造未曾发生的保险事故进行虚假理

赔，骗取保险金归自己所有的，属于骗取形式的贪污；

④"其他手段"，除侵吞、窃取、骗取以外的其他利用职务之便的手段，如挪用公款携款潜逃。

2. 行为对象：本单位的公共财产

（1）"本单位"

例如土地管理部门的工作人员元宝，为农民多报青苗数，在房地产开发商处多领取20万元补偿金，自己分得10万。由于元宝取得的不是本单位财产，因此不构成贪污罪，构成诈骗罪。

（2）"公共财产"

①国有财产；

②劳动群众集体所有的财产；

③用于扶贫等公益事业的社会捐助等专项基金的财产；

④在国家机关、国有公司、企业、集体企业和人民团体管理、使用、运输中的私人财产。

3. 犯罪主体：两类主体

（1）国家工作人员

第九十三条【国家工作人员的范围】本法所称国家工作人员，是指国家机关中从事公务的人员。

国有公司、企业、事业单位、人民团体中从事公务的人员和国家机关、国有公司、企业、事业单位委派到非国有公司、企业、事业单位、社会团体从事公务的人员，以及其他依照法律从事公务的人员，以国家工作人员论。

① 国家机关中从事公务的人员；

② 国有公司、国有企业、事业单位、人民团体中从事公务的人员（此处的"国有"指100%国家独资）；

③ 国家机关、国有公司、企事业单位 委派 到非国有公司、企事业单位、社会团体中从事公务的人员；

④ 其他依照法律从事公务的人员，包括：

> A 依法履行职责的各级人民代表大会代表；
> B 依法履行审判职责的人民陪审员；
> C 协助乡镇人民政府、街道办事处从事行政管理工作的村民委员会、居民委员会等基层组织人员；[1]
> D 其他由法律授权从事公务的人员。

【注意】上述人员只有在"从事公务"时才是国家工作人员。关于"从事公务"的判断：①事务具有公共管理性，即事务关系到多数人或不特定人的利益，仅与个别人或少数人相关的事务，不是公务。②事务具有行政职责性，即事务属于行政职务，且相关人员需承担行政责任。

例如国有医院的院长在门诊，为病患看病治疗开药时，属于技术性职务范畴，不是从事公

---

① 根据全国人大常委会《关于〈中华人民共和国刑法〉第九十三条第二款的解释》，村民委员会等基层组织人员协助人民政府从事救灾、抢险、防汛、优抚、扶贫、移民、救济款物的管理，社会捐助公益事业款物的管理，国有土地的经营和管理，土地征收、征用补偿费用的管理，代征、代缴税款，有关计划生育、户籍、征兵工作等行政管理工作，利用职务上的便利贪污公共财产的，应以贪污罪论处。

务,即属于非国家工作人员;但在代表医院对外签订医疗器械采购合同时,属于行政职务范畴,是从事公务,即属于国家工作人员。

(2) 受委托管理、经营国有财产的人

①被委托人原本不是管理、经营国有财产的人员;

②委托单位必须是国家机关、国有公司、企业、事业单位、人民团体;

③委托的内容是以承包、租赁、临时聘用等方式管理、经营国有财产;

④被委托人不因委托而成为国家工作人员;只是例外的成为贪污罪的主体,即**被委托人如**果利用职务之便挪用本单位资金的,成立 挪用资金罪 ;利用职务之便,收受贿赂的,成立 非国家工作人员受贿罪 。

4. 主观方面:故意,且具有非法占有目的。

5. 区分贪污罪罪与非罪的界限,关键在于贪污是否达到刑法规定的数额或者虽然没有达到数额较大但是否属于刑法规定的情节较重情形。贪污数额在 3 万元以上不满 20 万元的,应当认定为"数额较大"。

6. 贪污罪与职务侵占罪

	贪污罪	职务侵占罪
主体	国家工作人员 受委托管理、经营国有财产的人	公司、企业的工作人员 (不具有国家工作人员身份)
对象	公共财产	既包括公共财物(如集体所有的财物), 也包括私营公司、企业的财物。
本质	"公务"侵占行为	"业务"侵占行为

7. 贪污罪与盗窃罪、诈骗罪、侵占罪的界限

贪污罪的本质就是国家工作人员利用职务之便所实施的盗窃、诈骗、侵占行为。因此与盗窃罪、诈骗罪、侵占罪的主要区别在于主体、行为方式、犯罪对象不同。

8. 贪污罪的刑罚

(1) 多次贪污未经处理的,按照累计贪污数额处罚。关于贪污罪的死刑规定,贪污数额特别巨大、犯罪情节特别严重、社会影响特别恶劣、给国家和人民利益造成特别重大损失的,可以判处死刑。

(2) 贪污罪的特别宽宥制度,犯贪污罪,在提起公诉前如实供述自己罪行、真诚悔罪、积极退赃,避免、减少损害发生的,贪污数额较大或者有其他较重情节的,可以从轻、减轻或者免除处罚;贪污数额巨大或者有其他严重情节的,贪污数额特别巨大或者有其他特别严重情节,贪污数额特别巨大并使国家和人民利益遭受特别重大损失的,可以从轻处罚。

(3) 贪污罪的终身监禁制度,贪污数额特别巨大并使国家和人民利益遭受特别重大损失被判处死刑缓期执行的,人民法院根据犯罪情节等情况可以同时决定在其死刑缓期执行二年期满依法减为无期徒刑后,终身监禁,不得减刑、假释。

【2019 网络回忆版】某国企公司里,财务室的保险柜须有钥匙和密码共同使用才能打开,会计甲掌管钥匙,出纳乙掌管密码,甲乙均是国家工作人员。下列说法正确的有?(   )①

---

① CD

A. 乙捡到甲的钥匙，打开保险柜，取走现金，属于利用职务便利侵吞公共财物
B. 乙骗到甲的钥匙，打开保险柜，取走现金，属于利用职务便利骗取公共财物
C. 甲偷看乙的密码，打开保险柜，取走现金，属于利用职务便利窃取公共财物
D. 甲和乙共谋打开保险柜，取走现金，属于利用职务便利侵吞公共财物

【考点】 贪污罪的行为方式

【解析】 贪污罪，是指国家工作人员利用职务权力与地位所形成的主管、管理、经营、经手本单位公共财物的便利条件，侵吞、窃取、骗取或者以其他手段非法占有公共财物的行为。所谓"侵吞"，与侵占是同义语，即将自己因为职务而独自占有、管理的公共财物据为己有；所谓"窃取"，即职务上与他人共同保管公共财物的人员，将共同保管的财物秘密据为己有；所谓"骗取"，是指假借职务上的合法形式，采用虚构事实、隐瞒真相的办法取得公共财物。

A 选项，乙拾得甲的钥匙，并不等于拾得保险柜的现金，"乙利用钥匙 + 密码打开保险柜"，乙对于密码的利用属于利用职务之便；"取走现金"，是职务上与他人共同保管公共财物的人员，将共同保管的财物秘密据为己有，即利用职务便利 窃取 公共财物，成立贪污罪，但 不是侵吞 公共财物。A 错误。

B 选项，乙骗到甲的钥匙，并不等于骗到保险柜的现金，"乙利用钥匙 + 密码打开保险柜"，乙对于密码的利用属于利用职务之便；"取走现金"，是职务上与他人共同保管公共财物的人员，将共同保管的财物秘密据为己有，即利用职务便利 窃取 公共财物，成立贪污罪，但 不是骗取 公共财物。B 错误。

C 选项，"甲利用钥匙 + 密码打开保险柜"，甲对于钥匙的利用属于利用职务之便；"取走现金"，是职务上与他人共同保管公共财物的人员，将共同保管的财物秘密据为己有，即利用职务便利 窃取 公共财物，成立贪污罪。C 正确。

D 选项，甲乙二人基于职务原因共同保管本单位公共财物，利用职务之便，将占有、管理的公共财物据为己有，属于利用职务便利侵吞公共财物，构成贪污罪。D 正确。

二、挪用公款罪

第三百八十四条【挪用公款罪】 国家工作人员利用职务上的便利，挪用公款归个人使用，进行非法活动的，或者挪用公款数额较大、进行营利活动的，或者挪用公款数额较大、超过三个月未还的，是挪用公款罪，处五年以下有期徒刑或者拘役；情节严重的，处五年以上有期徒刑。挪用公款数额巨大不退还的，处十年以上有期徒刑或者无期徒刑。
挪用用于救灾、抢险、防汛、优抚、扶贫、移民、救济款物归个人使用的，从重处罚。

（一）概念

国家工作人员利用职务上的便利，挪用公款归个人使用，进行非法活动的，或者挪用公款数额较大，进行营利活动的，或者挪用公款数额较大，超过 3 个月未还的行为。

（二）认定

1. 实行行为：国家工作人员利用职务上的便利，挪用公款归个人使用的行为；

（1）"利用职务之便"，利用职务权力与地位所形成的主管、管理、经营、经手公款或特定款物的便利条件；

（2）"挪用"，未经合法批准，或者违反财经纪律，擅自使公款脱离单位；

（3）"归个人使用"，根据立法解释，有下列情形之一的，属于挪用公款"归个人使用"：

①将公款供本人、亲友或者其他自然人使用的；

②以<u>个人</u>名义将公款供其他单位使用的；

③<u>个人</u>决定以单位名义将公款供其他单位使用，谋取<u>个人</u>利益的。

【注意1】这里的"个人"不限于一个人，可以是几个人或者少数人。例如没有经过单位领导集体研究，只是由其中的少数领导违反决策程序决定将公款供其他单位使用的，属于"<u>个人决定</u>"；为单位少数人谋取利益的，也属于"谋取<u>个人利益</u>"。

【注意2】刑事可罚性起点：刑法和司法解释根据所挪用公款用途的不同，设置了成立犯罪的不同标准。

（1）非法活动型

挪用公款进行非法活动，数额在3万元以上。

挪用公款进行非法活动构成其他犯罪的，应当实行数罪并罚。

（2）营利活动型（含存银生息）

挪用公款进行营利活动，数额在5万元以上。

"营利活动"，挪用公款存入银行、用于集资、购买股票、国债等，属于挪用公款进行营利活动；挪用公款归个人用于公司、企业注册资本验资证明的，也应认定为挪用公款进行营利活动。

（3）超期未还型

挪用公款进行 非法 、 营利 以外的活动，数额在5万元以上，且超过3个月未还。

如果挪用公款归还个人欠款的，应当根据<u>产生欠款的原因</u>，分别认定属于挪用公款的何种情形。归还个人进行非法活动或者进行营利活动产生的欠款，应当认定为挪用公款进行非法活动或者进行营利活动。

2. 犯罪对象：公款，指用于救灾、抢险、防汛、优抚、扶贫、移民、救济款物等特定款物，根据司法解释，还包括公有国库券、失业保险基金、下岗职工基本生活保障资金。

3. 犯罪主体：国家工作人员

4. 主观方面：故意，且不具有非法占有目的。

5. 挪用公款的数额的计算。

（1）挪用公款进行营利活动，所获取的利息、收益等违法所得应当追缴，但不计入挪用公款的数额；

（2）多次挪用公款不还，数额累计计算；

（3）多次挪用公款，并以后次挪用的公款归还前次挪用的公款，数额以案发时未还的实际数额认定。

6. 结果加重犯

挪用公款数额巨大不退还的，处十年以上有期徒刑或者无期徒刑。挪用公款数额巨大不退还的是指因客观原因，在一审宣判前不能退还。

7. 挪用公款罪与挪用特定款物罪

	挪用公款罪	挪用特定款物罪
主体	国家工作人员	经手、经办、管理特定款物的工作人员
法益	国家工作人员职务行为的廉洁性和公款的管理制度	特定款物专款专用制度和国家和人民群众的利益
犯罪对象	公款（含特定款物）	特定款物
用途	挪归个人使用	挪作其他公用①
刑事可罚性起点	三种用途，分别设置各自的起点	使国家和人民群众利益遭受重大损害

8. 挪用公款罪与挪用资金罪

	挪用公款罪	挪用资金罪
主体	国家工作人员	公司、企业或者其他单位的工作人员
法益	国家工作人员职务行为的廉洁性和公款的管理制度	企业资金的管理制度
犯罪对象	公款（含特定款物）	公司、企业或者其他单位的资金

9. 挪用公款罪与贪污罪的界分

	挪用公款罪	贪污罪
对象	公款（含特定款物）	公共财物（公款、公物）
行为	暂时挪用、使用	以侵吞、窃取、骗取等方式非法占有
故意内容	暂时使用（想还）	非法占有（不想还）
挪用公款转贪污	1. 行为人"携带挪用的公款潜逃的"，对其携带挪用的公款部分，以贪污罪定罪处罚； 2. 挪用公款后采取虚假发票平账、销毁有关账目等手段，使所挪用的公款已难以在单位财务账目上反映出来，且没有归还行为； 3. 截取单位收入不入账，非法占有，使所占有的公款难以在单位财务账目上反映出来，且没有归还行为； 4. 有证据证明有能力归还所挪用的公款而拒不归还，并隐瞒挪用的公款去向。	

10. 罪数问题
（1）挪用公款进行犯罪活动：与挪用公款罪并罚；
（2）挪用人因挪用公款收受贿赂：与受贿罪并罚。

---

① 如果将特定款物挪归个人使用，则成立挪用公款罪，从重处罚。

第二节　权钱交易型

受贿型	居中型	行贿型
受贿罪		行贿罪
利用影响力受贿罪	介绍贿赂罪	对有影响力的人行贿罪
单位受贿罪		单位行贿罪
		对单位行贿罪

三、受贿罪

第三百八十五条【受贿罪】国家工作人员利用职务上的便利，索取他人财物的，或者非法收受他人财物，为他人谋取利益的，是受贿罪。

国家工作人员在经济往来中，违反国家规定，收受各种名义的回扣、手续费，归个人所有的，以受贿论处。

（一）概念

国家工作人员利用职务上的便利，索取他人财物，或者非法收受他人财物，为他人谋取利益的行为。

（二）认定

1. 实行行为

【类型一】普通受贿

利用职务上的便利，索取他人财物的，或者非法收受他人财物为他人谋取利益。

利用职务之便【权】	取得贿赂【"钱"】			
利用 本人 职务之便：自己主管、负责、承办某项公共事务的职权；	索取贿赂	收受贿赂	经济受贿	离职受贿
利用职务上有 隶属、制约 关系的其他国家工作人员（即下级）职务之便				

（1）**索取贿赂**，即要求、索要与勒索贿赂。索取贿赂只需要利用职务上的便利索取贿赂就成立受贿罪，不要求为他人谋取利益；

（2）**收受贿赂**，收受贿赂的只有为他人谋取利益才成立受贿罪；

"为他人谋取利益"，最低要求是承诺为他人谋取利益，而"承诺"既包括明示承诺也包括默示承诺，明知他人有具体请托事项，而收受其财物，视为承诺（默示承诺）。根据司法解释，具有下列情形之一的，应当认定为"为他人谋取利益"：①实际或者承诺为他人谋取利益的；②明知他人有具体请托事项的；③履职时未被请托，但事后基于该履职事由收受他人财物的。

此外，国家工作人员索取、收受具有 上下级关系的下属 或者 具有行政管理关系的被管理人员的财物价值 3 万元以上，可能影响职权行使的，视为承诺为他人谋取利益。

（3）**经济受贿**，刑法第 385 条第 2 款规定："国家工作人员在经济往来中，违反国家规定，收受各种名义的回扣、手续费，归个人所有的，以受贿论处。"

（4）**离职受贿**，国家工作人员利用职务上的便利为请托人谋取利益之前或者之后（但应限定为在职时），约定在其离职后收受请托人财物，并在离职后收受的，以受贿论处。国家工作人员利用职务上的便利为请托人谋取利益，离职前后连续收受请托人财物的，离职前后收受部分均应计入受贿数额。

【注意1】"贿赂"，仅指财物，即具有价值的可以管理的有体物（如货币、物品）、无体物（如热能）以及财产性利益。财产性利益包括可以折算为货币的物质利益如房屋装修、债务免除等，以及需要支付货币的其他利益如会员服务、旅游等。

【注意2】"为他人谋取利益"中的"利益"既可以是正当利益，也可以是不正当利益。

【类型二】斡旋受贿

利用国家工作人员的职权或者地位形成的便利条件，就其他国家工作人员的职务行为进行斡旋，使其他国家工作人员利用职务上的便利为请托人谋取不正当利益，从而索取或者收受贿赂的受贿方式。

（1）索取或收受贿赂；

（2）为他人谋取**不正当利益**

"不正当利益"，即不是 100% 属于你的利益！

（3）通过其他国家工作人员的职务行为；

（4）利用本人职权或地位形成的**便利条件**；

"便利条件"：①与本人的职务、地位有关；②对其他国家工作人员产生一定影响；③与其他国家工作人员不存在行政隶属关系，即不是其他国家工作人员的上级，如果上级国家工作人员利用下级国家工作人员的职务之便为请托人谋取利益，相当于利用自己的职务之便，不属于斡旋受贿，而是普通受贿。

普通受贿	斡旋受贿
"利用职务上的便利"	"利用职权或者地位形成的便利条件"
本人职权	影响力
下级职权	

2. 犯罪主体：国家工作人员

故意，具有接受（包括索取）贿赂的意图。

如果只是不得已暂时收下，准备交给组织处理或者退还给行贿人的，也不成立受贿罪，但是，收受他人财物之后，将财物用于单位公务支出或者社会捐赠的，不影响受贿罪的成立。

3. 司法解释规定的几种特殊受贿行为：

（1）关于以交易形式收受贿赂问题

①以明显低于市场的价格向请托人购买商品；

②以明显高于市场的价格向请托人出售商品；

③以其他交易形式非法收受请托人财物的。

受贿数额按照交易时当地市场价格与实际支付价格的差额计算。

（2）关于收受干股问题

干股是指未出资而获得的股份。国家工作人员利用职务上的便利为请托人谋取利益，收受请托人提供的干股的，以受贿论处。进行了 股权转让登记 ，受贿数额按转让行为时 股份价值 计算，所分红利按受贿孳息处理；股份 未实际转让 ，以股份分红名义获取利益的， 实际获 利数额 应当认定为受贿数额。

（3）关于以开办公司等合作投资名义收受贿赂问题

国家工作人员利用职务上的便利为请托人谋取利益，由请托人出资，"合作"开办公司或者进行其他"合作"投资的，以受贿论处。受贿数额为请托人给国家工作人员的出资额。

国家工作人员利用职务上的便利为请托人谋取利益，以合作开办公司或者其他合作投资的名义获取"利润"，没有实际出资和参与管理、经营的，以受贿论处。

（4）关于以委托请托人投资证券、期货或者其他委托理财的名义收受贿赂问题

国家工作人员利用职务上的便利为请托人谋取利益，以委托请托人投资证券、期货或者其他委托理财的名义，未实际出资而获取"收益"，或者虽然实际出资，但获取"收益"明显高于出资应得收益的，以受贿论处。受贿数额，前一情形，以"收益"额计算；后一情形，以"收益"额与出资应得收益额的差额计算。

（5）关于以赌博形式收受贿赂的认定问题

国家工作人员利用职务上的便利为请托人谋取利益，通过赌博方式收受请托人财物的，构成受贿。

（6）关于特定关系人"挂名"领取薪酬问题

国家工作人员利用职务上的便利为请托人谋取利益，要求或者接受请托人以给特定关系人安排工作为名，使特定关系人不实际工作却获取所谓薪酬的，以受贿论处。

（7）关于由特定关系人收受贿赂问题

国家工作人员利用职务上的便利为请托人谋取利益，授意请托人以本意见所列形式，将有关财物给予特定关系人的，以受贿论处。

特定关系人与国家工作人员通谋，共同实施前款行为的，对特定关系人以受贿罪的共犯论处。特定关系人以外的其他人与国家工作人员通谋，由国家工作人员利用职务上的便利为请托人谋取利益，收受请托人财物后双方共同占有的，以受贿罪的共犯论处。

（8）关于收受贿赂物品未办理权属变更问题

国家工作人员利用职务上的便利为请托人谋取利益，收受请托人房屋、汽车等物品，未变更权属登记或者借用他人名义办理权属变更登记的，不影响受贿的认定。

（9）关于收受财物后退还或者上交问题

国家工作人员收受请托人财物后及时退还或者上交的，不是受贿。

国家工作人员受贿后，因自身或者与其受贿有关联的人、事被查处，为掩饰犯罪而退还或者上交的，不影响认定受贿罪。

（10）关于在职时为请托人谋利，离职后收受财物问题

国家工作人员利用职务上的便利为请托人谋取利益之前或者之后，约定在其离职后收受请托人财物，并在离职后收受的，以受贿论处。

国家工作人员利用职务上的便利为请托人谋取利益，离职前后连续收受请托人财物的，离职前后收受部分均应计入受贿数额。

4. 贪污罪、受贿罪中的处罚

贪污、受贿数额特别巨大或者有其他特别严重情节，被判处死刑缓期执行，人民法院根据犯罪情节等情况可以同时决定在其死刑缓期执行二年期满依法减为无期徒刑后，**终身监禁，不得减刑、假释。**

【2019 网络回忆版】甲的弟弟犯故意伤害罪，甲送给财政局局长乙 50 万元作为"活动经费"，让乙去找公安局局长丙，让自己的弟弟只受到治安管理处罚。乙找到丙，丙办成此事，乙给了丙 20 万元。丙不知甲给了乙 50 万元。关于乙和丙的行为，下列说法正确的是？（　　　　）①

A. 乙、丙构成受贿罪共犯，受贿数额是 50 万元

B. 乙构成受贿罪，数额是 50 万元；丙构成受贿罪，数额是 20 万元

C. 乙构成侵占罪，数额是 30 万元，还构成行贿罪；丙构成受贿罪，数额是 20 万元

D. 乙构成受贿罪，数额是 30 万元，还构成行贿罪；丙构成受贿罪，数额是 20 万元

【考点】受贿罪

【解析】甲给乙 50 万元的"活动经费"，意味着只要能够办成此事，50 万元的额度内乙可以自由处分。无论乙将 50 万全部据为己有，还是将 50 万元全部给丙，抑或乙部分给丙部分留给自己，甲都接受，所以甲构成行贿罪，数额都是 50 万。乙作为财政局长，甲的请托事项并不在他的职务范围内，但是乙利用自己作为财政局长所形成的便利条件，就公安局长丙的职务行为进行斡旋，使丙利用职务上的便利为甲谋取不正当利益，从而收受甲 50 万，属于斡旋受贿型受贿罪，数额是 50 万；丙收受乙的 20 万，成立受贿罪，数额是 20 万。因此 B 正确。

A 选项，丙对于 20 万以外的 30 万是不知情的，没有受贿的故意，所以丙的受贿属于是 20 万。A 错误。

C 选项，乙没有将代为保管的他人财物据为己有，不构成侵占罪；乙给丙 20 万元的行为，可以与甲构成行贿罪的共犯。C 错误。

D 选项，乙受贿数额是 50 万，而不是 20 万。D 错误。

四、行贿罪

第三百八十九条【行贿罪】为谋取不正当利益，给予国家工作人员以财物的，是行贿罪。在经济往来中，违反国家规定，给予国家工作人员以财物，数额较大的，或者违反国家规定，给予国家工作人员以各种名义的回扣、手续费的，以行贿论处。

因被勒索给予国家工作人员以财物，没有获得不正当利益的，不是行贿。

（一）概念

为谋取不正当利益，给予国家工作人员以财物的行为。

（二）认定

1. 实行行为

为谋取不正当利益，给予国家工作人员以财物的行为。

2. 排除犯罪性事由

被勒索并且没有获得不正当利益。

3. 主观方面：故意，并具有"为了谋取不正当利益"的目的。

"不正当利益"：包括非法利益和经济、组织人事管理中的不公平竞争优势，即只要不是 100% 属于你的利益，就是不正当利益。

---

① B

4. 行贿罪与受贿罪的对向关系

行贿罪与受贿罪属于必要共同犯罪中的对向型必要共同犯罪，因此在行贿、受贿双方都成立犯罪的情况下，双方具有共犯关系。但是，这并不意味着一方行为成立犯罪时另一方行为也必然成立犯罪，仅一方的行为成立犯罪的现象是大量存在的。例如：

（1）因被勒索给予财物，没有获得不正当利益的，行贿人不构成行贿罪，但国家工作人员索贿的行为仍然构成受贿罪；

（2）为谋取正当利益而给予国家工作人员以财物的，行贿人不构成行贿罪，但国家工作人员接受财物的行为成立受贿罪；

（3）为谋取不正当利益而给予国家工作人员以财物的，行贿人构成行贿罪，但国家工作人员没有受贿的故意，立即将财物送交有关部门处理的，不构成受贿罪。

五、利用影响力受贿罪

第三百八十八条之一第一款【利用影响力受贿罪】国家工作人员的 近亲属 或者其他与该国家工作人员 关系密切的人 ，通过该国家工作人员职务上的行为，或者利用该国家工作人员职权或者地位形成的便利条件，通过其他国家工作人员职务上的行为，为请托人谋取不正当利益，索取请托人财物或者收受请托人财物，数额较大或者有其他较重情节的，处三年以下有期徒刑或者拘役，并处罚金；数额巨大或者有其他严重情节的，处三年以上七年以下有期徒刑，并处罚金；数额特别巨大或者有其他特别严重情节的，处七年以上有期徒刑，并处罚金或者没收财产。

（一）概念

国家工作人员的近亲属或者其他与该国家工作人员关系密切的人，通过该国家工作人员职务上的行为，或者利用该国家工作人员职权或者地位形成的便利条件，通过其他国家工作人员职务上的行为，为请托人谋取不正当利益，索取请托人或者收受请托人财物，数额较大或者有其他较重情节的行为，或者离职的国家工作人员或者其近亲属以及与其关系密切的人，利用该离职的国家工作人员原职权或者地位形成的便利条件，通过其他国家工作人员职务上的行为，为请托人谋取不正当利益，索取或者收受请托人财物，数额较大或者有其他较重情节的行为。

（二）认定

【类型一】国家工作人员的近亲属或者其他与该国家工作人员关系密切的人，通过该国家工作人员职务上的行为，或者利用该国家工作人员职权或者地位形成的便利条件，通过其他国家工作人员职务上的行为，为请托人谋取不正当利益，索取请托人财物或者收受请托人财物，数额较大或者有其他较重情节的行为。

1. 主体→（在职的）国家工作人员的近亲属、关系密切人；

2. 利用→国家工作人员的职权或者影响力（需要通过其他国家工作人员的职务行为）；

3. 为请托人谋取→不正当利益；

4. 索取或者收受→请托人财物。

例如市政府工作人员甲接受请托人乙的30万元，通过妹夫刘某（市公安局干警）违规撤销了对乙的网上追逃信息。甲的行为应认定为利用影响力受贿罪。

甲是国家工作人员刘某的姻亲，其身份是国家工作人员关系密切的人，符合利用影响力受贿罪的主体要件，甲通过刘某的职务行为，为请托人谋取不正当利益，构成利用影响力受贿罪。

【注意1】国家工作人员对于"收受贿赂"并不知情！否则就成立**受贿罪**的共犯。

例如副县长赵某负责拆迁、评估工作的验收，村民李某为了能够获得本不属于他的青苗补偿款，给赵某的父亲送去 5 万元现金，请其帮忙说话。赵某得知父亲收钱后答应关照李某，令人将邻近山坡的树苗都算到李某名下。赵某得知父亲收钱后答应关照李某，说明赵某具有受贿的故意，与其父成立受贿罪的共犯。

【注意2】"关系密切人"并不限于"亲朋好友"，包括一定的掣肘、制约关系。

例如乙的孙子丙因涉嫌抢劫被刑拘。乙托甲设法使丙脱罪，并承诺事成后付其 10 万元。甲与公安局副局长丁早年认识，但多年未见面。甲托丁对丙作无罪处理，丁不同意，甲便以揭发隐私要挟，丁被迫按甲的要求处理案件，后甲收到乙 10 万元现金。甲构成利用影响力受贿罪。

【注意3】利用影响力受贿罪，也是钱权交易型犯罪，请托人花钱交易的是国家工作人员的职务行为，因此成立本罪，要求国家工作人员答应为请托人谋取利益。

【类型二】离职的国家工作人员或者其近亲属以及其他与其关系密切的人，利用该离职的国家工作人员原职权或者地位形成的便利条件，通过其他国家工作人员职务上的行为，为请托人谋取不正当利益，索取请托人财物或者收受请托人财物，数额较大或者有其他较重情节的行为。

1. 主体→离职的国家工作人员本人、离职的国家工作人员近亲属、关系密切人；
2. 利用→离职的国家工作人员的**影响力**（需要通过其他国家工作人员的职务行为）；
3. 为请托人谋取→不正当利益；
4. 索取或者收受→请托人财物。

【注意】离职的国家工作人员本人、近亲属、关系密切人都可以成立本罪。

（三）本罪与受贿罪的界限

	利用影响力受贿罪	受贿罪
主体	国家工作人员的近亲属或者关系密切人；离职的国家工作人员本人及其近亲属及其关系密切人	在职的国家工作人员
利用的内容	作为国家工作人员的近亲属或者关系密切人的影响力；或者作为离职的国家工作人员本人及其近亲属及其关系密切人的影响力	**本人职权**或者**本人职权所形成的便利条件**

六、对有影响力的人行贿罪

第三百九十条之一第一款【对有影响力的人行贿罪】为谋取不正当利益，向国家工作人员的近亲属或者其他与该国家工作人员关系密切的人，或者向离职的国家工作人员或者其近亲属以及其他与其关系密切的人行贿的，处三年以下有期徒刑或者拘役，并处罚金；情节严重的，或者使国家利益遭受重大损失的，处三年以上七年以下有期徒刑，并处罚金；情节特别严重的，或者使国家利益遭受特别重大损失的，处七年以上十年以下有期徒刑，并处罚金。

（一）概念

为谋取不正当利益，向国家工作人员的近亲属或者其他与该国家工作人员关系密切的人，或者向离职的国家工作人员或者其近亲属以及其他与其关系密切的人行贿的行为。

（二）行为模式

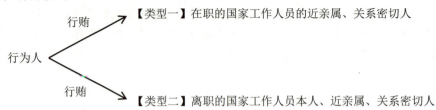

行为人 → 行贿 → 【类型一】在职的国家工作人员的近亲属、关系密切人

行为人 → 行贿 → 【类型二】离职的国家工作人员本人、近亲属、关系密切人

【注意】在类型一中，需要注意下列几种情形：

1. 行为人将财物交给国家工作人员的近亲属、关系密切人，国家工作人员对于收受贿赂并不知情，则行为人成立对有影响力的人行贿罪，国家工作人员的近亲属、关系密切人成立利用影响力受贿罪；

2. 行为人将财物交付给国家工作人员的近亲属、关系密切人，国家工作人员对于收受贿赂知情，则近亲属、关系密切人与国家工作人员构成受贿罪的共犯，如果行为人没有认识到该受贿共犯事实时，行为人仍然成立对有影响力的人行贿罪；

3. 行为人将财物交付给特定关系人，特定关系人与国家工作人员构成受贿罪的共犯，行为人也明知该受贿共犯事实时，不管财物最终由国家工作人员占有，行为人均成立行贿罪。

【2018、2020 网络回忆版】王某想请李某（国家工作人员）帮忙进行非法获利活动。由于不认识李某，王某遂请李某的妻子陈某说情，并交付 10 万元，作为感谢费。陈某对李某提及此事，被李某拒绝，并要求陈某把钱退回。后陈某欺骗李某说钱已退回，实际却全部用于家庭生活支出。下列说法**错误**的有？（　　　）①

A. 王某构成行贿罪既遂

B. 陈某没有退回 10 万元感谢费，对王某构成侵占罪

C. 由于陈某已经实际收到钱，所以构成受贿罪的片面共犯

D. 李某对陈某的退钱行为没有进行细致监督，所以构成受贿罪

【考点】受贿罪　利用影响力受贿罪

【解析】A 选项，行贿人将财物给国家工作人员的近亲属、关系密切人，国家工作人员对于收受贿赂并不知情，则行为人成立对有影响力的人行贿罪，而不是行贿罪；A 错误。

B 选项，从民法角度，行为人王某对于 10 万元行贿款没有返还请求权，如认定为侵占罪，会得出民法上没有返还请求权，但刑法上认为其有返还请求权的结论，刑法和民法对相同问题会得出不同结论，法秩序的统一性会受到破坏，因此通说观点认为不构成侵占罪。B 错误。

C 选项，李某自始至终没有答应为王某谋取利益，因此根本没有发生受贿罪的犯罪事实，陈某无法构成受贿罪的片面共犯。C 错误。

D 选项，法律没有要求国家工作人员监督近亲属和关系密切人退钱，李某不会因为没有对陈某退钱行为进行监督，而构成受贿罪。D 错误。

---

① ABCD

七、巨额财产来源不明罪

第三百九十五条第一款【巨额财产来源不明罪】国家工作人员的财产、支出明显超过合法收入，差额巨大的，可以责令该国家工作人员说明来源，不能说明来源的，差额部分以非法所得论，处五年以下有期徒刑或者拘役；差额特别巨大的，处五年以上十年以下有期徒刑。财产的差额部分予以追缴。

（一）概念

国家工作人员的财产或者支出明显超过合法收入，差额巨大，而本人又不能说明其来源是合法的行为。

（二）认定

1. 犯罪前提：国家工作人员的财产、支出明显超过合法收入，差额巨大的。

2. 实行行为：不能说明超过合法收入的财产来源，本罪属于纯正的不作为犯。

"不能说明来源"包括以下情况：

（1）拒不说明财产来源；

（2）无法说明财产的具体来源；

（3）所说的财产来源经司法机关查证并不属实；

（4）所说的财产来源因线索不具体等原因，司法机关无法查实，但能排除存在来源合法的可能性和合理性。

本人能够说明	来源于**一般违法行为**，经查证属实		按照一般违法行为处理	
	来源于**犯罪行为**，不能查证属实		按照巨额财产来源不明罪定罪	
本人**不能**说明	判决成立 巨额财产来源不明罪	后查明	合法来源	维持原判
			犯罪行为	并罚【先并后减】

第二十四章　渎职罪

码上揭秘

一、滥用职权罪

第三百九十七条【滥用职权罪】【玩忽职守罪】国家机关工作人员滥用职权或者玩忽职守，致使公共财产、国家和人民利益遭受重大损失的，处三年以下有期徒刑或者拘役；情节特别严重的，处三年以上七年以下有期徒刑。本法另有规定的，依照规定。

国家机关工作人员徇私舞弊，犯前款罪的，处五年以下有期徒刑或者拘役；情节特别严重的，处五年以上十年以下有期徒刑。本法另有规定的，依照规定。

（一）概念

国家机关工作人员滥用职权，致使公共财产、国家和人民利益遭受重大损失的行为。

（二）认定

1. 实行行为：滥用职权，其行为表现为：

（1）擅权：擅自行使职权；

（2）越权：超越职权范围，行使职权；

（3）弃权：应当行使职权时，不行使职权。

2. 结果。本罪是结果犯。成立本罪要求造成"公共财产、国家和人民利益遭受重大损失"的危害结果，根据司法解释，具有下列情形之一的，应当认定为"致使公共财产、国家和人民利益遭受重大损失"：

（1）人员伤亡：①造成死亡1人以上；或②重伤3人以上；或③轻伤9人以上；或④重伤2人、轻伤3人以上；或⑤重伤1人、轻伤6人以上；

（2）造成经济损失30万元以上；

（3）造成恶劣社会影响。

例1 省渔政总队验船师元宝，明知有8艘渔船存在套用船号等问题，按规定应注销，却为船主办理船检证书，船主领取国家柴油补贴640万元。元宝构成滥用职权罪。

例2 负责建房审批工作的干部元宝，徇情为拆迁范围内违规修建的房屋补办了建设许可证，房主凭此获得补偿款90万元。元宝触犯滥用职权罪。

3. 犯罪主体：国家机关工作人员，根据立法解释，还包括在依法或受委托行使国家行政管理职权的组织（公司、企业、事业单位）中从事公务的人员，以及虽未列入国家机关人员编制，但在国家机关中从事公务的人员（合同制民警）。

4. 在刑法分则第九章规定的渎职罪中，还有其他一些滥用职权的犯罪行为，但由于《刑法》第397条规定了"本法另有规定的，依照规定"，因此滥用职权罪是普通法条，其他滥用职权犯罪行为的规定是特别法条，当行为人的行为同时符合《刑法》第397条和其他法条的规定时，应按照其他法条即特别法条规定的犯罪论处。

二、玩忽职守罪

（一）概念

国家机关工作人员严重不负责任，不履行或者不正确履行职责，致使公共财产、国家和人民利益遭受重大损失的行为。

（二）认定

1. 实行行为：不履行或者不正确履行职责。

（1）不履行，是指行为人应当履行且有条件、有能力履行职责，但违背职责没有履行，其中包括擅离职守的行为；

（2）不正确履行，是指在履行职责的过程中，违反职责规定，马虎草率、粗心大意。

2. 结果：本罪是结果犯。成立本罪要求造成"公共财产、国家和人民利益遭受重大损失"的危害结果，根据司法解释，具有下列情形之一的，应当认定为"致使公共财产、国家和人民利益遭受重大损失"（同滥用职权罪）。

3. 犯罪主体：国家机关工作人员，根据立法解释，还包括在依法或受委托行使国家行政管理职权的组织（公司、企业、事业单位）中从事公务的人员，以及虽未列入国家机关人员编制，但在国家机关中从事公务的人员（合同制民警）。

4. 在刑法分则第九章规定的渎职罪中，还有其他一些玩忽职守的犯罪行为，但由于《刑法》第 397 条规定了"本法另有规定的，依照规定"，因此玩忽职守罪是普通法条，其他玩忽职守犯罪行为的规定是特别法条，当行为人的行为同时符合《刑法》第 397 条和其他法条的规定时，应按照其他法条即特别法条规定的犯罪论处。

5. 滥用职权罪与玩忽职守罪的相同点与不同点

	滥用职权罪	玩忽职守罪
主观	故意	过失
行为	擅权、越权、弃权	严重不负责任，不履行或不认真履行职责
法条竞合	本章 故意类 渎职行为的 一般法	本章 过失类 渎职行为的 一般法
主体	1. 国家机关工作人员； 2. 在依法或受委托行使国家行政管理职权的组织（公司、企业、事业单位）中从事公务的人员； 3. 虽未列入国家机关人员编制，但在国家机关中从事公务的人员（合同制民警）。	
定罪	"致使公共财产、国家和人民利益遭受重大损失"： 1. ① 造成死亡 1 人以上；② 重伤 3 人以上；③ 轻伤 9 人以上；④ 重伤 2 人、轻伤 3 人以上；⑤ 重伤 1 人、轻伤 6 人以上； 2. 造成经济损失 30 万元以上； 3. 造成恶劣社会影响。	
情节特别严重	1. 造成伤亡达到前款规定人数 3 倍以上； 2. 造成经济损失 150 万元以上； 3. 造成前款规定的损失后果，不报、迟报、谎报或者授意、指使、强令他人不报、迟报、谎报事故情况，致使损失后果持续、扩大或者抢救工作延误； 4. 造成特别恶劣社会影响。	
加重处罚	滥用职权、玩忽职守又"徇私舞弊"	

三、故意泄露国家秘密罪

第三百九十八条【故意泄露国家秘密罪】国家机关工作人员违反保守国家秘密法的规定，故意或者过失泄露国家秘密，情节严重的，处三年以下有期徒刑或者拘役；情节特别严重的，处三年以上七年以下有期徒刑。

非国家机关工作人员犯前款罪的，依照前款的规定酌情处罚。

（一）概念

国家机关工作人员或者非国家机关工作人员违反保守国家秘密法的规定，故意泄露国家秘密，情节严重的行为。

（二）认定

1. "泄露"，违反保守国家秘密法的规定，使国家秘密被不应当知悉者知悉，以及使国家秘密超出了限定的接触范围，而不能证明未被不应知悉者知悉。

2. "国家秘密"，关于国家的安全和利益，依照法定程序确定，在一定时间内只限一定范围的人员知悉的事项。

3. 主体：国家机关工作人员与其他人员。

4. 本罪与相关罪名的界限

（1）明知对方为境外机构、组织、人员，而向其泄露国家秘密的，成立 为境外机构、组织、人员非法提供国家秘密罪 。

（2）故意非法披露商业秘密的，成立 侵犯商业秘密罪 ；但是，如果非法披露属于国家秘密的商业秘密，则是本罪与侵犯商业秘密罪的想象竞合，从一重罪处罚。

	故意泄露国家秘密罪	为境外机构、组织、人员非法提供国家秘密罪
法益	国家保密制度	国家安全
主体	一般为国家机关工作人员	一般主体
行为	泄露	为境外机构、组织、人员非法提供

四、徇私枉法罪

第三百九十九条第一款【徇私枉法罪】司法工作人员徇私枉法、徇情枉法，对明知是无罪的人而使他受追诉、对明知是有罪的人而故意包庇不使他受追诉，或者在刑事审判活动中故意违背事实和法律作枉法裁判的，处五年以下有期徒刑或者拘役；情节严重的，处五年以上十年以下有期徒刑；情节特别严重的，处十年以上有期徒刑。

（一）概念

司法工作人员徇私枉法，徇情枉法，在刑事诉讼中，使明知是无罪的人受到追诉，对明知是有罪的人而故意包庇使其不受追诉，或者在刑事审判活动中故意违背事实和法律作枉法裁判的行为。

（二）认定

1. 实行行为：徇私枉法，包括三种类型：

【类型一】对明知是无罪的人而使他受追诉，即对无罪的人采取伪造、隐匿、毁灭证据或者其他隐瞒事实、违背法律的手段，以追究刑事责任为目的进行立案侦查（含采取强制性措

施)、起诉、审判等追诉活动;

　　例如刘某以赵某对其犯故意伤害罪,向法院提起刑事附带民事诉讼。因赵某妹妹曾拒绝本案主审法官元宝的求爱,故元宝在明知证据不足、指控犯罪不能成立的情况下,毁灭赵某无罪证据,认定赵某构成故意伤害罪。元宝构成徇私枉法罪

　　【类型二】明知是有罪的人而故意包庇不使他受追诉,即对有罪的人采取伪造、隐匿、毁灭证据或者其他隐瞒事实、违背法律的手段,故意包庇使其不受立案、侦查(含采取强制措施)、起诉、审判;或者在立案后,故意违背事实和法律,应该采取强制措施而不采取强制措施;或者虽然采取强制措施,但无正当理由解除强制措施。

　　【类型三】刑事审判活动中(含附带民事诉讼中)故意违背事实和法律作枉法裁判,即枉法进行判决、裁定,使有罪判无罪、使无罪判有罪、使此罪判彼罪或者重罪轻判、轻罪重判。

　　例如法官元宝为报复被告人对自己的出言不逊,故意在刑事附带民事判决中加大被告人对被害人的赔偿数额,致使被告人多付10万元。元宝成立本罪。

　　2. 犯罪主体:司法工作人员,即具有侦查、检察、审判、监管职责的工作人员。根据司法实践,司法机关专业技术人员,也可以成为本罪主体。

　　3. 主观方面:故意,并要求具有下列两种动机之一:

　　(1)徇私利,即为了谋取个人利益、小集体利益而枉法;

　　(2)徇私情,即出于私情而枉法,主要表现为出于照顾私人关系或感情、袒护亲友或者泄愤报复而枉法。

　　4. 本罪与受贿罪的关系

　　司法工作人员收受贿赂,有徇私枉法等行为,同时又构成受贿罪的,依照处罚较重的规定定罪处罚

　　5. 本罪与帮助毁灭、伪造证据罪的界限

	徇私枉法罪	帮助毁灭、伪造证据罪
法益	刑事案件的追诉和审判工作	司法秩序
客观方面	利用司法职权	没有利用司法职权
主体	司法工作人员	一般主体

五、民事、行政枉法裁判罪

　　第三百九十九条第二款【民事、行政枉法裁判罪】在民事、行政审判活动中故意违背事实和法律作枉法裁判,情节严重的,处五年以下有期徒刑或者拘役;情节特别严重的,处五年以上十年以下有期徒刑。

　　(一)概念

　　司法工作人员在民事、行政审判活动中故意违背事实和法律作枉法裁判,情节严重的行为。

　　(二)认定

　　1. 本罪与受贿罪的关系

　　司法工作人员收受贿赂,有民事、行政枉法裁判行为,同时又构成受贿罪的,依照处罚较重的规定定罪处罚。

2. 本罪与徇私枉法罪的界限

	民事、行政枉法裁判罪	徇私枉法罪
法益	法院的正常审判活动	刑事案件的追诉和审判工作
时空范围	民事、行政审判活动	刑事诉讼从立案到审判的全部过程
主体	承担民事、行政审判职责的人员	刑事诉讼过程中所有司法工作人员

六、执行判决、裁定失职罪与执行判决、裁定滥用职权罪

第三百九十九条第三款【执行判决、裁定失职罪；执行判决、裁定滥用职权罪】在执行判决、裁定活动中，严重不负责任或者滥用职权，不依法采取诉讼保全措施、不履行法定执行职责，或者违法采取诉讼保全措施、强制执行措施，致使当事人或者其他人的利益遭受重大损失的，处五年以下有期徒刑或者拘役；致使当事人或者其他人的利益遭受特别重大损失的，处五年以上十年以下有期徒刑。

（一）概念

执行判决、裁定失职罪，是指司法工作人员在执行判决、裁定活动中，严重不负责任，不依法采取诉讼保全措施、不履行法定执行职责，致使当事人或者其他人的利益遭受重大损失的行为。

执行判决、裁定滥用职权罪，是指司法工作人员在执行判决、裁定活动中，滥用职权，违法采取诉讼保全措施、强制执行措施，致使当事人或者其他人的利益遭受重大损失的行为。

（二）构成要件

	执行判决、裁定失职罪	执行判决、裁定滥用职权罪
法益	人民法院正常的执行活动	
客观方面	严重不负责任 不依法采取诉讼保全措施、不履行 法定执行职责	滥用职权 违法采取诉讼保全措施、强制执行措施
主体	负有执行职责的司法工作人员	
主观方面	过失	故意
结果犯	致使当事人或者其他人的利益遭受重大损失	
与"受贿罪"	司法工作人员收受贿赂犯本罪，同时又构成受贿罪的，依照处罚较重的定罪处罚	

七、私放在押人员罪

第四百条【私放在押人员罪】司法工作人员私放在押的犯罪嫌疑人、被告人或者罪犯的，处五年以下有期徒刑或者拘役；情节严重的，处五年以上十年以下有期徒刑；情节特别严重的，处十年以上有期徒刑。

【失职致使在押人员脱逃罪】司法工作人员由于严重不负责任，致使在押的犯罪嫌疑人、被告人或者罪犯脱逃，造成严重后果的，处三年以下有期徒刑或者拘役；造成特别严重后果的，处三年以上十年以下有期徒刑。

（一）概念

司法工作人员利用职务上的便利，私自将被关押的犯罪嫌疑人、被告人或者罪犯放走，使其逃离监管的行为。

（二）认定

1. "私放"必须利用职务之便（作为或不作为）；

例如私自释放在押的犯罪嫌疑人、被告人、罪犯；伪造、变造有关法律文书，以使在押的犯罪嫌疑人、被告人、罪犯脱逃；明知罪犯脱逃而故意不阻拦、不追捕。

2. "在押人员"，即在押的犯罪嫌疑人、被告人、罪犯；

3. 犯罪主体：司法工作人员，包括未被公安机关正式录用受委托履行监管职责的人员，以及受委派承担监管职责的狱医；

4. 区分此罪与脱逃罪的界限。二者从犯罪主体的角度看区别是明显的。需要注意的是，如果行为人不是利用自己的职务便利或者职权，而是利用其他条件帮助在押人员逃跑的，应当以脱逃罪的共犯论处。

八、食品、药品监管渎职罪

第四百零八条之一第一款【食品、药品监管渎职罪】负有食品药品安全监督管理职责的国家机关工作人员，滥用职权或者玩忽职守，有下列情形之一，造成严重后果或者有其他严重情节的，处五年以下有期徒刑或者拘役；造成特别严重后果或者有其他特别严重情节的，处五年以上十年以下有期徒刑：

（一）瞒报、谎报食品安全事故、药品安全事件的；

（二）对发现的严重食品药品安全违法行为未按规定查处的；

（三）在药品和特殊食品审批审评过程中，对不符合条件的申请准予许可的；

（四）依法应当移交司法机关追究刑事责任不移交的；

（五）有其他滥用职权或者玩忽职守行为的。

（一）概念

负有食品药品安全监督管理职责的国家机关工作人员，滥用职权或者玩忽职守，导致发生重大食品安全事故或者造成其他严重后果的行为。

（二）认定

1. "滥用职权"是故意，"玩忽职守"是过失。

2. 具体行为包括：

（1）瞒报、谎报食品安全事故、药品安全事件的；

（2）对发现的严重食品药品安全违法行为未按规定查处的；

（3）在药品和特殊食品审批审评过程中，对不符合条件的申请准予许可的；

（4）依法应当移交司法机关追究刑事责任不移交的；

（5）有其他滥用职权或者玩忽职守行为的。

3. 成立本罪要求造成严重后果或者有其他严重情节的。

九、放纵制售伪劣商品犯罪行为罪

第四百一十四条【放纵制售伪劣商品犯罪行为罪】对生产、销售伪劣商品犯罪行为负有追究责任的国家机关工作人员，徇私舞弊，不履行法律规定的追究职责，情节严重的，处五年以下有期徒刑或者拘役。

（一）概念

对生产、销售伪劣商品犯罪行为负有追究责任的国家机关工作人员，徇私舞弊，不履行法律规定的追究职责，情节严重的行为。

（二）认定

本罪与食品监管渎职罪的界限

	放纵制售伪劣商品犯罪行为罪	食品监管渎职罪
法益	国家对制售伪劣商品犯罪行为的查处追诉活动	国家对食品、药品的监管活动
主体	对生产、销售伪劣商品犯罪行为负有追究责任的行政机关工作人员和司法工作人员	仅限于负有食品、药品安全监督管理职责的国家行政机关的工作人员

十、传染病防治失职罪

第四百零九条【传染病防治失职罪】从事传染病防治的政府卫生行政部门的工作人员严重不负责任，导致传染病传播或者流行，情节严重的，处三年以下有期徒刑或者拘役。

（一）概念

从事传染病防治的政府卫生行政部门的工作人员严重不负责任，导致传染病传播或者流行，情节严重的行为。

（二）认定

构成本罪需要情节严重，具有下列情形之一的，属于情节严重：

1. 导致甲类传染病传播的；

2. 导致乙类、丙类传染病流行的；

3. 因传染病传播或者流行，造成人员重伤或者死亡的；

4. 因传染病传播或者流行，严重影响正常的生产、生活秩序的；

5. 在国家对突发传染病疫情等灾害采取预防、控制措施后，对发生突发传染病疫情等灾害的地区或者突发传染病病人、病原携带者、疑似突发传染病病人，未按照预防、控制突发传染病疫情等灾害工作规范的要求做好防疫、检疫、隔离、防护、救治等工作，或者采取的预防、控制措施不当，造成传染范围扩大或者疫情、灾情加重的；

6. 在国家对突发传染病疫情等灾害采取预防、控制措施后，隐瞒、缓报、谎报或者授意、指使、强令他人隐瞒、缓报、谎报疫情、灾情，造成传染范围扩大或者疫情、灾情加重的；

7. 在国家对突发传染病疫情等灾害采取预防、控制措施后，拒不执行突发传染病疫情等灾害应急处理指挥机构的决定、命令，造成传染范围扩大或者疫情、灾情加重的；

8. 其他情节严重的情形。

【2017－2－63】关于渎职罪，下列哪些选项是正确的？（　　）①

A. 省渔政总队验船师郑某，明知有8艘渔船存在套用船号等问题，按规定应注销，却为船主办理船检证书，船主领取国家柴油补贴640万元。郑某构成滥用职权罪

B. 刑警曾某办理冯某抢劫案，明知冯某被取保候审后未定期到派出所报到，曾某也未依法传唤冯某或将案件移送起诉或变更强制措施。期间，冯某再次犯罪。曾某构成徇私枉法罪

C. 律师于某担任被告人马某的辩护人，从法院复印马某贪污案的案卷材料，允许马某亲

---

① AD

属朱某查阅。朱某随后游说证人，使数名证人向于某出具了虚假证明材料。于某构成故意泄露国家秘密罪

D. 公安局协警闫某，在协助抓捕行动中，向领导黑社会性质组织的李某通风报信，导致李某等主要犯罪分子潜逃。闫某构成帮助犯罪分子逃避处罚罪

【考点】渎职犯罪

【解析】A选项，郑某具有国家机关工作人员的身份，在明知渔船存在问题的情况下，仍然为其办理证书，造成国家利益遭受重大损失的，应该构成滥用职权罪。因此，A选项是正确的。

B选项，曾某没有使冯某不受刑事追究的故意，也没有帮助冯某再次犯罪的故意，所以不应成立徇私枉法罪。因此，B选项是错误的。

C选项，本案中，于某泄露的只是特定案件中的特定材料，不符合国家秘密的要求，所以不构成故意泄露国家秘密罪。因此，C选项是错误的。

D选项，帮助犯罪分子逃避处罚罪与滥用职权罪是法条竞合的关系，帮助犯罪分子逃避处罚罪是特别法，滥用职权罪是一般法。因此，D选项是正确的。

【2012-2-21】下列哪一行为应以**玩忽职守罪**论处？（　　）①

A. 法官执行判决时严重不负责任，因未履行法定执行职责，致当事人利益遭受重大损失

B. 检察官讯问犯罪嫌疑人甲，甲要求上厕所，因检察官违规打开械具后未跟随，致甲在厕所翻窗逃跑

C. 值班警察与女友电话聊天时接到杀人报警，又闲聊10分钟后才赶往现场，因延迟出警，致被害人被杀、歹徒逃走

D. 市政府基建负责人因听信朋友介绍，未经审查便与对方签订建楼合同，致被骗300万元

【考点】玩忽职守罪

【解析】玩忽职守罪是过失犯罪，玩忽职守罪是本章中其他过失类渎职犯罪的一般法，其他过失类渎职犯罪，如执行判决、裁定失职罪，失职致使在押人员脱逃罪等，是过失类渎职犯罪的特别法，当它与玩忽职守罪来发生法条竞合的时候，要特别法优于一般法。所以本题就是考察对于特别法所规定的玩忽职守行为的掌握，如果有特别法的规定，就应该按照特别法的法条来定罪，而不应该以玩忽职守罪来论处。

A选项，不以玩忽职守罪论处，判决都作出了，应该是执行判决裁定失职罪，不应当以玩忽职守罪来论处。因此，A选项是错误的。

B选项，检察官在询问犯罪嫌疑人的过程中，过失致使犯罪嫌疑人逃跑的，成立失职致使在押人员脱逃罪。因此，B选项是错误的。

C选项，应以玩忽职守罪论处，因为该警察玩忽职守的行为没有触犯其他特别法的规定。因此，C选项是正确的。

D选项，市政府基建负责人作为国家机关工作人员，未经审查便与对方签订建楼合同，致使被骗300万元，国家利益受损，成立国家机关工作人员签订、履行合同失职被骗罪。因此，D选项是错误的。

① C

客观题 **主观题**

内部嘟学班

▶ 录播课 + ▷ 直播课

全年保姆式课程安排

| 01 | 针对在职在校学生设置 | 02 | 拒绝懒惰没计划效率低 |
| 03 | 全程规划督学答疑指导 | 04 | 学习任务按周精确到天 |

你仅需好好学习其他的都交给我们

- ✓ 每日督学管理
- ✓ 个人学习计划
- ✓ 阶段测评模拟
- ✓ 专辅1V1答题
- ✓ 个人学习档案
- ✓ 考点背诵任务
- ✓ 主观题1V1批改

 扫码立即
咨询客服

 扫码下载
小嘟AI课APP

客观题　主观题

面授密训班

内部密训课程　✓　内部核心资料　✓　揭示命题套路　✓

直击采分陷阱　✓　传授答题思路　✓　强化得分能力　✓

全封闭
管理

专题式
密训

专辅跟班
指导

阶段模拟
测评

点对点
背诵检查

手把手
案例批改

1V1
督学提醒

扫码立即
咨询客服

扫码下载
小嘟AI课APP